AF316016

16⁵ Série.

Prix : 50 centimes.

Histoire Socialiste

(1789=1900)

SOUS LA DIRECTION DE

JEAN JAURÈS

PAR

JAURÈS (Constituante et Législative), JULES GUESDE (Convention jusqu'au 9 thermidor), GABRIEL DEVILLE (du 9 thermidor au Directoire), BROUSSE (du 18 brumaire à Iéna), TUROT (d'Iéna à la Restauration), VIVIANI (la Restauration), FOURNIÈRE et ROUANET (le règne de Louis-Philippe), MILLERAND (la République de 1848), ANDLER et HERR (le second Empire), JEAN JAURÈS (la guerre franco-allemande), DUBREUILH (la Commune), JOHN LABUSQUIÈRE (la 3ᵉ République 1871-1885), GÉRAULT-RICHARD (1885-1900), JEAN JAURÈS (Conclusion. — Le bilan social du xixᵉ siècle).

NOMBREUSES ILLUSTRATIONS

Publications JULES ROUFF et Cⁱᵉ Éditeurs, 4, rue de la Vrillière
PARIS (1ᵉʳ)

Fin d'une série de documents
en couleur

LA TROISIÈME RÉPUBLIQUE

1871-1900

PAR

JOHN LABUSQUIÈRE

INTRODUCTION

L'espace très restreint réservé à vingt-neuf années de l'histoire si touffue de la troisième République, condamne à une ébauche pour ainsi dire cinématographique d'une des périodes les plus chaotiques, les plus tourmentées, les plus attachantes de l'évolution de notre pays, de l'évolution mondiale. Quoi de plus intéressant, cependant, de plus digne d'une étude attentive, documentée, détaillée, que la lente résurrection de la conscience prolétarienne; que la renaissance du Parti socialiste écrasé, noyé dans des torrents de sang, au cours de cette semaine inoubliable, tragique, implacable, désormais et à jamais inscrite au Temple de mémoire sous le titre : *Semaine Sanglante.*

Il faut se borner aux événements de premier plan et négliger, passer sous silence une foule de faits importants, des épisodes qui, mieux que de copieux ou subtils commentaires, éclairent, expliquent des incidents ou des crises graves, d'une portée décisive. D'autant qu'il est matériellement impossible d'isoler l'histoire du monde ouvrier, du Parti socialiste, de l'histoire de la classe possédante et dirigeante. Leur évolution économique et politique, malgré les antagonisme profonds, irrémédiables, que chaque jour accuse, a trop de points communs.

Ces explications étaient nécessaires au seuil de ces trop sommaires pages de l'*Histoire Socialiste.*

CHAPITRE PREMIER

*Au lendemain de mai. — Relèvement rapide. — Problèmes à résoudre. — L'im-
prévoyance des classes dirigeantes. — Le travail de restauration. — Le
parti bourgeois. — Les travailleurs et l'idée socialiste.*

Après une effroyable agonie qui a profondément troublé, ému la France
entière, tout le monde civilisé, durant laquelle l'héroïsme des derniers combattants de la Révolution communaliste n'a été égalé que par l'acharnement,
la furieuse cruauté des vainqueurs, « l'ordre règne », comme jadis à Varsovie.
Paris socialiste est exsangue ; ce qui en reste est terrorisé ; la France semble
plongée dans une torpeur inquiétante. Partout le deuil, partout des ruines,
une dépression morale telle qu'il ne s'en vit jamais, pas même aux lendemains
des désastres de 1814 et de 1815.

C'est que, en une période de dix mois, tout un pays a été assailli par les
épreuves les plus foudroyantes, les plus cruelles, les plus faites pour désorien-
ter la conscience collective encore à l'état rudimendaire. Guerre étrangère,
criminellement et follement entreprise ; écroulement d'un système politique
odieux et de la machine prétorienne qui le soutenait ; désastres militaires sans
précédents ; invasion, guerre civile systématiquement provoquée ; arrêt de la
vie normale ; tension, jusqu'aux ultimes limites, des nerfs d'un peuple déjà
trop nerveux, capable des plus prodigieux efforts, voire aussi des plus décon-
certantes et dangereuses lassitudes.

Toutefois, malgré les conditions, les circonstances les plus défavorables,
malgré les découragements les plus explicables, malgré les pronostics les plus
pessimistes, jamais l'histoire n'a enregistré un aussi prompt, un aussi actif
réveil dans toutes les classes de la Société. C'est que, au lendemain même
de l'écrasement de la Révolution du 18 mars, des problèmes se posaient,
impérieux, dont certains, pressants, ne pouvaient être évités ; il fallait, au
moins, les étudier, en résoudre quelques uns ; ébaucher la solution de quelques
autres ; la nécessité, le besoin de vivre engageait la Société française dans une
voie réaliste.

Pouvait-il en être autrement ?... Au point de vue politique, il importait de
« régulariser » la situation, d'établir une forme gouvernementale, puisqu'il
paraissait impossible qu'une assemblée aussi évidemment rétrograde, réactionnaire, que celle siégeant à Versailles, au lendemain de sa lutte contre un mouvement révolutionnaire hautement républicain, pût se résigner à consacrer la
République issue d'une révolution.

Au point de vue financier, il était d'une extrême urgence de procéder à un minutieux, complet inventaire d'une situation difficile et complexe ; frais énormes de la guerre, formidable indemnité à solder pour libérer le territoire de la douloureuse et lourde occupation étrangère ; pour assurer le fonctionnement des services publics et faire face à des réformes auxquelles ne pouvait se soustraire, même la coalition des forces conservatrices.

Au point de vue militaire, tout à refaire, tant pour se garder contre un retour offensif du vainqueur que pour le maintien de l'ordre à l'intérieur.

Enfin, se posait le problème économique dominant tous les autres, sinon dans les apparences, du moins dans les réalités, parce qu'il touche, règle la vie de chacun des membres du corps social. Tandis que la fraction consciente, active du prolétariat français, décimée, échappée à la fusillade, aux pontons, aux camps préventifs, à l'exil, se terrait, presque sans espoir ; que la grande masse des travailleurs, reprise par l'incessant labeur et son inlassable résignation, mettait en œuvre le capital sous toutes ses formes, la bourgeoisie française, malgré une intense reprise des affaires dans la production comme dans les échanges, constatait avec stupeur que la paix à peine faite avec l'ennemi-soldat, c'était une grande guerre qui commençait avec un ennemi-économique formidablement et méthodiquement outillé.

Ce n'était pas pour rien qu'au cours des négociations, d'où devait sortir le texte définitif du traité de paix, les questions relatives aux relations commerciales entre la France et l'Allemagne avaient été étudiées, débattues avec une grande ardeur, parfois une alarmante vivacité. Le prince de Bismarck, alors que M. Pouyer-Quertier insistait pour que la France restât maîtresse de sa liberté d'action, avait brutalement répondu : « J'aimerais mieux recommencer la guerre à coups de canon que de m'exposer à une guerre de tarifs ». Et de la discussion une clause était née, dont, il faut le reconnaître du reste, les effets ne furent pas ceux espérés par le chancelier de fer : « Les traités de commerce avec les différents États de l'Allemagne ayant été annulés par la guerre, le gouvernement français et le gouvernement allemand prendront pour base de leurs négociations commerciales le traitement réservé à la nation la plus favorisée.

« Sont compris dans cette règle les droits d'entrée et de sortie, le transit, les formalités douanières, l'admission et le traitement des sujets des deux nations ainsi que de leurs agents.

« Toutefois, seront exceptées de la règle susdite les faveurs qu'une des parties contractantes, par des traités de commerce, a accordées ou accordera à des États autres que ceux qui suivent : l'Angleterre, la Belgique, les Pays-Bas, la Suisse, l'Autriche, la Russie. »

La bourgeoise dirigeante, malgré de sérieux avertissements, n'avait pu croire au développement de la puissance militaire de l'Allemagne. Cependant, la foudroyante campagne de Bohème était un indice grave. On était allé même jusqu'à prévoir qu'un succès des armes françaises sur le Rhin provoquerait des défections importantes, la dislocation de la Confédération née de l'écrasement de l'Autriche. On ignorait que cette Confédération était unie par des liens économiques autrement solides que les liens diplomatiques, que les pressions militaires, tant les intérêts matériels dominent tous les autres.

Ce qui se révélait soudain, la paix signée, c'est que parallèlement à une Allemagne intellectuelle, militaire, une Allemagne économique s'était développée avec lenteur mais ténacité, sûreté, capable de concurrencer les nations les plus anciennement et les plus savamment organisées et que, aux lauriers parfois aléatoires, toujours onéreux de la guerre, elle allait ajouter une riche moisson de lauriers industriels et commerciaux.

L'œuvre avait été entreprise au lendemain d'Iéna; l'unité allemande poursuivie d'abord dans les chancelleries, sur les champs de bataille, avant d'être réalisée après Sadowa, consacrée à Versailles par la restauration de l'Empire, était accomplie dans le domaine économique. L'histoire de la préparation, de l'établissement du Zollverein (association douanière entre divers Etats de l'Allemagne en 1828, de son remaniement en 1868 pour une durée de douze années, englobant tous les Etats de la Confédération germanique, plus de 38 millions d'habitants, à l'exception — toute provisoire — de Brême et de Hambourg, était là pour démontrer qu'une unité — la communauté des intérêts — autrement solide, quoique d'apparence moins impressionnante, était formée, capable de résister aux pires revers militaires.

De cette unité était née la puissance économique qui allait porter à l'industrie, au commerce français, à l'industrie, au commerce des autres pays, de l'Angleterre particulièrement, des coups sérieux.

Cependant, quelques années devaient s'écouler avant que la concurrence se manifestât sous son véritable aspect.

Depuis le début de la guerre, pour ainsi dire jusqu'à la chute de la Commune, la France occupée à la lutte contre l'invasion, troublée par la guerre civile, avait vu sa production désorganisée, son commerce paralysé; les capitaux apeurés se cachaient et il avait fallu consommer, approvisionner en vêtements, armes, munitions et vivres les armées improvisées dont une partie seulement était envoyée sur les champs de bataille, tandis que l'autre, vouée aux pires lassitudes des villes de garnison, des camps mal agencés, était décimée par la variole et le typhus.

La paix signée, « l'ordre » rétabli, ce fut une prodigieuse reprise des affaires; partout, dans les cités, dans les usines, dans les champs, le travail s'épanouit, le commerce fut presque débordé et les capitaux jusqu'alors blottis reparurent, décidés à se sacrifier patriotiquement pour la libération du territoire, sur l'autel des emprunts émis à des taux très bas, prometteurs de sérieux bénéfices. Spéculations à coup sûr, telles qu'en a décrit Balzac dans les

LES PRISONNIERS DE LA COMMUNE A VERSAILLES. — L'ORANGERIE : ASPECT DE NUIT

D'après extrait du journal l'*Illustration*.

épisodes caractéristiques dont il illustra les plus saisissantes de ses pages de la *Comédie Humaine*.

Si intense fut cette activité industrielle, commerciale et financière, qu'elle ne se ressentit même pas des agitations politiques, cependant si profondes dans tout le pays, sur lequel s'exerçait, par le développement de la presse encore limité par le cautionnement et des lois draconiennes, la répercussion des débats retentissants de l'Assemblée nationale et des multiples, troublantes intrigues se nouant et se dénouant dans les couloirs du Palais de Versailles ; dans les cercles et salons politiques. Chaque jour démasquait une manœuvre, une conspiration ayant pour but le renversement de la République au profit d'un prétendant, Henri V ou un prince d'Orléans. Le parti bonapartiste lui-même, malgré la réprobation que lui valaient bien plus les désastres militaires que les dix-huit années d'arbitraire, de tyrannie, ne renonçait pas à l'espérance. Mais, si la République était entourée d'ennemis, sans compter les amis perfides, plus dangereux encore, elle comptait des partisans résolus, républicains de la veille et de l'avant-veille, des partisans d'instinct venus à elle, parce qu'une terrible expérience avait ouvert leurs yeux sur tous les dangers que peut courir un pays, quand il abandonne ses destinées aux mains d'un homme, roi ou empereur.

La République apparaissait à ces ralliés, citadins ou paysans, parisiens ou provinciaux, ouvriers ou bourgeois, d'abord comme une garantie de la paix. Car, malgré les paroles de « revanche » qui déjà se prononçaient, parfois fort imprudemment, par douleur ou ostentation patriotique, on sentait bien que, seule, la République pouvait vivre, se développer sans gloire militaire, tandis qu'une dynastie, même malgré elle, tôt ou tard, par la force même des choses, par la puissance de la tradition, par l'impérieux besoin de s'auréoler, de se maintenir, serait lancée dans des aventures guerrières. Puis, une restauration aurait été le signal d'une formidable guerre civile, et la majorité du pays était avide de paix extérieure et de tranquillité intérieure. Du reste, en ce qui touchait l'élément intelligemment conservateur, la République de 1848 n'avait-elle pas démontré qu'elle était capable de faire régner l'ordre, de défendre les privilèges, les capitaux des dirigeants contre les revendications prolétariennes ? tandis que le monde travailleur, de son côté, avait l'intuition que, seule, la République, améliorée par lui, conquise lentement par lui, pouvait devenir l'instrument de l'amélioration de son sort d'abord, de son émancipation intégrale ensuite.

C'est à ce sentiment qu'il faut attribuer le rapide acquiescement de la majorité du pays à la République, malgré la propagande active de tous les partis de réaction, puissamment aidés par une administration toute à leur dévotion, un clergé stimulé par le Vatican. Il faut reconnaître, en outre, que les tiraillements, les menaces haineuses, l'impuissance ridicule des droites à l'Assemblée nationale activèrent singulièrement les progrès du parti républicain.

Quelle était la situation du parti socialiste ? Nous l'avons déjà indiquée : il n'en restait que des débris, « ruines ou semences », qui eût osé se prononcer ? Ses éléments réellement actifs avaient disparu en partie ; pour toujours ceux qu'avait emportés la tourmente, momentanément ceux qu'elle avait dispersés dans les prisons, en attendant de les envoyer soit au poteau d'exécution, soit en Nouvelle-Calédonie, soit sur les chemins douloureux de l'exil ; le reste se taisait, guetté par la police ou les dénonciations anonymes. Si quelques audacieux essayaient d'élever la voix pour l'apologie, si timide fût-elle, simplement expliquer les causes réelles de la Révolution du 18 mars, ils étaient honnis par les uns, suspects aux vaincus survivants, qui les prenaient pour des agents provocateurs ou des espions.

Les querelles retentissantes qui, en exil, divisaient les proscrits, n'étaient pas pour encourager et, dans ces divisions, cependant atténuées par l'éloignement, on retrouvait en grande partie les causes de la défaite. Puis, n'était-ce pas pour donner à réfléchir que l'évocation de cette armée révolutionnaire, bien outillée, comptant, au début, des bataillons par centaines et progressivement fondant à tel point que quelques milliers de combattants à peine se rencontraient pour combattre une force militaire solidement organisée, d'autant plus résolue à vaincre qu'elle avait à faire oublier de lamentables défaites essuyées au contact de l'étranger envahisseur ?

Et, cependant, avec une rapidité inattendue, dans les grands centres d'abord, malgré une surveillance rigoureuse une répression judiciaire active, malgré les calomnies répandues et les sinistres légendes, parmi les travailleurs l'idée socialiste reparût, timide, enveloppée, hésitante chez la plupart, nette, courageuse chez quelques-uns. L'attitude des partis de réaction avait fait comprendre que, même vaincue, la Commune avait sauvé la République ; que, protestation contre ceux qui, après n'avoir su ou voulu défendre Paris, l'avaient livré, elle constituait la manifestation éclatante d'un haut sentiment patriotique et il n'en fallut pas davantage pour dégager la Révolution des obscurités malveillantes dont on s'attachait à l'envelopper. La répression avait été trop implacable : les vainqueurs imprévoyants avaient dépassé le but : l'horreur et la pitié allaient se manifester d'autant plus que les débats devant les Conseils de guerre allaient redresser bien des erreurs, détruire bien des calomnies et que, la tranquillité assurée, les échos de Satory allaient encore, longtemps après Mai, répercuter le crépitement des pelotons d'exécution.

CHAPITRE II

*Au lendemain de la victoire conservatrice. — La défense sociale. — Situation
des partis. — M. Thiers.*

Au lendemain de la victoire, l'Assemblée nationale, après avoir voté d'unanimes remerciements à l'armée qui venait de la protéger et, pensait-elle, de la
la débarrasser pour longtemps du « spectre rouge », se trouva fort embarrassée.
De gros problèmes à résoudre et une orientation politique à chercher, c'est-
à-dire une forme de gouvernement adéquate aux aspirations de sa majorité.
La tâche fut menée parallèlement, mais dans les conditions les plus chaotiques,
les plus incertaines. La pensée dominante était la « défense sociale » et l'outil
de cette défense ne pouvait se rencontrer que dans un pouvoir solidement
établi, fort, résolu et bien protégé, c'est-à-dire capable de gouverner à l'intérieur, de négocier à l'extérieur.

Une commune pensée, un but bien déterminé unifiaient les différentes fractions composant la majorité, maîtresse souveraine, arbitre des destinées des
cabinets chargés de l'exécution des lois que, nombreuses, elle s'apprêtait à
forger, comme on forge des chaînes. Pour la réalisation de ces hautes intentions, il n'y avait qu'un obstacle : le choix des moyens et l'entente pour ce
choix. Les moyens c'étaient la forme et le caractère d'un gouvernement à
donner à la France. La république, qui avait eu la grande mais lourde mission
de liquider la sanglante faillite du régime impérial, n'avait pu réussir à délivrer
le pays de l'invasion ; en outre, elle était issue d'une journée révolutionnaire,
fiévreuse, mais calme, calme jusqu'à la duperie. Crimes impardonnables. On
ne la tolérait que parce qu'elle représentait le provisoire, et que le provisoire
favorisait toutes les conjurations, autorisait toutes les espérances ; elles étaient
variées, fréquemment disparates et antagoniques.

Légitimistes, tenant pour la pure tradition monarchique, s'employaient
avec une activité rare à préparer une restauration au profit du comte de
Chambord ; c'était le retour de la vieille monarchie française, vaguement
amendée d'un modernisme vieillot, avec sa Charte, ses fleurs de lys, son drapeau blanc, ses cohortes cléricales et sa haine, toujours vivace, de la branche
cadette et du progrès.

Orléanistes, tenant pour la branche cadette avec sa Charte élargie en Constitution, plus teintée de libéralisme, d'allures rajeunies, offrant des garanties
sérieuses à la bourgeoisie capitaliste, avec le drapeau tricolore des trois
glorieuses, des souvenirs militaires d'Afrique, mais aussi des souvenirs d'atti-

tude toute pacifique vis-à-vis de l'étranger; le souvenir aussi de ses résistances victorieuses aux ennemis de l'ordre et de la propriété. Ne pouvait-elle pas évoquer les terribles répressions de Lyon, de Paris?

Le comte de Paris, ses partisans nombreux l'affirmaient, était prêt à tous les sacrifices pour assurer la paix sociale, travailler au relèvement du pays. Le programme avait de quoi séduire la bourgeoisie française, tour à tour voltairienne ou dévote, suivant les besoins, préoccupée surtout de conserver un rôle gouvernant, afin de plus sûrement soigner ses intérêts de classe, sa situation économique.

Malgré l'éclatante flétrissure infligée, à Bordeaux, par la quasi-unanimité de l'Assemblée, la faction bonapartiste n'avait pas perdu tout espoir et elle conspirait, comptant sur les maladresses, les fautes des voisins conservateurs; escomptant le concours intéressé de la nuée de fonctionnaires, de prétoriens, de satisfaits qu'avait favorisés, entretenus le régime déchu. Puis, seul peut-être de tous les partis réacteurs, il était capable de toutes les audaces.

Au centre de l'Assemblée flottait une masse inconsistante, fort troublée, indécise, oscillant de droite à gauche, cherchant à se fixer, mais n'osant pas: versatile par calcul ou par timidité; un coup décisif, un acte de volonté, un mouvement accusé de l'opinion publique étaient seuls capables de déterminer une orientation définitive: il y fallut du temps.

Quant à la gauche, minorité, elle était acquise à l'idée républicaine, mais à l'idée républicaine conservatrice: elle venait de donner avec ensemble contre le mouvement révolutionnaire, et si, vers la Montagne, elle accentuait son programme d'articles démocratiques, de réformes d'apparence ouvrières et sociales, elle répudiait hautement et en toutes circonstances toute solidarité avec ceux qu'on est convenu de qualifier « d'ennemis de l'ordre et de la propriété. »

Tels étaient les différents partis qui luttaient pour doter le pays d'institutions politiques, réparer les désastres de la guerre étrangère, panser, parfois en les avivant, les plaies de la guerre civile et préparer l'avenir.

Un homme dominait cette situation, quand la situation ne le dominait pas : M. Thiers, politique de race, d'une rare souplesse, rompu à toutes les subtilités politiciennes; ayant traversé les intrigues les plus variées, quelquefois les plus douteuses; accoutumé à la pratique du pouvoir, stratégiste et tacticien parlementaire éprouvé, conservateur et défenseur de l'ordre, il l'avait démontré sous Louis-Philippe, il venait de le démontrer... jusqu'à l'hécatombe de milliers d'êtres humains. Doué d'une volonté inflexible, autoritaire, intelligent, orateur clair, connaissant les diverses questions qui peuvent se poser devant une assemblée — elles sont toujours les mêmes, du reste, sous divers aspects — son rôle d'arbitre entre les partis s'était accusé davantage au cours de la lutte contre Paris. A tous les partis, réacteurs et modérés, il avait donné des gages précieux; après l'avoir porté aux cimes du pouvoir, ils devaient l'en précipiter.

Malgré l'autorité que lui avaient donnée ses avertissements, alors que se préparait la déclaration de guerre, ses négociations avec les gouvernements étrangers, son élection par vingt-six départements, l'autorité acquise depuis sa désignation comme chef du pouvoir exécutif, il était tenu en défiance par tous les partis, n'en favorisant ouvertement aucun, les flattant et les dupant tour à tour. Seuls, les centres lui étaient fidèles, tant il était leur exact représentant. A lord Granville, en septembre 1870, il avait dit : « La République est, en ce moment, le gouvernement de tout le monde ; ne désespérant aucun parti, parce qu'elle ne réalise définitivement le vœu d'aucun, elle convient maintenant à tous ». Il avait exigé qu'on ajoutât « de la République française » à son titre de chef du pouvoir exécutif, et à tous, invoquant tour à tour l'intérêt supérieur du pays ou la nécessité d'assurer l'ordre, il avait défini la République « le gouvernement qui nous divise le moins », et il calmait les impatients en affirmant que « l'avenir était réservé aux plus sages ».

Néanmoins, les gros dangers passés, les plus graves difficultés vaincues, il allait subir de fréquents et rudes assauts.

CHAPITRE III

Embarras de la majorité conservatrice. — Le souci de la défense sociale. — Le réveil de l'opinion républicaine. — Contre le Socialisme et l'Internationale. — Vains efforts.

Tandis que se déroulait le second siège de Paris, cette fois établi par une armée française, que se réprimaient les mouvements révolutionnaires des villes de province solidarisées avec la Capitale, que se combattait l'insurrection indigène en Algérie, l'Assemblée nationale, autoritairement orientée, guidée par M. Thiers, entreprenait le considérable travail de réorganisation du pays, suivant ses vues nettement conservatrices. N'était-il pas naturel qu'elle s'attachât à préparer une France telle que la monarchie dût apparaître comme la conclusion, le couronnement logique de sa réorganisation ? Institutions politiques, administrations destinées à assurer le pouvoir aux classes dirigeantes et à protéger la « société » contre toute entreprise de ceux qui estimaient que leur sort devait être amélioré et ne pouvait l'être qu'au détriment des privilèges consacrant leur oppression économique.

Pour cette tâche rétrograde, l'Assemblée se trouvait fort embarrassée ; seuls les imprudents dans la majorité réactionnaire, où l'élément légitimiste formait le plus sérieux appoint, osaient proclamer leurs rêves, leurs projets, eurs espérances. Les autres, plus prudents, plus avisés ou plus timides, masquaient leurs manœuvres, s'attachant par leur attitude à rallier cette masse flottante de l'opinion qui ne sait se conduire elle-même et qu'émeut la moindre agitation. Ceux-ci mettaient en lumière deux directrices principales habilement choisies : l'ordre à l'intérieur avec une suffisante liberté ; le relèvement militaire destiné à reconquérir à la France sa situation en Europe. Du monde du travail, le plus nombreux, toujours vivant dans les pires conditions, il n'était question que pour lui enlever toute espérance et le troubler soit par la menace, soit par les plus perfides insinuations.

A de rares exceptions près, jusque dans les colonnes de la majorité des journaux à étiquette républicaine, pour la mise à exécution de la dernière partie de leur plan, les différents groupes de la conservation sociale, rencontraient de précieuses collaborations.

Sans doute, dès les premières heures, pouvait-on avoir quelque espoir dans les rangs du parti républicain, puisque à tout moment, en de nombreuses circonstances, un réveil se manifestait, une entente se scellait entre les diverses fractions, malgré d'inévitables et accusées divergences, malgré des heurts parfois violents, tandis que l'incohérence, des rancunes, des haines, des chocs d'ambitions effrénées paralysaient et vouaient à l'avortement les conspirations successivement ourdies contre la République, dont les premières eussent sans doute abouti à une restauration monarchique, si la Commune socialiste et républicaine n'eût surgi.

Ce réveil républicain ne devait pas tarder à se traduire par des actes et, dès lors, malgré les tentatives les plus subtiles ou les plus audacieuses on ne devait l'arrêter. En même temps, dans les grandes villes et dans certains centres industriels où, plus particulièrement et plus directement, se font sentir l'oppression et la cupidité patronales, devait s'opérer le réveil progressif de la conscience prolétarienne prête à recevoir la semence socialiste. Le parti de la conservation sociale avait démêlé la véritable signification du mouvement du 18 mars et tous ses efforts après la victoire allaient tendre à le dénaturer, pour faire du socialisme un objet de réprobation et d'épouvante. Après l'avoir qualifié de crime de lèse-patrie, parce qu'il s'était produit l'ennemi occupant encore le sol, alors qu'une des causes de l'explosion avait été l'indignation contre l'inertie des gouvernants et l'incapacité des grands chefs militaires ; après l'avoir qualifié de mouvement anti-républicain, parce que, affirmait-on, il pouvait compromettre la République encore incertaine, on lui donnait un caractère socialiste, mais en le dénaturant, en forgeant de sinistres légendes bien faites pour terroriser la bourgeoisie française facile à impressionner et pour ébranler les sympathies instinctives des masses populaires encore mal informées. Aussi bien fallait-il justifier l'hécatombe effroyable de Mai et préparer l'opinion aux jugements des Conseils de guerre, aux déportations lointaines et aux prochaines exécutions. C'était faire d'une pierre deux coups :

justifier la répression et retarder de fatales explications, de fatales revendications.

Malgré toutes leurs habiletés, leurs perfidies, les partis conservateurs aveuglés commettent des maladresses. Ils en commirent plus d'une, dès qu'ils se sentirent à l'abri de tout retour offensif des vaincus. De même qu'après les journées de juin 1848, ils avaient fait du « Communisme » le bouc émissaire de l'insurrection, ils firent de l'Internationale le bouc émissaire de la Révolution du 18 mars. C'était sous son influence que l'explosion s'était produite ; c'était sous son influence qu'au cours de son tragique déroulement s'étaient produites ses idées dominantes en matière ouvrière et sociale ; c'était l'Internationale qui devenait la grande responsable de tout ce qui s'était passé depuis l'exécution des généraux Clément-Thomas et Lecomte jusqu'aux incendies qui, durant les derniers jours de Mai, avaient enveloppé Paris.

La lecture des journaux de cette époque, notamment ceux de province, édifie sur la manœuvre, sur le rôle d'épouvantail donné à l'Association dont l'origine remontait à l'Exposition universelle de Londres, en 1862. Et, cependant, son intervention, son rôle avaient été très effacés, pour ainsi dire nuls durant la Commune, malgré le nombre de ses adhérents : peut-être cette abstention fut-elle une erreur. Sans doute, les idées fondamentales de son programme furent-elles mises en lumière, discutées à l'Hôtel-de-Ville et dans les clubs, inspirant certaines mesures de second plan : mais il n'y eût pas d'intervention officielle proprement dite. Au reste, les pensées étaient-elles surtout sollicitées par l'impérieuse nécessité de faire face aux exigences militaires qui dominaient la situation.

Le nombre des groupes de l'Association fondés à Paris et en province, leur fonctionnement régulier, la présence de délégués français aux Congrès internationaux démontraient qu'elle avait trouvé un accueil sympathique. Son rapide développement avait inquiété les esprits, le pouvoir et, durant les dernières années de l'Empire, de retentissants procès avaient singulièrement servi la propagande dont la répercussion aurait été vive, féconde sur la classe ouvrière, si la guerre franco-allemande n'était venue perturber les esprits.

Si la manœuvre conservatrice devait produire ses effets parmi la société bourgeoise, il en devait être autrement parmi la classe ouvrière. En effet, pendant la guerre, les seules sympathies manifestées à la France républicaine durant ses douloureuses épreuves, lui étaient venues des travailleurs conscients du monde entier qui, malgré ses défaillances, son oubli de soi-même pendant les dix-huit années de despotisme impérial, malgré sa défaite, avaient encore foi en son génie révolutionnaire et ne pouvaient oublier les immenses services rendus par ses hardies initiatives à la démocratie universelle. N'en trouvait-on pas un témoignage éclatant dans les courageuses, officielles manifestations de la démocratie-socialiste allemande qui, par la voie de ses représentants, protestait après le 4 septembre, contre la continuation de la guerre

LA COMMUNE DEVANT LA JUSTICE. — PREMIÈRE SÉANCE DU 3e CONSEIL DE GUERRE SIÉGEANT À VERSAILLES DANS LA SALLE DU MANÈGE.

Dessin d'après nature, par MM. Deroy et Janet Lange. — Extrait du journal l'*Illustration*.

entreprise par le gouvernement impérial ; puis, plus tard, à la tribune du Reichstag, contre l'annexion brutale de l'Alsace et de la Lorraine ? Enfin, cette guerre funeste n'était-elle pas pour démontrer, une fois de plus, combien est préférable la paix générale à ces sanglants conflits, semeurs de deuils et de ruines, auxquels participe surtout la grande masse de chaque peuple, de chair à travail subitement transformée en chair à canon ?

Aussi, la campagne entreprise contre le socialisme symbolisé par l'*Association internationale des travailleurs* allait-elle produire des effets bien contraires à ceux qu'en attendaient ses protagonistes. Le Congrès annuel international qui n'avait pu se tenir à Paris, par suite des événements, allait être remplacé à Londres par une Conférence qui, réunie à Londres du 17 au 23 septembre, aurait pour mission de fixer la date, le lieu du prochain Congrès et d'en régler l'organisation. A ce Congrès, la France ne devait pas être la dernière à se faire représenter.

CHAPITRE IV

Centralisation et décentralisation. — Naufrage du Programme de Nancy. — Préoccupations conservatrices. — La Loi municipale. — Élection du Conseil municipal de Paris.

La lutte contre Paris révolutionnaire, contre les villes de province insurgées, dont la résistance, du reste, avait été de brève durée, n'avait pu détourner l'Assemblée nationale de toutes les préoccupations qui la hantaient. Les intrigues qui s'y nouaient, dont le but était connu, dont les diverses phases n'étaient et ne pouvaient être un secret pour personne, n'avaient pu que contribuer à exaspérer Paris, à caractériser son attitude ; il en était ainsi résulté une assez vive inquiétude pour la minorité sincèrement républicaine qui, toutefois, n'avait pas hésité à faire bloc, avec la majorité conspiratrice, contre les vaillants défenseurs de la République ouvertement menacée.

La Révolution du 18 Mars avait posé des problèmes et il avait fallu les aborder ; entre autres le régime à organiser pour l'administration du département et de la commune. Et ç'avait été une situation vraiment paradoxale que celle de l'Assemblée en présence du problème de centralisation ou décentralisation et se divisant en groupements fort disparates. Qu'avait, en réalité, réclamé Paris ? Son autonomie administrative ; la gestion de ses intérêts particuliers

par une Assemblée librement élue, par une municipalité émanée de cette
Assemblée et débarrassée de la tutelle étroite, oppressive, souvent onéreuse,
fréquemment vexatoire du pouvoir central. A la Commune, le soin de ses intérêts propres; au Conseil départemental, l'administration des intérêts départe-
mentaux; à l'État, par l'intermédiaire des représentants du peuple, la gestion
des intérêts généraux de la Nation. Briser le lien national, il n'en avait jamais
été sérieusement question.

Or, durant l'Empire, le problème de la décentralisation avait été sérieusement agité, étudié de très près, dans la presse, dans des publications nombreuses. En 1863, s'était tenu, à Nancy, un Congrès spécial pour l'examiner.
A ce Congrès avaient pris part des hommes appartenant aux partis les plus
opposés quant aux principes politiques, mais tous appartenant à l'opposition,
combattant le régime impérial, ayant par suite un grand intérêt à amoindrir
l'action du pouvoir central et, de ce Congrès, où avaient siégé, côte à côte, des
républicains, des orléanistes, des légitimistes, était sorti un programme
n'énonçant que des principes généraux, vagues il est vrai, dégageant, toutefois, une orientation assez marquée. Il ne pouvait guère en être autrement; à
trop préciser les divergences d'ordre politique eussent apparu, et l'accord
n'eût pu se maintenir :

« 1° Fortifier la commune qui existe à peine, en rendant obligatoire, pour
le pouvoir exécutif, le choix du maire dans la liste du Conseil municipal, et en
enlevant à l'Administration la tutelle de la commune ;

« 2° Créer le canton qui n'existe pas administrativement ;

« 3° Supprimer l'arrondissement qui ne répond à rien ;

« 4° Émanciper le département. »

Mais, dès la tentative de mise en pratique, au mois d'avril, du programme
de Nancy, fatalement le désaccord éclata et l'œuvre de décentralisation, qui
avait rencontré de si nombreux partisans, se trouva, au moins en ce qui concernait la Commune, tellement complexe, tellement liée aux questions politiques les plus brûlantes qu'elle resta confinée dans la Commission spéciale ; elle
y devait passer plusieurs années. Tout est encore à faire dans cet ordre d'idées
et elle n'est pas près de surgir la solution conforme aux besoins de la démocratie républicaine-socialiste à qui elle permettrait de fécondes et démonstra-
tives réalisations en matière économique et sociale.

Comme il était impossible de ne rien faire du tout, une loi avait été votée
qui donnait à Paris l'organisation municipale dont il jouit et, à juste titre, se
plaint encore aujourd'hui; dont l'empreinte est si fortement centralisatrice. Au
point de vue national, la loi avait organisé les municipalités sous deux régimes
tout à fait distincts; tandis que dans les communes au-dessous de 6.000 habitants les conseils municipaux élisaient maires et adjoints, dans celles dont la
population dépassait 6.000 habitants, la nomination des maires et adjoints
était réservée au pouvoir central. C'était M. Thiers qui l'avait exigé, combat-

tant avec la plus vive énergie la thèse décentralisatrice de l'amendement proposé et défendu par M. Lefèvre-Pontalis, un membre de la droite cependant, peu suspect de favoriser les « menées démagogiques ». Cet amendement portait que dans toutes les communes le Conseil municipal élirait le maire et les adjoints parmi ses membres, au scrutin secret et à la majorité absolue. Les maires ainsi nommés restaient révocables par décret et ne pouvaient être rééligibles avant une année.

Cet amendement, fortement appuyé, avait été adopté quand M. Thiers intervint et, sous menace de se retirer — menace coutumière qui lui réussissait — réclama pour le pouvoir exécutif la nomination des maires, au moins dans les grandes villes. L'Assemblée s'était laissée impressionner par cet ultimatum et, par 569 voix contre 39 — les abstentions furent nombreuses — elle avait adopté un complément à l'article, disant : « La nomination des maires aura lieu provisoirement par décret du gouvernement, dans les villes de plus vingt mille habitants et dans les chefs-lieux de département et d'arrondissement, quelque soit le chiffre de la population. Les maires et adjoints seront pris dans le Conseil municipal »..... Le programme de Nancy avait fait naufrage.

Paris avait naturellement été l'objet d'une loi d'autant plus d'exception qu'elle avait été élaborée, votée durant la révolution communaliste. Il faut se hâter d'ajouter que, sauf de légères, très légères, pour ainsi dire insignifiantes retouches, l'organisation municipale de la capitale est restée celle dont la gratifia l'Assemblée la plus rétrograde, la plus haineuse qu'ait connue l'histoire parlementaire de notre pays. Ce ne sont cependant pas les revendications qui ont manqué.

Pas de mairie centrale, naturellement ; un Conseil municipal composé de quatre-vingts membres, un par quartier, élus au suffrage universel ; il fallait, avant la réforme de la loi électorale, avoir deux ans de domicile pour être électeur. Le Conseil municipal élisant son bureau sans pouvoirs effectifs ; le préfet de la Seine remplissant, sauf en ce qui concerne la police, le rôle de maire, tenant en tutelle étroite les élus du suffrage universel ; rôle contradictoire, source de permanents conflits.

Il était naturel, sinon légitime, que M. Thiers et les conservateurs conscients de l'Assemblée nationale prissent toutes les précautions nécessaires vis-à-vis des communes, particulièrement de Paris, des grandes cités, des centres industriels ; qu'ils limitassent autant que possible la sphère d'action de ces agglomérations où, le progrès et la propagande aidant, se pouvaient décider, expérimenter des réformes d'ordre social, d'ordre économique, capables de servir d'exemple et de créer ou d'activer de puissants courants d'opinion publique favorables à une rénovation politique et sociale. Voici, du reste, trente-deux ans que la République est sortie du provisoire pour entrer dans l'ordre légal et l'on peut, sans risque d'être contredit par des documents sérieux, affirmer que les réformes les plus importantes sont dues à l'initiative des communes les plus démocratiques. C'était donc une préoccupation de défense sociale qui dictait la loi municipale; c'est encore elle qui dicte les résistances, même de ceux qui, après avoir revendiqué le plus ardemment les franchises municipales pour Paris, un allègement de l'étroite tutelle du pouvoir central vis-à-vis des autres communes, restent sourds à leurs anciennes revendications depuis qu'ils ont conquis le pouvoir.

Le 23 juillet 1871 eurent lieu les élections municipales à Paris. Un mois à peine s'était écoulé depuis la rentrée furieuse des troupes régulières; partout apparaissaient les traces poignantes de l'effroyable tragédie qui s'était déroulée. Le deuil, la terreur planaient. Les dénonciations poursuivaient leur œuvre de lâcheté et, chaque jour, des arrestations affirmaient que la soif de répression des vainqueurs n'était pas apaisée. Les professions de foi furent, en général, timides, la campagne électorale assez morne. Paris était affaissé, exsangue, après la farouche et large saignée, plus large que celle de juin 1848. Toutefois les résultats furent moins mauvais qu'on l'aurait pu prévoir, avec les faubourgs ouvriers décimés et tenus sous la menace ouverte de la force publique; sous la menace, moins apparente, mais plus impressionnante des légions policières enquêtant, espionnant, donnant quotidienne chasse aux survivants de la catastrophe de mai. De nombreux républicains, en majorité modérés, il est vrai, furent élus; certains même d'opinions assez tranchées pour qu'à cette époque ils apparussent comme des « rouges » aux conservateurs, monarchistes ou républicains, encore sous l'impression de la peur éprouvée durant deux mois et demi : Jules Mottu, Ed. Lockroy, G. Clemenceau, Ranc, Jacques, etc...

Le chiffre des abstentions fut de près de 180.000 et combien d'électeurs n'avaient osé se faire inscrire ! Puis, dans les quartiers aristocratiques, nombreux étaient ceux qui n'avaient pas encore reparu, terrés en province, attendant que Paris, complètement « pacifié », « épuré », leur offrit toutes garanties de tranquillité pour leur existence d'oisiveté et de plaisirs.

La tâche du nouveau Conseil n'allait pas être aisée, puisque tout était à réorganiser; particulièrement les finances mises à mal par l'haussmanisation sans contrôle de la Cité, un gaspillage inouï, les frais de la guerre, les indemnités nombreuses et la lourde contribution à régler. Dans ce Conseil, l'élément ouvrier n'était pas représenté ; ce n'est que plusieurs années après que, grâce à la propagande qui devait s'entreprendre, parmi des complications et des difficultés sans nombre, grâce à l'amnistie qui allait permettre aux militants proscrits de reprendre leur place de combat, le Parti socialiste, enfin ressuscité, allait entamer la conquête du pouvoir politique, en commençant par la conquête de quelques sièges dans les assemblées communales.

CHAPITRE V

*La Bourgeoisie évolue vers la République. — Le Pays rural et le Peuple
des villes. — Ce que coûte une guerre. — Leçon de choses. — Les élections du 2 juillet 1871. — Une manifestation.*

Malgré les incessantes conspirations royalistes, les menées bonapartistes,
les hésitations du Centre-gauche de l'Assemblée nationale, les tergiversations
de M. Thiers, masquées sous des apparences d'entêtement autoritaire; malgré
l'exploitation du spectre de la Commune, de l'Internationale, du Communisme,
du drapeau rouge, des incendies, le pays, lentement, mais avec une rare sûreté,
une volonté, consciente parfois, instinctive plus souvent, s'oriente vers la
République et il le manifeste à chaque fois qu'une occasion se présente. C'est
que, depuis 1814 et 1815, il r' reçu une leçon de choses aussi terrible, aussi
démonstrative. Plus développé, un peu plus instruit, quoique l'instruction ne
soit pas encore généralisée, cette leçon le peuple l'a comprise, non seulement
le peuple qui travaille, qui produit la richesse, mais encore la moyenne, mais
encore la haute bourgeoisie financière, industrielle et commerciale.

C'est que l'on comprend enfin à quels dangers de toute nature s'expose
un pays en remettant ses destinées aux mains d'un homme dont le pouvoir,
émané du suffrage universel, est fatalement au-dessus de tout contrôle et
rebelle à tout frein constitutionnel. Du reste, n'est-il pas l'inspirateur de la
Constitution et n'est-elle pas réglée par ses partisans, ses serviteurs, ses complices, issus du même factice courant d'opinion qui l'a porté au pouvoir ?

Tout était pour provoquer le ralliement à la République, déjouer toutes les
manœuvres monarchiques, forcer M. Thiers à suivre le courant qui irrésisti-
blement emportait la grande majorité de la France. C'était à la tribune même
de l'Assemblée nationale que s'instruisait, au grand jour, en des discussions
documentées, passionnées, le procès de l'Empire; que s'étalaient la corruption,
l'imprévoyance, l'incompétence du régime politique et de ses organes administratifs. La guerre n'avait été entreprise que pour tenter la consolidation de la
dynastie ou de la sauver; entreprise sans armée, sans outillage ni approvisionnements de campagne, simplement avec des illusions stupéfiantes. De
cette guerre, il fallait maintenant payer les frais formidables: mais rien ne
pourrait supprimer les deuils, ressusciter les milliers de morts, effacer les
désastres et rendre au pays les provinces brutalement arrachées. Puis, il

fallait s'occuper de réorganiser l'armée, de reconstituer tout le matériel de guerre et rester voué à de constantes angoisses jusqu'à ce que l'envahisseur eut évacué le sol encore occupé; même après, puisque les deux pays qui venaient de se choquer devaient se guetter, s'observer, le doigt sur la gâchette du fusil.

Dans son ouvrage, *La Gestion conservatrice et la Gestion républicaine*, M. Amagat a dressé un bilan des charges auxquelles il fallut faire face après la guerre : il est utile de le reproduire :

« Tribut à payer aux Allemands	5.000.000.000 »
« Intérêts de ce tribut.	301.145.078 44
« Frais des emprunts	275.564.203 56
« Déficit des années 1870 et 1871.	2.762.109.591 81
« Dépenses de la guerre acquittées par les budgets postérieurs à 1871.	103.254.600 37
« Dépenses se rapportant à l'invasion acquittées par les budgets postérieurs à 1871	49 471.394 71
« Déficit des années 1872-73-74, conséquence de la guerre	191.264.128 18
« Premier compte de liquidation.	829.341 479 27
« Second compte de liquidation	1.104.161.086 01
« Dédommagement aux départements envahis non inscrits aux comptes de liquidation	340.531.639 »
« Canalisation de l'Est	89.500.000 »
« Perte de l'ancien matériel de guerre	369.000.000 »
« Prime des emprunts	1.678.167.031 46
« Dédommagement à la Compagnie de l'Est.	100.000.000 »
« Perte matérielle de l'Alsace-Lorraine.	1.659.750.000 »
« Pertes non réparées des départements envahis. . .	400.000.000 »
« Ressources créées par les communes pour solder les dépenses de guerre	107.413.281 34
« Total	15.360.673.514 15

Sans doute la bourgeoisie française trouva-t-elle dans les emprunts émis à des taux fort bas des plus-values très larges, car le crédit français reprit vite son assiette et les fonds publics s'acheminèrent rapidement vers le pair qui devait, quelques années après, permettre de fructueuses conversions, mais les impôts augmentaient dans des proportions très lourdes. En outre, la République n'offrait-elle pas à la classe possédante et dirigeante tous les moyens de garantir, en les développant, ses intérêts économiques, puisqu'en procédant avec méthode, habileté, au besoin avec énergie, elle gouvernerait elle-même, non plus avec un roi ou un empereur, mais avec ses propres représentants, car le peuple proprement dit, tenu en tutelle par elle, désignerait pour le représenter non des siens, mais des candidats par elle choisis, patronnés. C'était la monarchie sans roi, avec une poignée de chefs se concertant pour conserver les institutions des anciens régimes, modifier légèrement celles qui avaient trop vieilli.

Quant au peuple, celui qui travaille effectivement, créateur de la richesse publique et privée ; sur qui, directement ou obliquement, mais lourdement, retombe le poids de toutes les charges, voué à tous les caprices de ses employeurs, à toutes les fatalités, à tous les aléas économiques, il était attiré vers la République par ce sentiment tout instinctif qui, peu à peu, se développera en conviction consciente, raisonnée, que la République pouvant devenir son « gouvernement à lui » pourra améliorer sa situation d'abord, puis préparer son affranchissement complet ; ne dit-on pas de lui, même dans les organes de la bourgeoisie la plus modérée, qu'il est le « Souverain » ?

Au reste, dans les grandes villes et dans certains centres industriels, l'idée républicaine s'était manifestée avant la guerre ; on l'avait pu constater par les résultats du plébiscite ; sur quelques points il portait même, très accusée, l'empreinte socialiste, le plus souvent sentimentale il est vrai.

Un seul élément parmi le peuple inspire des doutes, des inquiétudes, c'est l'élément rural. Le petit propriétaire et l'ouvrier agricole vivent à l'écart, pour ainsi dire dans la solitude. Ils ne sont pas indifférents, simplement défiants, car tout leur est un sujet de craintes ou de soucis : leur vie est de travail lent mais pénible : semailles et récoltes soumises aux caprices des saisons plus ou moins favorables ; procédés de culture fort arriérés, par suite onéreux et peu rémunérateurs ; alimentation rudimentaire, hygiène nulle, ignorance grande. Pour le petit propriétaire, des impôts écrasants qui vont encore s'alourdir ; des dettes masquées par des hypothèques ; pour l'ouvrier un salaire, souvent dérisoire, voilà pour les conditions matérielles ; quant aux conditions morales, la crainte de l'autorité et du curé. Pas de lecture, la presse n'est pas assez répandue et l'instruction n'a été que parcimonieusement distribuée. Le pays rural vient d'envoyer à l'Assemblée une collection de députés rétrogrades tels qu'il ne s'en vit pas, même dans la Chambre introuvable de la Restauration ; plus férus de cléricalisme et de monarchisme que les émigrés retour de l'étranger. Il a eu peur de la continuation de la guerre ; il a eu peur de tout ; on a tellement bouleversé sa conscience qu'il est allé au scrutin en aveugle.

Et, cependant, plus lentement sans doute, mais aussi sûrement et avec plus de suite dans les idées, il va se rallier à la République, ce pays rural dont l'attitude a si vivement préoccupé le parti républicain ; il va en devenir le plus ferme soutien quand, plus tard, le mouvement boulangiste, comme un pernicieux, malsain accès de fièvre, secouera le pays et contaminera, affolera la démocratie des grandes villes. C'est qu'il a compris que la République est la plus sérieuse

LIV. 808. — HISTOIRE SOCIALISTE. — LA TROISIÈME RÉPUBLIQUE. — LIV. 808

D'après un document de la Bibliothèque nationale.

garantie de la paix et de la liberté. Il ne voit pas encore en elle l'outil d'un
allègement des misères économiques; ce n'est que sous l'influence des crises
favorisant la propagande socialiste que plus tard il comprendra quels avantages matériels il peut retirer d'une forme de gouvernement conquise par lui,
le pays ouvrier industriel et géré par eux-mêmes à leur bénéfice, qui sera le
bénéfice de tous.

Aussi ne faut-il marquer aucune surprise des élections qui, quelques
semaines à peine après l'écrasement de la Commune, répondirent si nettement
aux intrigues monarchistes et bonapartistes; à l'abrogation des lois d'exil qui
allait faire apprécier la valeur de la parole jurée des princes d'Orléans et leur
permettre de se mêler à toutes les manœuvres ourdies en vue d'une restauration et de la consolidation de la puissance cléricale ultramontaine.

Par suite de démissions ou d'options, il y avait lieu de pourvoir au remplacement de 111 députés; M. Thiers avait été élu dans vingt-cinq départements;
il avait opté pour la Seine, certainement pour démontrer à Paris quelle intense
affection il lui avait vouée. Ces sièges ressortissaient à quarante-six départements. Le 2 juillet 1871, les collèges électoraux convoqués se rendirent au
scrutin. La campagne électorale avait été d'une activité extraordinaire. Les
partis en présence s'étaient choqués avec une violence inouïe; la candidature
officielle s'était épanouie dans les conditions les plus scandaleuses.

Les résultats, longs à connaître avec le scrutin de liste, étaient attendus avec
impatience, déjà escomptés par les conservateurs qui fondaient sur eux tous
leurs espoirs. Ils furent une manifestation républicaine éclatante, certainement
modérée, mais ils permettaient d'attendre avec plus de sécurité, car ils disaient
ce que le pays pouvait donner, si l'on savait agir sur lui.

En province, malgré l'appui ouvert de l'administration, les conservateurs
étaient battus; c'était pour eux plus qu'une défaite, un véritable désastre :
Dans le Cher, la Charente, la Dordogne, la Seine-Inférieure et le Morbihan
seulement, le parti républicain éprouva des échecs, encore ne furent-ils que
partiels. Les bonapartistes avaient tenté de reparaître. Le prince Jérôme
Napoléon avait lancé un manifeste habile, revendiquant l'appel au peuple au
nom du principe démocratique, de la souveraineté populaire, mais les têtes de
colonne du parti, MM. Rouher, le baron Jérôme David et Ernest Dréolle
n'avaient pas été élus.

Parmi les républicains favorisés figuraient des hommes de toutes les
nuances, depuis les ralliés jusqu'à l'extrème-gauche : dans le Var, M. Léon
Gambetta, qui rentrait en scène; Alfred Naquet, Pascal Duprat, le colonel
Denfert-Rochereau, Daumas, Ferrouillat, Duvergier de Hauranne, Laurent-
Pichat, Brelay, Scheurer-Kestner, Corbon, etc.

Gambetta avait été élu dans le Var et dans la Seine. Faidherbe, l'ancien
commandant en chef de l'armée du Nord, avait triomphé dans les trois départements où avait manœuvré la petite mais vaillante armée qu'il avait si habile-

ment commandée. L'élection de Gambetta était importante au point de vue
politique; n'était-il pas le chef de la fraction la plus avancée et, aux yeux des
conservateurs, l'homme qui incarnait la révolution du 4 septembre ?

Une élection particulièrement significative était celle du général Faidherbe,
non pas seulement parce qu'il était républicain, parce qu'il avait, comme l'on
dit, « sauvé l'honneur des armes », imposé le respect à l'ennemi, donné
l'exemple de la fermeté la plus intelligente, mais encore parce que, au lendemain même de la cessation des hostilités, alors que bien des cœurs meurtris
par la défaite étaient déjà hantés par le désir et l'espoir d'une revanche prochaine et éclatante, dans une brochure dédiée à Gambetta, après avoir retracé,
sommairement, mais avec simplicité et sincérité, la campagne de l'armée du
Nord, il exprimait avec un rare courage et une hauteur de vues digne d'un
philosophe et d'un citoyen clairvoyant, imprégné d'humanité, que les malheurs
de la France provenaient de l'abandon, durant dix-huit années, de ses destinées
entre les mains d'un homme; que son relèvement elle ne pourrait le trouver
que dans l'organisation d'une démocratie fière et équitable; qu'un tel exemple
serait fécond par la propagande qu'il ferait parmi nos vainqueurs et qu'un
jour le Rhin, au lieu d'être une barrière convoitée, deviendrait une artère vivi-
fiante entre les deux peuples réconciliés, et il concluait : « Telle doit être la
revanche que peuvent espérer les esprits généreux contre M. de Bismarck
et la féodalité militaire allemande. »

Nul, parmi les plus exaspérés, durant cette période de deuil et de fièvre
patriotiques, n'osa en faire un grief au soldat de Bapaume et de St-Quentin.

A Paris, le scrutin avait eu un caractère tout particulier. Encore occupée par
les troupes, la capitale avait l'air d'une ville en état de guerre. La campagne
électorale s'était déroulée sans réunions; la presse républicaine décimée,
domptée par l'état de siège, était réduite à l'anémie, pour ainsi dire à l'impuissance. Ainsi que le note M. A. Ranc dans son ouvrage *De Paris à Versailles* :
« A Paris, la réaction avait bon espoir. Tous les journaux dits de l'ordre
s'étaient coalisés pour présenter une liste unique. Les républicains étaient
divisés. Pas de journaux, pas de réunions. Les faubourgs oseraient-ils seulement aller au vote? Ne lisait-on pas dans les feuilles de délation que des agents
de police se tiendraient aux portes des sections, prêts à mettre la main sur les
« communards » qui auraient l'audace de se montrer? On voulait terroriser
l'élection. »

Trois listes principales étaient en présence : celle de l'*Union de la Presse*,
composée de candidats masqués sous l'étiquette républicaine se ralliant à la
politique de M. Thiers; celle plus avancée du Comité dit de la rue Turbigo et
de la Ligue des droits de Paris, la liste nettement, furieusement conservatrice.
Ce fut une défaite pour la réaction qui n'eut que cinq de ses candidats élus.
Si la grosse part des sièges revint aux ralliés, la liste du Comité de la rue

Turbigo n'en recueillit pas moins seize sièges ; parmi ses élus figuraient MM. Gambetta, Laurent-Pichat, Scheurer-Kestner et Corbon.

L'élection du 2 juillet, sans toutefois complètement décourager la droite de l'Assemblée, lui porta néanmoins un coup terrible. Les forces vives de la démocratie reprirent courage et, malgré les difficultés sans nombre, les préventions, les calomnies, allaient s'esquisser, de bonne heure, quelques tentatives de propagande socialiste.

CHAPITRE VI

La presse traquée. — Rétablissement du cautionnement. — L'activité cléricale. — Les pétitions des évêques. — Le pouvoir temporel du pape.

Tous les procédés étaient mis en œuvre pour « assurer l'ordre » et « prévenir les excès de la démagogie turbulente. » Toutefois, l'état de siège maintenu dans plusieurs départements, pratiqué plus rigoureusement à Paris qu'ailleurs, devait être pour rassurer tous ceux qu'avaient affolés les mouvements insurrectionnels. La presse républicaine, très restreinte comme organes, n'élevait que timidement la voix, sans cesse menacée, fréquemment frappée dans les conditions les plus autoritaires par des juges implacables. Un long chapitre suffirait à peine pour établir un sommaire relevé des journaux avertis, suspendus, supprimés brutalement par l'autorité militaire dans les départements où fleurissait l'état de siège : frappés d'amendes, de prison, dans les autres, par les tribunaux ordinaires. La répression s'activait surtout quand se tentait, non pas une apologie, simplement une loyale explication sur le mouvement communaliste ou un appel à la pitié en faveur des vaincus emprisonnés et de leurs familles privées de leur plus précieux soutien ; quand était contesté le pouvoir constituant de l'Assemblée Nationale ou s'organisait une campagne anticléricale.

Ces procédés rigoureux ne pouvaient suffire aux réacteurs, pas même au pouvoir exécutif où figuraient de prétendus libéraux, tel M. Dufaure, et des républicains, tel Ernest Picard, ancien membre actif de l'opposition sous l'Empire et qui avait fait partie du gouvernement issu de la Révolution au 4 septembre. Il fallait à tout prix empêcher la presse démocratique de se développer ; pour cette œuvre le plan était simple mais perfide : rétablir le cautionnement, ce qui préviendrait la création de nouveaux journaux, tandis que seraient muselés ou écrasés sous les mesures arbitraires, sous les amendes, ceux qui existaient. C'était l'application du « silence aux pauvres » dans toute sa beauté. Par 314 voix contre 197, l'Assemblée avait adopté le projet de loi dû à la collaboration de MM. Dufaure et Ernest Picard. Si tout était employé pour entraver le développement du parti républicain et, naturellement, empêcher toute tentative de réorganisation du parti socialiste, en revanche la plus grande latitude, les plus précieux encouragements étaient prodigués à tous les éléments de réaction. Parmi ceux qui s'occupaient aux préparatifs d'une restauration, par la réconciliation du Comte de Chambord et des descendants de ce Philippe-Égalité qui avait voté la mort de Louis XVI, une sainte cohorte concentrait ses soucis et son activité sur la situation pitoyable du pape Pie IX et de la religion menacée par les progrès de l'indifférence, de la critique, de la libre-pensée.

Le 20 septembre 1870, quelques jours après Sedan, après un bref combat, l'armée italienne avait pénétré dans la Rome papale, donnant un éclatant démenti au solennellement grotesque « jamais » de M. Rouher, et le pouvoir temporel des papes avait vécu. Cette situation plongeait dans une inconsolable douleur les militants catholiques français. Comme si ce n'était pas assez d'avoir, par deux fois en vingt années, en 1849 et en 1869, exaspéré les Italiens contre nous, en maintenant, par la force des armes, Rome sous le joug clérical, les monarchistes français allaient tenter de restaurer le pouvoir temporel, au risque de lancer la France, encore sous le coup des désastres subis, dans une une folle et funeste aventure.

Le recul de plus de trente années, qui permet de juger de sang-froid les événements, inclinerait à supposer que les meneurs de cette campagne papaline étaient frappés d'aliénation mentale. Sans doute, en ces circonstances, l'Église apostolique, catholique et romaine, manqua-t-elle de cette souplesse qui, si souvent, a fait sa force et lui a permis de traverser victorieusement des crises très graves. Il n'en est rien cependant. Ces gens calculaient froidement et s'engageaient méthodiquement dans une partie capitale, décisive. Restauration monarchique et restauration du pouvoir temporel étaient les deux facteurs solidaires du problème que se posait cette importante fraction du parti conservateur qui comprenait qu'en France une république si rétrograde ou stationnaire qu'elle pût être, serait fatalement la préface d'un mouvement démocratique irrésistible, pour si tardivement qu'il dût se produire.

Le calcul était juste et les événements le démontreront par la suite. Si la puissance économique joue un rôle formidable dans le monde, courbant sous son joug, écrasant ceux qui ne possèdent pas et la majorité de ceux qui possèdent, la puissance cléricale joue, de son côté, un rôle non moins notable, tout simplement moral qu'il apparaisse. Elle est la collaboratrice la plus efficace des gouvernements et des classes dirigeantes, quand on lui laisse la part d'action qu'elle réclame et qu'on lui concède la somme toujours énorme de privilèges matériels dont elle est avide.

Aussi tout l'élément clérical participait-il avec entrain au mouvement destiné à renverser la République et à restaurer la monarchie traditionnelle. Archevêques et évêques marchaient à la tête de cette armée aux manœuvres tour à tour sournoises ou audacieuses, suivant les circonstances. Ils avaient entonné le *Te Deum* pour célébrer l'écrasement de la Révolution républicaine, socialiste et libre penseuse; au risque des plus graves, des plus dangereuses complications, ils allaient tenter de restaurer le pouvoir temporel du pape. C'est ce que visait la pétition des évêques qui, le 22 juillet 1871, amorçait une retentissante et orageuse discussion.

Plusieurs pétitions organisées par les évêques de Vannes, de Versailles, de Saint-Brieuc, de Rouen, de Quimper, de Rennes, de Bourges, avaient été déposées sur le bureau de l'Assemblée nationale. Ces pétitions demandaient instamment à l'Assemblée d'exercer une énergique pression sur le gouvernement pour qu'il proposât aux puissances de se concerter, en vue de rendre au pape une situation qui lui restituât et lui garantît l'indépendance nécessaire à la direction de l'Église catholique. Les protagonistes de ces pétitions étaient tellement aveuglés par la passion cléricale et monarchiste qu'ils ne comprenaient pas que les puissances étrangères n'avaient aucun intérêt — au contraire — à tenter l'annulation des événements du 20 septembre et la renonciation de l'Italie, désormais unifiée, à Rome dont elle venait de faire sa capitale, les armes à la main, et que, si le gouvernement de M. Thiers cédait aux injonctions de la majorité conservatrice, conduite par les prélats et les hobereaux, également fanatiques, il s'exposerait et exposerait la France au ridicule ou à quelque désastreuse aventure.

Ce fut un clérical ardent, M. Pajot, qui rapporta les pétitions. Son discours leur donna leur véritable caractère; à le relire trente-six années après, on se demande comment le suffrage universel, même après la profonde perturbation qui venait de se produire, avait pu confier les destinées du pays à des cerveaux aussi gravement atteints.

Voici un des passages essentiels de ce monument d'aberration oratoire : « Elle (la France) ne saurait oublier que la République n'a pas fait défaut, en 1848, à la tradition française. Nous ne pouvons nous résoudre à l'examen d'une cause juste et sainte. L'honneur et la dignité de la France, lui commandent, malgré ses malheurs, d'intervenir en faveur du Saint-Père et cela par respect pour la liberté de conscience et la foi des traités.

« Nous ne saurions faire appel aux armes (?!!) dans la situation où nous sommes; mais nous pouvons faire un appel à l'Europe entière pour un intérêt universel. C'est à notre diplomatie qu'il faut confier la question, puisque nous ne pouvons faire autrement; mais, selon notre droit, nous réservons l'avenir. »

Et M. Pajot, fort habilement, en manière de conclusion, réclamait que les pétitions fussent renvoyées au ministre des affaires étrangères, demandant à l'Assemblée, par son vote, de les recommander à l'*examen sérieux et bienveillant du gouvernement*. C'était un ordre plus qu'une indication.

M. Thiers, qui avait approuvé l'expédition romaine en 1849, tant à l'extérieur qu'à l'intérieur; qui, sous l'Empire, s'était opposé de toutes ses forces à la collaboration de la France à l'unification de l'Italie, comprit le danger de la situation. Après avoir évoqué son attitude constante, avoir affirmé toute sa déférence envers le chef de l'église, il exposa les dangers de toute nature que pouvait entraîner le vote réclamé par le rapporteur. « Il y a aujourd'hui un royaume d'Italie qui compte dans les grandes puissances européennes. Que voulez-vous y faire? Il ne faut pas nous imposer une diplomatie qui aboutirait à ce que vous désavouez : la guerre. Ne nous imposez pas, sous des termes couverts, une tâche que vous n'accepteriez pas vous-mêmes.

« L'Europe tout entière accepte l'Italie. Eh bien ! mettez-vous à ma place : je regrette d'affliger les catholiques, mais si toutes les puissances entretiennent avec l'Italie d'excellents rapports, que voulez-vous que j'y fasse? Mais, dites-vous, il ne faut point accepter la doctrine des faits accomplis. Mais quand toute l'Europe compte avec l'Italie, voulez-vous que je prépare avec elle des rapports compromettants pour l'avenir? Je ne puis le faire. Vous ne voulez pas la guerre, dites-vous? Ne me demandez pas alors une politique qui serait inconséquente si je ne la poussais jusqu'au bout ! »

Tous ceux qui appuyaient les pétitions des évêques étaient acculés dans une impasse, avec le spectre de la guerre apparaissant comme la conclusion fatale de leur mouvement sur le pays qui les avait élus avec un seul programme : « la paix quand même, et malgré tous les sacrifices matériels, moraux, qu'elle pourrait entraîner ! » De cet embarras extrême, l'évêque d'Orléans, M. Dupanloup, dont le rôle dans toutes les intrigues était si actif, se fit l'interprète en un discours confus et sans conclusions fermes. La bataille, fort vive, s'engagea sur l'ordre du jour présenté par M. Marcel Barthe, d'accord avec le chef du pouvoir exécutif, tandis que la gauche avait d'abord réclamé l'ordre du jour pur et simple, seule sanction que méritât le sujet de la discussion. L'ordre du jour de M. Marcel Barthe portait : « L'Assemblée, confiante dans les sentiments patriotiques et la prudence du chef du pouvoir exécutif, passe à l'ordre du jour ».

Il était utile que dans une question pouvant engager ou compromettre la paix, une manifestation très nette couronnât le débat. M. Gambetta, qui rentrait en scène, le comprit, et, au nom de l'extrême-gauche, il fit la déclaration suivante : « Nous avions proposé un ordre du jour pur et simple suivi d'une demande de scrutin, mais après les déclarations patriotiques de M. Thiers, après la garantie qui nous est donnée de la paix européenne, nous nous rallions à l'ordre du jour accepté par M. le chef du pouvoir exécutif ».

La gauche entière avait applaudi cette déclaration; il semblait qu'un vote unanime dût terminer cet incident qu'avait caractérisé la première conjonction de deux hommes d'État qui, parmi les intimes, mais sans trop se cacher toutefois, se traitaient réciproquement de « fou furieux » et de « sinistre vieillard ». Mais il fallait compter avec les passions cléricales de la droite. M. Keller déclara brutalement que ses amis et lui auraient voté l'ordre du jour de M. Marcel Barthe, si l'appui de M. Gambetta ne lui avait donné un caractère tout spécial ; ils ne pouvaient plus lui accorder leurs suffrages.

M. Gambetta, à cette attaque directe, riposta avec véhémence : « Je connais cette tactique, s'écria-t-il, qui consiste à jeter des personnalités dans le débat ! Je puis être pour vous tous un homme suspect et dangereux ; eh bien, prenons jour pour discuter mes actes. Aujourd'hui, je vous demande si follement vous voulez lancer le pays dans de nouvelles aventures ! »

Parmi l'orage déchaîné, M. Thiers lit une déclaration ferme, bientôt suivie d'une navrante capitulation. D'abord il déclara que, malgré l'appui donné par M. Gambetta, il maintenait son acceptation de l'ordre du jour Marcel Barthe : « Je ne retire pas mon adhésion à l'ordre du jour de M. Marcel Barthe, dit-il, parce que tel ou tel l'a accepté. Je ne recherche l'accord avec personne, mais quand il arrive, je ne le fuis pas ».

Les monarchistes revinrent à la charge, non à la tribune, mais plus directement, à son banc, le mettant en demeure d'opter entre eux ou l'ancien dictateur et il céda : il reparut à la tribune et, là, il déclara qu'il consentait au renvoi au ministère des affaires étrangères, mais avec cette condition qu'on ne l'engagerait pas dans une politique grosse de dangers pour la France. Et le renvoi fut prononcé après que, par 409 voix contre 200, l'ordre du jour Marcel Barthe eût été repoussé.

Cette discussion était significative ; elle révélait le plan formé par la coalition des réactionnaires et des cléricaux ; elle marquait un des points de départ de la lutte qui allait s'engager contre l'Église et qui n'est point terminée, malgré le régime nouveau créé par la séparation des Églises et de l'État.

Cette lutte, les luttes pour l'établissement d'une République solidement assise, le parti avancé décimé, sont pour faire comprendre la lenteur avec laquelle allait se reconstituer un parti socialiste ayant son programme spécial et sa tactique particulière. Toutefois, cette lenteur ne fut que relative eu égard aux difficultés nombreuses, d'apparence insurmontables, à des crises particulièrement graves et délicates.

LES TRAINS PARLEMENTAIRES

Un membre de la droite s'imaginant que la Commune vient d'être proclamée à
Versailles en apercevant le drapeau rouge d'un cantonnier.

D'après un document de l'époque.

CHAPITRE VII

*Suite de la répression. — Cours d'assises et Conseils de guerre. — A Versailles
et en province. — Les vaincus livrés aux vainqueurs. — Une statistique. —
Les fusillés. — La Commission des grâces.*

Entre temps s'était posée une question assez grave : le désarmement des
gardes nationales, effectué, du reste, en fait dans les villes où avaient éclaté des
mouvements insurrectionnels.

Les droites de l'Assemblée, qui poursuivaient leurs tentatives de restauration et nourrissaient malgré les faits quotidiens les plus folles espérances,
se préoccupaient des résistances que pourrait rencontrer la réalisation légale
ou illégale de leurs projets. Le mouvement républicain qui se manifestait sur
bien des points du territoire les inquiétait vivement ; il fallait que, le jour venu,
pas un effort énergique ne put leur être opposé ; pour cela, il fallait désarmer
les gardes nationales et la proposition en avait été déposée.

M. Thiers, qui, cependant, venait de donner des gages terribles de son
attachement à la cause de l'ordre ; qui entretenait les espoirs de tous les partis
de droite ou du centre, trouva la proposition inopportune, au moins quant à sa
mise en pratique immédiate et simultanée. Il ne la repoussait pas en principe,
quoiqu'il eut préféré la réorganisation sur des bases donnant toutes garanties
pour « l'ordre » ; il voulait la pratiquer dans les conditions qu'il jugerait oppor-
tunes. « Jamais, déclarait-il, je n'accepterai d'agir à jour fixe sur tous les points
du territoire ». Cette fois, le chef du pouvoir exécutif tint bon, malgré l'attitude
particulièrement vive de quelques modérés et du général Chanzy qui, en cette
circonstance, s'était fait l'homme des droites et était rapporteur de la proposition. M. Thiers obtint gain de cause ; le général Ducrot, dont l'incapacité
et la vantardise étaient devenues fameuses depuis la guerre, depuis le siège de
Paris surtout, apporta à la tribune la capitulation de la Commission et il resta
entendu que le gouvernement, par des arrêtés successifs pris par lui et éche-
lonnés à sa guise, les gardes nationales seraient dissoutes. La République nouvelle se montrait plus réactionnaire que la monarchie et l'Empire.

M. Thiers avait blessé une fois de plus toute la droite par une phrase cinglante : « Comment, vous avez entre Paris et Versailles 120.000 hommes de
cette armée qui a forcé les portes de Paris, et vous n'êtes pas tranquilles ! »

Rien, en effet, ne pouvait rassurer cette Assemblée qu'avait affolée la peur de la Révolution parisienne et dont la rage, la passion, l'esprit de vengeance ne devaient disparaître que plus tard, lors de sa propre disparition.

On le constatait par l'acharnement contre ceux qui, en province et à Paris, avaient pris part aux luttes révolutionnaires ; par les conditions cruelles dans lesquelles les prisonniers étaient traités, dans les camps, sur les pontons, dans les prisons ; dans lesquelles ils allaient être traités devant les nombreux conseils de guerre spécialement institués pour les juger — si l'on peut qualifier l'acte de juger, qui implique sang-froid, impartialité, d'équitable, quand, contre des vaincus, il est confié à leurs vainqueurs immédiats, encore imprégnés de la fièvre sauvage de la bataille ?

Ce qui incitait l'Assemblée et le pouvoir exécutif à poursuivre, sous des apparences plus calmes, plus légales, la répression impitoyable de Mai, c'était la nécessité — pour eux — de donner à la Révolution parisienne, aux mouvements similaires de province, un caractère tout autre que celui qu'ils avaient en en réalité. Puis, frapper à jamais ceux qui avaient le plus activement participé à l'action ; faire des exemples terrifiants : enfin, éloigner pour longtemps ceux qui avaient ou passaient pour avoir une influence sur le parti démocratique, particulièrement sur la classe ouvrière. Il importait de réagir vigoureusement contre le sentiment sympathique qui déjà, malgré la terreur organisée, malgré les calomnies répandues, commençait à se manifester ; contre le sentiment d'horreur dégagé même par les récits des journaux les plus acharnés après les vaincus, récits consacrés aux exécutions sommaires si largement pratiquées, dans les rues de Paris, par les soldats de Versailles surexcités, déchaînés ; par les cours martiales qui, au théâtre du Châtelet, comme au Luxembourg, avaient fonctionné, telles des mitrailleuses !

Quelle erreur ! quels abominables mais stupides calculs destinés à procurer, durant quelques années à peine, une tranquillité encore bien relative. En face de la légende versaillaise peu à peu se formait la légende socialiste-démocratique, faite de pitié pour les vaincus, d'exécration pour les vainqueurs ; enfin, de la légende enthousiaste allait se dégager le véritable caractère du 18 Mars, transformé en une date populaire internationale, partout commémorée et, de la cendre des fusillés, le Socialisme, ressuscité, régénéré, empruntant à la science ses méthodes, allait reparaître jeune, vigoureux, émouvant les masses, groupant les esprits libres ou généreux, ouvrant large la voie, suscitant les revendications et faisant naître toutes les espérances.

Les procès nombreux, les exécutions accomplies de sang-froid, la déportation, loin de servir la cause conservatrice, lui firent un tort considérable ; quand leurs protagonistes s'en aperçurent, il était trop tard ; ils allaient être emportés à jamais par le réveil républicain, que devait rapidement suivre le réveil socialiste.

Malgré leur nombre, les conseils de guerre fonctionnant ne pouvaient suf-

fire à juger tous les prisonniers. Il fallut en créer de nouveaux. Leur tâche
devait s'exercer sur une foule énorme. Voici ce qu'en écrit M. Gabriel Hano-
taux dans son *Histoire de la France Contemporaine*, au chapitre qui porte pour
titre *La Répression* : « Trente-cinq mille huits cents prisonniers furent dirigés
sur Versailles, campés à Satory ou enfermés dans deux propriétés des environs et dans les prisons de la ville, puis, après un premier interrogatoire, éva-
cués sur Brest, sur Lorient, sur Cherbourg, sur La Rochelle et Rochefort.
Jusqu'en 1875, le nombre total des arrestations monta à quarante-trois mille
cinq cent vingt et un. Vieillards, jeunes gens, hommes mûrs, femmes et enfants, toutes les conditions et tous les âges figuraient dans ces troupeaux
pitoyables ».

Et l'outillage judiciaire fut mis à la hauteur matérielle de sa tâche meurtrière ; sa tâche morale il ne la connut jamais. Thémis, casquée et bottée, ne
fut pas aveugle, mais aveuglée : elle oublia les classiques balances échangées
contre le sabre et le fusil. Sur la proposition de M. Bérenger, qui devait songer
bien tardivement à la « loi de pardon », de nouveaux conseils de guerre avaient
été créés par la loi du 7 Août 1871 : ils allaient être portés à quinze
d'abord, puis à vingt-cinq, enfin à vingt-six, rien que pour la 1re division militaire.

Pour la province et l'Algérie, les conseils de guerre existant dans les divisions militaires suffirent. Ils siégèrent pour juger les personnes impliquées
dans les divers mouvements insurrectionnels à Limoges, Lille, Rouen, Marseille, Besançon, Châlons-sur-Marne, Narbonne, Montpellier, Bordeaux.
Nantes, Toulouse, Bayonne, Lyon, Brest, Clermont-Ferrand, Bourges, Bastia
Constantine, Alger et Oran.

Quatorze cours d'assises eurent à connaître des procès du même caractère :
elles jugèrent les civils : les soldats passés à l'ennemi républicain, socialiste et
patriote dans la haute acception du mot, furent livrés aux conseils de guerre
qui les frappèrent sans merci. Elles siégèrent dans les Basses-Pyrénées, la
Drôme, la Seine, le Loiret, le Puy-de-Dôme, le Gard, l'Aveyron, le Cher,
l'Oise, la Nièvre, la Marne, la Seine-et-Marne, l'Isère, Saône-et-Loire.

La plus grande publicité fut donnée par la presse à ces procès : les journaux
conservateurs et les républicains modérés en profitèrent largement pour organiser une odieuse, lâche campagne de calomnies et de diffamations ; c'était une
nouvelle semaine de Mai, cette fois la plume et le code militaire collaborant.
Un volume serait nécessaire pour donner une idée des sottises, des mensonges,
des faux accumulés contre les accusés, la plupart présentés comme des détra-
qués, des alcooliques ou des criminels de grands chemins ; les femmes, des
pétroleuses ou des prostituées ! C'est l'éternel refrain de l'histoire : Quand la
foule, après des jours de luttes sanglantes, après avoir violenté les institutions
établies, écartelé Charte ou Constitution, après avoir balayé un régime
« légalement établi », remet sa victoire aux mains de dirigeants qui, fréquemment

l'ont poussée au combat plus qu'ils ne l'y ont suivie, elle est sublime avec ses figures hâves, ses yeux brillants de fièvre, ses mains noires de poudre et ses vêtements en loques ; ses morts, ses blessés sont des héros, des martyrs. Si, par hasard, comme en Juin 1848, comme en Mars 1871, elle a combattu pour elle, si elle veut pour elle quelques-uns seulement des fruits de la victoire, alors on lui crie : *haro ;* elle n'est plus qu'une tourbe sans aveu, la « vile multitude » qu'il faut saigner a blanc pour la réduire et, plus que jamais, la river au servage.

Le nombre des accusés appelés devant les Cours d'assises fut relativement faible eu égard au nombre de ceux qui comparurent devant les Conseils de guerre ; ils étaient au nombre de 236, compris dans 41 affaires. Les juges se montrèrent, étant donné l'époque, la pression qu'on tenta d'exercer sur eux, beaucoup moins implacables que les juges militaires. Certains marquèrent même par leur verdict une évidente impartialité, parfois de la sympathie pour le caractère des accusés.

La Cour d'assises des Basses-Pyrénées eut à connaître des événements de Toulouse, une manifestation tumultueuse bien plus qu'une tentative de solidarisation sérieuse, effective au mouvement parisien. Il y avait là, cependant, un homme dont le passé sous l'Empire, l'attitude indépendante vis-à-vis du gouvernement de la Défense nationale, l'influence, la popularité, qui pouvait beaucoup ; il ne fit rien et le mouvement, sans direction, avorta. Il ne fit rien, c'est trop dire, car, dans une brochure par lui publiée, il n'hésita pas à déclarer que, durant les événements qui suivirent sa révocation et son remplacement par M. de Kératry, il n'avait été que le fidèle et loyal serviteur du gouvernement de Versailles. Après neuf jours de débats passionnés, la Cour d'assises l'acquitta, ainsi que ses co-accusés, à l'unanimité. Ils le méritaient bien. Duportal, néanmoins, racheta bientôt ce moment de faiblesse. Reprenant la direction du journal *L'Emancipation*, où il avait fait si vaillante campagne sous l'Empire, il prit ouvertement la défense des vaincus à qui, malgré procès sur procès, il ouvrit les colonnes du journal. Des proscrits tels que Razoua y purent répondre aux attaques furieuses, aux diffamations. Ce fut le signal du réveil dans le Sud-ouest.

A Rodez se jugea l'affaire de Narbonne dont Emile Digeon avait été le chef intrépide. Mouvement bref, mais énergique, tôt étouffé par des troupes envoyées de toutes parts ; des turcos y figuraient prêts à traiter les insurgés comme une vulgaire tribu à razzier et à massacrer. Devant le Conseil de guerre, des soldats qui n'avaient pas voulu tirer sur des Français comme ils avaient bravement tiré sur l'envahisseur étaient déférés au Conseil de guerre qui en frappa de la déportation. Malgré l'attitude de Digeon qui, hautement, fièrement, sans détours, revendiqua toute la responsabilité du mouvement insurrectionnel, appelant sur sa tête le châtiment, s'il en devait être appliqué, le jury rendit un verdict négatif sur toutes les questions et Digeon fut mis en liberté parmi une enthousiasme extraordinaire. Rendu en plein centre « provincial », ce verdict produisit une sensation profonde ; les conservateurs en furent atterrés ; les républicains avancés, les socialistes en reprirent courage.

Sur 236 envoyés devant les quatorze cours d'assises, 116 furent acquittés, 120 condamnés à différentes peines : 2 aux travaux forcés à perpétuité, 3 à la déportation simple, 6 à la déportation dans une enceinte fortifiée, 7 aux travaux forcés à temps, 20 à la détention, 8 à la réclusion et 70 à l'emprisonnement.

Les Conseils de guerre se montrèrent, de beaucoup, moins indulgents que les Cours d'assises. Comme nous l'avons fait remarquer, c'étaient les vainqueurs qui jugeaient les vaincus ; c'étaient les anciens officiers de l'armée qui soutenait le régime impérial appelés à juger ceux qui avaient renversé le régime, car, il n'est pas douteux que, sans l'intervention énergique de l'élément républicain avancé, socialiste, la Révolution du 4 septembre ne se serait pas accomplie, au moins, avec une rapidité telle que toute résistance fut vaine et que le calme ne fut pour ainsi dire pas troublé.

Il est impossible de redire par les détails ce que furent les procès qui se déroulèrent devant les Conseils de guerre ; même d'insister sur les épisodes passionnés qui se produisirent ou sur les discussions qui projetèrent une vive lumière sur le caractère réel de la révolution du 18 Mars, sur les hommes qui avaient assumé l'écrasante responsabilité d'une direction toujours difficile, parfois impuissante.

Ce fut au 3e conseil de guerre, siégeant dans la salle du Manège, que fut dévolue la mission de juger les membres du Comité central et de la Commune qui avaient été arrêtés et qu'avaient épargnés les exécutions sommaires de Mai. Les débats furent dirigés par le colonel Merlin, dont le rôle devait être d'une partialité inouïe ; il attacha à son nom une célébrité sinistre. Il avait en la personne du commandant Gaveau un collaborateur tout à fait digne de lui, car, supportant peu la contradiction, il ne cessa d'injurier les accusés, de paralyser la défense, parfois, même, de menacer les avocats. Rien ne devait être épargné par lui pour inviter les juges à frapper impitoyablement — ils y étaient préparés, du reste — les vaincus que la défaite, les hasards de la fortune capricieuse amenaient devant eux.

A relire les comptes rendus détaillés de ces procès, on évoque la question et la réplique échangées entre le président de la cour martiale et le général Malet, après l'avortement de la prodigieuse conspiration de 1812. Au président qui lui demandait : « Qui donc comptiez vous avoir comme complices, comme partisans », Malet répondit fièrement : « Toute la France..., vous les premiers, si j'avais réussi ! »

Un écrivain fort modéré, qui n'a jamais passé pour suspect de sympathie envers le mouvement révolutionnaire, M. Jules Claretie, a tracé du Conseil de guerre un tableau à la fois simple et vivant :

« La salle du Conseil de guerre était vaste, c'était cette salle du Manège, qui ne s'attendait guère à être transformée en tribunal et qui gardait encore trace de sa destination primitive, ne fut-ce que le sable jaune et fin dans lequel s'enfonçaient les talons du public. Le jour, un jour cru, pénétrait par les larges verrières des côtés, comme dans la salle du Jeu de paume, et éclairait en pleine lumière ce vaste tribunal. Les uniformes des membres du Conseil de guerre se détachaient sur les tentures vertes du fond de la salle, tentures sur lesquelles on avait appendu une figure de Jésus crucifié. Des gardes de planton formaient, devant le tribunal, une sorte de double haie immobile, au milieu de laquelle passaient les témoins. De loin, les plastrons rouges des tuniques, les collets d'habits, les turbans, les képis et les rouges aiguillettes des gendarmes produisaient sur le fond vert du tribunal, l'éclat de fleurs rouges dans un champ d'herbe ou de blé vert.

« Les accusés, assis entre des gendarmes sur des gradins placés à la gauche du tribunal, faisaient face aux journalistes qui, à droite, prenaient des notes, écoutaient, étudiaient et dont les regards navrés ou satisfaits rencontraient parfois ceux d'un ancien confrère. Les défenseurs en robe noire, immédiatement placés au-dessous des bancs de leurs clients, suivaient les débats, écrivant, interrompant et lorgnant l'auditoire. Nulle figure connue dans le groupe, sauf le visage pâle et les gros yeux ronds de M. Lachaud, le défenseur du Courbet. Les autres, des jeunes gens pour la plupart, se groupaient autour d'un homme jeune, bouillant, M. Léon Bigot, un ancien ami de Jules Favre, et d'un vieillard en lunettes, les cheveux blancs et le menton rasé, qui était M. Dupont de Bussac.

« Les juges étaient des soldats. Le colonel Merlin, déjà vieux, le crâne chauve, ayant à ses côtés un lieutenant-colonel aux larges épaules, interrogeait, d'un ton lent, d'une voix apaisée, les accusés et les témoins. A la droite du tribunal, le Commissaire de la République, le commandant Gaveau, prenait des notes. C'était un homme énergique, assez violent, mâle et résolu. »

Quant aux accusés, M. Claretie, et il ne fut pas le seul parmi les écrivains de cette époque, note la stupéfaction qui se manifesta à leur apparition. On leur trouva des physionomies étranges, les traits tirés. N'aurait-il pas fallu qu'ils comparaissent pimpants, frais, roses, l'œil clair, ces hommes qui, après une période terrible, l'effroyable tuerie de la fin de Mai, sous le coup des responsabilités, toujours sous la douleur de la défaite, du souvenir des camarades de luttes disparus ; après une captivité très dure, parmi les injures, les vexations, les tortures, les préoccupations de famille, les douloureuses séparations, se voyaient soudain livrés à leurs adversaires, à leurs ennemis les plus déterminés. Et cependant, l'écrivain disait : « Les têtes étaient livides, mais les lèvres souriaient. Le rictus de l'ironie s'alliait, chez la plupart, à la pâleur de la fatigue. »..... On eût été fatigué pour moins !

Cette première « fournée » devait comprendre dix-huit accusés, moins Lisbonne, qui avait combattu, jusqu'au dernier moment avec une insouciance,

une bravoure folles et gisait sur un lit avec les jambes fracassées; on n'en vit
que dix-sept : Assi, Urbain, Ferré, Billioray, Jourde, Champy, Trinquet,
Paschal Grousset, Lullier, Rastoul, Régère, Courbet, Verdure, Ferrat, Decamps, Victor Clément, Ulysse Parent.

Ceux qui marquaient plus particulièrement étaient Jourde, l'ancien délégué
aux finances, Paschal Grousset, qui avait eu la charge des relations extérieures, Ferré, qui avait reçu la mission de gérer la Préfecture de police ;
Assi, Trinquet et Courbet que mettaient en lumière son grand talent de
peintre et son rôle dans le déboulonnement de la colonne Vendôme.

Nous ne pouvons juger l'attitude des accusés, l'espace nous manque. Il
nous faut, cependant, constater que Jourde établit un compte très précis, très
net de sa gestion financière et qu'ainsi il contribua à un revirement de l'opinion
sur ce que la presse à la solde de la réaction versaillaise qualifiait de « pillage
de la Banque de France » et sur l'honnêteté scrupuleuse de la Commission des
finances; une partie de la sinistre légende commençait à s'effriter. Quant à
Ferré, quel que soit le jugement que l'on puisse porter sur son rôle durant la
Commune, tout le monde reconnût que sous les misérables invectives du commandant Gaveau, qui s'oublia jusqu'à injurier son défenseur, il montra une
attitude ferme, fière. Il ne se défendit pas et voulut simplement expliquer sa
conduite. Il fut interrompu et ne put que protester, protester surtout contre
le fameux document « faites flamber finances ! » qui lui était attribué, qui
n'était qu'un faux jésuitiquement fabriqué, ce qui fut reconnu plus tard.

Quant à ce pauvre Courbet, son attitude fut douloureuse et le plaidoyer
qu'en sa faveur prononça Lachaud ne fût pas pour la relever. Il n'en reste pas
moins un des plus grands artistes de la seconde moitié du xixᵉ siècle.

Après d'interminables débats, orageux, fréquemment désordonnés,
comme un furieux épisode de guerre civile, — le commandant Gaveau devait
en devenir fou — le 2 Septembre, le conseil de guerre rendit son « jugement ».
Il avait à se prononcer sur seize questions, dont la plupart entraînaient la
peine de mort, le bagne ou la déportation. Ferré et Lullier furent condamnés
à mort; Paschal Grousset, Assi, Champy, Billioray, Régère, Verdure, Ferrat,
à la déportation dans une enceinte fortifiée ; Rastoul et Jourde, à la déportation simple; Trinquet et Urbain aux travaux forcés à perpétuité; Courbet, à
six mois de prison et 1.500 francs d'amende; Victor Clément, à trois mois de
prison ; Decamps et Ulysse Parent furent acquittés.

Parallèlement au 3ᵉ, les autres conseils de guerre de la 1ʳᵉ division, des autres divisions militaires et d'Algérie étaient à l'œuvre et les jugements se succédaient, émouvant l'opinion publique par leurs implacables condamnations,
provoquant le cri de pitié qui allait de partout s'élever quand allaient retentir à
Satory et à Marseille les pelotons d'exécution. Ce n'étaient plus des tribunaux,
c'étaient des machines à fusiller, à envoyer au bagne, en exil, à déporter.

On frappait non seulement pour avoir fait partie de la Commune, pour

— Mon bon ami, faites-moi le plaisir de signer cette pétition contre l'instruction obligatoire.

— Pardon, monsieur Basile, mais j'savons pas écrire.

D'après un document de l'époque.

avoir combattu les armes à la main, donné des ordres, participé à des exécutions, mais encore pour avoir simplement écrit des articles de journaux. Maro-
teau, tout jeune, devait mourir au bagne de Toulon, pour son article visant
l'archevêque de Paris : « Les chiens ne se contenteront plus de regarder les
évêques, ils les mordront... »; Rochefort, dont le rôle, durant la Révolution,
avait été si peu précis, devait payer de la déportation surtout ses campagnes
si décisives contre l'Empire !

Nous n'avons pas le loisir de revenir sur l'œuvre terrifiante des Conseils de
guerre qui fonctionnaient encore quatre années après la reprise de Paris par
l'armée de Versailles, nous ne voulons simplement enregistrer que des documents éloquents, malgré leur apparente sécheresse.

Dans son rapport sur l'œuvre de la justice militaire, le général Appert constate que le nombre des arrestations opérées à la suite des événements du
18 Mars s'éleva à 38.000 parmi lesquelles 5.000 de militaires, 850 de femmes et
de 650 enfants de *seize ans et au-dessous!* 18.930 détenus furent mis en liberté
sur ordonnance de non-lieu ; 11.070 furent déférés aux Conseils de guerre.

Enfin, dans le rapport présenté par MM. Martel et Félix Voisin, le 20 décembre 1875, au nom de la mémorable Commission dite des grâces, sont relevées les
condamnations contradictoires prononcées tant par les Conseils de guerre que
les Cours d'assises :

Condamnations à mort	110
Condamnations à la déportation dans une enceinte fortifiée.	1.197
Condamnations à la déportation simple	3.446
Condamnations à la détention..	1.321
Condamnations au bannissement.	333
Condamnations aux travaux forcés à perpétuité	94
Condamnations aux travaux forcés à temps	179
Condamnations à la réclusion	70
Condamnations à l'emprisonnement	2.670
Condamnations à l'emprisonnement dans une maison de correction.	59
Condamnations à la surveillance de la haute police	117
Total	9.596

Pour compléter ce tableau, il nous faut aussi donner la funèbre liste de
tous ceux qui, à la suite des sentences des conseils de guerre furent exécutés
militairement, malgré la clameur de pitié qui, de toutes parts, s'éleva, surtout
en faveur de Rossel et de Gaston Crémieux.

Bourgeois, Pierre, sergent au 45e infanterie (28 novembre 1871); Ferré,
Théophile (28 novembre 1871) ; Rossel, Louis, officier du génie (28 novembre
1871); Crémieux, Gaston, avocat (31 novembre 1871, à Marseille); Aubry, Charles,

(25 juillet 1872), affaire de la rue Haxo; Boudin, Etienne, incendie des Tuileries ;
Baudoin, François (6 juillet 1872) ; Dalivous, Louis (27 juillet 1872), désertion
et affaire de la rue Haxo; de Saint-Omer, Emile (25 juillet 1872), affaire de la rue
Haxo; Deschamps, Henry (13 septembre 1872) ; Deniselle, Alfred (18 septembre
1872) ; François, Jean-Baptiste (25 juillet 1872), affaire de la rue Haxo ; Genton,
Gustave (30 avril 1872), affaire des otages ; Herpin-Lacroix, Armand (23 février 1872), affaire Clément-Thomas et Lecomte ; Lagrange, Charles
(22 février 1872), affaire Clément-Thomas et Lecomte ; Lolive, Joseph (18 septembre 1872), affaire des otages ; Préau de Vedel, Gustave (19 mars 1872),
affaire Chaudey ; Rouillac, Jean (6 juillet 1872) ; Serizier, Jean (25 mai 1872),
affaire des dominicains d'Arcueil ; Verdaguer, Goderic-Joseph (22 février 1872),
affaire Clément-Thomas et Lecomte ; Bénot, Victor (22 janvier 1873), affaire
de la rue Haxo et incendie des Tuileries ; Decamp, Louis (22 janvier 1873) ;
Fenouillas, Jean, dit Philippe (22 janvier 1873), incendie de la mairie et
de l'église de Bercy.

Ces rigueurs méritent d'être évoquées, méditées et gravées dans toutes les
mémoires.

Comme préface à la mission des conseils de guerre, le 13 juin 1871, sur la
proposition du bonapartiste Haentjens et d'un certain nombre de ses collègues, l'Assemblée Nationale avait institué la Commission des grâces, composée de trente-neuf membres, et M. Dufaure en avait réglé les pouvoirs, le
fonctionnement par un projet de loi qui fut adopté. Il s'agissait de tempérer par
un texte formel les excès de clémence qu'aurait pu, par « faiblesse ou par
humanité » commettre M. Thiers... Sainte ironie !... Qui pouvait avoir
oublié la répression de Transnonain, flétrie, immortalisée par le sublime et
vengeur dessin de Daumier !

CHAPITRE VIII

*Le premier emprunt de Guerre. — Les capitaux sur l'autel de la Patrie. — La
proposition Rivet. — Contre Paris. — Une proposition d'amnistie. — Le
drapeau blanc.*

Il avait fallu s'occuper de la question financière qui se présentait, impérieuse
entre toutes, puisque la libération du territoire en dépendait. Puis, il fallait
liquider les dépenses de la guerre, dont nous avons déjà donné un tableau
édifiant; faire face à l'œuvre de réorganisation qui ne pouvait se négliger, surtout au point de vue militaire. Le 6 juin, le gouvernement avait déposé un

projet de loi tendant à l'autoriser à émettre un emprunt de 2 milliards
500 millions, pour ainsi dire aussitôt réduit à 2 milliards ; le 20, à l'unanimité
de 547 voix, était votée la loi réglant les conditions de cet emprunt qui fut émis
le 27 du même mois, en 5 0 0, au taux de 82 fr. 50. Il eût un succès considérable, puisque le total des souscriptions s'éleva à 4 milliards 897 millions. On a
écrit, répété, ce qui est exact, que ce succès fut une manifestation éclatante
affirmant la vitalité et le crédit de notre pays à peine sorti, mais non encore
rétabli, d'une crise très grave ; mais, dès cette époque à laquelle, parmi les
puissances étrangères, chez nos vainqueurs eux-mêmes, étaient connues,
appréciées les grandes ressources de la France, ses énormes disponibilités, la
solidité de sa richesse, malgré la déplorable, criminelle gestion de l'Empire, on
s'accorda à trouver vraiment trop bas, par suite trop onéreux, le taux d'émission. Certains, à la vérité, invoquèrent que M. Thiers n'avait osé risquer un
taux plus élevé, de crainte d'un échec partiel. Il n'était pas à redouter. A l'exception de quelques centaines de souscripteurs qui, généreusement, portèrent
leurs capitaux sur « l'autel de la Patrie », la grande majorité fut surtout séduite
par l'écart de 17 fr. 50 entre le taux d'émission et le pair; — il y avait une belle
marge pour les primes rémunératrices. Le véritable patriotisme eut d'abord
consisté en la ruée de tout le pays contre les armées d'invasion ; en la mobilisation
de tous les capitaux pour fournir au Gouvernement de la Défense nationale les
moyens de lutte qui lui firent défaut : il avait fallu trouver à Londres (l'emprunt
Morgan le démontre) d'insuffisants millions à des conditions usuraires. En
réalité, les centaines de millions qui s'étaient terrés au moment de défendre
le pays ne reparurent que pour assurer la paix, dont le prix le plus douloureux était, sans contredit, le démembrement de la frontière de l'Est.

Le succès de ce premier emprunt, le paiement en cinq termes, du 1er juin
au 31 juillet, de la somme de 500 millions de francs, inaugurèrent l'œuvre de
libération du territoire, car des négociations s'engagèrent pour obtenir du
Gouvernement allemand l'anticipation des paiements, par suite, l'évacuation
anticipée des départements occupés.

L'inscription au Grand-Livre de la Dette publique des milliards constituant
l'indemnité réclamée par le vainqueur, la liquidation de toutes les dépenses
passées, les dépenses qui s'imposaient et allaient s'augmenter dans des proportions considérables, devaient, naturellement, entraîner une formidable aggravation des impôts, déjà très lourds avant la guerre. Ce fut l'occasion de grands
débats à l'Assemblée Nationale, dont la conclusion fût que rien ne serait
changé au système fiscal et que la majeure partie des charges nouvelles serait
demandée au pays par la voie des impôts indirects, ceux qui pèsent le plus
lourdement sur la masse populaire. Ce n'étaient pas une Assemblée et un Gouvernement ultra-conservateurs des privilèges de la classe possédante qui
pouvaient la frapper directement.

Avant de se séparer pour aller se reposer de ses fatigues et de ses émotions, d'aller revoir les électeurs pour les catéchiser, l'Assemblée Nationale devait étudier et trancher une grave question. Il ne s'agissait de rien moins que d'assurer plus de stabilité et une durée nettement limitée aux pouvoirs de M. Thiers. M. Rivet, un ami du chef du Pouvoir exécutif, avait déposé, le 13 août, une proposition dont l'économie générale était la suivante : Les pouvoirs conférés à M. Thiers seront, par lui, exercés sous le titre de Président de la République; ils devaient être prorogés pour trois ans, mais si l'Assemblée jugeait à propos de se dissoudre, les pouvoirs de M. Thiers ne pourraient se prolonger que jusqu'à la constitution d'une Assemblée nouvelle, à qui il appartiendrait de statuer à l'égard du Pouvoir exécutif.

M. Rivet avait réclamé l'urgence sur sa proposition qui ne pouvait guère convenir à la Droite, parce qu'elle coupait court, pour la durée de l'Assemblée, sinon aux manœuvres, du moins aux espérances immédiates des préparateurs de restauration monarchique; M. Adnet, un des plus médiocres, mais non des moins ardents parmi les réactionnaires, s'empressa de déposer une contre-proposition caractéristique : « L'Assemblée nationale confiante dans le patriotisme de M. Thiers, lui continue son concours et lui confirme les pouvoirs qu'elle lui a confiés à Bordeaux ».

L'urgence ayant été votée sur l'insistance pressante de M. Thiers, qui avait hâte de sortir de la situation toute provisoire et parfois intolérable dans laquelle il se trouvait et qui lui était une cause permanente de difficultés, de tracasseries, la proposition Rivet et la contre-proposition Adnet se trouvèrent portées dans les bureaux où la discussion fut d'une rare vivacité et traîna en longueurs, en négociations, pour se terminer par l'élection de quinze commissaires dont neuf étaient hostiles à la proposition Rivet et neuf seulement favorables.

Cette hostilité devait en partie disparaître, pour ce simple motif que l'Assemblée eut l'occasion, qui ne s'était pas encore si franchement offerte, de se proclamer Constituante, au mépris de tout droit, puisqu'elle n'avait été convoquée que pour décider de la continuation de la guerre ou de la conclusion de la paix.

Après de copieux et vifs débats, la proposition Rivet fut votée, parce que le pouvoir constituant de l'Assemblée était reconnu, qu'il n'y avait pas pour le moment un successeur suffisamment désigné pour remplacer M. Thiers, dont l'influence directe sur l'Assemblée fut, du reste, diminuée, en ce sens qu'il ne montera plus à la tribune et qu'il sera réduit à communiquer avec les élus par voie de Message.

Seuls votèrent contre la proposition les légitimistes intransigeants et les républicains de l'extrême-gauche, parmi lesquels : Louis Blanc, Cazot, Corbon, Daumas, Gent, Greppo, Peyrat, Ordinaire, Rouvier, Edgard-Quinet qui, après le vote, déposa une proposition de dissolution signée de soixante de ses collègues; et Gambetta qui avait prononcé un grand discours, coupé, haché par

des injures, des interpellations violentes ou grossières, telles qu'il ne put le
terminer que par cette apostrophe qui déchaîna une tempête : « La dissolution,
vous serez obligés de la subir, si vous n'avez ni le courage ni le patriotisme de
l'affronter ! »

Le lendemain même du vote de la proposition, M. Thiers adressa son premier Message, un Message de remerciements, dans lequel il soulignait l'honneur que lui avait fait l'Assemblée en lui décernant « la première magistrature
de la République ». Ce passage fut accueilli avec une froideur suivie de murmures significatifs, par toutes les droites. Ainsi que l'écrivait M. A. Ranc : « la
lune de miel n'avait pas duré un jour ».

Dès ce moment, la coalition, maladroitement conservatrice, sans cesser
d'ourdir des conspirations monarchiques, allait entreprendre une lutte sans
merci, tantôt sournoise, jésuitique, tantôt ouverte, sans ménagements, contre
l'homme qui l'avait bernée, mais avait donné des gages si évidents, si
farouches, à ce qui s'appelle la défense de l'ordre, à la conservation sociale.
C'est ainsi que peut seulement s'expliquer l'appui que donnèrent à M. Thiers
les gauches de l'Assemblée dans leurs campagnes pour leur établissement
légal et définitif de la République. Une fixité qui n'allait pas être d'une durée
aussi prolongée que le marquait la loi Rivet, donnée au pouvoir exécutif, son
rôle suffisamment défini et relativement restreint, se posait la question du
siège du Gouvernement et du Pouvoir parlementaire : Versailles ou Paris? la
ville de Louis XIV ou la ville de la Révolution? la capitale grandiose et
morose du Roi-Soleil ou la capitale de la Démocratie universelle ? Ce problème
posé déchaîna encore bien des orages. Des hommes, cependant très modérés,
tels que MM. Léon Say, préfet de la Seine, Duchâtel, un orléaniste rallié par
raison, De Lasteyrie, joignirent leurs efforts aux républicains pour soutenir la
cause de Paris, apaisé, incapable du reste, après la saignée pratiquée, avec
l'état de siège, de tenter le moindre mouvement.

M. Léon Say fit la déclaration suivante ; elle ne pût, elle ne pouvait rassurer ceux à qui M. Thiers, quelques séances auparavant, avait demandé
s'ils avaient peur de Paris, quand une armée de 120.000 hommes les proté-
geait : « Cette question, dit M. Léon Say, me cause beaucoup de tristesse. On
fait à cette heure le procès de Paris; la question est de savoir s'il sera condamné..... Vous ne pouvez faire que la discussion ne soit comprise par le
pays. Eh bien ! messieurs, je vous le dis, le moment est opportun, allez siéger
dans Paris, la sécurité pour l'Assemblée est assurée..... Est-ce que vous ne
voyez pas délibérer à Paris un Conseil municipal qui contient dans son sein
l'expression des opinions les plus extrêmes? Ne montre-t-il pas aujourd'hui
une grande sagesse ?..... Si vous aviez assisté aux séances, vous ne douteriez
pas de ma parole ! Le jour où ce Conseil a été élu, est-ce que vous n'aviez pas
dans l'esprit des craintes qui ne se sont pas réalisées? Je vous le dis en finissant, messieurs, Paris vous appelle, vous demande pour vous conserver, pour

vous défendre. Qu'est-ce qu'un Gouvernement fort? Un Gouvernement qui croit en lui. Si vous enlevez la confiance à Paris, vous l'enlèverez aussi au reste de la France. Je suis toujours au milieu des Parisiens; il y a un esprit de concorde! Mettez-y un peu de votre côté et consacrez définitivement la réunion de Paris et de la France! »

Quant à M. Duchâtel, son langage fut plus net, il le parût encore davantage, car il tombait de la bouche du fils d'un ministre de la monarchie de juillet dont la tendresse pour Paris ne fut jamais le faible : « Le 18 Mars était le produit d'une époque troublée. Il ne doit pas intervenir dans le débat. J'ai l'absolue conviction qu'on aura bientôt la preuve que la population parisienne a été victime d'un affolement. Le siège, la crainte de la banqueroute et de l'abandon du Gouvernement l'ont rendue folle. Il y a à Paris, dites-vous, un élément révolutionnaire? Nous ferons mieux de songer à ces industriels qui se tournent avec nous? Si nous acceptions le projet nous serions inconséquents avec nous-mêmes, nous avons adopté une politique d'apaisement : en excepterions-nous Paris? »

Tout à la fin de la discussion, M. Dufaure intervint au nom du Gouvernement et donna la pensée de M. Thiers. Acceptant le maintien de l'Assemblée à Versailles, il réclama le maintien des ministères à Paris. C'était une transaction misérable ; à cette époque elle apparut comme un acte d'énergie! Il en fut ainsi décidé par l'Assemblée qui, avant de se proroger, le 18 septembre, avait vu déposer par M. Henri Brisson un projet d'amnistie signé par quarante-quatre députés de l'extrême-gauche. Voici un extrait des considérants : ils donneront une idée de l'état d'esprit de la fraction la plus avancée de la gauche, à cette époque : « Est-il vraiment possible de juger trente-cinq mille prisonniers, et ne serait-il pas plus humain, plus politique, plus sage d'écouter enfin la voix de la clémence? Ne parle-t-elle pas en faveur de cette fraction exaltée d'une population généreuse, mais surexcitée par l'Empire, égarée par les souffrances du siège et les déceptions du patriotisme, en proie à la misère aux mauvais conseils, à la violence? Au moment de nous séparer, ne ferons-nous pas entendre une parole de paix à ces trente mille familles que l'absence de leurs chefs réduit au désespoir? Pour la plupart d'entre eux, le châtiment n'est-il pas suffisant déjà? Ceux-là même qui conserveraient de mauvais sentiments ne sont-ils pas désormais impuissants à mal faire? Est-il bon enfin de dépeupler plus longtemps les ateliers de Paris? »

Tel était le langage tenu, tel était le jugement porté sur le mouvement qui, de l'aveu des moins suspects, avait sauvé la République des conjurations et des menaces de toute sorte, peu déguisées, se déroulant, qui s'étaient manifestées à Bordeaux d'abord, à Versailles ensuite; avait affirmé le haut patriotisme de Paris et l'attachement, jusqu'à la mort, d'une vaillante minorité aux idées de transformation sociale.

Le 18 septembre, ceux que la France avait élus dans les circonstances les plus troublées, sous la pression d'événements et d'impressions bien faits pour déconcerter jusqu'à l'aberration, se séparaient. La saison des vendanges s'approchait ; l'Assemblée allait cuver dans les départements le sang versé à flots ; laisser, comme nous l'avons vu, les Conseils de guerre la venger de ses terreurs, compléter son œuvre de haine. Les monarchistes partirent, la mort dans l'âme ; par son dernier manifeste, le comte de Chambord les avait désorganisés, désemparés en déclarant qu'il ne pouvait renoncer au drapeau d'Henri IV, c'est-à-dire au drapeau blanc. C'était l'avortement de toutes les combinaisons savamment ourdies.

CHAPITRE IX

La loi Rivet. — Premières vacances de l'Assemblée. — Renouvellement des Conseils généraux. — Nouvelle victoire républicaine. — Quatre exécutions. — Revirement de l'opinion en France.

Les vacances parlementaires, si elles ne donnèrent pas le spectacle d'une grande agitation, ne virent cependant pas les partis politiques chômer. Les luttes très chaudes qui venaient, pour ainsi dire sans interruption, de se dérouler dans l'Assemblée Nationale, depuis sa première réunion à Bordeaux, allaient se poursuivre dans le pays qui devait renouveler ses Conseils généraux. Il était impossible, par ce seul fait, qu'il pût se produire la moindre trêve ; aussi bien était-il fatal que même, sans préoccupations électorales immédiates, chaque parti s'attachât à compléter ses victoires ou à en préparer par une propagande incessante. La presse républicaine, malgré les procès subis, les difficultés d'ordre financier, se développait peu à peu et menait ardente campagne quoique sur des programmes généralement modérés : quant à la presse conservatrice, qui trouvait à s'alimenter largement, malgré les déceptions, les embarras que lui valait l'intransigeance du comte de Chambord, elle avait pris des allures tout à fait triomphales. A toute occasion elle montait au Capitole pour célébrer les vertus du parti de la conservation sociale, lui attribuant tous les mérites du rétablissement et du maintien de l'ordre, du succès de l'emprunt et de l'évacuation par les troupes allemandes de quelques départements. Puis, elle ne cessait d'agiter le spectre rouge, évoquant la Révolution du 4 Septembre et celle du 18 Mars, menaçant le pays, si l'on n'y prenait garde, d'une prochaine revanche des vaincus, dont plus de trente mille étaient encore enfermés dans les geôles versaillaises.

PORTRAIT DE BLANQUI

(D'après un document de l'époque).

Les curés terrorisaient littéralement les campagnes, où ils étaient les maîtres. Mais les excès de langage, les écarts de plume des orateurs et des écrivains des partis réactionnaires, loin de profiter à leur pitoyable cause, devaient la desservir. On s'en aperçut bientôt, tout de suite même, lors des élections cantonales.

Les électeurs étaient convoqués pour le 8 octobre et il y avait 2.860 conseillers généraux à élire. Ces élections ont toujours eu et conservent, peut-être aujourd'hui moins qu'autrefois, un double caractère politique et local, celui-ci ayant généralement joué un rôle prépondérant. Situation de fortune, caractère personnel de l'homme, ces deux facteurs déterminant, plus fréquemment que le programme et le mérite, la popularité.

Pour la première fois, depuis la Révolution du 4 septembre, le suffrage universel allait se prononcer sur ce terrain particulier et les résultats en étaient attendus avec une certaine impatience.

Les candidats de tous les partis étaient en présence dans la grande majorité des cantons. Les monarchistes, après le manifeste du comte de Chambord, s'étaient de nouveaux divisés, orléanistes contre légitimistes purs ; les bonapartistes eux-mêmes, non découragés par leurs retentissants échecs en juillet, rentraient en ligne, le prince Jérôme Napoléon en tête, s'attaquant à la Corse, terre classique, et pour cause, du bonapartisme.

Quel rôle allait jouer la politique dans le renouvellement de ces Assemblées départementales auxquelles toute manifestation politique est précisément interdite? Il paraissait impossible qu'elle n'y fut pas mêlée directement. Ne fallait-il pas que le pays, dans cette consultation, exprimât son sentiment sur des questions importantes, vitales, telles que la forme du gouvernement, encore en suspens, malgré le vote de ce fœtus de constitution, la loi Rivet ; que le pouvoir constituant ou la dissolution de l'Assemblée, etc...?

Cependant, M. Gambetta qui était devenu le chef de la fraction la plus avancée du parti républicain à l'Assemblée, à laquelle il donnait le mot d'ordre, ayant pris sur elle, depuis sa rentrée, une influence considérable, s'attacha à préconiser toute abstention en matière de politique générale, pour s'attacher exclusivement à l'étude des questions administratives. Voici un passage caractéristique d'une lettre par lui adressée, en vue de sa publication, à un conseiller général républicain de l'Allier, le docteur Cornil : « Tout d'abord (il supposait qu'il était lui-même Conseiller général), je m'interdirais sévèrement toute ingérence sur le terrain de la politique générale. Nommé comme républicain, je ne croirais par devoir altérer la nature et la compétence du Conseil. Plus que jamais, je chercherais à séparer l'Administration de la politique. Je me garderais de confondre les attributions et de transformer les Conseils généraux en Assemblées législatives au petit pied, je ne réclamerais donc ni la dissolution de l'Assemblée de Versailles, ni la proclamation de la République, ni toute autre mesure de politique générale. Je concentrerais tous mes efforts sur le terrain de l'Admi-

nistration et des intérêts locaux ». Puis, il demandait aux républicains peu
nombreux non soumis au renouvellement, aux candidats qui affrontaient la
lutte, de s'imposer dans le coin du pays par leur travail et leurs capacités :
« Donnez, écrivait-il, dans les Conseils généraux, l'exemple du travail ; démon-
trez votre compétence dans le maniement des affaires publiques, répandez vos
idées, vos principes et le pays saura bien vous appeler à les mettre en pratique ».

Cette tactique, qui était peut-être excessive, décelait l'homme masqué sous
des apparences fougueuses, sous un langage véhément, qui allait, avant peu,
modérer son programme, s'orienter vers le centre du parti républicain et déterminer une crise, puis une rupture, avec manifestations parfois violentes, avec
l'extrême-gauche, dont momentanément il était le chef incontesté. Malgré ses
conseils de prudence, sur un grand nombre de points, sollicités, provoqués
par l'attitude insolente des comités de droite, les républicains, ceux de la
veille bien entendu, ne purent s'empêcher de parler nettement à leurs électeurs.

Les résultats furent favorables aux républicains de toutes les nuances,
presque partout coalisés du reste, les modérés restant les plus favorisés,
ainsi qu'il fallait s'y attendre — un tiers des élus seulement appartenait à la
réaction, à la fraction orléaniste plus particulièrement, car, légitimistes et
bonapartistes éprouvèrent de nombreux et retentissants échecs. Quoique moins
caractéristique en apparence, c'était une nouvelle et importante victoire républicaine ; elle démontrait que le pays rural, peu à peu, revenait de son erreur
de février, se ralliait à la République. On ne compta même pas comme une
revanche de la droite l'élection des présidents des Conseils généraux, pour un
tiers seulement renouvelés ; sur 86, 12 seulement étaient radicaux, 18 républicains et 56 conservateurs.

Le renouvellement des Conseils généraux, la victoire républicaine qui
venait de se souligner, loin d'apaiser les polémiques ne pouvait que les alimenter. La bataille contre la réaction s'intensifiait sans cesse ; toutefois il y eut
parfait accord dans les rangs républicains ; il n'en pouvait être autrement, du
reste. La majeure partie des hommes qui le représentaient étaient ou des
ralliés ou des républicains fort modérés, soucieux de conservation sociale avec
une forme de gouvernement moins dangereuse pour le pays et pour les intérêts économiques de leur classe qu'un empire ou une monarchie, conservant
quand même presque tout l'ensemble des vieilles institutions et lois. Une faible
minorité envisageait une République plus républicaine, comportant des
réformes assez caractérisées en matière politique, financière, économique,
ouvrière, sans toutefois aborder le problème social. M. Gambetta, qui provisoirement orientait, dirigeait cette fraction la plus avancée devait, quelques
années plus tard, résumer, en un de ces mots types qu'il excellait à trouver,
toute sa pensée : « Il n'y a pas de question sociale, il n'y a que des problèmes
sociaux ».

Les divisions s'annonçaient déjà plus qu'elles ne se marquaient, durant les vacances parlementaires, dans des réunions prudentes, dans l'attitude de quelques journaux, dans certains grands centres : Lyon, Marseille, Toulouse, etc.

Ce n'était pas encore le rassemblement après la défaite des forces décimées, éparses, fortement démoralisées, de ce qui avait été l'embryon d'un parti socialiste, c'en était le prélude bien vague, mais donnant déjà courage et espoir à ceux qui rêvaient une réorganisation et une rentrée en ligne. Des communications s'établissaient entre socialistes échappés au désastre, jeunes hommes émus aux récits de la bataille communaliste, au spectacle des misères prolétariennes, des cupidités patronales, de l'incapacité des dirigeants, et proscrits disséminés un peu partout en Europe.

Ce que n'aurait pu faire la propagande, si difficile à cette époque, la pitié, l'indignation allaient l'accomplir, surtout parmi ceux que leur cœur allait rapprocher du socialisme plus que le raisonnement.

Nous avons vu précédemment que les conseils de guerre accomplissaient avec une rigueur implacable la mission qui leur avait été confiée Des condamnations impitoyables, des condamnations à mort avaient été prononcées. Pour la Commune de Paris, trois condamnations : Théophile Ferré, Rossel, le sergent Bourgeois; pour la Commune de Marseille, Gaston Crémieux.

Allait-on exécuter ces quatre hommes, tous jeunes, alors que l'ordre était rétabli, alors que tant de sang avait été versé? Quel usage allait faire la Commission des grâces des redoutables pouvoirs qui lui avaient été conférés? Les vainqueurs allaient-ils enfin entrer, par une manifestation évidente, par un acte d'humanité, dans cette voie de l'apaisement dont ils avaient si pompeusement et si fréquemment parlé à la tribune, encore à la veille même de la prorogation de l'Assemblée.

Sans doute la figure de Ferré était-elle, surtout après les séances du conseil de guerre aux cours desquelles avait été produit le fameux faux : « flambez finances! » peu de nature à émouvoir l'opinion encore sous le coup des légendes versaillaises; mais il y avait Rossel, l'officier du génie échappé de Metz après la monstrueuse capitulation; il avait essayé de soulever l'armée contre Bazaine; il avait intelligemment servi la Défense nationale au camp de Nevers; son rôle durant la Commune avait été divers, peu politique, surtout militaire; le sergent Bourgeois avait suivi le mouvement révolutionnaire, il est vrai, violé les lois militaires, mais il y avait tant de royalistes et de bonapartistes à Versailles qu'il avait cru défendre la République aux côtés des républicains parisiens; enfin, Gaston Crémieux, avocat, payait sa participation au mouvement de Marseille, dont la durée avait été si brève, la répression si rapide, si aisée.

Allait-on les fusiller, ces quatre jeunes hommes? Un courant d'opinion publique se dessina, très fort, en leur faveur. De tous côtés leur grâce était réclamée. Ce fut un mouvement unanime pour ainsi dire, dans la presse républicaine, même dans les journaux qui ne cessaient de flétrir le mouvement du 18 Mars. La *République française*, que venaient de fonder M. Gambetta et ses amis, disait : « Quelqu'un, hier, nous demandait : « Ceux pour qui vous invoquez la pitié ne sont-ils pas coupables ? » Cette question ne nous embarrasse pas car c'est au nom de l'intérêt social, c'est au nom de la paix, c'est pour tranquilliser le présent, c'est pour assurer l'avenir que nous demandons une commutation de peine pour tous les condamnés à mort, pour tous sans exception. Il ne s'agit pas de savoir si celui-ci est plus coupable que celui-là, mais s'il est bon, après tant de sang versé, d'ouvrir l'ère des exécutions. Nous estimons que non, et nous avons le ferme espoir que le Gouvernement, que la Commission de l'Assemblée résisteront aux excitations mauvaises de ceux qui se font les pourvoyeurs du bourreau. »

« Pourvoyeurs du Bourreau ». C'était bien le titre flétrissant que méritèrent les journalistes qui, à côté des cris de pitié, des appels à la clémence, poussaient leurs clameurs haineuses, leurs excitations féroces. Ils furent les seuls écoutés, hélas ! Pas plus la Commission des grâces que M. Thiers ne se laissèrent fléchir; le 28 novembre, à Satory, Rossel, Ferré et Bourgeois tombèrent foudroyés par les balles du peloton d'exécution; le surlendemain, à Marseille, Gaston Crémieux subissait le même sort. Tous les quatre moururent en braves, sans forfanterie, et leur attitude fière aggrava le mouvement de stupeur et d'indignation provoqué par ces exécutions auxquelles nul ne pouvait croire. C'est en ces termes que la *République française* jugea cette nouvelle tuerie :

« Les supplications des mères, le cri de l'opinion publique, les adjurations de la presse, les avertissements de la raison politique, tout a été inutile, tout est venu se briser contre une immuable résolution. Six mois après la défaite de l'insurrection, de longues semaines après les condamnations des accusés, on exécute des jugements de mort. On a cru obéir à la raison d'État, et on a fermé l'oreille à la voix de l'humanité. Pour notre pays éprouvé par tant de désastres, nous ne savons pas de plus affreux malheurs. »

La presse républicaine tout entière désapprouva, blâma hautement les exécutions. Dès la rentrée de l'Assemblée Nationale, sous la pression de tous les conservateurs, le Gouvernement devait demander l'autorisation de poursuivre les journaux qui avaient violemment attaqué la Commission des grâces. L'opinion répondit énergiquement à cette attitude irritante : les jurys, partout, acquittèrent les journaux poursuivis !

CHAPITRE X

*La France et l'Europe. — Reprise des travaux parlementaires. — Capitulation
de M. Thiers. — L'état de siège. — « Commission d'assassins ! » — La
parole des d'Orléans.*

Les vacances parlementaires avaient été occupées par de laborieuses négociations avec l'Allemagne, négociations qui, à certains moments, avaient
donné de graves soucis, en raison des prétentions, des exigences du parti militaire, derrière lesquelles le chançelier de fer abritait, pour les motiver, les
excuser, les siennes. Ce ne fut pas sans de sérieuses difficultés que furent
conduites celles relatives à la libération anticipée du territoire par le versement
de l'énorme indemnité de guerre.

L'Europe assista avec une froideur, une soi-disant impartialité, à ces négociations accompagnées parfois de menaces directes, sans se rendre compte de
son imprévoyance, de la grave faute par elle commise en laissant se reconstituer, au centre de l'Europe, une formidable puissance dont la prépondérance
militaire et diplomatique allait bientôt se traduire en une influence économique irrésistible. Les campagnes des conservateurs pour la restauration du
pouvoir temporel du pape allaient de plus en plus rapprocher l'Italie de la
politique allemande, qui déjà attirait invinciblement l'empire austro-hongrois.
Vainqueurs de la campagne de Bohême, vaincus de Sadowa, vaincus de
Custozza et de Lissa se préparaient à l'alliance qui devait se sceller plus tard
contre nous ; la Russie paraissait hostile, l'Angleterre restait silencieuse. En
un mot, la France encore désemparée était condamnée à l'isolement. Elle ne
perdit cependant pas courage, parmi tant de difficultés intérieures et extérieures. Le travail avait repris partout avec une activité rare.

La fin de l'année 1871, si féconde en événements douloureux, pour ainsi
dire sans une éclaircie, fut plus embarrassée, plus tourmentée que jamais au
point de vue parlementaire. Toutefois, on peut dire que les débats passionnés,
édifiants. qui se déroulèrent, ne furent pas sans fortement contribuer à l'éducation politique du pays tout entier, en démontrant la nécessité, puisque la
République existait, de l'arracher le plus tôt possible à ses pires ennemis qui
en étaient les maîtres en fait.

Le 4 décembre, l'Assemblée reprit ses travaux ; elle était partie en état
d'hostilité ouverte contre le chef du pouvoir exécutif, dont le message était

attendu avec une vive impatience par tous les groupes. Que serait ce message ?
Serait-il le reflet de l'état d'esprit de M. Thiers, fort irrité de l'attitude des
droites lors de la lecture de son message de remerciements, au lendemain du
vote de la loi Rivet ? Serait-il le reflet de son esprit autoritaire peu enclin à
supporter les contradictions, la guerre sournoise de chaque jour, énervé par
la succession ininterrompue d'intrigues nouées autour de lui ? Certains attendaient un document, sinon hautain, du moins assez précis et assez ferme,
maintenant que sa situation, par un acte quasi-constitutionnel, était assise
jusqu'à cette échéance incertaine mais sans doute assez reculée : la séparation
volontaire et définitive de l'Assemblée.

Il n'en fut rien ; dans les rangs républicains où l'on s'était décidé à soutenir M. Thiers, ce fut une déception profonde ; la droite, sans oublier,
sans pardonner, en triompha ; l'impression dans le pays fut déplorable. C'était une capitulation tout à fait inattendue, incompréhensible pour
ceux qui s'obstinaient à ne pas comprendre qu'il est difficile, même à l'homme
d'État le plus madré, le plus subtil, de dépouiller le « vieil homme » ; or,
M. Thiers était l'homme d'un autre temps et d'un autre régime ; très conservateur, malgré son apparent libéralisme, malgré un discours fameux de jadis,
dans lequel il avait solennellement déclaré qu'il « restait du parti de la Révolution, tant en France qu'en Europe ».

Dans ce message le chef du pouvoir exécutif, après avoir traité diverses
questions d'ordre intérieur et extérieur, après s'être, en termes fort vifs, prononcé contre le service militaire obligatoire, — il n'avait rien compris à l'organisation militaire de l'Allemagne, — il donnait son avis sur le problème
politique, faisant visiblement sa cour aux droites qui ne devaient, du reste, lui
tenir aucun compte de ce qu'à l'époque on qualifia justement d'« abdication ».
Voici en quels termes il s'exprimait, cet homme si retors, si « manœuvrier »,
qui trouva moyen de mécontenter les républicains sans satisfaire les conservateurs les plus accommodants :

« Vous êtes le souverain, nous ne sommes, nous, que des administrateurs
délégués pour opérer ce que j'ai appelé la réorganisation du pays. Eh bien,
votre politique actuelle, qui a pour objet la constitution d'un gouvernement
définitif, c'est vous surtout qu'elle regarde et nous empiéterions sur vos droits
si nous prenions à cet égard une initiative précipitée. Quant à moi, je n'ai
accepté qu'une tâche, c'est de réorganiser le pays brisé par sa chute, en refai-
sant au dehors ses relations, au dedans son administration, ses finances, son
armée, en me tenant toujours prêt à vous remettre intact dans la forme,
loyalement et scrupuleusement conservé, le dépôt que vous m'avez confié. Le
voilà, en effet, tel que vous me l'avez remis, en partie réorganisé, et surtout
conformément au mandat passé entre nous. Je vous le remets; qu'en ferez-
vous? Vous êtes le souverain et je ne le suis pas, ou le mot de droit n'est qu'un
vain mot car vous êtes les élus, librement élus du pays!

« Vous faire aujourd'hui des propositions sur tout ce qui est constitutif
serait de notre part une témérité. une entreprise sur vos droits. Mais lorsque,
soulevant vous-mêmes les graves questions qui préoccupent les esprits, vous
nous provoquerez à nous expliquer sur leur solution, nous vous répondrons
avec franchise et loyauté.

« C'est contre les partis, sans passions, même les plus honnêtes, qu'il faut
nous aider et, dans une situation où une suite de révolutions a laissé sur le sol
tant de partis et de subdivisions de partis, vous élever au-dessus d'eux à une
suprême justice, à une suprême modération, à une suprême fermeté.

« Vous l'avez fait déjà bien souvent et dans les jours les plus agités, lorsqu'il semblait devoir sortir de vos délibérations des tempêtes, il en a jailli sur-
le-champ des volontés d'une haute et profonde sagesse. C'est à la majorité,
auteur de ces volontés salutaires, que je m'adresse en ce moment, et tout
fatigué que je suis, si, dans cette voie de sagesse, mon dévouement vous est
utile encore, vous pouvez y compter. Mais s'il ne vous est pas indispensable,
si votre sagesse n'approuvait pas mes vues à quelque degré, oh! n'hésitez pas,
faites un signe, un seul, et, redevenu ouvrier fidèle et soumis, je vous remet-
trai l'œuvre que vous m'avez confiée, et, grâce au loyal et habile concours de
mes collègues, en meilleur état que je ne l'ai reçue. »

Cette attitude, ce langage parurent incompréhensibles, d'autant que
M. Thiers qui, à deux reprises, avait exigé que le mot de République fut
associé officiellement à son titre de chef du pouvoir exécutif, ne prononçait plus
le mot de république, n'esquissait aucune vue sur les questions les plus pressantes à l'ordre du jour, telles que l'état de siège, l'apaisement des esprits par
un appel à la clémence, le retour de l'Assemblée à Paris. Qui donc voulait-il
tromper? la Droite, majorité, mais impopulaire dans le pays, ou la gauche qui,
à chaque manifestation électorale, gagnait visiblement du terrain? Et quand
la France, après l'effroyable, onéreuse leçon reçue, détachée du gouvernement
personnel, monarchie ou empire, s'orientait vers la République, il demandait
à la Droite de lui donner des institutions définitives! C'était convier le loup à
prendre la garde du troupeau. C'était même proclamer inutile la loi Rivet présentée sous son inspiration.

La majorité devait rapidement répondre aux humbles avances de M. Thiers
en repoussant, parmi les huées, les injures, les rires moqueurs, la demande
d'urgence sur la proposition que, le lendemain, déposait M. Duchâtel et
qu'appuyait M. Casimir-Périer, ministre de l'intérieur, et qui tendait au
retour à Paris de l'Assemblée Nationale et du pouvoir exécutif.

Au cours de cette séance et de celle qui la suivit, s'éleva une discussion
bientôt passionnée, déchaînant des scènes d'un tumulte inouï, d'une violence
pour ainsi dire sans précédents dans cette Assemblée si facilement et si fréquemment démontée.

Un certain nombre de députés des Bouches-du-Rhône et du Rhône avaient

UNE LUMIÈRE QUI ÉTEINDRA L'AUTRE!

(D'après un document de l'époque).

déposé une proposition tendant à la levée de l'état de siège dans ces deux
départements. M. Rouvier avait prononcé un discours haché par les interruptions, alors surtout qu'évoquant l'exécution de Gaston Crémieux toute récente,
déclarant que cette victime du peloton d'exécution n'avait que des sympathies
à Marseille, où l'ordre n'avait pas été cependant troublé par sa mort si tragique,
il avait dit : « Vous avez lancé à Marseille un défi sanglant! » Les clameurs
s'étaient élevées furieuses, et le président avait dû infliger à l'orateur un rappel
à l'ordre. Le lendemain, la discussion se poursuivant, la tempête était devenue
un véritable cyclone, un député de l'extrême-gauche, M. Ordinaire, avait,
d'une voix stridente, qualifié la Commission des grâces de « Commission d'assassins! » Cette interruption, si motivée par les quatre exécutions du 28 et
du 30, valut à son auteur une admonestation sévère du président Grévy, le
vote de la censure… mais l'approbation de nombreux citoyens.

L'Assemblée, du reste, repoussa la proposition… Ses terreurs ne s'étaient
pas encore évanouies !

Un des incidents qui marquèrent les dernières séances de l'année 1871 fut
celui créé par le duc d'Aumale et le prince de Joinville, élus dans l'Oise et la
Haute-Marne. Leur élection n'avait pas été validée ; elle ne pouvait l'être
qu'après l'abrogation des lois d'exil qui n'avait été votée que contre l'engagement pris par les princes de ne pas siéger dans l'Assemblée. Malgré un débat
sur cette simple question de parole jurée, d'honneur, qui les laissa libres
d'agir suivant les inspirations de leur conscience, le duc d'Aumale et le prince
de Joinville occupèrent leurs sièges. Pouvaient-ils tenir compte de leurs engagements, quand leurs intérêts matériels allaient être en jeu et qu'ils allaient
réclamer à la France un nombre respectable de millions, comme si les milliards
réclamés par l'envahisseur ne pesaient pas assez lourdement sur les contribuables?

CHAPITRE XI

*Exigences de M. de Bismarck. — L'Impôt sur le revenu. — Protectionnisme et
Libre-échange. — Démission de M. Thiers. — Avortement de la fusion. —
Le comte de Chambord à Anvers. — La propagande bonapartiste.*

La fin de l'année 1871 avait été marquée par des négociations avec l'Allemagne, négociations rendues parfois fort laborieuses, fort pénibles par les
exigences du prince de Bismarck. L'ambassadeur prussien à Paris, M. d'Arnim,
de son côté, ne se contentait pas d'accumuler les difficultés: esprit brouillon,

il trouvait moyen de se mêler aux intrigues politiques, se rangeant, contre le chef du pouvoir exécutif, du côté des monarchistes. Ceux-ci, si férus en apparence de patriotisme, loin de s'en offusquer, s'en félicitaient, tant parmi eux la la passion politique dominait tout autre sentiment. Ces monarchistes-là étaient bien les descendants de ceux qui, après avoir émigré, porté les armes contre leur patrie assaillie par de redoutables coalitions, étaient revenus dans les « fourgons de l'étranger ». Patrie, drapeau, tout leur était indifférent, pourvu que la République fût renversée et que fût restaurée une monarchie.

Non sans peine, les difficultés s'étaient momentanément apaisées dans le domaine de la politique extérieure ; elles allaient, en revanche, se poursuivre avec une rare intensité dans la politique intérieure. L'accord des conservateurs proprement dits et d'un certain nombre de représentants à étiquette républicaine n'allait se réaliser que quand il s'agirait de combattre la fraction la plus avancée du parti républicain ou le socialisme sous ses aspects les plus vagues, les plus modérés. Du socialisme, ils avaient les notions les plus singulières et la haine la plus vivace.

L'année 1872 s'était ouverte par un assez important épisode des incessantes conspirations monarchiques. Il s'agissait de réparer le désarroi provoqué par la déclaration du comte de Chambord relative au drapeau blanc, et M. de Falloux, qui n'appartenait pas à l'Assemblée nationale, mais n'en avait pas moins une très grande influence, avait assumé la tâche de tenter le ralliement pour un suprême et décisif assaut contre la République. Cette nouvelle tentative de fusion entre orléanistes et légitimistes avorta, mais les détails en furent connus ; ils émurent l'opinion qui put constater que les conspirateurs ne renonçaient ni à leur œuvre, ni à leurs espérances.

C'est sous cette impression qu'eurent lieu les élections partielles du 7 janvier ; elles furent un nouveau succès pour les républicains. Toutefois, à Paris, M. Vautrain, président du Conseil municipal, d'étiquette républicaine, ancien maire du IVe arrondissement sous le gouvernement de la Défense nationale, politicien ondoyant et divers, qui avait voté, à l'Assemblée communale, contre l'instruction laïque ; qui affirmait que la République ne pouvait être placée au-dessus de la souveraineté du suffrage universel ; qui n'avait même pas effleuré la question cependant si parisienne et si d'actualité de l'amnistie, était le candidat opposé à Victor Hugo. Toute la réaction se groupa autour de lui et Paris, en l'élisant par 121.158 voix contre 93.243, vota comme un bourg pourri de province. Paris, il est vrai, était bien changé.

Jules Favre, toujours « jatte de lait empoisonnée », en tira argument et caractérisa l'élection : « Réconciliation de Paris avec Versailles, retour de l'Assemblée à Paris, amnistie ». C'était le même homme qui, étant ministre des Affaires étrangères, avait sollicité l'extradition contre les « communards » qui avaient réussi à franchir les frontières. Pouvait-il aussi amnistier Millière ?

La province donna une leçon à Paris, puisque sur seize sièges à pourvoir,

onze furent donnés à des républicains, dont M. Challemel-Lacour; un seul
bonapartiste fut élu, M. Levert.

Ce fut dès les premières séances de janvier que M. Thiers put constater que
la « lune de miel était finie ». Il est vrai de dire qu'il s'obstina à soutenir des
idées vieillottes, ce qui le conduisit à la première crise sérieuse dont ne surent
pas profiter ses adversaires; il est vrai que l'attitude du pays n'avait pas été
sans les impressionner vivement.

Après une escarmouche assez sérieuse à propos du projet de loi tendant à
autoriser la Banque de France à augmenter de 400 millions l'émission de ses
billets et qui n'avait eu sa solution que le 29 décembre, se posait la grave
question des impôts nécessités par les charges nouvelles et lourdes auxquelles
il importait de parer.

Plusieurs systèmes s'étaient trouvés en présence : application de centimes
additionnels, c'est-à-dire conservation pure et simple des anciens impôts
directs ; impôt sur le revenu ; relèvement des droits de douanes ; impôt sur les
matières premières. Ce dernier système avait les préférences de M. Thiers ; il
s'en était déjà expliqué dans son message du 7 décembre et, naturellement, il
reliait cette solution à ses vues en matière de relations économiques avec
l'étranger. Pour tout dire, M. Thiers était protectionniste, hostile par suite aux
traités de commerce qui avaient inauguré en France, depuis 1860, le régime
libre-échangiste. Aussi fallait-il considérer comme la conclusion logique de
ses vues économiques les deux propositions faites par le cabinet à l'Assemblée :
établissement de droits sur les matières premières, relèvement des taxes
douanières.

Chacun s'évertuant, avec un patriotisme hautement désintéressé, à contribuer le moins possible aux charges qui pesaient sur la France, un grand
courant d'opinion se manifesta dans le monde industriel et commercial et ce
mouvement ne fut pas sans exercer une grande, déterminante influence sur
l'Assemblée qui, cependant, dans sa majorité, se ralliait au régime protectionniste. De débats en débats, deux seuls systèmes étaient restés en concurrence :
l'impôt sur le revenu et l'impôt sur les matières premières.

L'impôt sur le revenu qui, trente-six ans après fait encore couler tant
d'encre, suscite de si nombreuses et si sérieuses polémiques, même dans les
rangs du pays républicain; dont la discussion, tant de fois amorcée, a toujours
été ajournée, avait été discutée durant six séances à la fin de l'année 1871.
Voici ce qu'en a écrit M. G. Hanoteaux dans son *Histoire de la France contemporaine* (t. I, page 383): « La proposition émanait d'hommes d'une compétence
incontestable : MM. Volowski, Henri Germain, Léonce de Lavergne. Ils insis-
taient sur les avantages d'un impôt contre lequel assurément il existe, en
France, un fort préjugé, disaient-ils, mais qui est appliqué en Angleterre, aux
Etats-Unis, en Prusse, en Autriche, en Suisse, en Italie; impôt juste, car il
fait contribuer tous les citoyens proportionnellement à leurs ressources;

impôt conforme aux principes économiques, puisqu'il remplace d'autres
impôts dont le moindre inconvénient est de surcharger soit la classe pauvre,
soit la classe productive et, avec elle, le travail national.

« Les auteurs de la proposition reconnaissaient, d'ailleurs, que la perception de l'impôt présenterait de réelles difficultés; mais ils se targuaient d'avoir
obvié à cette objection par leur projet de cédules. Cependant, pour celles des
cédules qui visaient les revenus du commerce et des professions, ils étaient
bien obligés d'en revenir au système de la déclaration et de la taxation ».

L'impôt sur le revenu avait été repoussé à la suite d'une intervention
pressante de M. Thiers qui avait produit une profonde impression. Le succès
du chef du pouvoir exécutif, sur ce point, eût été complet s'il n'eût pas parlé
de « l'essai loyal de la République » et s'il n'eût affirmé que c'était pour lui un
« souci continuel ». Ces paroles avaient fortement froissé les droites, devenues
plus pointilleuses que jamais.

Le 10 janvier s'ouvrit la discussion sur le projet d'impôt sur les matières
premières, projet auquel était étroitement reliée la question de protectionnisme
ou de libre-échange. Durant neuf jours elle se prolongea ; elle devait avoir une
issue inattendue : la démission de M. Thiers.

En effet, le président de la République avait posé, en termes fort catégoriques, la question de confiance. M. Féray, cependant un partisan ardent de
M. Thiers, déposa une résolution ainsi conçue : « L'Assemblée nationale, réservant le principe d'un impôt sur les matières premières, décide qu'une Commission de quinze membres examinera les tarifs proposés et les questions soulevées
par cet impôt, auquel elle n'aura recours qu'en cas d'impossibilité d'aligner
autrement le budget ».

Mise en présence d'un problème économique nettement posé, l'Assemblée,
oubliant ses divisions politiques, les nécessités financières, — tant les intérêts
matériels priment tout, — se divisa en deux camps : libre-échangiste et protectionniste; dans chacun d'eux les divers partis se trouvèrent mêlés, confondus,
et la résolution Féray fut adoptée par 367 voix contre 297. Dès la clôture de la
séance, le cabinet était démissionnaire, et le lendemain M. Thiers adressait à
M. Jules Grévy, président de l'Assemblée, sa démission, réclamant qu'il fût
pourvu le plus rapidement possible à son remplacement.

Cet acte, qui provoqua une très vive émotion, ouvrait une crise grave : elle
aurait pu entraîner des conséquences dangereuses si la Droite avait osé en
profiter. Ce fut l'énorme orléaniste, M. Batbie, qui, le lendemain, au nom de
toutes les réactions coalisées, présenta, en concurrence avec celui de
M. Desseilligny, organe du Centre-Gauche, un ordre du jour de retraite piteuse.
Il fut voté à l'unanimité moins huit voix, et porté à M. Thiers par le Bureau
que suivirent en cortège plus de deux cents députés. Cette démarche, qui
pansait la blessure d'amour-propre reçue la veille, décida le chef du pouvoir
exécutif à rester à son poste; il eut été désolé de le quitter. L'ordre du jour

Batbie portait : « Considérant que l'Assemblée, dans sa résolution d'hier, s'est bornée à réserver une question économique, que son vote ne peut être, à aucun titre, regardé comme un acte de défiance ou d'hostilité, et ne saurait impliquer le refus du concours qu'elle a toujours donné au Gouvernement, l'Assemblée, fait un nouvel appel au patriotisme de M. le Président de la République, et déclare ne pas accepter sa démission ».

Les Droites — tenant à l'écart le parti bonapartiste, qui faisait un effort considérable pour se reconstituer dans l'Assemblée et dans le pays — avaient été prises au dépourvu par la démission de M. Thiers ; elles résolurent de s'organiser d'une façon sérieuse, afin de se trouver prêtes si une nouvelle occasion d'agir se présentait ; cette occasion, elles la feraient naître au besoin. La grande difficulté à vaincre c'était de grouper en un seul faisceau toutes les forces royalistes de l'Assemblée, de réaliser ce que l'on baptisa la « fusion ». Il fut même question du duc d'Aumale comme chef du pouvoir exécutif. Il ne manquait que l'agrément du comte de Chambord, qui se trouvait à Anvers. Le général Ducrot, le même qui avait déclaré le jour d'une sortie, au cours de laquelle son incapacité notoire éclata, qu'il ne rentrerait que « mort ou victorieux », et qui rentra dans Paris bien vivant et battu, s'était rendu auprès de lui pour le supplier de renoncer au drapeau blanc. La démarche fut inutile. D'autres notabilités revinrent à la charge, mais en vain. Ces négociations se traduisirent par un avortement solennel, et leur conclusion la plus nette, fut que le comte de Chambord fut obligé de quitter Anvers. Les royalistes, une fois de plus, se trouvaient désemparés.

Les bonapartistes, plus capables d'action, malgré la solennelle mais trop platonique flétrissure infligée par la quasi-unanimité de l'Assemblée nationale, à Bordeaux ; malgré les revers, la présence humiliante, poignante, des troupes allemandes dans plusieurs départements, déployaient une grande activité, aidés par les trop nombreux fonctionnaires et magistrats restés en place après la Révolution du 4 Septembre.

Leur propagande était incessante et audacieuse. M. Rouher, le 11 février, avait été élu en Corse ; des journaux se fondaient, des brochures impudentes s'imprimaient et se répandaient à profusion, et un mouvement assez sensible se manifestait, inquiétant ; tellement, que M. Thiers et le cabinet durent s'en préoccuper. Et, cependant, à chaque instant se produisait un incident, quelque événement de nature à discréditer ce parti ou, pour mieux dire, cette faction devant le pays. Le procès intenté à M. Janvier de la Motte, ancien préfet de l'Empire, le légendaire « père des pompiers », à propos de sa trop fantaisiste façon de comprendre et de pratiquer les règles de la comptabilité publique, surtout en matière de virements, avait eu un retentissement considérable ; il avait même entraîné la démission de M. Pouyer-Quertier, ministre des finances, qui avait tenté de justifier ces pratiques. Rien n'y faisait, la propagande accomplissait son œuvre et il y avait lieu d'en montrer de l'inquiétude ;

les bonapartistes étaient des hommes d'action, sans scrupules, et ils comptaient de nombreux partisans dans l'armée. Le Cabinet, par l'organe de M. Victor Lefranc, ministre de l'Intérieur, déposa un projet de loi tendant à « assurer la sécurité de l'Assemblée et du Gouvernement », mais il ne fut jamais discuté, et l'Assemblée, fort troublée, fort indécise, — les Droites irritées de l'avortement de toutes leurs combinaisons, — se sépara le 29 mars. Avant la clôture de la session, elle avait voté la loi contre l'Internationale et le budget de l'année 1872.

CHAPITRE XII

Blanqui devant la justice militaire. — Attitude du vieux révolutionnaire. —
Pourquoi on veut le frapper. — Lois contre l'Internationale et sur la
déportation. — Intervention de Louis Blanc.

En février, c'est-à-dire environ un mois avant que l'Assemblée nationale votât la loi contre l'Internationale, dont nous aurons à parler tout spécialement, s'était déroulée, devant le 4e Conseil de guerre siégeant à Versailles, la première phase du procès intenté à Auguste Blanqui, pour la part prise par lui aux événements du 31 octobre, déchaînés, on le sait, par l'annonce de la capitulation de Bazaine et de la reddition de Metz. Nous ne pouvons nous attacher à retracer la grande figure du grand révolutionnaire ; l'espace nous fait défaut. Cette carrière mémorable, douloureuse, poignante, a été admirablement étudiée, retracée par G. Geoffroy dans son beau livre *L'Enfermé.*

Ce fut le 15 février que Blanqui, arrêté, au mépris de la parole jurée, de la convention intervenue à l'Hôtel de Ville, à Bretonneux, dans le département du Lot, emprisonné malgré son état de santé très précaire, comparut devant la justice militaire. Le colonel Robillard, présidait ; le commandant Bourboulon, remplissait les fonctions de commissaire du gouvernement.

Voici la description qu'en fait le rédacteur de la *Gazette des Tribunaux*, journal peu suspect de sympathie envers l'homme dont la vie s'était presque entière écoulée dans les geôles de tous les gouvernements, monarchie, empire, république :

« C'est un vieillard petit et fort maigre, ses cheveux et sa barbe d'une grande blancheur sont longs et donnent à sa physionomie un aspect tout à fait original. Mais ce qui est le plus remarquable dans cet homme, qui a passé les trois quarts de sa vie en prison, chez ce vétéran de l'insurrection, conspirateur sous tous les régimes, qui a déjà été condamné quatre fois à mort, c'est son regard ; ses petits yeux enfoncés, presque cachés dans leur orbite, révèlent une activité fiévreuse et inquiète et, quand M. le président lui adresse une question, quand un témoin fait une déposition qui lui fait connaître un détail important, on le voit s'animer subitement et darder un regard fixe et menaçant sur celui qui parle.

« Il est vêtu d'une redingote noire, sur laquelle il a jeté un manteau. Il est coiffé d'un chapeau à haute forme et à larges bords. Sur l'invitation de M. le Président, il va tranquillement s'asseoir entre ses gardiens, sur le banc des accusés, il plie soigneusement près de lui son manteau, puis il paraît attendre qu'on l'interroge. »

Le procès commence ; de nombreux témoins sont cités, dont certains ne se présenteront pas : Arago, Dorian, Jules Ferry, Garnier-Pagès, Jules Simon, ministre, qu'un décret spécial autorisera à apporter un témoignage doucereusement venimeux.

Dès le début l'interrogatoire décèle la toujours vivace énergie de l'âme indomptable qu'enveloppe un corps si chétif, si usé :

Au président qui lui demande ses nom et prénoms, d'une voix calme, claire, il répond : « Louis-Auguste Blanqui, 67 ans, homme de lettres. » — « Quel est votre dernier domicile ? » — « Mon dernier domicile ?... Mais je n'en ai pas, puisque je suis en prison. Quand on m'a arrêté, j'habitais Bretonneux (Lot). » C'est une lutte pied à pied qui s'engage entre l'accusé et ses juges ; ceux-ci, emportés par la passion, par la haine que leur inspire le vieux républicain qui, pièce à pièce, détruit le roman malsain édifié par l'instruction et effare ses juges par son sang-froid, ses répliques cinglantes, son courage que les perspectives les plus sombres ne sauraient émouvoir. Il en a vu bien d'autres, l'homme dont la vie depuis la plus tendre jeunesse a toujours oscillé entre le combat pour les opprimés et la douleur.

On l'interroge sur l'affaire de la Villette : on n'en a pas le droit, elle n'est pas visée dans l'ordre de mise en jugement ; il proteste contre cette illégalité flagrante que le président veut masquer de son pouvoir discrétionnaire, mais il déclare : « Eh bien ! l'affaire de la Villette était le 4 septembre avancé de trois semaines. C'était une tentative pour renverser le gouvernement ; ç'a été un 4 septembre manqué. » Puis il s'explique longuement sur la journée du 31 octobre.

Après la plaidoirie de son défenseur, Mᵉ Le Chevallier, après la réplique du Ministère public, il fait une déclaration dont l'effet est saisissant : « Je n'ai que quelques paroles à ajouter. Il ressort de ce qu'a dit M. le commissaire du gouvernement, que pour l'attentat du 31 octobre, on demande contre moi la déportation, contre moi qui n'ai été pour rien dans le mouvement. Quand on a jugé les véritables auteurs, ils n'ont même pas entendu requérir contre eux d'une façon aussi sévère, et c'est un fait unique dans les annales judiciaires que de voir des choses semblables.

MAC-MAHON, PRÉSIDENT DE LA RÉPUBLIQUE (1873-1879).

(D'après un document de l'époque).

« Mais, tenez, ce n'est pas pour l'affaire du 31 octobre qu'on me poursuit ;
il est clair qu'il s'agit d'autre chose et en voici la preuve : On vous a raconté
que la série de mes crimes avait commencé en 1827, lors de la fusillade
de la rue Saint-Denis, pour finir le 21 mai 1871 en faisant fusiller les otages ;
je ne l'ai pas fait, mais je l'aurais fait, a-t-on dit, si j'avais été gouvernement..... »

Le commissaire du gouvernement l'interrompant d'un : « Comment donc »....
Blanqui poursuivit : « J'ajouterai que M. le Commissaire du gouvernement a
requis contre moi, au nom des principes qui existaient avant notre première
révolution. Pour lui, la révolution de 1789, celle de 1830, celle de 1848 sont
autant de crimes. Eh bien ! je retiens ce fait qu'aujourd'hui, sous le gouvernement qui s'appelle la République, on me poursuit au nom des principes monarchiques. Je n'ajouterai rien sur l'affaire du 31 octobre, mon défenseur a tout
dit là-dessus. »

Comme il était à prévoir, Blanqui fut condamné à la déportation dans une
enceinte fortifiée.

Le rédacteur de la *Gazette des Tribunaux* ajoute : « Il a écouté sans la
moindre émotion et regagne tranquillement sa prison où, nous dit-on, il
s'occupe beaucoup plus d'astronomie et de mathématiques que de politique. »

Le jugement fut cassé pour ce motif que les débats, ainsi que Blanqui
l'avait fait remarquer à propos de l'affaire de la Villette, avaient porté sur des
faits non mentionnés sur l'ordre de mise en jugement et le 29 avril, devant le
6ᵉ conseil de guerre, l'affaire était de nouveau évoquée. La peine de la déportation fut confirmée, après que Blanqui eût répondu au président qui lui demandait s'il avait quelque chose à ajouter pour sa défense : « Non, monsieur le
Président, je n'ai rien à ajouter à l'argumentation de mon avocat ; je n'ai
qu'une chose à dire, c'est qu'il y a une convention militaire ; que si elle n'est
pas exécutée, c'est qu'il n'y a plus d'honneur, voilà tout. »

Et le vieux révolutionnaire devait rester prisonnier jusqu'au jour où, la propagande socialiste aidant, le suffrage universel allait forcer les portes de sa
prison.

En même temps, le réveil républicain, manifesté par une série d'élections
législatives complémentaires et d'élections cantonales, avait commencé, presque
insensible, il est vrai, un renouveau socialiste. Certes, il était faible, timide, fort
indécis quant aux doctrines. C'était plutôt, au début, comme un courant de sympathie pour le mouvement du 18 mars, d'indignation contre une répression
cruelle et tenace ; d'attachement à la République, à une république vraiment
républicaine, vraiment démocratique ; de haine contre l'Empire et la réaction
royaliste menaçante ; de défiance envers les républicains du lendemain, ralliés
suscitant de légitimes inquiétudes : envers la majorité des républicains de la veille
qui avaient escamoté la journée du 4 septembre et n'avaient voulu ou osé
frapper les responsables de dix-huit années d'oppression clôturées si tragique-

ment par des désastres militaires mettant la France de la Révolution et de la libre-pensée à deux doigts de sa ruine.

Sans doute la majorité de ceux qui étaient pris par le courant ou s'y engageaient de propos délibéré, avaient peut-être plus dans le cœur que dans le cerveau ce sentiment qu'une transformation sociale profonde peut seule alléger, en attendant de les faire disparaître, les injustices, les misères sous lesquelles est courbée, écrasée la classe qui produit toute la richesse; il n'en pouvait être guère autrement après l'Année terrible. C'était le lent, pénible groupement des jeunes qui s'opérait; leur contact avec les vétérans du socialisme, la réflexion, l'étude, l'observation, devaient faire leur éducation et les préparer à l'action militante dont les résultats devaient affirmer le renouveau socialiste.

Sur plusieurs points, dans les grandes villes plus particulièrement, des groupements se formaient et s'affirmaient. Il y avait de quoi donner à réfléchir à ceux qui croyaient qu'après la Semaine de Mai, soulignée périodiquement par des exécutions, « l'ordre » était à jamais assuré.

Or, déjà, de ces groupements qui allaient se fractionner, naturellement s'épurer, quelque chose se dégageait : la renaissance de l'Internationale en France, de l'Internationale, cauchemar, terreur de la bourgeoisie française, dont on annonçait le prochain Congrès à La Haye.

Il fallait, à tout prix, enrayer le mal et le gouvernement s'y employait. M. Jules Favre en entretenait les chancelleries étrangères, espérant y nouer une entente internationale conservatrice contre le socialisme; il ne devait y trouver qu'un accueil généralement dédaigneux. M. Dufaure, l'homme d'Etat de toutes les besognes rétrogrades et répressives, devait déposer un projet de loi et, en effet, il le déposa. M. Sacase en fut le rapporteur et la discussion se déroula en mars pour se clôturer le 13 par le vote d'une loi inquisitoriale, que ses plus chauds partisans eux-mêmes trouvèrent excessive et mal rédigée. Elle fut promulguée le 23 du même mois: elle déférait les futurs prévenus aux tribunaux correctionnels et elle devait bientôt être rigoureusement appliquée.

Il nous est matériellement impossible d'en résumer les débats et d'en donner le texte complet. Nous voulons nous borner à citer un extrait du discours que prononça Louis Blanc, discours fort souvent interrompu par des injures et de haineuses sottises :

« Ce que je dénonce dans le projet de loi, c'est qu'il n'incrimine aucune tentative clairement définie, c'est qu'il n'incrimine aucun acte clairement déterminé, et seulement punissable lorsqu'il est prouvé. Ce qu'il poursuit, ce qu'il frappe dans les affiliés à l'Internationale, c'est leur adhésion à de certaines doctrines. Il crée, chose tout à fait nouvelle, un délit intellectuel : il ouvre la porte à l'invasion de la législation criminelle dans le domaine de l'esprit. (*Applaudissements à gauche.*)

« Et ce qui le prouve, c'est qu'il semble ériger en crimes les atteintes dirigées, par voie d'association internationale, contre quoi, messieurs?... Contre les cultes reconnus par l'Etat ! Mais est-ce que la multiplicité même de ces cultes et leur diversité ne démontrent pas de la manière la plus évidente que les cultes sont essentiellement justiciables de la discussion ? Est-ce qu'il est possible à un culte quelconque de proclamer qu'il est le seul vrai, sans proclamer par cela même que les autres sont fils de l'erreur ? Et ne voyez-vous pas qu'il y a là une atteinte flagrante au principe du libre examen. Ne voyez-vous pas que si vous adoptiez un pareil projet de loi, vous feriez reculer notre génération de trois siècles dans l'histoire. (*Nouveaux applaudissements à gauche*).

« Mais que dis-je ? il n'y a rien au monde, pas plus votre projet de loi qu'autre chose, qui puisse faire reculer notre génération, même de vingt ans dans l'histoire, en matière de libre examen.

« Messieurs, on montre, à quelque distance de Worms, un arbre qu'un paysan était en train de planter lorsque Luther, qui allait se faire juger par Charles-Quint, passa. Le moine dit au paysan : — « Donne, que je mette cet arbre en terre, et puisse, comme lui, grandir ma doctrine ! » — Quelque temps après, Luther était condamné; un arrêt de proscription était lancé contre lui et il fuyait comme un malfaiteur le long des bois de la Thuringe. Mais il avait écrit, en partant, au puissant empereur : — « Ma cause est celle de toute la terre. » — Cette cause, Messieurs, c'était celle du libre examen. (*Approbation sur divers bancs à gauche. — Rumeurs à droite.*)

« ... J'affirme que votre projet de loi est misérablement inefficace.

« Mais il n'est pas seulement inefficace, il est dangereux parce qu'il va contre son but ; parce qu'il donnera à la Société que vous voulez détruire un surcroît d'importance. Et il est dangereux aussi à un autre point de vue : il est dangereux parce qu'il procède du système de la Commission qui, comme tel, tend à faire dégénérer la discussion en complot et une société publique en une société secrète.

« La compression !... Mais c'est une bien étrange faute, et, dans le siècle où nous sommes, bien inconcevable, que l'adoption d'un pareil système par les gouvernements qui y ont recours. »

L'Assemblée avait complété son œuvre de réaction en votant la loi sur la déportation. Elle put, une fois de plus, se séparer pour prendre du repos... Elle l'avait bien gagné !

CHAPITRE XIII

Adresses des conseils généraux et campagne oratoire de Gambetta. — « Il n'y a pas de question sociale. » — La dissolution. — Réorganisation de l'Internationale. — Le service militaire et l'instruction populaire. — M. Thiers à l'Élysée.

L'intersession, quoique fort brève, puisque l'Assemblée devait reprendre ses travaux le 22 avril, fut extrêmement agitée. Elle fut marquée par des incidents, des événements bien faits pour démontrer qu'il y avait quelque chose de changé en France. L'attitude brouillonne, maladroite, haineuse et mesquine des droites avait fini par émouvoir le pays avide de tranquillité intérieure, maintenant que la paix extérieure semblait assurée et que, progressivement, s'effectuait l'évacuation des départements occupés par les armées allemandes. Le résultat le plus clair des intrigues monarchistes, des complots bonapartistes, des menées cléricales fut de déterminer un courant d'opinion républicaine qui se manifesta jusque dans les régions dont la majorité des représentants était composée des pires réacteurs.

De nombreux conseils généraux, tout en respectant la loi qui les régissait, se réunirent hors séance pour envoyer au chef du pouvoir exécutif des adresses de sympathie et de confiance; pour l'encourager à persister dans « l'essai loyal », à maintenir envers et contre tous la forme du gouvernement.

Léon Gambetta entreprenait sa campagne oratoire qui devait faire pressentir, sous une forme véhémente, passionnée, l'homme d'Etat qui se révélerait quelques années après, assez modéré pour évoluer vers le centre du parti républicain et mériter les approbations de M. Thiers lui-même. Il serait injuste de méconnaître que sa campagne joua un rôle prépondérant dans le groupement, le développement de la démocratie française.

Les deux discours qu'il prononça à Angers et au Havre eurent un prodigieux retentissement. On en pût juger par la lecture des journaux conservateurs de l'époque, dont les colonnes s'emplirent d'attaques violentes et d'injures grossières qui ne firent, du reste, que lui amener des partisans. Il s'attacha à ne point éveiller les susceptibilités de M. Thiers, à contester à l'Assemblée tout pouvoir constituant, à réclamer la dissolution, à flatter le peuple qui travaille tout en rassurant la bourgeoisie, traçant un programme social tout particuliè‐ rement antisocialiste ; il se posait avant tout comme l'homme de la Défense nationale, évoquant toutes les douleurs de la patrie vaincue et mutilée. De l'Assemblée nationale, de la dissolution, il disait à Angers :

« Je n'attends rien de l'Assemblée de Versailles ; elle montre tout ce qu'elle craint en n'osant pas rentrer dans ce Paris, berceau de notre civilisation, bouclier de nos libertés publiques, initiateur et guide de l'esprit national, de ce Paris qu'on peut dénoncer à la haine imbécile de quelques ruraux, mais qu'on ne peut parvenir à abattre ni à déshonorer.....

« .....Les minutes nous font perdre des siècles. Si cela dure trop longtemps, si nous nous attardons dans ce provisoire qui nous énerve, qui lasse l'attente du pays, nous courons les plus grands périls. Ah ! messieurs, n'hésitons pas ! Quant à moi, ma conviction est faite, et je l'exprime ici avec toute l'ardeur de mon amour pour la France : entre la dissolution de l'Assemblée et la dissolution de la patrie, je vote pour la dissolution de l'Assemblée ! »

Au Havre, il insista sur trois points essentiels. Après avoir revendiqué comme un honneur l'épithète de « commis-voyageur de la démocratie » que lui avaient décochée les journaux réactionnaires, sur la question d'instruction et d'éducation il disait : « Cette éducation il la faut absolument civile ; c'est le caractère même de l'État. Et qu'on ne crie pas à la persécution ! L'État laissera aux cultes la plus grande liberté, et nos adversaires seront les premiers à le reconnaître. L'État ne peut avoir aucune compétence ni aucune action sur les dogmes, ni sur les doctrines philosophiques : il faut qu'il ignore ces choses, ou bien il devient arbitraire, persécuteur, intolérant ; il n'a pas le droit de le devenir ». Sur le service militaire obligatoire il se prononçait en ces termes : « Chaque citoyen soldat et instruit ». En ce qui touche la question sociale, il décelait les vrais sentiments de son âme bourgeoise : « Ne nions pas les misères, les souffrances d'une partie de la démocratie..... mais tenons-nous en garde contre les utopies »; il ajoutait : « Il n'y a pas de remède social, parce qu'il n'y a pas une question sociale. Il y a une série de problèmes à résoudre ». Et il affirmait que la France n'a jamais demandé que deux choses au gouvernement : « l'ordre » et « la liberté » ! !

Il ne s'agissait pas seulement de rassurer les intérêts des possédants et dirigeants qu'il importait de grouper en un solide faisceau ou de rallier à la République, il fallait aussi prévenir les esprits, particulièrement les esprits ouvriers, contre le mouvement qui, déjà, se manifestait dans le pays, en vue duquel la loi contre l'Internationale venait d'être forgée et qui, avant qu'une année se fut écoulée, allait être l'occasion de nombreux procès. Ce mouvement s'était lentement ébauché ; fort confus, il n'allait se préciser que sur deux points : l'adoption de la Révolution du 18 Mars comme une date mémorable, caractéristique, des efforts du prolétariat pour son émancipation ; le ralliement d'une partie de ce mouvement au mouvement international. En ce qui touche la doctrine, il faut dire, reconnaître qu'elle était fort diverse, d'ordre composite, plutôt sentimentale. Il n'en pouvait être autrement.

Quelques anciens socialistes, revenus de l'émoi légitime causé par la récente défaite, abandonnaient le découragement, stimulés du reste par les appels des camarades en exil, dont lettres et brochures pénétraient, se répandaient, se communiquaient en cachette; c'était surtout parmi la jeunesse que l'agitation se produisait; parmi la jeunesse ouvrière ayant peu de loisirs, peu de moyens pour s'instruire; parmi la jeunesse des écoles, plus indépendante, turbulente par tradition, républicaine par raison, surtout par enthousiasme; souvent généreuse. Dans quelques villes, plus particulièrement dans le Midi et dans le Sud-Ouest, s'était formée, dès 1872, une Association républicaine des écoles; elle avait arboré un programme qui paraissait avancé, d'un « rouge » vibrant et séduisant. On se réunissait, on discutait et des discussions, peu à peu, se dégageait une orientation. Au fur à mesure que se dégageait cette orientation, les adhérents s'égrenaient tout naturellement, chacun se classant dans la fraction républicaine conforme à ses intérêts de classe, son tempérament, ses vues particulières, ses ambitions ou ses espoirs désintéressés. Et l'émiettement sera pour ainsi dire complet le jour où se posera la question d'affiliation à l'Internationale qui, avant la loi comme après, lentement se réorganisait, pour une brève durée. L'éclipse ne sera que momentanée; une trentaine d'années a ce s, sur d'autres bases, le prolétariat aura reconstitué, par son avant-garde consciente, son pacte international de solidarité désormais intangible.

Une grande activité avait été déployée pour cette réorganisation de l'Internationale, car un grand Congrès devait être tenu à La Haye et que là devait se livrer, après une très vive escarmouche au Congrès de 1869, à Bâle, une grande bataille entre les partisans de Karl Marx et ceux de Bakounine. Des sections avaient été fondées ou réorganisées un peu partout, parfois sans assez de prudence. Nous retrouverons ces sections aux prises avec la nouvelle loi et les juges correctionnels, au cours des procès qui se déroulèrent en 1873.

La grande masse du prolétariat français allait rester indifférente, défiante ou hostile envers ces tentatives qui furent, cependant, assez significatives pour attirer l'attention des conservateurs de droite ou de gauche.

Ajoutons, néanmoins, que le souci de défendre la République, de l'asseoir comme définitive forme de gouvernement fut assez profond, assez fort pour grouper fortement toutes les fractions du parti républicain et leur permettre soit une défensive énergique, soit une offensive irrésistible chaque fois que des occasions se présentaient. Elles étaient presque quotidiennes.

Entre les questions qui passionnaient l'opinion, deux se présentaient : le service militaire pour la réorganisation d'une armée nombreuse et forte. Le système qui jusqu'à la guerre avait prévalu et avait surtout fourni des prétoriens capables de défendre le pouvoir, mais incapables de défendre le pays — il venait d'en être fait une expérience cruelle — était définitivement condamné. D'autre part, il paraissait inadmissible qu'un citoyen valide put se soustraire au devoir de porter les armes en temps de paix comme en temps de guerre, et le régime de l'obligation pour tous paraissait le seul équitable. L'Allemagne monarchique venait de démontrer les avantages de ce recrutement.

L'autre question était celle de l'instruction. On avait été battu, disait-on — il faut bien chercher des excuses aux défaites, quand on ne veut pas en découvrir les véritables causes — on avait été battu parce que le peuple n'était pas assez instruit, parce qu'il comptait un grand nombre d'illettrés. « C'est l'instituteur allemand qui a préparé les victoires », telle était la formule courante. Il y avait une bonne part de vérité dans cette affirmation; ce n'était pas toute la vérité, cependant, car malgré toute leur ignorance, officiers et soldats français, tant en Alsace que sous Metz, avaient vu de très près la victoire souriante déjà.

Mais, admettant la thèse, il était aisé de répondre à la bourgeoisie française que si l'ignorance du peuple et l'incomplète instruction des chefs militaires étaient pour une grande part dans les désastres essuyés, c'était à elle qu'en remontait directement la lourde responsabilité, puisque c'était elle qui, possédant et gouvernant, n'avait donné au peuple l'instruction, pas plus sous Louis-Philippe que sous la seconde République et sous l'Empire.

Elle n'allait, du reste, se rendre à l'évidence que quelques années plus tard et organiser, après quelles longues et passionnées luttes, l'instruction primaire gratuite, laïque, obligatoire, mais avec un programme insuffisant, incomplet; encore comptait-elle en bénéficier pour le recrutement de bons soldats et de meilleurs ouvriers !

Pour le moment, dans l'opinion où se dessinait un mouvement non antireligieux, mais anticlérical, parce que les prêtres se mêlaient trop ouvertement à la politique, ce que l'on réclamait avec le plus d'ardeur c'était l'enseignement laïque, et ce mouvement se manifestait un peu partout à la fois. C'était de Toulon qu'était pour ainsi dire parti le signal, puisque déjà le 6 août 1871 le conseil municipal de cette ville avait décidé qu'à dater du 1er octobre suivant, c'est-à-dire de la rentrée des classes, toutes les écoles primaires seraient exclusivement confiées à des instituteurs et institutrices laïques. Le préfet du Var avait approuvé la délibération, mais des religieuses touchées directement par cette délibération s'étaient pourvues devant le Conseil d'Etat. M. Jules Simon, le républicain ancien membre du gouvernement de la Défense nationale, dont l'évêque Dupanloup devait dire : « Cet homme sera cardinal avant moi », était ministre de l'instruction publique; pour faire sa cour aux droites il prit toutes les dispositions et exécuta toutes les manœuvres en vue de faire annuler et la délibération du conseil municipal et l'arrêté approbatif du préfet. Il y réussit, comme pour une délibération analogue du conseil municipal de Roanne !

Ces mesures ne devaient pas arrêter le mouvement, au contraire. La France commençait à avoir peur du gouvernement des curés.

Les vacances de l'Assemblée se terminèrent parmi ces agitations diverses.

*

LA JOURNÉE DU 21 MAI 1873. — LA MANIFESTATION DU BOULEVARD DES ITALIENS.

Extrait de *l'Illustration*.

Les Droites revinrent à Versailles, aigries plus que jamais, désireuses d'agir ; émues des sentiments d'hostilité qui s'étaient manifestées partout ; des discours prononcés par Gambetta ; incapables de pardonner à M. Thiers l'acte audacieux qu'il avait commis en donnant une grande soirée dans les salons de l'Élysée ; c'était pour elles une manifestation en faveur du retour à Paris.

CHAPITRE XIV

La session d'Avril. — Première escarmouche. — Les marchés de l'Empire. — Discours de MM. d'Audiffret-Pasquier et Gambetta. — Intervention de M. Rouher. — Les capitulations de Sedan et de Metz. — La loi militaire. — Un bilan.

La session qui allait s'étendre du 22 avril jusqu'au 3 août, se présentait très chargée, très importante à tous les points de vue. La majorité de l'Assemblée allait-elle céder au courant d'opinion qui, durant les vacances parlementaires, venait de se manifester si nettement ? « République et dissolution », telles étaient les deux idées qui se dégageaient de ce courant. A d'autres représentants, choisis sous d'autres impressions que celles qui avaient pesé, en février 1871, sur le suffrage universel, la tâche de réorganiser le pays ; il en avait grand besoin. Pour cette œuvre vitale, il importait que la forme du gouvernement fût nettement établie et placée hors de portée des conspirateurs.

Le pouvoir exécutif, lui-même, allait-il prendre une attitude franche ? Son chef, M. Thiers, sinon constitutionnellement, du moins moralement, était armé, par suite de l'adhésion républicaine évidente de la majorité de la nation, pour s'orienter à gauche, plus près du centre sans doute que de l'extrême-gauche, mais certain de trouver dans la lutte contre la réaction l'appui de toutes les forces républicaines. Une partie grave allait se jouer, tout le monde le comprenait et le déroulement en allait être suivi avec une attention inquiète.

Une première et assez vive escarmouche marqua le début de la session ; il fut pour confirmer que les droites, fidèles à leurs traditions, n'avaient rien oublié, rien appris, pour affirmer aussi que le pouvoir exécutif, loin de profiter de l'appui ouvertement donné par le pays, ne sortait pas de ses indécisions, de ses perpétuelles oscillations.

Les deux discours prononcés par M. Gambetta, à Angers et au Havre, avaient provoqué une vive irritation dans le clan réactionnaire et une interpellation de M. Raoul Duval avait été annoncée. Elle visait à la fois le chef de l'extrême-gauche et le cabinet. Le terrain choisi, c'était la présence officielle du maire d'Angers et de celui du Havre dans les banquets. Était-il admissible que des maires, choisis, nommés par le gouvernement, s'associent à des manifestations dirigées contre l'Assemblée nationale, émanation directe de la souveraineté nationale ? Ces maires n'étaient que des « fonctionnaires » tenus à la même réserve que les autres membres de l'administration. Quelles mesures le gouvernement avait-il prises ou allait-il prendre contre eux ? Tel fut le thème jésuitique sur lequel broda M. Léon Duval et auquel répondit pitoyablement M. Victor Lefranc, ministre de l'Intérieur à étiquette républicaine, qui paraît n'avoir d'autre souci que d'essayer de désarmer les droites ; il fut tellement de leur avis que M. Raoul Duval retira son interpellation. Il ne pouvait être que satisfait de cette nouvelle capitulation. Capitulation aussi blâmable qu'inutile ; M. Victor Lefranc devait, peu de temps après, être la première victime des fureurs de la majorité.

Les monarchistes, qui ne perdaient pas l'espoir de voir aboutir leurs projets de fusion pour une restauration, voyaient non sans une vive inquiétude, le parti bonapartiste mener avec ardeur, habileté et audace, leur propagande ; ils connaissaient leurs attaches avec une partie de l'armée ; leurs inquiétudes étaient partagées par les républicains. Il fallait porter à cette fraction, sans remords et sans scrupules, un coup vigoureux. Il suffira, sans doute, d'évoquer les conditions dans lesquelles a été engagée la guerre, de faire éclater, aux yeux de tous, l'imprévoyance et l'incapacité du gouvernement impérial, de son administration, de ses chefs militaires. Pour cela il faut faire l'inventaire rétrospectif de la situation militaire au 1er juillet 1870 ; de rechercher comment ont été employés les crédits ordinaires et extraordinaires votés par le Corps législatif pour le développement ou la transformation de l'outillage de guerre ; d'étudier son fonctionnement durant la désastreuse campagne ; de faire un inventaire complet des arsenaux. Ce fut, pour le duc d'Audiffret-Pasquier, l'occasion d'un discours, véritable réquisitoire, formidablement documenté, dont l'affichage fut voté. Le parti bonapartiste en eût été écrasé, si des sanctions réelles eussent suivi la manifestation. Mais il était dit que le pouvoir exécutif et l'Assemblée nationale se montreraient aussi indulgents envers les fauteurs de nos désastres qu'ils s'étaient montrés sans pitié envers les républicains parisiens qui, après avoir soutenu un siège douloureux, venaient de subir un second siège pour défendre et sauver la République.

M. Rouher voulut tenter de prendre une revanche ; le terrain était tout indiqué ; il s'attaqua à la gestion du gouvernement du 4 septembre et, en vue d'émouvoir l'Assemblée contre le chef de l'extrême-gauche, il exécuta une charge à fond de train contre la campagne dissolutionniste de M. Gambetta.

Le résultat ne répondit pas aux calculs de probabilités de l'ex « vice-empereur ». Après une réponse très vive de M. le duc d'Audiffret-Pasquier, M. Gambetta prononça un discours qui fut un écrasement.

Le duc d'Audiffret-Pasquier avait dit :

« Ah ! vous croyez, vous qui venez me forcer à individualiser les responsabilités, que vous n'en avez aucune !

« Vous ne vous êtes donc pas fait dire, dans l'exil où vous étiez réfugié, ce qu'on pesé, pour nous, ces heures où nous sentions le pays envahi par la Prusse ? Vous ne sentiez donc pas la fumée de nos chaumières brûlées ; vous ne savez pas qu'à chaque quart-d'heure on nous annonçait qu'un des nôtres succombait glorieusement ? Vous ne vous l'êtes pas assez dit ! Ah ! ne croyez pas qu'il suffira de dire, comme pour l'expédition du Mexique, que vous avez si complaisamment évoquée : « C'est le secret de la Providence, qui ne respecte pas toujours ses propres combinaisons. » Eh bien ! Ce n'est pas assez.

« Je le dis, moi, quel que soit le sang-froid de tous vos gens au cœur léger, quels que soient les outrages de Chislehurst il y a une heure où vous avez dû entendre une voix qui criait : *Vare, redde legiones !* Rendez-nous nos légions ! Rendez-nous la gloire de nos pères ! Rendez-nous nos provinces ! »

M. Gambetta, dans sa véhémente défense qui fut plutôt une énergique contre-attaque, fit éclater l'imprévoyance et l'impéritie du gouvernement de Napoléon III. Après avoir rappelé dans quelles conditions graves, douloureuses, dangereuses, sous la poussée de l'indignation populaire, le régime s'était effondré et la République avait été le syndic de la faillite impériale, il termina par cette virulente apostrophe :

« Le Mexique vous tient, le Mexique vous poursuit, le Mexique a déjà fait justice, par l'éternel châtiment qui sort des choses, de tous ceux qui ont compromis l'honneur et la grandeur de leur pays dans cette détestable équipée. Oui, la justice a commencé, elle a saisi tour à tour et Morny, et Jecker, et Maximilien, et Napoléon III ! Elle tient Bazaine. Elle vous attend ! »

Discours très beaux tous deux, il est vrai ; très véhément celui de M. Gambetta. Mais quelle ironie de penser que de tous ces hommes qui sont cités à cette barre de « l'immanente justice », deux seuls furent frappés : Maximilien par les patriotes Mexicains, et le spéculateur Jecker par les révolutionnaires parisiens !

A l'unanimité, l'Assemblée vota un ordre du jour de M. le duc de Broglie — perfide, il était dirigé à la fois contre les bonapartiste et les républicains — faisant confiance à la Commission des marchés et affirmant sa résolution « de poursuivre et d'atteindre toutes les responsabilités, avant ou après le 4 septembre. »

Le débat devait se rouvrir en juillet, vers la fin de juin, à propos des marchés passés par le gouvernement de la Défense nationale. Il n'eut d'autres résultat que le renvoi du rapport de M. Riant aux divers ministères compétents; la gauche devait s'abstenir tout entière dans ce vote.

Parallèlement s'instruisait devant le Conseil d'enquête officiellement consti. tué, le procès de l'armée impériale, de ses grands chefs surtout, car les soldats s'étaient crânement battus sur les champs de bataille, depuis Wissembourg et Forbach jusqu'à Bazeilles et Gravelotte. Les deux capitulations de Sedan et de Metz étaient jugées à leur valeur exacte, c'est-à-dire avec une juste sévérité. L'auteur de la première, Napoléon III, était hors d'atteinte; le fauteur de la seconde, Bazaine était déféré à un conseil de guerre. Mais il devait, par un recours en grâce de ses juges et pairs, éviter la peine de mort qui n'avait pas été épargnée aux chefs ou simples soldats de la Révolution du 18 mars!

Des événements significatifs se produisaient au cours de cette session, bien faits pour donner à la réaction le sentiment que, chaque jour davantage, le pays évoluait vers la République; le 9 juin, le Nord, la Somme, l'Yonne envoyaient trois républicains, Paul Bert, Burin et Deregnaucourt à l'Assemblée et, par l'organe du général Chanzy, le Centre gauche faisait une adhésion officielle à la République. Il y avait de quoi désarçonner tout le clan royaliste; le désarroi se traduisit d'abord par une tentative en vue d'empêcher cette adhésion, elle avorta, et par une démarche faite auprès de M. Thiers, par une délégation composée de MM. Saint-Marc-Girardin, de Broglie, d'Audiffret-Pasquier, Batbie, Changarnier, etc... Cette démarche avait pour but de convier le chef du pouvoir exécutif à gouverner ouvertement avec les Droites, parmi lesquelles il recruterait le Cabinet: ce fut un fiasco retentissant; la délégation sortit de l'hôtel de la Providence navrée, furieuse et couverte de ridicule; M. John Lemoine, dans le *Journal des Débats* la baptisa : « manifestation des bonnets poil ». Le ridicule était justifié: il ne pouvait se digérer et dès lors, c'est une guerre implacable, tantôt masquée, tantôt ouverte qui s'engage contre M. Thiers d'une part, contre l'ensemble du parti républicain de l'autre. M. Thiers devait y succomber un an après: quant au parti républicain il allait y prendre des forces toujours plus grandes, car son recrutement allait se développer dans le pays avec une grande rapidité.

Mais deux questions d'une importance capitale se présentent : la loi militaire destinée à doter la France d'une armée nombreuse et solide ; les négociations avec l'Allemagne en vue de la complète libération du territoire encore militairement occupé.

La réorganisation de l'armée déjà entreprise; la reconstitution du matériel de guerre et des approvisionnements déjà en bonne voie n'ont pu passer sans fournir à M. de Bismarck et à la Fédération militaire allemande des occasions de présenter directement ou indirectement des observations, parfois inconvenantes, au gouvernement français; les préliminaires de la discussion de la loi militaire ne font que les rendre plus fréquentes. Il nous est matériellement impossible de les étudier dans leur évolution délicate et complexe. Elles passèrent, heureusement, sans déterminer un conflit qui eut été désastreux pour les deux pays.

Quant à la discussion de la loi militaire, elle fit, au cours des séances de la Commission spéciale, apparaître une fois de plus les idées vieillotes du chef du pouvoir exécutif qui ne put que difficilement se résoudre au service obligatoire et personnel, à la réduction du temps de service à cinq ans; il opinait pour sept à huit ans, quand l'armée allemande venait de faire une démonstration aussi sensationnelle, quand des soldats de métier se prononçaient déjà pour la réduction à trois ans.

Toutefois, la loi fut votée le 27 juillet 1872 ; elle proclamait le service obligatoire et personnel; en fixait ainsi la durée : cinq ans dans l'armée active, quatre ans dans la réserve de l'armée active; cinq ans dans l'armée territoriale et six ans dans la réserve de la territoriale. Mais la durée du service était loin d'être égale pour tous, chaque classe étant divisée en deux portions égales, toutes deux appartenant à l'armée active, mais une composée des conscrits moins favorisés par le tirage au sort, appelée à rester cinq ans sous les drapeaux, l'autre n'y devant rester qu'une année.

La bourgeoisie française, tout en faisant « la part du feu » en consentant à sacrifier ses enfants sur l'autel de la patrie, ne pouvait se résigner à sacrifier leur avenir. Un ouvrier de l'usine ou du champ, un modeste employé de commerce ou d'administration pouvaient, sans préjudice appréciable pour d'autres que pour eux ou leurs familles, passer cinq ans dans les casernes ou les camps, mais il ne pouvait être toléré qu'il en fut de même de futurs avocats, médecins, patrons ou simplement rentiers. A côté de dispenses traditionnelles en faveur des soutiens de famille, des professeurs, instituteurs liés par l'engagement décennal, fut créé ce que l'on appela le volontariat d'un an, privilège exorbitant aujourd'hui disparu.

Le 29 juin avait été signée, non sans des négociations fort laborieuses, la convention relative à la libération du territoire, le territoire de Belfort restant terre française. Il ne restait plus, après sa ratification par l'Assemblée, qu'à demander au pays et même à l'étranger les 3 milliards 498 millions nécessaires à cette considérable et décisive opération. Le nombre des souscripteurs fut de près d'un million et le capital fut souscrit près de quatorze fois. Pour 3 milliards et demi, 43 milliards 900 millions furent offerts. L'étranger trouva dans cet emprunt l'occasion d'excellents placements et de fructueuses spéculations puisque ce fut lui qui fournit la majeure partie des souscriptions !

Voici en quels termes un historien fort modéré s'exprime au sujet des emprunts imposés par la liquidation de la guerre franco-allemande :

« Que chaque citoyen français ait toujours sous les yeux la somme énorme de la dette qui, sous différentes formes, fut contractée par la France pour les dépenses extraordinaires de la guerre, de 1870 à 1872 :

« *Dix milliards cinq cent cinquante millions !* Telle est la charge qui, rien que du fait des emprunts suite de la guerre de 1870, pèse sur la fortune de la France, sur la liberté de la France, sur l'indépendance de chaque citoyen.

« Et, depuis trente ans, cette dette n'est pas allégée, au contraire. *La dette de la guerre ne se règle pas*. Malgré une richesse croissante, la génération qui a vu ces événements et les générations qui se sont succédées transportent le fardeau, avec le devoir de l'acquittement, à leurs successeurs.

« On fut très fier, en 1871 et 1872, du succès des deux emprunts : on pourrait être plus fier si, après trente ans, ils étaient soldés. »

Sans doute, avec l'historien, faut-il convenir que nul Français ne saurait oublier quels furent les auteurs responsables de toutes les calamités qui entraînèrent de telles charges, qui, encore, écrasent nos budgets; bien d'autres s'y sont ajoutées depuis. Mais il importe aussi de bien établir que c'est sur la classe qui produit toute la richesse, qui chaque jour contribue par son labeur à son développement, que retombe indirectement mais sûrement le poids de toutes ces dettes accumulées, de bien établir à qui réellement incombe les véritables responsabilités.

Si la bourgeoisie française, poussée dans son ensemble par un conservatisme aveugle, n'avait pas escamoté la Révolution de 1848, si elle n'avait pas fusillé les travailleurs parisiens en Juin, si elle n'avait pas, par les lois de Mai, mutilé le suffrage universel à peine conquis, si elle n'avait pas désorienté la France, elle n'aurait pas préparé l'empire en favorisant la préparation du Coup d'État de Décembre. C'est elle la vraie coupable. Certainement elle en a souffert; elle n'en souffre plus ; sa fortune n'a fait que s'augmenter; jamais elle ne fut plus riche ni plus puissante. Le peuple qui travaille ne doit jamais oublier les fautes de l'Empire : il ne doit jamais oublier les fautes de la bourgeoisie qui déterminèrent la restauration du régime impérial !

CHAPITRE XIV

Inquiétudes causées par la crainte d'une guerre. — Le bilan du vainqueur.
La date du 18 Mars. — Le mouvement socialiste.

La France entière avait été en proie à une émotion profonde, à une angoisse poignante, tandis qu'au cours des négociations tendant à anticiper sur les dates prévues pour le règlement de l'indemnité de guerre et l'évacuation du territoire, des menaces s'étaient produites du côté de l'Allemagne et avaient donné des craintes sérieuses de nouvelle conflagration. Ce n'était pas sans des inquiétudes, sans doute plus affectées que réelles, que M. de Bismarck et le grand Etat-Major allemand assistaient à la réorganisation militaire du pays. Cependant, il était visible que le peuple allemand, proprement dit, n'avait pas plus d'intérêt que de goût à s'engager dans une nouvelle aventure, dût la victoire la conclure encore.

De même qu'en France, toute l'activité économique, durant plusieurs mois suspendue, avait repris, dès la paix rétablie, et c'était une activité d'un caractère bien net et très puissant; l'activité d'un peuple jeune, laborieux, fortement organisé, qui apparaissait sur le champ de bataille de la production et des échanges savamment outillé, habile, entreprenant, armé de capitaux ; par suite, soucieux du maintien de la paix. Puis, malgré la griserie de succès militaires retentissants, tels que l'Europe n'en avait vu, depuis l'épopée impériale, peu à peu se faisait le douloureux inventaire des pertes essuyées. Sans compter les milliers de morts, de blessés, frappés en pleine lutte, parmi le crépitement de la fusillade, le fracas des canons, la fureur sauvage des charges de cavalerie ou d'infanterie, s'établissait le bilan formidable des soldats décédés par suite des fatigues, des rigueurs de la température, du typhus, de la variole ; de toutes les maladies qui s'abattent sur les grandes accumulations d'hommes soustraits à leur vie coutumière ; condamnés à un régime anormal, à une existence oscillant entre l'éreintement et la nervosité fatale chez tout être que les fatalités, les sottises, les crimes de la politique extérieure des nations transforment brutalement en instrument de meurtre.

L'Allemagne bourgeoise et ouvrière comprenait bien que les feuilles de chêne et les lauriers de la victoire, souillés de sang, se devaient voiler d'un funèbre crêpe de deuil. Victorieuse, il lui fallait panser de nombreuses et cruelles blessures. La victoire était profitable au seul parti militaire, caste à part, qui n'a de profits, par elle appréciables, qu'à la guerre. Il y avait donc matière à réflexions, hésitations pour les gouvernants, d'autant que le socialisme, malgré la crise patriotique très intense qui venait de se produire, grâce à l'ineptie, l'imprévoyance criminelle du gouvernement de Napoléon III, faisait des progrès énormes sous l'impulsion des militants qui, comme Bebel, Liebknecht, profitaient de toutes les circonstances pour démontrer au prolétariat la nécessité de se grouper autour d'un programme très net. Du reste, fait remarquable mais non anormal, à mettre en lumière, bravant les injures des chauvins, les menaces souvent suivies d'effet, des agents et des juges, ces militants et leurs camarades, tout en accomplissant leur devoir, défendant leur pays, n'avaient pas hésité à affirmer leurs sentiments affectueux envers le peuple français qu'ils ne rendaient pas responsable des fautes du gouvernement impérial.

 N'avaient-ils pas protesté contre la continuation de la guerre, après la proclamation de la République, c'est-à-dire après la disparition de ceux qui l'avaient provoquée ? N'avaient-ils pas énergiquement protesté — et l'acte

A LA GARE SAINT-LAZARE, LE RETOUR DES DÉPUTÉS.
(D'après un document de l'époque)

n'allait pas sans danger — contre l'annexion brutale de l'Alsace et de la Lorraine ? Maintenant qu'une ère de prospérité économique s'ouvrait, n'allaient-ils pas pouvoir — ils n'y manquèrent pas — démontrer, irrésistible leçon de choses, que cette prospérité ne profiterait qu'aux détenteurs de capitaux, d'outillage, de matières premières, tandis que la masse ouvrière et petite bourgeoise resterait vouée aux pires conditions du salariat, de la concurrence ; aux mêmes misères, aux mêmes incertitudes : armée qui supporte tous les chocs sur les champs de bataille et sur le terrain des luttes économiques

Le mouvement révolutionnaire du 18 Mars, malgré les erreurs commises, malgré la terrible défaite, avait produit une impression profonde parmi les masses populaires de l'autre côté du Rhin, que ne pouvaient manquer .de frapper des faits caractéristiques tels que le renvoi des prisonniers de guerre au gouvernement de M. Thiers pour entreprendre un second siège de Paris ; la coopération des armées allemandes à ce second investissement de la capitale.

Que se produisait-il donc de si prodigieux, de si nouveau, pour qu'une telle collaboration pût se produire contre le Paris qui, avec un héroïsme qui avait frappé d'admiration l'Europe, venait de supporter un long et pénible siège ? La vérité se faisait peu à peu jour et projetait une vive lumière sur la conscience du prolétariat allemand, du prolétariat universel : c'était la partie laborieuse, consciente de la capitale qui s'était soulevée pour protester contre la capitulation, pour défendre la République menacée, pour affirmer hautement les droits du travail et proclamer la nécessité de son émancipation politique et sociale. On commençait à le comprendre, malgré les calomnies, les mensonges de la presse ; cette vérité était d'autant plus frappante que la démocratie socialiste allemande avait déjà une solide organisation, qu'elle comptait de nombreux adhérents et avait des représentants dans les assemblées parlementaires ; — la voix de certains d'entre eux avait fait entendre de grands avertissements aux maîtres du grand Empire nouvellement restauré.

Le mouvement socialiste se marquait sur tout le continent européen, manifestant déjà une unité de vues remarquable quant aux principes essentiels, malgré des divergences très tranchées relevant surtout de l'organisation de la société future, de la tactique, ces dernières suggérées, fréquemment imposées par les circonstances, les milieux, les traditions nationales ou de race, aussi par les institutions gouvernementales et les organismes administratifs fort variés dans leurs formes et leur fonctionnement.

Comme principe essentiel et dominant, sur lequel l'accord se faisait de plus en plus : la substitution de la propriété sociale, collective ou commune, à la propriété individuelle, source de toutes les oppressions, de toutes les misères matérielles et morales accablant le prolétariat seul producteur de la richesse ; nécessité pour tous les producteurs de se grouper afin d'accomplir cette transformation devant bénéficier à l'ensemble du corps social et pouvant s'entreprendre, puisque déjà la concentration de tous les capitaux, de tous les moyens de production et d'échange se trouvait en partie réalisée dans le domaine de l'industrie, du commerce et donnait naissance à une nouvelle féodalité autrement puissante que celle atteinte si gravement en France par les révolutions de 1789 et 1792.

Comme divergences, la tactique à employer, la forme à donner à la future organisation sociale. Elles s'étaient manifestées déjà, sous l'Empire, dans le sein de l'Internationale; elles devaient s'exaspérer au point de provoquer une grave, irrémédiable scission, au Congrès de La Haye (1872), entre partisans de Karl Marx et de Bakounine. Cette scission allait être funeste à l'*Association internationale des travailleurs*, plus funeste, plus dangereuse que la loi votée par l'Assemblée de Versailles, car l'armée socialiste se partageait en deux camps violemment hostiles, dont les démêlés troublaient profondément le prolétariat des deux mondes. Cette hostilité est loin d'être apaisée. Il ne nous est pas matériellement possible de retracer, dans ses détails multiples, souvent passionnants, la lutte entre ceux que l'on appelait les autoritaires, les étatistes, groupés autour de Marx et du Conseil général de l'Internationale jusqu'en 1872 siégeant à Londres, après le Congrès de La Haye transféré aux États-Unis, et les collectivistes-anarchistes groupés autour de Bakounine ; il n'est cependant pas inutile d'en indiquer, sommairement, les points essentiels, car ils auront une répercussion par moments très vive, très déterminante, sur l'évolution du socialisme international, plus particulièrement sur l'évolution du socialisme français, même dès les premières années de sa réorganisation, alors que l'union, la convergence de tous les efforts des militants paraissaient si nécessaires.

Les principes généraux qui, au Congrès de La Haye, affirmèrent le programme des partisans de Karl Marx et qui avaient été énoncés très clairement déjà dans le *Manifeste du Parti Communiste*, tracé avec la collaboration de Frédéric Engels et lancé en 1848, proclamaient la nécessité de substituer à la propriété individuelle la propriété sociale, commune, par l'expropriation de la classe capitaliste détentrice de tous les moyens de production. Dans cette transformation d'un régime propriétaire source de toutes les oppressions, de toutes les misères morales et matérielles, le prolétariat devait trouver son émancipation et là seulement. Il devait donc s'organiser comme classe pour préparer, engager et terminer par une victoire la lutte fatale. La classe possédante, pour maintenir ses privilèges économiques, occupe le pouvoir politique qui met à sa disposition tous les moyens de défense ; il importe, que tout en s'organisant pour une fin économique, sociale, le prolétariat s'organise en vue de conquérir, pacifiquement ou violemment, suivant les circonstances, le pouvoir politique qui mettra à sa disposition tous les éléments nécessaires à la révolution économique, c'est-à-dire à l'expropriation de la classe possédante et à l'organisation d'une propriété commune. Il faut s'organiser fortement, conduire la lutte avec une discipline sérieuse, sous peine de se préparer à des avortements, à des échecs. En un mot, l'État étant la citadelle de la classe possédante, il faut qu'à son tour le prolétariat conquière l'État. C'est une lutte de classe contre classe qu'il importe d'entreprendre et de conduire méthodiquement, sans interruption.

Aussi bien une forte organisation sera-t-elle indispensable au prolétariat, même au lendemain de sa victoire, pour n'en pas compromettre les résultats et donner à la société nouvelle une constitution assurant son fonctionnement régulier.

Sur le principe même de la transformation du régime propriétaire, de la substitution de la propriété sociale, collective, à la propriété individuelle, capitaliste, les anarchistes étaient d'accord avec les marxistes ; mais ils différaient profondément sur la question de l'État et sur la tactique. La pensée qui les dominait et les domine, c'est de donner à l'être humain la liberté sans limites ; de lui assurer son développement le plus absolu tant au point de vue matériel qu'au point de vue intellectuel et moral, sans l'enserrer dans une organisation, même la plus rudimentaire. Pas d'autorité, sous quelque forme que ce puisse être, tel est leur idéal d'une société émancipée. A ce principe, il faut accoutumer le prolétariat, l'humanité entière, en démontrant quotidiennement quelles oppressions, quelles misères engendre l'autorité. Le prolétariat doit marcher à la conquête de sa liberté par la lutte révolutionnaire, mais en se tenant à l'écart de la politique et avec la ferme intention de détruire l'État, ses différents organes ; cette abstention de la politique doit se manifester, tout d'abord, sur le terrain électoral.

Au Congrès de Bâle (1869), Bakounine défendant le collectivisme avait dit : « Je vote pour la propriété collective, en particulier de la terre et, en général, de toute la richesse sociale, au moyen de la *liquidation sociale*.

« J'entends par liquidation sociale l'expropriation *en droit* de tous les propriétaires actuels, par *l'abolition de l'État politique et juridique*, qui est la sanction et l'unique garantie de la propriété individuelle actuelle et de tout ce qui s'appelle le droit juridique ; et l'expropriation *de fait* de tout ce qui sera possible, par la force même des événements et des choses.

« En ce qui concerne l'organisation future, considérant que tout travail productif est avant tout un travail social, nécessairement collectif et que le travail, qu'improprement on nomme individuel, est aussi un travail collectif, parce qu'il n'est possible que grâce au travail collectif des générations passées et présentes :

« Je reste pour la *solidarisation des collectivités ouvrières* ; je suis un adversaire résolu de l'État et de toute politique bourgeoise ; je veux la destruction de tous les États nationaux et territoriaux et sur leurs ruines l'établissement du Collectivisme, qui doit être implanté sur la terre par l'Association internationale des travailleurs. »

Sur le suffrage universel il s'était ainsi prononcé dans sa brochure l'*Empire Knouto-Germanique :* « Le suffrage universel, alors qu'il est pratiqué dans une

société où le peuple, la masse des travailleurs est économiquement dominée
par une minorité détentrice de la propriété et du capital, pour plus ou moins
libre qu'elle paraisse, considérée politiquement, ne pourra jamais produire que
des élections illusoires, anti-démocratiques et absolument opposées aux
besoins impérieux, aux instincts et à la volonté réelle des peuples. »

Dans les *Lettres à un Français sur la crise actuelle* (1870), il écrivait :
« … Je suis ennemi de la *révolution par décrets*, parce que c'est une conséquence et une application de l'idée de l'*État révolutionnaire* — la réaction y
manœuvrera sous le couvert des apparences de la révolution. Au système des
décrets révolutionnaires j'oppose celui des *faits révolutionnaires*, le seul qui
soit efficace, logique et vrai, en dehors de toute intervention officielle ou autoritaire quelconque… »

« Que doivent donc faire les autorités révolutionnaires ? — tout en sou-
haitant qu'il y en ait le moins possible — que doivent-elles faire pour étendre
et organiser la révolution ? Elles ne doivent pas la faire elles-mêmes par
décret, ne pas l'imposer aux masses, simplement la provoquer dans les masses.
Elles doivent, non imposer aux masses populaires une organisation quelle
qu'elle puisse être, simplement provoquer qu'elles s'organisent autonomi-
quement de bas en haut, travaillant avec l'aide de l'influence individuelle des
hommes les plus intelligents de chaque localité, afin que l'organisation soit le
plus possible conforme aux véritables principes. — Tout le secret du résultat
est là.

« Que ce travail doive rencontrer d'immenses difficultés, qui pourrait en
douter ? Mais croit-on par hasard que la Révolution soit chose aisée et qu'elle
se peut accomplir sans vaincre de grandes difficultés ? Les révolutionnaires
socialistes de notre époque ne doivent pas imiter les procédés révolutionnaires
des Jacobins de 1793. La routine révolutionnaire les perdrait . . . . . .

. . . .

« Il est nécessaire que la Révolution sociale soit précédée d'une tempête
révolutionnaire, d'un déchaînement de haine contre la tyrannie, pour préparer
l'ordre nouveau, en détruisant dans les esprits et dans les faits tout ce qui a
été la partie constitutive de la vieille civilisation. Il est nécessaire qu'une destruction colossale passe sur le monde pour rompre la cohésion administrative,
juridique, politique et religieuse ; il est nécessaire que tous les éléments sociaux
soient mêlés, confondus, dispersés, que l'axe de la pensée et de l'activité
humaines soit changé pour que l'initiative des masses populaires ne rencontre
plus que des matériaux épars quand il faudra *refaire*. C'est ainsi que l'égalité
communale, l'organisation fédérative, l'harmonie universelle, le libre essor de
tous les êtres remplaceront notre civilisation égoïste, autoritaire. »

Dans le *Manifeste du Parti Communiste*, Karl Marx et Engels, avaient nettement indiqué quel rôle devait s'assigner le prolétariat :

« Le premier acte d'une révolution ouvrière doit être l'élévation du prolé-

lariat au rang de classe dominante, c'est-à-dire la réalisation de la démocratie.
Après avoir conquis le pouvoir politique, le prolétariat s'en servira pour arracher peu à peu le capital à la bourgeoisie, pour centraliser tous les instruments
de production entre les mains de l'État, c'est-à-dire du prolétariat constitué en
classe dominante et pour effectuer rapidement la concentration des forces pro-
ductrices. »

Mais à cette action « autoritaire » du prolétariat nécessitée et justifiée par
la série d'efforts à accomplir pour l'œuvre d'émancipation et d'organisation
succédait, dans le Manifeste, une vue très nette sur les suites logiques de la
victoire et de l'organisation :

« Quand, au cours de l'évolution graduelle auront disparu les différences
de classe, toute la production restant concentrée aux mains des individus
associés, le pouvoir public perdra son caractère politique, puisque le pouvoir
politique n'est autre que la force organisée d'une classe pour l'oppression d'une
autre. Quand le prolétariat, dans sa lutte contre la bourgeoisie, se constitue
fortement comme classe et, au moyen de la révolution se fait classe dominante
pour, comme telle, abolir, par la force, les conditions anciennes de la production, avec ces conditions de production il supprime les raisons d'être de la différence de classe, les classes elles-mêmes et, par suite, sa propre domination
comme classe.

« A la place de la vieille société bourgeoise, avec ses classes, s'établira
une association dans laquelle le libre développement de chaque individu, sera
la condition du libre développement de tous. »

Les idées anarchistes qui n'avaient pas pris l'acuité dangereuse qu'elles
devaient acquérir quelques années plus tard, étaient pour séduire bien des
esprits, bien des tempéraments indépendants et impatients, lassés de la politique pratiquée par les politiciens ; elles eurent grand succès parmi les socialistes de race latine et attirèrent d'enthousiastes adhérents en France, en Italie,
en Espagne ; il faut le dire aussi, en Belgique, en Hollande, en Suisse où
s'exerçait plus directement l'action de ses propagandistes ; elles firent des
recrues parmi les socialistes russes et américains.

En France, cependant, il était difficile d'entraîner le monde ouvrier hors de
l'action politique, de l'action électorale, le suffrage universel ayant été conquis
par le peuple, de haute lutte, à la suite de la Révolution de février 1848 et étant
sa seule conquête effective. Si l'Assemblée nationale recula devant le vote de
nouvelles lois de Mai, devant une tentative de mutilation du suffrage universel,
ce fut simplement par crainte d'un soulèvement qui eût entraîné la majorité du
pays. Mais les idées de large autonomie, de liberté individuelle poussées jusqu'aux extrêmes limites de la théorie étaient pour attirer l'élément le plus actif
de la masse ouvrière et, dans le parti qui lentement se reformait, elles allaient
avoir une grande influence, occasionner bien des luttes, bien des dissensions.

Dans son ensemble — le parti anarchiste n'existant pour ainsi dire pas encore en France — tous les socialistes proprement dits étaient d'accord pour proclamer que le prolétariat devait se constituer en un parti distinct, en un *parti de classe*, afin de poursuivre la conquête du pouvoir politique et par là la conquête de la puissance économique, c'est-à-dire du capital et de tous les moyens de production transformés en propriété sociale. La constitution de ce parti, les uns la voyaient dans une organisation très forte, soumise à une méthode rigoureuse, à une discipline forte, unitaire ; les autres ne la concevaient que dans la fédération librement consentie de toutes les forces socialistes et ouvrières, adoptant une ligne de conduite commune pour les efforts d'ensemble, mais laissant à chaque groupement une suffisante et nécessaire autonomie pour propager et agir suivant les circonstances et les milieux. L'ensemble du parti s'affirmait républicain et déclarait qu'un des premiers efforts devait tendre à l'établissement de la République, seule forme de gouvernement contraint de concéder une certaine part de liberté. La majorité était anti-autoritaire, décentralisatrice ; si elle était attachée au principe d'égalité politique et économique, elle avait un égal culte pour le principe de liberté. Aussi peut-on dire que, après le Congrès de La Haye, si la majorité des socialistes français se prononça contre le Conseil général de l'Internationale, elle ne devint pas pour cela anarchiste. Il n'en devait pas moins subsister un germe de discussions et de divisions entre socialistes centralisateurs et fédéralistes, tous restant révolutionnaires.

Toute modeste, chétive que put être la renaissance peu coordonnée du Parti socialiste, elle n'en fut pas moins un sujet d'inquiétudes pour la bourgeoisie de droite, du centre et la fraction de gauche soutenant la politique de M. Thiers. Il n'en fallut pas davantage pour mettre en branle l'action judiciaire armée de la loi contre l'Internationale. En 1873, de nombreux procès, précédés de nombreuses perquisitions et arrestations, eurent lieu à Toulouse, Paris, Lyon, Narbonne, Agen, Grenoble, et les tribunaux se montrèrent fort rigoureux. De la bouche des procureurs de la République tombèrent des réquisitoires que n'eussent pas désavoués les procureurs impériaux. A Paris et à Toulouse, on put même constater jusqu'à l'évidence que parmi les agents les plus actifs figuraient d'ignobles policiers, véritables provocateurs. A Toulouse, le misérable qui avait formé une section très nombreuse, très forte, après avoir capté la confiance du Conseil général ; qui l'avait représentée au Congrès de La Haye, était un agent du gouvernement. Condamné pour la forme, il accomplit sa peine dans une mission de police à Bordeaux.

Mais les progrès du Parti socialiste devaient être entravés par les événements politiques très graves qui se produisaient et aboutissaient à une série de crises dangereuses pour la République.

CHAPITRE XV

*Manœuvres contre les républicains. — « L'Ennemi c'est le cléricalisme ». —
« Vive la République ! » — Date douloureuse. — Contre la France. —
Un Message. — La Commission des Trente. — La dissolution et les pétitions.
— Nouvelle capitulation de M. Thiers.*

Les vacances parlementaires furent marquées par des agitations graves,
bien faites pour indiquer que les passions politiques si fréquemment déchaînées au cours des séances de l'Assemblée nationale, ne pouvaient connaître de
répit. Le cabinet, afin de donner des gages à la majorité, de calmer les inquiétudes des modérés de la minorité, déploie une énergie rigoureuse. Tout ce
qui, de près ou de loin, peut avoir un caractère républicain, est prohibé ou
réprimé. C'est ainsi que sont interdites toutes les manifestations organisées
pour célébrer les anniversaires de la prise de la Bastille, de la proclamation de
la République en 1792, de la révolution si pacifique du 4 Septembre, et Louis
Blanc ne peut prendre la parole dans une réunion convoquée à Marseille où
il devait parler sur la dissolution de l'Assemblée.

Les réunions politiques sont aussi interdites et les réunions privées surveil-
lées étroitement par la police qui y sème des agents provocateurs. C'est sous cette
forme que M. Gambetta continue sa campagne dissolutionniste très ardente,
dans la Savoie et le Dauphiné; il donne de l'élan au parti républicain, mais il
se rapproche de M. Thiers, en le ménageant. S'il combat activement les Droites,
il rassure les modérés en répudiant les idées socialistes, déjà traçant son programme politique et social, celui qui bientôt divisera la Gauche pour donner
naissance au parti opportuniste qui trouvera à sa gauche le parti radical et la
fraction intransigeante.

Il veut concilier les inconciliables et il lance sa formule « rapprocher le
bourgeois de l'ouvrier, l'ouvrier du paysan »; il proclame « l'avènement des
nouvelles couches », mais son effort principal se porte sur le terrain immédiat
de la politique. L'Assemblée doit se retirer pour laisser le suffrage universel
exprimer librement sa pensée, sa volonté sur la forme gouvernementale à
donner à la France, et cette forme gouvernementale ne peut être que la
République. Sans doute les socialistes n'ont-ils pas eu à se louer du chef
de la Gauche, qui fut un de leurs adversaires les plus acharnés; il faut

LA VENTE DES JOURNAUX SUR LES BOULEVARDS.

(D'après un document de l'époque).

toutefois reconnaître que Gambetta fut, en cette période troublée, l'âme du mouvement contre la réaction et que de chacun de ses discours se détacha, en formules brèves, les mots d'ordres du camp de la démocratie républicaine en constante veillée d'armes. C'est au cours de cette campagne qui eut un retentissement considérable sur tous les points de France, qu'il prononça, à Saint-Julien, le 20 octobre, un discours sur les menées du parti clérical dont les agitations et les moyens d'action si nombreux, si variés et si sournois, étaient inquiétants :

« Il n'y a plus à parler, s'écriait-il, des partis monarchiques. Il reste un parti que vous connaissez bien, un parti qui est l'ennemi de toute indépendance, de toute lumière et de toute stabilité, car ce parti est l'ennemi déclaré de tout ce qu'il y a de sain, de tout ce qu'il y a de bienfaisant dans l'organisation des sociétés modernes. Cet ennemi, vous l'avez nommé, c'est le *cléricalisme !* »

Et dans le pays de Voltaire, de Diderot, dans le pays d'étiquette catholique où le « curé » n'est pas aimé, est en suspicion légitime, ces paroles avaient un écho profond ; mais il n'y avait là que des paroles de circonstance. Quand la République aura échappé à tous les pièges monarchistes ou bonapartistes, quand, consacrée par des votes populaires qui peuvent être considérés comme de véritables plébiscites, elle sera solidement assise, Gambetta interrompra la lutte contre le cléricalisme ; il trouvera inopportune toute tentative de séparation de l'église et de l'Etat ; il parlera d'un « clergé national » et déclarera que le « cléricalisme n'est pas un article d'exportation ! »

De son côté, M. Thiers avait quitté Versailles pour assister à Trouville à des expériences d'artillerie ; il avait visité le Havre ; partout il avait été accueilli par les cris de : « Vive la République ! » bien faits pour lui indiquer la voie à suivre, car ils manifestaient les sentiments de la majorité du pays inquiète et lasse des mesquines, turbulentes agitations des Droites de l'Assemblée et de leur évidente impuissance.

La masse ouvrière, malgré la reprise des affaires qui lui assurait du travai mais n'améliorait pas ses salaires, n'allégeait pas ses peines, ne faisait pas disparaître ses incertitudes, commençait à se « chercner » ; un mouvement purement professionnel s'esquissait parmi diverses corporations et, dans le Nord industrialisé plus que toute autre région, où la féodalité financière et industrielle est le plus puissante, les exigences patronales avaient provoqué des grèves qui furent énergiquement réprimées.

Enfin, ce fut durant cette intersession que commença l'organisation définitive, en pays d'Empire, de l'Alsace et de la Lorraine et que, à dater du 1er octobre, les options pour la nationalité française furent closes, que furent déclarés déchus du bénéfice de l'option tous les Alsaciens-Lorrains qui se trou veraient sur le territoire annexé. Ce fut un grand mouvement d'immigration qui se manifesta. Par milliers, des Alsaciens et des Lorrains franchirent la frontière ; ce mouvement fut encouragé par l'opinion.

Cet exode peut être jugé en se plaçant à des points de vue différents. Tandis que chez certains il excitait admiration et pitié, était considéré comme un acte de piété patriotique, par d'autres — minorité infime il est vrai — il fut considéré comme une grave erreur, comme une très lourde faute. Était-il bon d'abandonner les deux provinces et d'y laisser la place plus large pour l'immigration allemande ? Comment s'y entretiendraient le souvenir, le culte de la patrie, quand les plus ardents patriotes s'en seraient éloignés, la plupart sans esprit de retour? Ces derniers évoquaient le souvenir des conspirations ourdies, des luttes incessantes soutenues contre l'Autriche, en Lombardie, en Vénétie, conspirations, luttes qui avaient constamment tenu en éveil la revendication italienne contre l'occupant ; qui avaient été un facteur considérable dans le réveil de l'Italie, dans le mouvement dont la conclusion avait été la collaboration de la France et du Piémont en 1859 et était dû en grande partie à ce fait que les conquis, loin de quitter leurs foyers, y étaient restés pour faire nombre et rendre plus intenses, plus solennelles, leurs incessantes protestations.

La situation au point de vue extérieur n'était pas sans préoccuper, car des négociations se poursuivaient actives entre l'Allemagne, l'Italie, la Russie et l'Autriche et tout le monde sentait bien que les combinaisons élaborées étaient toutes dirigées contre la France encore occupée par les armées du vainqueur. Cependant l'heure de la libération définitive se rapprochait, le succès du dernier emprunt allait la hâter.

L'enthousiasme qui avait partout accueilli la campagne dissolutionniste de Gambetta, les ovations faites à M. Thiers soulignées par les cris de « vive la République ! » n'avaient pas peu contribué à exaspérer les conservateurs ; tous ces « ruraux », comme les avait si justement qualifiés Gaston Crémieux, revenaient la rage au cœur, déçus dans leurs espoirs après avoir été fréquemment mal accueillis par leurs électeurs.

Ce fut devant une Assemblée chargée d'orages, fiévreuse, que, le 13 novembre, M. Thiers, donna lecture de son Message, à diverses reprises interrompu par des approbations marquées des Gauches, par des exclamations, des protestations ou des murmures significatifs de la Droite, car s'il insista sur son caractère conservateur nécessaire, il n'en affirma pas moins qu'il fallait maintenir au gouvernement la forme républicaine.

« La République existe, déclarait M. Thiers, elle est le gouvernement légal du pays : vouloir autre chose serait une nouvelle révolution et la plus redoutable de toutes. Ne perdons pas de temps à la proclamer; mais employons-le à lui imprimer ses caractères désirables et nécessaires. Une Commission nommée par vous, il y a quelques mois, lui donnait le titre de République conservatrice. Emparons-nous de ce titre, et tâchons surtout qu'il soit mérité (*Très bien ! Très bien !*)

« Tout gouvernement doit être conservateur, et nulle société ne pourrait vivre sous un gouvernement qui ne le serait point. (*Assentiment général.*)

« La République sera conservatrice, ou elle ne sera pas (*sensation*) »

. . . .

« Qu'on ne se fasse pas d'illusions ! On peut croire que, grâce au suffrage universel, et appuyé ainsi sur la puissance du nombre, on pourrait établir une République qui serait celle d'un parti ! ce serait là une œuvre d'un jour.

« Le nombre lui-même a besoin de repos, de sécurité, de travail. Il peut vivre d'agitations quelques jours, il n'en vit pas longtemps. Après avoir fait peur aux autres, il prend peur de lui-même ; il se jette dans les bras d'un maître d'aventure et paye de vingt ans d'esclavage quelques jours d'une désastreuse licence ! »

. . . .

« Nous touchons, Messieurs, à un moment décisif. La forme de cette République n'a été qu'une forme de circonstance, donnée par les événements reposant sur votre sagesse et sur votre union avec le pouvoir que vous aviez temporairement choisi ; mais tous les esprits vous attendent, tous se demandent quel jour... (*Murmures à droite*), quelle forme vous choisirez pour donner à la République cette force conservatrice dont elle ne peut se passer...

« M. DE LA ROCHEFOUCAULD, DUC DE BISACCIA. — Mais nous n'en voulons pas !

« M. LE VICOMTE DE LORGERIL. — Et le pacte de Bordeaux !

« M. LE PRÉSIDENT DE LA RÉPUBLIQUE. — C'est à vous de choisir l'un et l'autre. Le pays en vous donnant ses pouvoirs, vous a donné la mission évidente de le sauver en lui procurant la paix d'abord ; après la paix, l'ordre ; avec l'ordre le rétablissement de sa puissance, et enfin un gouvernement régulier. Vous l'avez proclamé ainsi, et dès lors c'est à vous de fixer la succession, l'heure de ces diverses parties de l'œuvre de salut qui vous est confiée. »

La fin de la lecture de ce document déchaîna une véritable tempête. Il était précis sur un seul point, la nécessité de maintenir la République comme forme de gouvernement, ce qui exaspérait les Droites, car c'était là une pierre d'achoppement pour toutes leurs intrigues en vue d'une restauration ; mais sur d'autres points, quelles concessions au parti de la conservation sociale et quelle véritable monarchie sous l'étiquette républicaine ! C'était bien l'ancien ministre de la monarchie de Juillet qui venait d'exposer ses vues non modifiées en matière politique et sociale ! Puis, ne venait-il pas, contrairement au vœu manifeste de l'opinion, de reconnaître à l'Assemblée le caractère de Constituante ?

Ce fut l'occasion d'une manœuvre à la fois dirigée contre le parti républicain et M. Thiers ; mais conduite par M. de Kerdrel et M. Batbie, le mémorable « éléphant de combat », appuyée par MM. Ernoul et Lucien Brun, elle échoua. Ses protagonistes devaient réussir à prendre une revanche en forçant à se retirer M. Victor Lefranc, ministre de l'Intérieur, et M. Thiers à reconstituer un cabinet où entrèrent MM. de Goulard, de Fourtou et Léon Say ; cette fois les Bonapartistes et les royalistes avaient manœuvré de concert et marché la main dans la main. L'interpellation qui amena ce résultat avait pour motif les nombreuses adresses de félicitations adressées à M. Thiers par des Conseils municipaux réunis hors séance.

En suite du grave débat provoqué par la discussion du Message, sur la proposition du gouvernement, une Commission de trente membres avait été nommée dans les bureaux à l'effet de présenter à l'Assemblée un projet de loi pour régler les attributions des pouvoirs publics et les conditions de la responsabilité ministérielle; sa grande majorité était monarchiste, c'était dire que la victoire de M. Thiers était plus qu'incertaine; c'était le chef du pouvoir exécutif lui-même qui était directement menacé et des inquiétudes en naquirent pour la République. Il n'en fallut pas davantage pour stimuler l'ardeur des républicains les plus timorés, les plus modérés; le mouvement dissolutionniste auquel M. Gambetta, par sa campagne oratoire, venait de donner un vif élan, prit une recrudescence extraordinaire. Et les diverses fractions de la Gauche entrèrent en campagne résolument. L'Extrême-Gauche et la Gauche manifestèrent avec une grande ardeur leur adhésion au mouvement; ce fut le journal *Le Siècle*, bien modéré, dont le directeur, M. Leblond, député de la Marne, était en relations fréquentes avec M. Thiers, qui entreprit l'organisation d'un pétitionnement général; la formule qu'il avait trouvée fut adoptée par toute la presse républicaine; elle était brève mais d'une clarté saisissante : « Les citoyens soussignés prient l'Assemblée nationale de vouloir bien prononcer sa dissolution ».

Les pétitions circulèrent dans tout le pays et revinrent couvertes de milliers et de milliers de signatures. Les Droites comprirent le danger et résolurent de frapper un grand coup. Un des leurs, M. Lambert de Sainte-Croix, demanda la mise à l'ordre du jour de ces pétitions et elle fut fixée au 14 décembre. Ce fut M. Gambetta qui ouvrit le feu et prononça un grand discours à tout instant interrompu de la façon la plus violente et peu protégé, parfois même admonesté par le président Grévy, qui se montra d'une partialité dont la Gauche marqua un vif étonnement, M. Gambetta conclut en les termes suivants : « Sachez-le, le suffrage universel saura bien reconnaître les siens, et choisir entre ceux qui auront retardé et ceux qui auront préparé le triomphe définitif de la République. »

On attendait avec une certaine impatience, avec une certaine anxiété, le discours de M. Dufaure; il devait donner l'avis du gouvernement, c'est-à-dire révéler la pensée de M. Thiers. Or, l'initiative du directeur du *Siècle* permettait de supposer qu'il ne voyait pas d'un œil défavorable le mouvement pétitionnaire. Ce fut une douloureuse déception; une fois de plus le pouvoir exécutif « lâchait » le parti républicain pour capituler devant les Droites conservatrices.

En effet, son discours fut le désaveu, le blâme de la campagne dissolutionniste en même temps qu'un violent, haineux réquisitoire contre M. Gambetta, contre les républicains radicaux qu'il accusa de vouloir troubler l'ordre et bouleverser le pays. Il fut acclamé par les Droites qui, formant la majorité, passèrent dédaigneusement à l'ordre du jour sur les pétitions et votèrent l'affichage dans toutes les communes du discours si inqualifiable de M. Dufaure.

Mais si rien ne pouvait apaiser les fureurs de la réaction, rien n'allait arrêter l'élan républicain qui avait gagné jusqu'aux plus modestes hameaux.

CHAPITRE XVI

L'Assemblée et le pays. — La meilleure des monarchies. — Inconscience des Droites. — Le prisonnier du Vatican. — Le Cléricalisme et la Libre-pensée. — Quelques lois. — La Commission des Trente.

Au fur et à mesure que se déroule, s'active la lutte autour du chef du pouvoir exécutif et contre lui, quand il ne capitule pas devant les Droites, l'aspect moral se modifie profondément. L'Assemblée a conquis le maximum d'impopularité: elle a entassé le ridicule sur l'odieux: elle a manifesté toute son impuissance, malgré l'énorme travail accompli dans ses commissions, au cours de ses séances publiques. La France devient républicaine, il n'y a pas à en douter, chaque élection partielle qui se présente est l'occasion d'une manifestation significative; bien mieux, tout donne cette certitude que le pays rural se joindrait au pays citadin pour s'opposer à une tentative contre la forme de gouvernement qui présente à la fois une garantie et une espérance. M. Thiers ne le comprend pas assez; le vieux fond monarchiste et conservateur le domine aux moments critiques; du reste, il l'a déclaré au cours de la discussion de la proposition de Kerdrel qui a abouti à la création de la mémorable Commission des Trente :

« Je n'hésite pas à le dire, déclarait-il, si, devant moi, je voyais la possibilité de faire la monarchie, si on le pouvait..... Si on le peut, il faut me le dire ! Si je croyais que la faire en ce moment fut un devoir, que ce fût une manière de terminer votre anxiété; si j'étais sûr qu'une monarchie eût de l'avenir, qu'elle pût durer, que l'on fût d'accord, qu'une des trois monarchies possibles rencontrât la soumission des deux autres et la soumission de cette portion considérable du pays qui s'est donnée à la République, savez-vous ce que je ferais ? Je dirais : J'ai pris un engagement; cela ne regarde que moi, cela ne vous regarde pas ! Je trouverais une manière de me retirer, et je laisserais faire ceux qui pourraient restaurer la monarchie.

« Interrompez-moi en ce moment, si vous croyez que l'intérêt du pays est de faire la monarchie aujourd'hui ; faites-moi descendre la tribune, prenez le pouvoir, ce n'est pas moi qui vous le disputerai.

« Messieurs, voilà qui je suis. Je suis un vieux disciple de la monarchie, je suis ce qu'on appelle un monarchiste qui pratique la République par deux raisons : parce qu'il s'est engagé, et que, pratiquement, aujourd'hui, il ne peut pas faire autre chose. Voilà quel républicain je suis ; je me donne pour ce que je suis, je ne ne trompe personne.

« Eh bien l'équivoque va cesser à l'instant même. Vous me demandez pourquoi on m'applaudit. Le voilà !

« Ce n'est pas parce que j'ai failli aux doctrines de ma vie ; ce n'est pas parce que je partage les opinions des honorables députés qui siègent sur ces bancs *(l'orateur montre la gauche)* ; ce n'est pas parce que je partage les opinions non pas des plus avancés, mais des plus modérés. Non ! ils savent que sur la plupart des questions sociales, politiques et économiques, je ne partage pas leurs opinions ; ils le savent ; je le leur ai dit toujours.

« Non, ni sur l'impôt, ni sur l'armée, ni sur l'organisation sociale, ni sur l'organisation politique, ni sur l'organisation de la République, je ne pense pas comme eux.

« Mais on m'applaudit parce que je suis très arrêté sur ce point : qu'il n'y a aujourd'hui, pour la France, d'autre gouvernement possible que la République conservatrice. »

C'était en substance le mot fameux prêté à Lafayette, renversé : il n'est plus possible après la cruelle, démonstrative leçon que la France vient d'essuyer, d'esquiver la République, eh bien, tâchons d'en faire la meilleure des monarchies !

Entichés de formules vieillies, étroitement attachés à leurs traditions, à leurs princes, conseillés par des ambitieux sans scrupules, perfides mais d'une rare et insigne maladresse, les monarchistes ne surent pas comprendre M. Thiers, répondre à l'effet désespéré qu'il leur adressait ; heureusement on ne peut que se féliciter de leur aveuglement, de leurs obstinations absurdes.

Ils pouvaient, avec l'homme qui avait déclaré être hostile au programme des républicains de la veille les plus modérés, organiser la République anti-républicaine et ils laissaient échapper l'occasion ! Désormais, les Droites vont accumuler contre elles toutes les hostilités, et tous leurs projets, tous leurs actes vont activer le mouvement républicain tout autant que le pourront faire les plus ardentes campagnes des propagandistes. Pouvait-il en être autrement, quand le pays tout entier assistait à ce spectacle paradoxal, inexplicable : la majorité de l'Assemblée manœuvrant en vue de renverser un chef du pouvoir exécutif qui lui tendait les bras et implorait sa collaboration contre toutes les fractions du parti républicain ?

C'est parmi la plus profonde indifférence des masses que s'élaborent une foule de lois, les moins mauvaises suscitant les pires défiances ; loi sur le recrutement du jury due à M. Dufaure qui en fait un véritable trompe-l'œil libéral et démocratique ; loi tendant à réprimer l'ivresse publique et à combattre les progrès de l'alcoolisme, bonne, excellente en principe, mais accès de vertu par avance frappé d'impuissance, car les conditions de travail, de salaire, d'habitation, d'alimentation, de surmenage et d'incertitude dans lesquelles est condamnée à vivre la classe ouvrière sont une des causes évidentes de ce fléau dont les ravages sont si profonds, si terrifiants ; loi tendant à réduire le travail des femmes et des enfants dans les manufactures, fort incomplète, fort timorée, et combien d'autres ?

Mais où le travail de l'Assemblée est complet, exécuté « avec conscience », ne comporte pas de demi-mesures, c'est quand il s'agit de donner satisfaction aux d'Orléans réclamant à la France encore occupée par les armées étrangères, ayant à réparer les maux financiers de la guerre, à payer à l'Allemagne une note de cinq milliards, tous les biens confisqués par le décret impérial du 22 janvier 1852 : *la bagatelle de quarante millions environ !*

La propagande bonapartiste aurait sans doute largement profité de ce scandale si, le 9 janvier 1873, Napoléon III n'était mort, l'événement déjouant une conspiration ourdie et près de se dénouer par un coup de main, tentative que seule était capable de tenter une faction ayant toutes les audaces et comptant de sérieux, résolus alliés dans l'armée et les administrations publiques.

Parmi le désarroi des royalistes divisés par suite des déclarations très nettes du comte de Chambord, le désarroi des bonapartistes qui allaient se diviser en deux camps violemment adverses, parmi les manœuvres désordonnées de la majorité de l'Assemblée nationale, un parti, le parti clérical poursuivait sa campagne contre la République, prêt, du reste, suivant sa tradition, à se rallier, à appuyer l'élément conservateur qui conquerrait le plus de chances de succès.

Ce qui lui importait, c'était de grouper autour de lui toutes les forces catholiques : le ralliement sur le terrain purement religieux ferait de lui l'arbitre de la situation et son arbitrage il le ferait chèrement payer. En d'autres temps, la manœuvre par lui adoptée eût été d'une grande habileté. Tout son effort porta sur la situation du Pape Pie IX, depuis l'occupation de Rome par les troupes italiennes. Le Pape, tout en restant le chef de la chrétienté, était découronné comme roi temporel ; il était prisonnier au Vatican ! Cela était-il tolérable ? Et les chaires retentissaient et la presse catholique s'emplissait de tableaux lamentables, bien faits pour apitoyer les âmes catholiques sensibles ; les femmes d'abord ; par les femmes les hommes seraient ensuite entraînés dans un grand mouvement de filiale pitié et de pieuse protestation. Une telle abomination ne se pouvait tolérer par la France catholique, par la « fille aînée de l'Église » qui, par deux fois, sous la République et sous l'Empire avait fait des expéditions

A LA CHAMBRE : LE BANC DES MINISTRES.

D'après un document de l'époque.

romaines pour protéger la Papauté contre les entreprises de la République et
de la Monarchie! Puis, en l'occurence, la France seule pouvait agir ; des trois
grandes nations catholiques d'Europe, l'Italie étant naturellement mise hors de
cause, deux étaient contraintes au rôle de spectatrices impuissantes, l'Autriche
non remise de ses défaites de 1866 et attirée dans l'orbite de l'Allemagne ;
l'Espagne, l'Espagne du fanatisme religieux, de l'Inquisition, ayant pour roi
— temporaire il est vrai — un prince de la maison de Savoie.

Suscité avec l'habileté perfide du clergé, un mouvement d'opinion se manifesta, assez vif pour émouvoir le parti républicain et M. Thiers lui-même, car
il était gros de complications graves, avec l'Italie d'abord, puis avec l'Allemagne où M. de Bismark venait d'engager la mémorable action du *Cultur-
kampf*. M. Thiers se crut obligé d'offrir à Pie IX en asile en France et un
palais, le château de Pau. Le Pape refusa et ce refus eût pour conséquences
une série de difficultés diplomatiques qui produisirent une impression profonde
dans toute l'Europe, particulièrement en France. Elles eurent pour premier et
principal résultat de porter un coup terrible au parti clérical dont les audaces
ne connaissaient plus de bornes et qui ne parût plus, même aux yeux des
moins clairvoyants, que comme un fauteur de désordres à l'intérieur et un
danger dans le domaine de la politique extérieure, celui où passé, présent et
avenir nous commandaient, nous imposaient la plus grande prudence.

C'est à cette époque, dans cette série d'incidents, que se manifesta le mouvement anticlérical dans lequel la libre-pensée devait rencontrer ses éléments
principaux et commencer sa propagande méthodique. Ses débuts ne furent pas
aisés, car ce fut avec acharnement que furent saisis brochures et journaux et
condamnés ses propagateurs par des parquets et des juges, les premiers
monarchistes, les seconds bonapartistes, tous défenseurs jurés de la religion
catholique, tous au service de toutes les réactions.

Ce qu'il faut maintenant, c'est acculer M. Thiers soit à la capitulation
complète, sans réserve, devant les exigences conservatrices, soit à la retraite ;
la libération du territoire s'approche, on pourra manœuvrer plus largement,
plus à l'aise et la Commission des Trente a les moyens, elle les élabore du
reste, de préparer le terrain en l'aménageant dans les conditions les plus
favorables aux combinaisons qui s'organisent. M. Thiers en avait le pressenti-
ment fort net. N'avait-il pas dit à M. Jules Simon, dès les débuts de l'année
1873 : « Je n'ai pas à m'en occuper, du reste, car aussitôt la convention
signée (relative à l'évacuation de tout le territoire), la majorité déclarera, par
un beau décret, que j'ai bien mérité de la patrie et elle me mettra par terre. »
Toutefois, le 18 mars suivant, après le vote par lequel l'Assemblée déclarait
qu'il avait bien mérité de la Patrie, M. Thiers ne paraissait pas avoir perdu
tout espoir, affirmant que le seul qui pût le remplacer, le maréchal de Mac-
Mahon, *n'accepterait jamais !*

CHAPITRE XVII

*Suppression de la Mairie centrale à Lyon. — Le préfet Ducros. — Conflits
permanents. — Réponse de Paris. — L'élection Barodet. — Échec à
M. Thiers. — Nouvelle victoire républicaine. — Le 24 mai.*

Malgré sa grande confiance en sa force, en la popularité dont il jouissait parmi
la majorité du pays hier encore plébiscitaire, aujourd'hui ralliée à la République,
confiance semée de certaines appréhensions qui auraient pris le dessus s'il ne
s'était trop cru indispensable, M. Thiers, éloigné de la tribune pour la défense
dans les moments décisifs, devenait désormais le point de mire des manœuvriers du parti conservateur. Ses hésitations, ses capitulations si fréquentes,
ses crises démissionnaires ne produisaient plus l'effet escompté ; il l'allait
constater sous peu, d'autant que le parti républicain avancé, tout en le soutenant contre les plus rudes, les plus dangereux assauts, allait lui infliger une
juste et retentissante leçon.

Après l'adoption du projet de la Commission des Trente, né d'une série de
négociations et de transactions, qui autorisait le chef du pouvoir exécutif à
paraître à la tribune, à donner son avis, mais non à participer à la discussion
des projets de lois ou interpellations ; qui affirmait le droit et le pouvoir constituant de l'Assemblée nationale, vint à l'ordre du jour la question brûlante de
l'organisation de la municipalité lyonnaise.

Les droites et, disons-le, les centres aussi étaient fort émus, fort irrités de
la série de conflits qui ne cessaient de surgir entre la municipalité de Lyon et
l'autorité préfectorale représentée par le célèbre ingénieur Ducros « aux ponts
trop courts » transformé en agent politique : un des plus ardents, des plus
odieux, des plus ridicules qui se soient rencontrés dans la si singulière administration de cette époque. La population lyonnaise, dans sa majorité, était
fermement attachée à la cause républicaine ; elle a, du reste, des traditions
inoubliables, illustrées par de terribles et sanglantes luttes, les unes d'un
caractère purement politique, les autres d'un caractère purement ouvrier
et social.

La municipalité avait à sa tête M. Barodet, qui avait succédé à M. Hénon,
et luttait pied à pied contre les mesures prises par le préfet, toutes fort réactionnaires, quelques-unes simplement odieuses, réclamées ou appuyées par la
minorité de la population très cléricale. Il serait long de les énumérer, mais il

en faut citer quelques-unes, les plus marquantes, telles que l'interdiction des enterrements civils après huit heures du matin en hiver et sept heures en été ; la suppression des journaux républicains pour la publication d'articles ... fois anodins ; l'interdiction des représentations de la *Muette de Portici*, de *Ruy-Blas*, de *Patrie* ; l'obligation imposée aux conseillers municipaux de présenter une carte signée du secrétaire du préfet pour être admis dans l'Hôtel de ville !...

M. Barodet, ancien instituteur, avait eu de graves difficultés avec M. Ducros, relativement aux mandats de paiement des instituteurs laïques auxquels, autorités et congréganistes livraient une lutte de chaque jour. Il manifestait de la volonté, de l'énergie, de l'intelligence ; il avait l'appui du Conseil municipal et de tout le parti républicain. Cette situation ne pouvait se prolonger, d'autant que la population s'irritait et que ses rapports avec toutes les autorités, se tendant, menaçaient de provoquer une crise aiguë.

Ce que cherchait la réaction, depuis longtemps déjà, c'était la suppression de la Mairie centrale qui lui apparaissait comme un danger permanent ; pour cette fin, il fallait procéder à la réorganisation de la municipalité entière ; aussi un projet avait-il été déposé le 13 février 1873 par le baron Chaurand ; il comportait, en même temps que cette suppression, le sectionnement de la cité. Le 13 du même mois, le Gouvernement en présentait un autre offrant une seule différence notable, le maintien de la Mairie centrale : mais M. de Goulard, un homme de la Droite, avait pris le portefeuille de l'intérieur enlevé, malgré sa condescendance, à M. Victor Lefranc qui l'avait si maladroitement, si débilement tenu et, de négociations en transactions, le Gouvernement s'était rallié au projet de la Commission qui fut adopté : — la Mairie centrale avait vécu ; le 12 avril, M. Barodet avait quitté son poste non sans avoir adressé à la population une proclamation simple, mais énergique et fière, dont le préfet s'empressa d'interdire l'affichage.

Mais la discussion de ce projet de loi, qui avait passionné l'opinion, n'avait pas passé sans provoquer un incident grave : la démission du président de l'Assemblée, M. Jules Grévy, dont le fauteuil était depuis longtemps visé par la réaction qui considérait cette conquête comme le plus sûr travail d'approche dirigé contre le chef du pouvoir exécutif. Le motif le plus futile avait fait naître l'incident. M. Le Royer, député du Rhône, tandis qu'il combattait le projet de loi et défendait les intérêts de Lyon, après avoir résumé les arguments sur lesquels M. de Meaux avait échafaudé son rapport, avait prononcé ces simples mots : « Voilà le bagage de la Commission » et il n'en avait pas fallu davantage pour déchaîner une tempête tellement grotesque et violente que M. Jules Grévy n'avait pu la calmer, avait dû lever la séance en annonçant sa démission que le lendemain il adressait à l'Assemblée en une lettre brève et fort sèche. A la vérité, il avait été réélu, mais sa majorité habituelle était diminuée dans les proportions caractéristiques : 349 voix contre 231 à M. Buffet. Il maintint sa démission et après un second scrutin, M. Buffet, un des plus froids

et des plus fieffés réacteurs qui se soient rencontrés, fut définitivement élu par
304 voix contre 285 données à M. Martel.

Les droites venaient, par l'incompréhensible susceptibilité et la faiblesse
de M. Grévy, de conquérir un poste important; elles devaient en user, en abuser, pour aboutir à quelques succès partiels, puis à un misérable avortement.

La démocratie parisienne devait répondre par une énergique protestation à
l'acte d'hostilité commis par la droite de l'Assemblée contre la démocratie
lyonnaise et sa protestation devait atteindre toujours en passant, un de ses élus,
le chef du pouvoir exécutif lui-même, M. Thiers qui avait montré tant de faiblesse en laissant M. de Goulard abandonner son projet pour se rallier à l'avis
de la Commission. En effet, tandis que l'Assemblée était en vacances depuis le
7 avril pour ne rentrer que le 19 mai, des élections complémentaires devaient se
faire et, à Paris, le décès de M. Sauvage rendait un siège vacant et les électeurs
étaient convoqués pour le dimanche 27 avril.

A qui reviendrait ce siège? quel parti l'emporterait sur les autres ? questions importantes pour le gouvernement, pour le parti républicain, pour les
modérés, pour la réaction elle-même qui, loin d'éviter la lutte, allait s'y engager à fond.

La candidature de M. de Rémusat, ministre des affaires étrangères, avait
été posée par les modérés, par les ralliés, coalition dans laquelle pénétrèrent
des orléanistes avérés. Il était courant, sinon officiel, que M. Thiers patronnait
cette candidature bien faite pour éveiller les méfiances des vrais républicains.
M. Thiers escomptait que son candidat ne pouvait que réussir; que Paris ou-
blierait l'homme de la semaine de Mai pour ne se souvenir que du chef du pouvoir exécutif qui venait d'aboutir à la libération du territoire, après de longues,
délicates et laborieuses négociations. Il n'en devait pas être ainsi ; Paris qui,
déjà, avait manifesté son réveil lors des élections municipales, allait prouver
que, malgré la saignée subie, il lui restait assez de vigueur morale pour élever
une énergique protestation contre tous les réacteurs, sous quelque masque
qu'ils pussent se présenter. Avec un ensemble, un entrain incomparables, des
Comités se formèrent, fusionnèrent et la candidature fut offerte à M. Barodet.
Paris se solidarisait avec Lyon pour affirmer sa foi démocratique et sa haine
des ruraux de Versailles.

M. Barodet accepta, résumant son programme en quelques points très précis : Dissolution immédiate de l'Assemblée nationale ; intégrité absolue du
suffrage universel ; convocation immédiate d'une Assemblée unique, seule
capable de voter l'amnistie et la levée de l'état de siège.

Le colonel Stoffel était le candidat des bonapartistes et les réactionnaires
devaient voter pour lui.

La campagne électorale fut acharnée; Paris se tapissa d'affiches et la France
entière se passionna. Tandis que MM. Littré, Langlois, H. Carnot, Jules Grévy
se prononçaient, au nom de l'intérêt supérieur de République, pour la candi-

dature de M. de Rémusat et déclaraient dangereuse celle de l'ex-maire de
Lyon, MM. Gambetta, Rouvier, Challemel-Lacour. Louis Blanc, Edmond
Adam appuyaient la candidature Barodet et, dans une grande réunion privée à
Belleville, Gambetta prononçait un grand discours en sa faveur. Après le succès
de M. Vautrain contre Victor Hugo, les modérés escomptaient une nouvelle
erreur de Paris; grande fut leur déception : M. Barodet fut élu par 180 000 voix
contre 135.000 à M. de Rémusat; la candidature du colonel Stoffel ne rallia
que 27.000 voix. C'était un écrasement pour la réaction bonapartiste et cléricale, un grave échec pour M. Thiers. La victoire républicaine remportée à
Paris fut accueillie avec enthousiasme dans tous les centres démocratiques.
On écrivit, on a écrit depuis que cette élection joua un rôle prépondérant dans
les manœuvres menées par le parti conservateur contre le chef du pouvoir exécutif. Assertion inexacte, incrimination plus perfide que fondée. Tout était
prétexte aux adversaires de M. Thiers pour le combattre, aussi bien ce
dernier, par son attitude si fréquemment indécise, par ses nombreuses capitulations, par ses obstinations étroites, avait-il fini par lasser tout le monde. En
réalité ce n'était plus qu'une épave ballottée, puisqu'il n'avait su ou voulu se
fixer; il allait être emporté au premier orage sérieux. Chaque élection lui avait
été une indication, un avertissement ; il n'avait voulu ni voir ni entendre. Les
scrutins des 27 avril et 11 mai, dans les départements, devaient, une fois de
plus, affirmer le développement du parti républicain et l'orientation d'une importante fraction vers le radicalisme, tel qu'on le concevait à cette époque;
dans tous ses programmes électoraux figurait la prompte dissolution de l'Assemblée nationale. A Lyon, sur six députés à élire, cinq furent républicains,
dont M. A. Ranc; dans les Bouches-du-Rhône, M. Edouard Lockroy fut élu,
Partout, sauf dans le Morbihan et la Charente-Inférieure, où un clérical-monar-
chiste et un bonapartiste battirent, à très peu de voix près, les candidats républicains, l'écrasement de la réaction fut complet.

Perdus au point de vue électoral, le parti monarchiste et la faction bonapartiste n'avaient plus d'espoir que dans l'action parlementaire et, au besoin,
extra-parlementaire ; ils allaient se mettre à l'œuvre dès la rentrée de l'Assemblée. Ils se sentaient ragaillardis depuis que M. Buffet avait remplacé M. Jules
Grévy au fauteuil de la présidence ; c'était bien l'homme qui convenait à leurs
projets ; autant M. Grévy s'était montré froid, apathique et avait eu, en des
circonstances graves, une attitude inexplicable, autant M. Buffet allait manifester sa partialité, son activité, sa haine des idées républicaines les plus
modérées. Sous sa présidence, les énergumènes, les grotesques de la Droite
allaient donner libre cours à leurs fantaisies, fréquemment du goût le plus
déplorable.

Sous des déclarations libérales, c'était un autoritaire énergique et obstiné,
à mine renfrognée. Il avait manifesté sa « poigne » durant les vacances à l'occasion d'un discours prononcé par M. Jules Simon, à la Sorbonne, devant

l'Assemblée générale des Sociétés savantes ; il avait commis le crime impardonnable de faire remonter à M. Thiers tout l'honneur de la libération du territoire. M. Buffet avait saisi la balle au bond ; il en profita pour démontrer à ceux qui l'avaient élu président qu'il avait grand souci de « leur dignité », des prérogatives de l'Assemblée nationale. Il s'empressa de déclarer que si le Gouvernement ne désavouait pas, sans retard et officiellement, le discours du ministre de l'Instruction publique, il considérerait de son devoir le plus strict de convoquer l'Assemblée. Grand émoi dans tous les camps, car, dans tous, on pressent qu'une bataille décisive se prépare et va bientôt se livrer, maintenant que le territoire est libéré. Que sortira-t-il de cette rencontre ? Une Restauration ou le maintien de la République, car l'Assemblée est devenue Constituante et est décidée à ne se séparer, à se dissoudre, que quand elle aura déterminé la forme définitive du Gouvernement.

La Commission de permanence se réunit et se préoccupe d'une interpellation sur la politique générale ; au cours d'une séance du Cabinet, une scène très vive a lieu ; des explications amères, véhémentes s'échangent ; le ministre de l'Intérieur, M. de Goulard, qui ne cherche qu'une occasion de reprendre, parmi ses collègues de Droite, sa place de combat, abandonne son portefeuille, désavouant hautement M. Jules Simon qui, lui-même, est démissionnaire le 16 mai. La situation est grave ; tout autorise à prévoir que M. Thiers, malgré toute son habileté, ne pourra résister au premier choc et l'on s'occupe de lui trouver un successeur. Pressenti par certains, le duc d'Aumale accepte, le cas échéant, d'être candidat à la présidence de la République, d'où fureur et menaces des légitimistes intransigeants ; le maréchal de Mac-Mahon reçoit les offres du plus fort contingent ; il hésite, mais finit par se tenir à la disposition des conjurés, consacrant par cette attitude les remerciements émus qu'il a adressés au chef du pouvoir exécutif, pour ce qu'il lui a « rendu son honneur militaire » si gravement compromis à Sedan, en lui confiant le commandement de l'armée de Versailles. Singulière façon d'envisager l'honneur que de le considérer restauré par une victoire sur des Français après avoir été entamé par des défaites infligées par l'ennemi, l'envahisseur de la patrie ! A défaut du duc de Magenta, on avait songé au vieux maréchal Baraguay-d'Hilliers, mais nul, si ce n'est lui-même, n'avait pensé au général Changarnier qui, cependant, s'était exténué en offres de services ; il avait paru vraiment trop ridicule, même aux de Lorgeril, aux Dutemple et autres fantoches de la Droite.

L'accord se fit promptement entre les conjurés, les bonapartistes ne voyant pas d'un mauvais œil la candidature éventuelle du maréchal de Mac-Mahon.

De son côté, M. Thiers avait compris qu'il n'avait pas une journée à perdre, pas une faute à commettre ; aussi bien avait-il maintenant la sensation très nette que la partie était pour lui sinon perdue du moins gravement compromise. Il lui fallait prendre position et là était la difficulté, car, jusqu'à ce jour, il avait oscillé entre le camp républicain et le camp réactionnaire, plus souvent penchant vers celui-ci que vers celui-là. Le 19 mai, jour de la rentrée de l'Assemblée, le *Journal Officiel* annonçait la constitution d'un nouveau Cabinet pris dans la Gauche, la plus modérée il est vrai, mais dans la Gauche ; seul des réactionnaires avérés, M. de Fourtou en faisait partie avec le portefeuille des cultes ; quelques heures après, devant une chambrée complète et fort agitée, sous les regards attentifs des spectateurs emplissant les tribunes publiques, le président annonçait qu'une demande d'interpellation avait été déposée et il en donnait lecture :

« Les soussignés, convaincus que la gravité de la situation exige à la tête des affaires un Cabinet dont la fermeté rassure le pays, demandent à interpeller le ministère sur les modifications opérées dans son sein, et sur la nécessité de faire prévaloir dans le gouvernement une politique résolument conservatrice ».

Trois cents signatures environ soulignaient cette singulière demande d'interpellation, tendant à » rassurer le pays », alors que, à chaque consultation, le suffrage universel affirmait que seules la dissolution de l'Assemblée et le maintien de la République pouvaient rassurer la France.

La discussion de cette interpellation fut fixée au 23 mai. Le lendemain, à l'occasion du renouvellement de son bureau, l'Assemblée manifesta sa division en deux camps à peu près d'égale force numérique. MM. Buffet et de Goulard furent bien élus l'un président, l'autre vice-président, mais la seconde vice-présidence échut à M. Martel pour qui votèrent les gauches et ce dernier scrutin donna à M. Thiers un moment d'espoir ; il devait être de brève durée. Au surplus ne s'était-il pas produit une indication sérieuse lorsque M. Dufaure, vice-président du Conseil des ministres, avait pour ainsi dire mis en demeure l'Assemblée d'exercer le pouvoir constituant qui lui avait été reconnu par la loi du 15 Mars ? Elle avait reculé en refusant d'entendre même la lecture du projet de loi.

La discussion de l'interpellation était attendue avec impatience, anxiété. Elle allait démasquer les manœuvres insidieuses des Droites. Tous les députés étaient à leur poste et les curieux se pressaient en foule. M. Thiers assistait à la séance, placé dans la situation toute particulière que lui créait la loi due à la Commission des Trente. Il pouvait monter à la tribune, exposer ses vues, dire ses intentions, mais il lui était interdit de se mêler directement à la discussion ; elle ne pouvait même se poursuivre en sa présence.

Ce fut M. le duc de Broglie, devenu le véritable chef de la coalition réactionnaire, qui ouvrit le feu. Avec un art consommé, il traça un tableau fort sombre des dangers que faisaient courir à l'ordre politique et social les progrès du parti républicain,. surtout de la fraction radicale, progrès qui venaient de s'affirmer au cours des dernières élections ; c'était le parti du désordre qui gagnait du terrain. C'est grâce à la faiblesse ou à la complicité du gouvernement

que le mal s'accroît et devient de plus en plus menaçant. Il se garde de
parler de monarchie ou de république. A dessein il n'envisage pas un seul instant la forme du gouvernement ; il semble invoquer seulement les intérêts du
pays, tant extérieurs qu'intérieurs.

« ... Il y a ici dit-il, trois cent vingt députés ayant signé l'interpellation, qui
sont profondément convaincus que, contre le progrès des doctrines radicales,

PORTRAIT DE MICHELET

(D'après un document de l'époque).

l'action active, énergique du gouvernement dans la voie légale est indispensable ; qui attribuent à ses oscillations, à ses indécisions, la plus grande partie
du progrès que ces doctrines font dans le pays, l'autre partie seule étant im-
putable aux passions qu'elles flattent dans le cœur des populations.

« Ils pensent qu'un gouvernement n'a pas tout fait quand il a assuré l'ordre national, que l'*ordre moral* dépend beaucoup de lui, qu'il peut le fortifier ou l'affaiblir par son attitude, par les doctrines qu'il professe hautement, et surtout par l'esprit qu'il inspire à son administration. »

Le discours du duc de Broglie, qui devait faire la fortune de la formule l'*ordre moral*, était un appel à tous les monarchistes et à tous les peureux des centres; il produisit grand effet, tant il était habile et perfide. Ce fut M. Dufaure qui y répondit au nom du gouvernement. Il fut brutal, mais à l'attaque subtile il répondit avec habileté pour terminer par un coup droit, bien inattendu du vieil orléaniste qui tant de fois avait capitulé devant la réaction menaçante.

Le duc de Broglie avait menacé le pays des plus grandes calamités, si les progrès du parti républicain, du parti radical n'était pas enrayés ; à son tour, M. Dufaure, ripostant du tac au tac, déclara qu'il fallait s'attendre aux plus graves crises si la République n'était pas définitivement reconnue comme forme de gouvernement.

« Oui, déclara-t-il, j'ai été frappé, comme l'honorable duc de Broglie lui-même, des élections des 27 avril et 11 mai, j'ai cru qu'elles nous donnaient une grande leçon : j'ai compris que, pour lutter désormais contre le péril qu'on a signalé, il fallait un gouvernement définitif ; c'est pour cela que nous avons présenté les projets de lois constitutionnels.

« Nous vous les avons présentés avec conviction ; nous étions prêts à vous déclarer que, si vous n'accordiez pas ce que nous vous demandions : la reconnaissance du gouvernement de la République, nous ne nous sentions plus la force de répondre de l'ordre public dans le pays ».

Le discours du Garde des Sceaux avait été écouté avec une visible impatience, coupé par des interruptions nombreuses et vives ; à peine fût-il terminé que des clameurs s'élevèrent réclamant la clôture de la discussion et le passage au vote..... à l'acte d'exécution longuement prémédité, savamment combiné ; mais, par un pli remis au président, M. Thiers avait demandé la parole, usant de la prérogative que lui accordait la loi. Le lendemain, dans une séance tenue le matin, il prononça un discours qui aurait gagné à être plus bref, mais qui fut écouté avec le plus grand silence, sans une seule interruption. Il se montra aussi conservateur, même plus que jamais ; après avoir évoqué son passé, rappelé la tâche accomplie depuis la réunion de l'Assemblée à Bordeaux, il plaça l'Assemblée en présence de la situation de fait qui se présentait. A son avis, le seul moyen d'assurer l'ordre, de former en France un grand et solide parti conservateur, c'était de reconnaître la République, de s'y rallier, de la fonder définitivement : il était dangereux de vouloir endiguer ou remonter le courant qui se manifestait dans le pays : «..... La raison qui m'a décidé, moi vieux partisan de la monarchie, déclara-t-il, outre le jugement que je portais en considérant la marche des choses dans le monde civilisé, c'est qu'aujourd'hui pour vous, pour moi, pratiquement, la monarchie est impossible.

« Et je ne veux pas vous déplaire davantage en vous en donnant les motifs. Mais vous le savez bien, et c'est ce qui vous justifie de ne pas venir, au nom de votre foi, nous proposer le rétablissement de la monarchie, car, enfin, ce serait votre droit. Puisqu'on propose telle ou telle République, vous avez le droit de proposer telle ou telle monarchie. Pourquoi ne le faites-vous pas ? Pourquoi, vous qui êtes plus calmes que tels ou tels autres — je ne veux pas faire de personnalités — pourquoi leur dites-vous qu'il serait imprudent de venir ici proposer la monarchie ? Pourquoi, par exemple, quand la polémique s'engage entre vous et nous, vous hâtez-vous de dire : « Nous, ce n'est pas comme monarchistes que nous parlons, c'est comme conservateurs ! ». C'est, convenons-en de bonne foi, que vous même sentez que, pratiquement, la monarchie est impossible. Je n'ai pas besoin d'en dire la raison encore une fois, elle est dans votre esprit à tous : il n'y a qu'un trône et on ne peut l'occuper à trois ».

Toutes les questions de protocole constitutionnel réglées, après un nouveau discours prononcé par M. Casimir-Périer, ministre de l'Intérieur, durant la séance de l'après-midi, la bataille engagée reçut sa conclusion par l'adoption, à 16 voix de majorité, d'un ordre du jour présenté par M. Ernoul auquel se rallièrent M. Target et plusieurs de ses amis du centre droit qui passaient pour des amis de M. Thiers et le trahirent avec une désinvolture toute parlementaire. Voici la teneur de ce document :

« L'Assemblée nationale, considérant que la forme du gouvernement n'est pas en discussion :

« Que l'Assemblée est saisie de lois constitutionnelles présentées en vertu d'une de ses décisions et qu'elle doit examiner ;

« Mais que, dès aujourd'hui, il importe de rassurer le pays en faisant prévaloir dans le gouvernement une politique résolument conservatrice ;

« Regrette que les récentes modifications ministérielles n'aient pas donné aux intérêts conservateurs la satisfaction qu'ils avaient le droit d'attendre ;

« Et passe à l'ordre du jour ».

Le soir, à 9 heures, au début de la troisième séance de cette mémorable journée, le Cabinet annonçait qu'il était démissionnaire et le président Buffet donnait lecture d'un message qui venait de lui être remis. Ce message portait la démission de M. Thiers comme président de la République. Tout étant préparé, concerté d'avance, quelques instants après l'Assemblée procédait au scrutin pour l'élection du nouveau chef du pouvoir exécutif et le maréchal de Mac-Mahon était élu par 390 voix. Il y avait eu 391 votants seulement sur 731 députés présents ! A minuit et demi tout était terminé. Le duc de Magenta avait accepté de succéder à celui qui lui avait « remis une épée en main ».

Toute la France avait attendu avec une impatience, une anxiété fort intenses l'issue de cette journée ; la victoire des réactions la stupéfia, l'irrita ; elle froissait tous les sentiments du pays évoluant de plus en plus vers la

République ; elle apparaissait comme une menace pour la France elle-même
avide de tranquillité intérieure et extérieure. Dans les grandes villes eurent
lieu de significatives manifestations ; à Paris elles furent menaçantes. Cependant l'ordre ne fut pas énormément troublé ; une coalition républicaine se
forma pour résister aux entreprises monarchistes, cléricales et bonapartistes
dont la série de conspirations, d'efforts, d'actes d'audace, allaient misérablement aboutir à la reconnaissance officielle de la République comme forme
définitive du gouvernement !

CHAPITRE XVIII

Émotion causée par la chute de M. Thiers. — Conservateurs-monarchistes
et conservateurs-républicains. — Le maréchal de Mac-Mahon et le parti
militaire.— Sa première proclamation.—Son premier ministère.—Le parti
clérical.

La chute de M. Thiers a un grand retentissement ; elle provoque une vive
émotion en France et dans le monde entier. Cette émotion n'a pas partout
et parmi tous le même caractère. Lentement, méthodiquement, sournoisement
préparée par les monarchistes et les bonapartistes coalisés, la situation nouvelle les surprend toutefois et, on peut l'affirmer, elle les désempare. Ils considéraient M. Thiers, depuis quelques mois surtout, comme le plus sérieux
obstacle à leurs projets de restauration ; sa disparition leur laisse le champ
libre et, dès les premiers pas, ils ne sauront s'y mouvoir, y manœuvrer. Désormais, si toute leur haine contre la République peut se donner large carrière,
puisque le gouvernement tout entier passe dans leurs mains, leur impuissance
va s'épanouir... jusqu'au ridicule. C'est eux qui, de faute en faute, vont devenir
les bien involontaires artisans de la fondation officielle de la République.

Dans le pays, les partis de droite perdent chaque jour du terrain, malgré
tous les efforts, les menaces des agents et fonctionnaires, de leurs journaux, de
leurs propagandistes; seuls, leurs plus fermes soutiens, clergé séculier et congrégations, conservent une influence qui, peu à peu, va s'effriter. Sauf en
quelques coins fanatisés où les traditions et l'ignorance étendent encore leur
tache séculaire, leurs partisans commencent à se laisser aller à une indifférence
préliminaire de leur ralliement au parti républicain. Dans ce parti républicain,

formé des fidèles de la veille, la minorité relativement imposante constatée au
plébiscite de 1870, et des ralliés des lendemains de Sedan, de Metz, de la conclusion de la paix, de l'annexion de l'Alsace-Lorraine, la chute de M. Thiers est
diversement appréciée. Il serait puéril de contester que la grande majorité du
parti avait une confiance illimitée en le chef du pouvoir exécutif; c'était un
sérieux mouvement d'opinion qui l'avait fait élire par un grand nombre de
départements, puis porté à la première magistrature dès la réunion de l'Assemblée nationale à Bordeaux. De cette majorité, il était vraiment le représentant, puisqu'elle était, avant tout, *conservatrice* et que lui, avant tout, était
*conservateur.*Elle avait eu peur du gouvernement de la Défense nationale, cette
majorité et, cependant, elle n'avait rien à en redouter; mais elle ne pouvait
lui pardonner de s'être montré, au moins dans la personne de M. Gambetta,
partisan de la continuation de la guerre et d'avoir usé de procédés d'apparence dictatoriale, révolutionnaire; — ils n'en avaient eu que l'apparence.
M. Thiers était pour elle la « sagesse » même; un vieux politique rompu
à toutes les questions parlementaires; elle voyait en lui un diplomate,
depuis que, sans mandat officiel, du reste, il avait sollicité auprès des cours
étrangères une intervention en faveur de la France. Et il l'avait rassurée quand
avait éclaté la Révolution du 18 mars, quand l'heure de la répression avait
sonné. On pouvait compter sur lui pour assurer l'ordre et défendre la propriété.

Dans la minorité existaient certainement des défiances envers l'ancien
ministre de Louis-Philippe, le réacteur orléaniste de 1848 resté orléaniste, ceci
paraissait évident; mais ces défiances, peu à peu, s'étaient dissipées au cours
des manœuvres de M. Thiers, devant les divisions dynastiques de la droite
qui les facilitaient tout en les rendant parfois très délicates et elle avait appuyé
sa politique parce que, estimant qu'elle barrait la voie aux projets de restauration, elle ne pourrait que maintenir le *statu quo*, c'est-à-dire permettre à la
France de se ressaisir et favoriser l'établissement futur de la République.

Une fraction de cette minorité républicaine, toutefois, n'avait pu oublier la
versatilité si fréquemment manifestée, au cours de sa longue carrière, par
M. Thiers; elle le savait monarchiste constitutionnel dans l'âme; elle connaissait toutes ses répulsions non déguisées pour toutes les idées démocratiques.
Libéral ennemi de la liberté, il avait fait preuve de poigne contre les républicains, sous la monarchie de Juillet.N'était-il pas l'homme de l'affaire sanglante
de Transnonain; l'ennemi de la liberté de la presse, le partisan du pouvoir
temporel du Pape; n'avait-il pas été de ceux qui avaient combattu l'unité de
l'Italie? Néanmoins, cette fraction faisait bloc avec le reste du parti républicain pour le défendre, le soutenir, quand les droites lui livraient un de leurs
furieux assauts.

C'est qu'il importait avant tout de conserver l'étiquette républicaine, c'est-
à-dire d'empêcher une restauration quelconque.

Aussi faut-il, par la pensée, se reporter à cette époque pour comprendre les vives inquiétudes inspirées par la chute de M. Thiers, pour comprendre que de graves griefs furent oubliés quand elle se produisit.

Ce ne sera pas, du reste, la dernière fois que se formera, dans un but passager de défense, la concentration de toutes les forces républicaines.

Ce qui était pour particulièrement alarmer l'opinion et faire naître les plus grandes défiances, c'était l'arrivée au pouvoir suprême d'un soldat, le maréchal de Mac-Mahon aux yeux des plus optimistes représentant le parti militaire, la vieille armée impériale qui avait si bien soutenu le régime issu du coup d'État de décembre et si déplorablement défendu la France contre l'invasion étrangère. Quelle attitude allait-il prendre, lui qui venait d'être choisi par une coalition en mal de restauration monarchique ? Allait-on se trouver en présence d'un nouveau Monck qui préparerait la voie à un prétendant, puis l'aiderait à monter sur le trône ? Serait-il l'agent actif ou passif de ceux qui venaient de l'élire ?

Sans compter ces hypothèses, sources d'inquiétudes, une autre appréhension, aussi grave, aussi intense naissait. Le représentant de l'armée vaincue, deux fois vaincu lui-même dès le début de la guerre, incarnerait-il l'orientation vers une prochaine, la plus prochaine revanche ? Quelle ligne de conduite adopterait l'Allemangne contre la France en prévision d'une politique belliqueuse ? Or, le pays tout entier voulait la paix, et l'inquiétude gagnait même les masses fidèles aux conservateurs.

Cependant, à bien réfléchir, il semblait que, quoique très conservateur, très clérical, très militaire, le maréchal de Mac-Mahon ne pouvait se prêter à toutes les combinaisons politiques de ceux qui, faute de mieux, venaient de le porter au pouvoir. Soldat médiocre comme général en chef, il avait le sentiment de son ihcapacité militaire, incapacité qui n'excluait naturellement pas une réelle bravoure : ce sentiment il l'avait tellement vivace qu'il l'avait manifesté, alors qu'au camp de Châlons, surtout après les deux premières journées de marche, il avait proposé de ramener l'armée sur Paris, au lieu de la porter vers Metz par Verdun. Il avait compris qu'il n'était pas de taille à conduire stratégiquement et tactiquement 120.000 hommes contre l'ennemi dirigé par un état-major habile, entraîné et déjà encouragé par d'importants succès. Il ne se décida à marcher de l'avant que sur des ordres formels. La blessure reçue, dès la première phase de la bataille de Sedan, l'avait sauvé de la signature d'une douloureuse capitulation.

Un acte était aussi pour frapper, car il forma un contraste vraiment violent avec l'attitude générale de tous les personnages civils ou militaires qui faisaient assaut de servilité pour s'attirer les bonnes grâces de l'Empereur et de son entourage. Le général de Mac-Mahon, celui qui par sa crânerie tenace avait déterminé la prise de la Tour Malakoff, clé de Sébastopol, avait été nommé membre du Sénat. En 1858, alors que le général Espinasse, un des exécuteurs les plus audacieux et les plus féroces du Coup d'Etat, devenu ministre de l'Intérieur, présenta la loi de sûreté générale, correctif jésuitique et préventif de la loi dite d'amnistie, le général de Mac-Mahon fut le seul à voter contre. Cet acte d'indépendance fit sensation ; il ne pouvait être oublié au moment où chacun se demandait si le nouveau président se mettrait à la merci des conspirateurs monarchistes victorieux.

Au demeurant, c'était un homme complexe, énigmatique qui surgissait, mais son entourage l'était moins.

Le lendemain même de l'élection du maréchal, une affiche s'étalait sur les murailles de Paris :

« RÉPUBLIQUE FRANÇAISE

« *Aux préfets.*

« Je viens d'être appelé par la confiance de l'Assemblée nationale à la présidence de la République.

« Aucune atteinte ne sera portée aux lois existantes et aux institutions.

« Je réponds de l'ordre matériel et je compte sur votre vigilance et sur votre concours patriotique.

« Le ministère sera constitué aujourd'hui même.

« *Le Président de la République,*

« DE MAC-MAHON. »

L'affiche fut lue avec curiosité ; elle fut commentée et occasionna, sur certains points, des attroupements que la police dispersa avec son entrain coutumier. Tout peut changer en France, « l'entrain » de la police reste toujours le même.

Le ministère n'était pas difficile à constituer ; il était prêt avant la victoire des droites, qui avaient tenu à prendre toutes leurs précautions.

Le duc de Broglie, qui avait conduit les troupes conservatrices à l'assaut, devenait vice-président du Conseil avec le portefeuille des affaires étrangères ; M. Beulé était à l'intérieur, M. Batbie à l'instruction publique, M. Ernoul à la justice, le général de Cissey à la guerre, l'amiral Dompierre d'Hornoy à la marine, M. Magne aux finances, M. Desseilligny aux travaux publics, M. de la Bouillerie aux travaux publics.

Fort divers dans sa constitution, puisqu'il s'y trouvait des orléanistes, des bonapartistes, des légitimistes et un représentant du groupe Target, désormais célèbre par sa trahison du 24 mai, il offrait une unité remarquable au point de vue clérical ; la collection était complète... et parfaite. Tels étaient les hommes qui allaient exécuter la première étape du nouveau régime, de « l'ordre moral ».

Parmi ces illustrations politiques qui, à l'exception du duc de Broglie, étaient du quatrième plan, figurait un homme qui conquit immédiatement une réputation considérable, vrai déjeuner de soleil, car elle devait être bien

éphémère et vouée à un écroulement retentissant : M. Beulé. M. A. Ranc, dans
ses si intéressantes, si piquantes notes, véritables feuilles de route *de Bordeaux à Versailles*, conte l'anecdote suivante : « Le 26 ou le 27 mai, le rédacteur en chef du *Journal de Paris*, M. Hervé, rencontrant un de nos amis, lui
tint en propres termes ce langage : « Il y a dans le ministère, sans parler du
« duc de Broglie, un homme d'État de premier ordre ; vous verrez, ce sera une
« révélation ! » — « Qui donc ça, » répondit notre ami, légèrement interlo-
« qué, La Bouillerie ?

« Ne plaisantez pas, reprit Edouard Hervé de son ton le plus sérieux, c'est
« de Beulé que je veux parler ! »

M. Beulé qui, à juste titre, avait conquis, dans les milieux littéraires et
académiques, la réputation d'homme disert, d'historien érudit, original, de
fin lettré, devait faire de rapides débuts ; ils eurent un retentissement que
n'attendaient ni le chef du cabinet ni M. Hervé, ni le cénacle précieux de ses
admirateurs et admiratrices.

La tâche, il faut en convenir, n'était pas aisée. Le nouveau ministre était
par avance condamné à l'impuissance en matière de politique constitutionnelle ;
il était le reflet exact des différents partis politiques dont la coalition formait la
majorité de l'Assemblée ; partis unis contre la République et ses conséquences
les plus modérées, mais toujours prêts à se heurter dès que se présentait une
résolution sur la forme définitive à donner au gouvernement de la France.
Tous les projets de fusion entre la branche aînée et la branche cadette des
Bourbons avaient échoué et le parti bonapartiste ne se montrait pas disposé à
une restauration qui l'aurait rejeté au dernier plan, dans l'opposition. Il fallait
donc se résigner à une politique terre-à-terre, de détails, d'expédients et de
luttes contre les progrès du parti républicain ; à un changement, ou pour mieux
dire, à une « épuration » du personnel administratif ; à peupler tous les postes
de créatures dévouées et travailler la matière électorale pour tenter de reconquérir les sièges perdus. A la hauteur de cette basse besogne, le cabinet ne
devait même pas être capable de s'élever.

Dès son installation, M. Beulé lança deux circulaires aux préfets, l'une
devait rester secrète, l'autre était destinée à la publicité ; elle devait, selon une
formule déjà connue « rassurer les bons et faire trembler les méchants » ; ce
n'était autre, en réalité, que des instructions en vue de l'organisation de la
candidature officielle, à chaque fois qu'une élection se présenterait ; pour des
élections générales, le cas échéant, quoique l'Assemblée ne manifestât aucune
velléité de se dissoudre, de se rendre au vœu nettement formulé de l'opinion
publique. Cette circulaire provoqua dans la presse républicaine de fort énergiques protestations. Quant à la première, elle devait se révéler dans des circonstances telles qu'il est utile de les rappeler.

Le général Ladmirault, qui, en qualité de gouverneur de Paris placé sous
le régime de l'état de siège, était le véritable maître de la presse et usait

largement de son pouvoir dictatorial, venait de supprimer le *Corsaire*, dont le rôle avait été si actif dans l'élection Barodet et par la plume d'Alceste (Hippolyte Castille), dans les *Lettres de Paris*, faisait une guerre implacable, éloquente, aux hobereaux, aux jésuites et aux faux libérâtres de droite. De la gauche était partie une demande d'interpellation sur ce nouvel acte d'arbitraire que n'eût pas désavoué l'Empire lui-même à ses débuts.

PORTRAIT DE GAMBETTA

(D'après un document de l'époque).

M. Lepère fut chargé de la développer : il le fit avec sa verve coutumière et fut très applaudi par la gauche, tandis que la droite hûchait son discours d'interruptions ironiques ou violentes. M. Beulé monta à la tribune ; c'était le début d'un orateur et d'un homme d'État de premier choix ; les tribunes regorgeaient de spectateurs. A droite comme à gauche, le silence était profond. Ce fut un désastre oratoire, un lamentable effondrement ; la droite était consternée, la gauche radieuse. Rarement on avait vu un orateur aussi piteux dans son attitude sans autorité, ses gestes navrants, sa voix blanche et embarrassée, son débit tantôt lent, tantôt effaré, son discours mal ordonné. Quant à l'argumentation, elle était ailleurs qu'à la tribune. Toutefois, quelques phrases solennellement lancées obtinrent un rare succès, une entre autres à jamais mémorable ; elle fut un coup de foudre pour la droite et elle provoqua une formidable explosion de rires et d'applaudissements sur tous les bancs de la gauche : « Vous me demandez ce que c'est que l'ordre établi ? Je puis vous le dire : l'ordre établi, *c'est cette Assemblée que le pays a nommée dans un jour de malheur !* »

Ce fut le signal d'une déroute ; le grand homme annoncé n'était plus qu'un fantoche grotesque et la déroute devait aussitôt se changer en désastre moral, ajouter l'odieux au ridicule. En effet, M. Gambetta était à la tribune et la Chambre stupéfaite, indignée, au moins du côté gauche, ministres et membres de la droite atterrés, il donnait lecture de la circulaire confidentielle adressée aux Préfets. Elle dénonçait publiquement une véritable, officielle entreprise policière et corruptrice :

« Envoyez-moi d'urgence, portait-elle, un rapport sur la presse dans votre département. L'heure est venue de reprendre de ce côté l'autorité et l'influence qu'une affectation de neutralité indifférente avait détruites.

« Dites-moi les journaux conservateurs ou susceptibles de le devenir, quelle que soit, d'ailleurs, la nuance à laquelle ils appartiennent, leur situation financière et le prix qu'ils pourraient attacher au concours bienveillant de l'administration, le nom de leurs rédacteurs en chef, leurs opinions présumées et leurs antécédents ; si vous pouvez causer avec eux, voyez s'ils accepteraient une correspondance et dans quel sens ils la souhaiteraient.

« Nous allons organiser un bulletin de nouvelles télégraphiques et autographiques qui vous sera régulièrement adressé et dont vous mesurerez la communication au degré de confiance que les divers journaux vous inspireront. Pour cela, vous ferez sagement de créer un service de la presse dans votre cabinet, soustrait aux employés indigènes.

« Donnez-moi sur ces divers points votre sentiment. Je m'en rapporte à votre tact. Il n'est pas de question plus délicate et qui exige plus de prudence et d'habileté. Multipliez autour de vous vos relations et soyez très accessible aux représentants de la presse. »

Durant que, lentement, de sa voix sonore, en soulignant les passages saillants, M. Gambetta poursuivait cette lecture, le spectacle de l'Assemblée était pittoresque. Les ressources si multiples, si variées, de l'esprit du président Buffet semblaient s'être évanouies ainsi que son sang froid ; la droite effarée attendait un éclatant démenti du ministre de l'intérieur; le document ne pouvait être qu'un faux. Il était bien authentique, hélas ! on l'avait compris à l'attitude désemparée de M. Beulé ; on le comprit bien mieux quand il reparut à la tribune ne sachant trop ce qu'il disait et finissant par attribuer la paternité de cette pièce qu'il affirma avoir ignorée, n'avoir jamais dictée et signée, à

M. Pascal, sous-secrétaire d'État, qu'il n'hésita pas à sacrifier, pour sauver son portefeuille.

Ce fut à grand peine que le cabinet obtint le vote de l'ordre du jour pur et simple, encore fallut-il que M. Baragnon, le fougueux orateur légitimiste, vînt déclarer qu'en votant l'ordre du jour il n'entendait pas pour cela approuver tous les termes de la circulaire !

La victoire du cabinet, après un si consternant débat, était désastreuse. Quant à M. Beulé, ce fut un naufrage, et il resta dans le ministère comme une misérable épave.

Cette discussion qui venait de révéler à la France entière les procédés qu'entendaient employer les vainqueurs du 24 mai, fit plus pour les progrès du parti républicain que les articles et les discours les plus éloquents des polémistes et des orateurs de gauche.

CHAPITRE XIX

Développement du cléricalisme. — Poursuites contre la presse et les républicains. — Les aumôniers militaires et la basilique de Montmartre. — Conspirations monarchistes. — « Les chassepots partiraient d'eux-mêmes ». — Nouvelle déroute des royalistes. — Le Septennat.

L'échec très grave — puisque le ridicule s'en était mêlé — essuyé par le ministre de l'Intérieur dès son début, n'avait pas été pour accroître le prestige d'un cabinet qui déjà en avait si peu. Mais cet incident trop minime à ses yeux n'était pas pour le troubler. Ses soutiens et lui, s'étaient tôt remis de l'alerte ; ils avaient fait contre mauvaise fortune bon cœur et, le lest jeté en la personne d'un infortuné sous-secrétaire d'État transformé en bouc émissaire, ils poursuivirent leur route avec l'audace que peuvent seuls donner de vastes espoirs et une victoire toute récente. Avec une fatuité et une inconscience inconcevables, ne tenant aucun compte de l'opinion publique, rassurés par la saignée faite parmi l'élément le plus avancé du parti républicain, ils basaient tous leurs calculs de probabilités, toutes leurs combinaisons sur la situation parlementaire et sur la présence au pouvoir exécutif d'un soldat qu'ils considéraient comme un simple et passif agent d'exécution tout à leur dévotion. Puis, s'ils escomptaient l'intervention en leur faveur, l'heure venue, de toute l'administration peuplée de leurs créatures, de l'armée, ils comptaient surtout sur des bataillons d'une activité autrement puissante : les bataillons de l'armée cléricale.

En effet, l'agitation cléricale, qui s'était déjà manifestée assez intense, mais qui avait abouti au retentissant *fiasco* de la pétition des évêques devant l'Assemblée où, cependant, la majorité lui était favorable, se sentait désormais sur un terrain plus sûr et, aussitôt après la victoire du 24 mai, la constitution du nouveau ministère, elle prit une recrudescence qu'on ne lui avait pas connue depuis les premières années de la restauration et que la monarchie de juillet, l'empire, lui-même, n'auraient pas tolérée.

Missions, pardons, pèlerinages s'organisèrent partout, avec l'empreinte éclatante du royalisme et l'ultramontanisme. Chaque église, chaque chapelle devint une place forte, chaque chaire une tribune politique, chaque confessionnal un poste avancé. Clergé séculier, congrégations, jésuitières, tout se mit en branle, au moment même où l'Espagne de l'Inquisition se mettait en république! « L'ordre moral » devint le « gouvernement des curés. » La guerre à la presse républicaine, qui n'avait du reste pas cessé un instant, reprit de plus belle ; innombrables furent les procès intentés, les condamnations prononcées; dans les départements encore placés sous le régime de l'état de siège, la besogne était moins compliquée, plus rapide. L'action de la justice militaire contre les nombreux prisonniers du mouvement communaliste ne s'était pas interrompue, on fusillait encore de temps en temps, pour faire des « exemples»: loin de se ralentir, elle s'activa fiévreusement ; les départs en Nouvelle-Calédonie s'organisèrent ; bien mieux, on procéda encore à de nouvelles arrestations ; les dénonciations ne s'étaient pas apaisées. M. A. Ranc, qui avait été élu membre de la Commune, mais qui, dès le 6 avril, avait donné sa démission et était un des plus fermes, des plus dévoués partisans de M. Gambetta et de sa politique peu sympathique au mouvement du 18 Mars, avait été récemment élu député du Rhône ; il était plus qu'évident qu'on ne pouvait l'incriminer comme « communard ». Il le fut cependant et une demande en autorisation de poursuites fut adressée contre lui à l'Assemblée par le général Ladmirault, gouverneur de Paris. Elle fut votée ; il se rencontra seulement 137 députés républicains pour s'y opposer. M. Ranc, naturellement, — c'eût été de la candeur d'attendre — avait mis la frontière entre lui et le conseil de guerre qui le condamna à mort, par contumace ! Ce seul fait, monstrueux, était pour indiquer l'état d'esprit du parti conservateur et de ce parti « modéré » dont le républicain-plébiscitaire M. de Laboulaye était le plus bel ornement.

Le mot qui avait été prononcé se justifiait de plus en plus : « Quand il s'agit de politique effective, il y a trois partis dans la majorité, mais quand le cléricalisme est en jeu, il n'y en a qu'un et il est indivisible ». On le vit surtout lors de la discussion des interpellations relatives aux odieuses mesures prises par le préfet Ducros contre les enterrements civils, à l'attitude de la délégation de l'Assemblée qui se retira avec éclat des obsèques civiles du député républicain Brousses ; au cours de la discussion sur les aumôniers militaires ; au cours surtout du mémorable débat sur la loi autorisant, comme d'utilité publique, sur la demande de l'archevêque de Paris, la construction de la basilique de Montmartre qui, aujourd'hui, se dresse, dominant Paris, comme une Bastille catholique ! Partout la *Marseillaise* était interdite, mais partout retentissaient de stupides cantiques en l'honneur de Rome, du Sacré-Cœur et de la Foi. Au cours de ces discussions, on assista au spectacle édifiant de protestants tellement emportés par la haine du progrès, de la République et de la libre-pensée, qu'ils confondirent leurs votes avec ceux des papistes les plus acharnés. () Luther !

Au cours de la discussion de cette loi si prodigieuse, dont les effets se font toujours sentir, puisque la basilique tache encore la butte Montmartre, un député de Paris, M. Corbon, prononça un discours dont il importe de détacher le passage suivant, fort exact : « Soit, déclara-t-il, votre basilique sera votée, elle sera bâtie ; vous y ferez des manifestations catholiques. Eh bien, moi qui connais le sentiment de la population parisienne, moi qui suis comme elle atteint de la pestilence révolutionnaire, je vous déclare que cette population sera plus scandalisée qu'édifiée de votre foi tapageuse. Moi qui suis du peuple de Paris, je vous déclare que, loin de l'édifier, vous le pousserez vers la libre-pensée, vers la Révolution. Oui, je vous en sais gré, vous vous perdez ! Cela, il est vrai, vous regarde !

« Certes, si vos manifestations demeuraient purement chrétiennes, le peuple de Paris en serait touché, mais quand il voit faire ces manifestations à des partisans de la monarchie, à des ennemis de la Révolution, il se dit que le catholicisme et la monarchie sont solidaires, et repoussant l'une il repousse l'autre. Oui, entre le retour à la monarchie et le catholicisme, vous avez fait un lien de solidarité qui perdra la religion et la monarchie. C'est l'avis d'un sage ennemi que je vous donne ; tout ce que vous ferez dans le sens du projet de loi, en appelant le parti militant de l'Église à venir manifester une foi bruyante, tournera contre l'Église et au profit de la Révolution, ce dont je me réjouis profondément ! »

Après cette débauche, ce déchaînement de cléricalisme qui se prolongea durant plusieurs années, sans pitié pour les idées les plus anodines de libre-pensée ou de républicanisme, on se demande avec stupeur comment, dès ses premières victoires, le parti républicain montra tant de longanimité vis-a-vis des pires adversaires de tout progrès politique et social. Il faut se hâter d'ajouter que la grande masse des dirigeants du parti comptaient à leur tour se servir du clergé comme d'un collaborateur puissant [pour maintenir la classe ouvrière dans le respect de tout ce qui touche à la conservation sociale. Ce ne sera que quand il ne pourra plus résister à l'impérieuse, pressante pression de l'opinion publique inquiétée, exaspérée par l'attitude irréductible du clergé qui, incité par la Papauté aveuglée, recommencera ses assauts, le parti républicain, maître du pouvoir se décidera, un peu tard, à agir, c'est-à-dire à séparer les Églises de l'État.

Le grand jour des débats parlementaires, s'il avait procuré, après une magistrale déception, quelques satisfactions de troisième ordre, d'ordre tout moral, c'est le cas de le dire, n'avait guère été favorable à la droite ni au gouvernement. Aussi bien leurs manœuvres avaient-elles besoin du mystère, puisqu'elles ne tendaient à rien moins qu'au renversement de la République et à la restauration de la monarchie, soit légalement, soit par un coup de force. Il y fallait non seulement de la discrétion, mais encore du temps et une convergence d'efforts soutenus, habiles. L'important était de se débarrasser des soucis de la politique courante, des maladroits, des agités capables par une fausse manœuvre de faire échouer les plans les mieux élaborés, les plus solidement établis. Aussi l'Assemblée se prorogea-t-elle jusqu'au 5 novembre. C'étaient trois longs mois de crédit ouvert ; il ne restait qu'à les bien utiliser. Dès la séparation recommencèrent les négociations auprès du comte de Chambord. La question du drapeau blanc se posait de nouveau au moment même où toute la France, particulièrement les départements de l'Est, se pavoisait de drapeaux tricolores pour célébrer le commencement de l'évacuation du territoire encore occupé par les troupes allemandes. Partout, dès le départ des arrière-gardes de l'envahisseur, des manifestations enthousiastes s'organisaient aux cris de : « Vive la France ! Vive la République ! » A ces manifestations, le ministère, faisant preuve d'une maladresse, d'une sottise insignes, afficha la prétention de s'opposer, parce qu'elles avaient un caractère républicain, et cette attitude provoqua, même chez les conservateurs que la passion politique n'avait pas tout à fait oblitérés, une véritable réprobation.

De même qu'au cours des précédentes négociations en vue d'une fusion entre les deux branches de la famille royale, la question du drapeau était la plus importante. Un point essentiel était acquis : le comte de Paris avait rendu visite au comte de Chambord ; en apparence, la réconciliation était un fait accompli ; longtemps elle avait paru impossible. Une déclaration faite au duc d'Audiffret-Pasquier par le maréchal de Mac-Mahon, parfaitement tenu au courant des manœuvres des chefs de la droite, avait déterminé une démarche très pressante de M. Chesnelong : « On parle, avait-il dit, de substituer le drapeau blanc au drapeau tricolore. Je crois devoir, à ce sujet, vous donner un avertissement. Si le drapeau blanc était levé contre le drapeau tricolore, et qu'il fut arboré à une fenêtre tandis que l'autre flotterait vis-à-vis, les chassepots partiraient d'eux-mêmes, et je ne pourrais répondre ni de l'ordre dans la rue ni de la discipline dans l'armée ». Tout ce qu'avait pu obtenir l'ambassadeur royaliste, c'était une déclaration assez ambiguë ainsi formulée dans le procès-verbal du comité directeur des droites royalistes : « Le drapeau tricolore est maintenu ; il ne pourra être modifié que par l'accord du roi et de l'Assemblée ». Ce n'était même pas là l'expression de la vérité, mais il fallait entraîner des hésitants de droite et du centre droit qui comprenaient la valeur de l'avertissement donné par le chef du pouvoir exécutif.

Toutes les dispositions étaient prises au point de vue parlementaire ; le jour même de la rentrée, c'est-à-dire le 5 novembre, un projet de résolution serait présenté à l'Assemblée déclarant que la *monarchie héréditaire et constitutionnelle* devenait le gouvernement de la France avec le comte de Chambord comme roi, les princes de la maison de Bourbon étant désignés comme ses héritiers directs.

A la vérité, les conspirateurs n'étaient pas sans de graves préoccupations, car les bonapartistes, dont toutes les espérances se seraient évanouies, se sépareraient brusquement d'eux ; le centre gauche, sondé, répondait par une déclaration nettement républicaine et un formidable mouvement de résistance, d'allure offensive, se déchaînait dans tout le pays. Puis, que ferait le maréchal de Mac-Mahon ? Comment le ferait-on disparaître du poste auquel l'avait élevé la majorité de l'Assemblée? Ce n'était pas une quantité négligeable? Quelle impression pourrait causer à ce soldat d'une intelligence modeste mais non sans fierté, la désinvolture avec laquelle on le « déposerait » ?

C'était la guerre civile déchaînée, sans nul doute. Les meneurs de la conspiration n'étaient pas hommes à reculer devant une telle éventualité ; ils comptaient sur l'armée et c'était pour eux l'essentiel. Mais, le 30 octobre, le comte de Chambord adressait à M. Chesnelong une lettre par laquelle furent anéanties toutes les espérances des conspirateurs qui se croyaient à la veille de la victoire. Tout en se tenant prêt à accepter de monter sur le trône et à agir dans ce but, il déclarait qu'il ne pouvait, sans manquer aux traditions monarchiques, à sa dignité, à son honneur, renoncer au drapeau blanc ; il ne pouvait consentir à « renier l'étendard d'Arques et d'Ivry »

C'était un nouvel avortement... et les voitures royales étaient prêtes !

De cet avortement naquit le septennat.

Le jour de la rentrée (5 novembre), le duc de Broglie donnait lecture d'un message par lequel le président de la République exposait à l'Assemblée tous les graves inconvénients de sa situation sans stabilité, parlant sans suffisante autorité. Cette situation était grave pour lui, grave pour le pays profondément agité, où il fallait faire renaître le calme, élément essentiel de l'ordre. Le général Changarnier s'empressa de proposer, au nom de nombreux collègues, que le maréchal de Mac-Mahon fût maintenu, par une loi spéciale, durant dix ans, au poste qui lui avait été confié. Après une série de négociations, de transactions, une longue discussion au cours de laquelle M. Jules Grévy prononça un important discours, par 383 voix contre 317, le maréchal de Mac-Mahon était nommé président de la République pour sept ans.

Il n'est pas inutile de reproduire un des passages les plus importants du discours de celui qui, après avoir refusé de voter la Constitution de 1875, devait succéder au maréchal de Mac-Mahon :

« Votre proposition a pour objet de voiler le provisoire, de le continuer sans le dire, et cela pour vous réserver l'occasion et les moyens qui peuvent se présenter de faire plus tard le gouvernement que vous ne pouvez instituer aujourd'hui...

« Vous avez essayé la monarchie ; vous l'avez fait dans votre droit et votre loyauté. Je vous aurais contesté le pouvoir de disposer de la souveraineté nationale, mais vos principes sont si différents des miens ; vous agissiez dans votre droit et dans vos convictions. Vous avez échoué. Faites place à d'autres ! Vous ne pouvez pas rester indéfiniment ici pour attendre les occasions ! »

C'était bien le provisoire, un provisoire à durée déterminée, d'une stabilité apparente dont venait d'accoucher la majorité monarchiste de l'Assemblée qui, cette fois, avait vu les bonapartistes lui revenir, malgré la protestation plébiscitaire de M. Rouher ; mais, pour tous les partis, la situation n'en restait pas moins très confuse, très compliquée.

Pour le parti légitimiste la partie était irrémédiablement perdue ; seuls les bonapartistes pouvaient conspirer, faire de la progagande et escompter la possibilité d'un coup de main, quand leur jeune prétendant aurait pris un peu plus d'âge. Les orléanistes, eux, avaient la perspective de manœuvrer constitutionnellement ; ils comptaient dans leurs rangs des hommes habiles, rompus à toute la stratégie parlementaire. Il manquait à leur prétendant, le comte de Paris, la popularité, ce qui est un appoint sérieux, utile, parfois même nécessaire. La revendication des biens confisqués par Napoléon III n'était pas pour développer cette popularité, au contraire.

Quant aux républicains, si le vote du septennat était un échec grave, il était largement compensé par la déroute des royalistes dont les manœuvres avaient si vivement inquiété le pays. Ils avaient droit à toutes les espérances, car l'opinion publique était avec eux ; il leur fallait déployer de l'activité, ne se laisser troubler par aucune menace. La France définitivement libérée de l'ennemi, répudiait hautement empire et monarchie ; elle allait résister aux entreprises des cléricaux, les plus dangereuses de toutes, et s'acheminer, parmi bien des luttes encore, vers la république définitive.

PROCÈS DU MARÉCHAL BAZAINE. — UNE SÉANCE DU CONSEIL DE GUERRE SIÉGEANT A TRIANON. (D'après l'Illustration)

CHAPITRE XX

Coup d'œil sur la situation internationale. — L'Italie unifiée. — La République, le socialisme et l'insurrection carliste en Espagne. — L'Autriche-Hongrie. — L'Angleterre et la classe ouvrière. — La Russie. — Les progrès du socialisme en Allemagne. — Le 18 Mars date adoptée par le prolétariat universel.

L'Europe n'a pas été sans subir la forte répercussion des événements qui viennent de se produire, depuis la déclaration de guerre de la France à l'Allemagne, déclaration amenée par la politique cauteleuse de M. de Bismarck, déterminée par les intérêts dynastiques de Napoléon III. Cette répercussion a été plus particulièrement intense depuis la conclusion de la paix qui révèle, enfin, mais un peu tard, aux puissances aveuglées, imprévoyantes, la profonde transformation qui s'est produite, dont l'effet va être si intense sur la politique internationale, sur la politique intérieure elle-même de la plupart des nations.

Une puissance formidable s'est constituée : sa politique hardie, autoritaire et insidieuse à la fois, fait naître des hésitations, des appréhensions ; elle s'impose déjà. N'a-t-elle pas à sa disposition un outillage de guerre perfectionné dont est prête à se servir une armée nombreuse, bien instruite, supérieurement commandée, auréolée du prestige de retentissantes victoires sur une nation à tort ou à raison considérée, jusqu'aux premiers revers, comme l'arbitre militaire de l'Europe ?

Puis, chaque nation est en crise de transformation. L'Autriche-Hongrie, encore mal rétablie de sa cruelle aventure de 1866, réorganise son armée et reconstitue son matériel de guerre ; son gouvernement a de la peine à maintenir dans le calme une unité bien factice, tant l'Empire est formé d'éléments disparates dont certains menacent de reprendre leur autonomie dès qu'une occasion favorable se présentera, — la mort de l'Empereur, par exemple. L'élément allemand, que gagne le mouvement pangermaniste, s'agite pour conquérir la plus grande part d'influence et les regards des diplomates autrichiens se tournent vers l'Orient, avec l'espoir, la volonté bien arrêtée d'y chercher des compensations à la perte de la Lombardie et de la Vénétie.

L'Italie, brusquement passée au rang de grande puissance, se réorganise économiquement et elle s'y emploie avec ténacité, habileté. Elle a fort à faire dans les régions méridionales qu'il a fallu arracher à leur torpeur ; qui sont plongées dans l'ignorance, la misère et où se dessine un fort courant d'émigration. L'unité politique est réalisée depuis l'occupation des États pontificaux et la proclamation de Rome comme capitale du nouveau Royaume. La question du pouvoir temporel du Pape, sans être inquiétante, ne laisse pas moins subsister quelques problèmes délicats ; l'Autriche, très catholique, ne s'y est pas encore résignée ; l'Espagne, encore plus catholique, très ultramontaine, s'en est irritée et, en France, d'où deux fois est partie une armée pour défendre les prérogatives du Pape, les partis conservateurs et le parti clérical ont tenté de créer une agitation, de faire intervenir le gouvernement, risquant ainsi de créer les complications les plus dangereuses pour la paix à peine rétablie. La France conserve un ambassadeur au Vatican ; dans les eaux italiennes stationne un navire de guerre l'*Orénoque*, source d'irritation parmi les Italiens qui, au-dessus de leur attachement à l'Église, de leur fanatisme religieux, placent l'attachement à la patrie ressuscitée, unifiée.

Tandis qu'elle s'organise au point de vue économique et financier, ce développement sera rapide et intéressant, elle réorganise aussi ses forces militaires ; elles en ont grand besoin, pour lui permettre de jouer en Europe le rôle auquel aspirent pour elle ses hommes d'État.

La première étape de son unité, elle n'a pu l'accomplir qu'avec l'aide de la France, en 1859 ; la seconde étape que grâce à la Prusse qui, durant la campagne de Bohême, retient vers le Nord la majeure partie des forces austro-hongroises et contraint l'Autriche, malgré les victoires remportées sur les Italiens, sur terre à Custozza, sur mer à Lissa, à céder à la vaincue la Vénétie. A cette réorganisation, l'Italie consacrera de grands efforts et des centaines de millions, affrontant une crise financière très grave ; elle y trouvera une armée nombreuse, instruite et une marine remarquable.

L'activité qu'elle déploie parmi une fièvre de patriotisme extraordinaire ne l'empêchera pas de connaître de grandes agitations d'un caractère plus social que politique. Parmi les régions de misère agricole où, dans les vastes *latifundia* aristocratiques et bourgeois, la population productrice, écrasée d'impôts, est vouée aux pires détresses, des soulèvements désordonnés ne cessent de se produire. Dans les régions du Nord et du Centre, où l'activité industrielle, commerciale, agricole, se manifeste par une organisation méthodique, c'est le socialisme qui apparaît groupant un peu partout, particulièrement dans les grands centres, de nombreux partisans ; et, sous l'influence de Bakounine, de ses disciples, dont certains sont des hommes de valeur, des propagandistes hardis et inlassables, les doctrines anarchistes se répandent avec une rapidité extraordinaire.

Le mouvement anticlérical ne chôme pas non plus : il est lié au mouvement républicain, mais devant les progrès du socialisme, devant quelques concessions de la maison de Savoie, une fraction du parti républicain,

non la moins nombreuse, va modifier son orientation pour entrer dans
la voie constitutionnelle, pour même participer au pouvoir, faire simplement
de l'opposition dynastique.

L'Italie sera bientôt naturellement entraînée vers la politique coloniale ; ses yeux se tourneront vers l'Afrique, vers la Tunisie, la Tripolitaine,
plus tard vers la côte des Somalis. Cette politique lui sera une source de
difficultés intérieures et extérieures et elle contribuera à tendre ses relations
avec la France.

Enfin, au point de vue européen proprement dit, peu à peu l'Italie va se
trouver entraînée dans l'orbite de la politique allemande ; elle va se rapprocher de l'Autriche, pour elle l'ennemie héréditaire, d'où recrudescence du
mouvement irredentiste et augmentation ruineuse de charges militaires et
navales.

L'Espagne, depuis le *pronunciaminto* de Cadix, en septembre 1868, dont
la répercussion oblique devait provoquer la guerre franco-allemande avec la
question Hohenzollern, avait traversé les crises les plus tumultueuses, les
plus graves. Sous l'influence pernicieuse, déprimante, d'un clergé tout puissant, ce malheureux pays, digne d'une plus douce destinée, avait vu les partis
politiques, les factions militaires s'entre-déchirer, pour aboutir à l'élection d'un
roi étranger, Amédée de Savoie qui, après deux années d'un règne difficile,
avait compris que le seul parti honorable et prudent qui lui restait était de
renoncer à la couronne. Il avait abdiqué et la république avait été proclamée.
A l'enthousiasme des premières journées avaient bientôt succédé les intrigues
et les discordes. L'insurrection cantonaliste avait éclaté, sa place forte était
Carthagène ; à l'opposé de ce mouvement révolutionnaire très complexe, pour
ainsi dire inanalysable, éclatait, dans les provinces du Nord, l'insurrection
carliste qui, durant près de trois années, devait désoler l'Espagne et tenir en
échec les troupes du gouvernement régulier, de la République d'abord puis
de la monarchie restaurée par un coup d'état militaire. Et la question de Cuba
luttant pour son indépendance, pour son autonomie, contre des capitaines-
généraux pillards, n'était pas pour amoindrir les difficultés.

Le parti royaliste et des agents du gouvernement français, eux-mêmes,
favorisaient ouvertement don Carlos et ses partisans dont des chefs tels que le
curé Santa Cruz, conquéraient une funèbre célébrité par leurs vols à main
armée et leurs assassinats nombreux.

Parmi ces agitations, dont quelques-unes avaient un caractère et un aspect
dignes des périodes les plus sombres du Moyen-Age, se dessinait toutefois le
mouvement socialiste, méthodique, coordonné, avec la note doctrinale collectiviste ou communiste dans les centres industriels, tels que la Catalogne, où
réside la principale force économique et commerciale de l'Espagne : avec
l'empreinte anarchiste dans les régions du Sud, plus particulièrement agricoles, plus malheureuses, plus impatientes, aussi, faut-il le dire, plus igno-

rentes. L'*Association Internationale des Travailleurs* avait fait de nombreux adhérents et de nombreuses sections s'étaient formées. Parmi leurs délégués au Congrès de La Haye, les deux tendances s'étaient manifestées et une hostilité très vive avait fini par provoquer une scission; une fraction, la plus faible, restant fidèle au Conseil général, l'autre se rattachait au programme du Congrès antiautoritaire tenu à Saint-Imier, c'est-à-dire au programme collectiviste-anarchiste.

En somme, l'Espagne paraissait désemparée à tous les points de vue : politique, économique, financier, et elle se trouvait hors d'état de faire figure dans le concert des puissances.

L'Angleterre, solidement encadrée dans ses traditions nationales, réglée dans son évolution politique par son loyalisme vis-à-vis de son gouvernement monarchiste libéral, observant avec une attention intelligente tout ce qui se produisait dans le monde, en vue d'y cueillir de nouveaux avantages, affirmait de plus en plus sa politique coloniale où déjà se manifestait l'impérialisme. Sa flotte que sans cesse elle développait, sa puissance financière obligeaient tous les gouvernements à compter avec elle. Se confinant dans un habile isolement, elle voyait solliciter son concours éventuel ; elle ne se refusait pas mais se livrait encore moins, déjà préoccupée de la situation que peu à peu mais sûrement se créait l'Allemagne sur les marchés économiques du monde entier. Elle portait plus particulièrement son attention sur le bassin de la Méditerranée, visant déjà l'Egypte, clé de la route des Indes et de l'Afrique centrale et se préoccupait de l'aspect nouveau pris par la question d'Orient depuis que, la France immobilisée pour plusieurs années, la Russie portait ses vues sur Constantinople et montrait une grande activité dans les provinces Balkaniques.

Sa politique intérieure oscillait entre le parti libéral et le parti conservateur, se succédant tour à tour au pouvoir, assez prudents tous deux pour faire à la classe ouvrière des concessions qu'ils considéraient comme autant de soupapes de sûreté destinées à prévenir des explosions de mécontentement ou de revendication. Sans se laisser émouvoir ou toucher par les cris des répresseurs de Mai, les démarches diplomatiques du ministre Jules Favre, elle avait donné asile à la majeure partie de ceux qui avaient échappé à la bataille des rues, aux arrestations en masse, aux conseils de guerre. Elle ne les considérait pas comme un danger, car elle estimait, non sans raison, que sa classe ouvrière, exclusivement attachée au développement progressif de ses associations corporatives, de ses *trades unions*, ne risquait pas d'être contaminée par l'idée socialiste et révolutionnaire. Néanmoins, l'Idée commençait à se manifester presque imperceptible et, en quelques années, elle allait réaliser de sensibles progrès. L'ouvrier anglais, entrant peu à peu dans le mouvement international, allait prendre sa place de bataille dans les rangs du prolétariat conscient qui plus haut et plus loin qu'une question de salaires, de conditions matérielles et normales du travail, vise son affranchissement intégral par la transformation du régime propriétaire.

Malgré une situation forte, l'Angleterre a une constante source d'inquiétudes causées par l'Irlande qui revendique son autonomie.

En Russie où, à cette époque, régne un véritable moyen-âge d'ignorance, d'oppression et de terreur, l'autocratie du tzar reste souveraine maîtresse, lassant même une partie de la noblesse, de la bourgeoisie instruite et de la jeunesse qui cherche, parmi d'épaisses ténèbres, un débouché à toutes ses activités, à ses pensées généreuses, u ses impatiences légitimes. Pas de liberté de la presse; les journaux ou ouvrages publiés à l'étranger ne passent pas librement la frontière ou, s'ils la franchissent, ce n'est que mutilés de leurs passages essentiels. C'est le mutisme pour tous; la prison, la déportation, l'exil, parfois la potence répriment les écarts de plume, de parole, de propagande. C'est l'arbitraire dans tout ce qu'il peut avoir d'odieux, de douloureux. La population des villes et des centres industriels est surveillée par une police active, habile, inlassable; quant à la population des campagnes, elle croupit dans l'ignorance la plus profonde, la détresse la plus désolante. Malgré tout et pour tant qu'il soit affaibli, un écho vient de l'étranger, de ce qui s'y passe, des progrès qui s'y accomplissent: des journaux et des brochures entrent en fraude et lentement va naître un parti fort mélangé, mais actif, qui, avec un rare courage, un stoïque mépris du danger, va entreprendre une propagande qui rencontre de vives hostilités, mais finit par trouver le chemin des cœurs et des cerveaux.

La Russie officielle a cessé de « se recueillir ». Longue à se remettre de sa défaite en Crimée, elle s'est libérée du traité de Paris: elle porte son effort vers la mer Noire, vers Constantinople, réveillant cette question d'Orient qui a fait couler tant de sang et va donner de nouveau des insomnies aux diplomates de carrière. Elle poursuit sa pénétration en Asie vers l'Afghanistan, vers la Chine, sans se douter qu'à l'Extrême-Orient, une nation endormie dans sa civilisation séculaire, le Japon, vient de s'éveiller, s'adapte peu à peu à la civilisation occidentale et va se révéler comme un rival dangereux.

Les puissances de second ordre, incapables d'agir par elles-mêmes ou condamnées à une heureuse neutralité, Suède, Norwège, Danemark, Hollande, Belgique, Suisse n'ont pas assisté, sans être fortement troublées dans leur quiétude, dans leur sécurité, par l'issue du conflit franco-allemand et la perspective des crises qui peuvent se produire en Europe. Parmi presque toutes on constate un actif mouvement socialiste qui ne fera qu'affirmer les progrès, au fur et à mesure que l'évolution économique dénoncera la concentration de plus en plus grande, en les mains d'une féodalité capitaliste, de tous les moyens de produire.

Depuis la défaite de la révolution parisienne, l'histoire de l'Allemagne a été si étroitement mêlée à celle de notre pays qu'il a fallu fréquemment en noter les phases essentielles. Il convient cependant d'y revenir et d'y insister, car c'est là une nation dont l'influence sur la politique mondiale devient prépondérante, tandis que son développement intérieur prête aux observations les plus intéressantes.

A larges traits, comme il nous était permis, nous avons indiqué comment son unité longuement préparée depuis 1806, depuis le lendemain du désastre militaire d'Iéna, était déjà accomplie au point de vue économique, avant de se réaliser par la force des armes, au point de vue national. La solution de problèmes communs d'intérêt matériel avaient puissamment aidé à apaiser des questions délicates, sources de permanents conflits, telles que celles touchant au particularisme traditionnel, aux divergences confessionnelles. Il n'y a plus qu'une Allemagne, toujours prête à combattre l'*Erbfeind*, l'ennemi héréditaire, mais soucieuse du repos et de la paix. Le désir, l'impérieux besoin de vivre ont amené la convergence, l'assemblage en un grand organisme d'éléments d'apparence disparates, antagoniques. Malgré des résistances qui s'accusent alors que la cellule centrale, la Prusse, devient trop absorbante, cet organisme désormais fonctionne normalement. Sans doute, de même qu'il a ressenti des crises inévitables de croissance, ressentira-t-il des crises d'évolution : les unes ne seront que passagères, les autres seront durables, permanentes, car elles tiennent à des causes économiques et sociales.

Le méthodique, prodigieux effort qui a porté l'Allemagne au premier plan économique, a eu pour objet l'industrie et le commerce qui s'y rapportent C'est vers l'industrie et le commerce que se sont orientés les capitaux du pays et ceux de l'étranger, alléchés par les profits qu'ils comptent y rencontrer. De cette orientation est résulté un véritable drainage de la majeure partie des capitaux, au détriment de l'agriculture, encore placée sous le régime féodal, et c'est une lutte active, incessante, âpre, qui s'engage entre les détenteurs de la propriété foncière et le monde industriel. Un parti politico-agrarien, jouant son rôle d'appoint au Reichstag, tout en restant fermement attaché aux vieilles traditions monarchiques et féodales, dressera — sans en tirer, naturellement, les mêmes conclusions — contre la féodalité industrielle, commerciale et financière, des réquisitoires aussi violents que ceux des socialistes.

Malgré les deuils que lui ont valus la guerre — les lauriers de la victoire masquent mal de cruelles épines — la nation allemande est enivrée de ses succès militaires ; le souvenir d'Iéna est effacé : elle traverse une période d'incontestable prospérité. C'est un épanouissement inespéré. Tout un peuple, éduqué dans ce but, s'est levé pour la défense de la patrie menacée ; l'enthousiasme des premières heures n'a pas été sans de poignantes angoisses. Pouvait-on prévoir un ennemi aussi peu préparé, aussi lamentablement organisé ? Toutefois, malgré leur supériorité numérique, leur artillerie redoutable, leur grand état-major merveilleux, les forces allemandes solidement organisées, instruites, entraînées, ont rencontré des résistances énergiques, un instant redoutables, dans les premières rencontres, à Wœrth-Frœschwiller, par exemple ?

Dans sa joie, dans sa prospérité, l'Allemagne conserve sa qualité dominante, la discipline ; elle est dans son génie, ses traditions ; elle sert à ses maîtres pour la gouverner ; elle va servir à son prolétariat pour travailler à l'œuvre de son affranchissement matériel et moral. La discipline et l'autorité, comme la langue, peuvent être les pires ou les meilleures des choses, suivant l'objet auquel on les applique. Elles constituent la force des races du Nord ; leur absence est une des causes de faiblesse des races latines, aussi une des causes de leur développement moral. Avec une grande diversité de moyens, chaque groupe humain collabore au progrès général.

L'Allemagne est devenue une vaste caserne, c'est vrai ; elle est aussi devenue un formidable laboratoire ; parallèlement à l'effort matériel se poursuit l'effort intellectuel, scientifique, philosophique, littéraire, artistique, sociologique. La notion de discipline vis-à-vis de l'État fait naître la notion des devoirs de l'État ; la vieille doctrine économique de l'École anglaise, d'aspect libéral, s'écroule pour faire place à la doctrine interventionniste ; c'est elle qui qui s'expose dans les chaires officielles et fait naître toute une série de mesures législatives en faveur des travailleurs, diminuant bien de leurs risques, sans toutefois entamer les privilèges des classes possédantes; sans, du reste, retarder d'un jour le développement du parti socialiste, dont les représentants élèvent la voix à la tribune du Reichstalg et bravent les fureurs du Chancelier de fer.

Chaque période électorale affirmera les progrès de la démocratie-socialiste guidée par la pensée de Karl Marx, conduite par des hommes de tête et d'énergie tels que Liebknecht et Bebel, aidés par des collaborateurs dévoués, instruits, infatigables. La fusion de l'élément Lassallien lui donne son unité sous le programme communiste de l'Internationale. La démocratie-socialiste ne s'engagera pas dans la voie d'une politique violente, révolutionnaire, qui n'est ni dans le tempérament ni dans les traditions du prolétariat allemand. Puis, l'heure n'a pas sonné. Ses groupes s'attacheront à la lente, difficile mais sûre conquête des cerveaux ouvriers, des petits fabricants, des petits commerçants ; elle trouvera de précieuses recrues dans la jeunesse des écoles ; avant peu elle sera un sujet de graves soucis pour M. de Bismarck tout puissant et pour le gouvernement impérial. La discipline lui aura servi à constituer une armée puissante, d'aspect peut-être passif, mais près de s'éveiller et d'agir.

Les États-Unis d'Amérique ont réparé rapidement les maux qu'avaient entraînés la longue et onéreuse guerre de sécession. Tandis que les États qui ont lutté pour l'abolition de l'esclavage, moins poussés par des sentiments humanitaires que par des intérêts économiques opposés à ceux des États esclavagistes, affirment de plus en plus leur prodigieux développement économique,

LIV. 821. — HISTOIRE SOCIALISTE. — LA TROISIÈME RÉPUBLIQUE. — LIV. 821.

que les villes naissent et grandissent dans des conditions véritablement
stupéfiantes, que l'agriculture prend une grande extension dans les territoires
de l'Ouest, les États qu'a momentanément mis dans une situation difficile la
disparition des esclaves, ont dû se préoccuper de la solution du problème de
la main-d'œuvre. Grâce à leurs richesses naturelles, elles se sont peu à peu
relevées et, chez elles, comme dans le Nord la prospérité économique se
marque. Aux États-Unis, plus que partout ailleurs, se manifestent les plus
audacieuses spéculations ; elles embrassent tout et la concentration de tous
les moyens économiques entre quelques groupes est un phénomène qui chaque
jour s'accomplit ; le mal ne pourra que s'aggraver. Mais, par répercussion,
sous le stimulant des exigences patronales, la classe ouvrière s'organise
et se laisse pénétrer par le sentiment d'union pour la défense des intérêts de
métiers et par la propagande socialiste que favorisent les intrigues politiciennes les plus audacieuses et les plus corruptrices. Le Conseil général de
l'Internationale a été transféré à New-York après le congrès de la Haye. Peu à
peu, des organisations variées à tendances voisines, naîtra un parti puissant
qui un jour fera son apparition sur la scène politique. L'Amérique latine, elle,
est en travail d'agitation, d'organisation intérieure ; ce n'est que lentement
que les différentes républiques qui la composent acquerront une certaine stabilité. Une seule monarchie d'aspect imperial y figure, au Brésil ; déjà un parti
républicain s'y organise qui lutte pour l'affranchissement des noirs et pour
l'abolition du pouvoir personnel.

Dans le monde entier, partout où se sont groupés les travailleurs pour
étudier les causes de leur misère, pour préparer leur émancipation, une date
est commémorée avec enthousiasme, celle du 18 Mars. Tous ceux qui gémis-
sent sous le joug capitaliste ont compris que cette révolution avait un caractère socialiste ; s'ils portent le deuil de la défaite, ils en célèbrent la victoire
passagère qui leur donne les plus grandes espérances.

CHAPITRE XXI

*Discussions byzantines. — Le président soliveau. — Rancunes des légitimistes.
— Fin de M. Beulé. — Double gouvernement. — Lassitude générale. — Le
procès Bazaine. — La loi municipale. — Le mouvement ouvrier en France.*

Le nouveau gouvernement imposé à la France donnait lieu aux plus vives,
aux plus vides, aux plus oiseuses polémiques. Chacun cherchait à la définir
cette conception baroque baptisée Septennat et née de l'impuissance de tous
les conspirateurs de droite. Serait-il personnel ou impersonnel, le pouvoir
conféré au maréchal de Mac-Mahon, merle militaire choisi à défaut de grive
royale ? Publicistes et politiciens de couloirs avaient vraiment du temps à
perdre. Comme si rien de personnel pouvait se dégager de cet infortuné figu-
rant condamné aux seules apparences d'un grand premier rôle. On ne l'avait,
du reste, choisi que pour laisser au chef du ministère et à sa majorité le soin et
la liberté d'agir à leur guise. C'était là le fait brutal. Il fallait être aveugle
pour nier cette évidence.

Mais, la majorité du premier ministère du septennat, malgré la présence de
représentants des divers groupes, s'était rapidement et gravement modifiée ;
elle avait sensiblement fondu, car les légitimistes, encore tout endoloris du
dernier échec de leurs combinaisons, ne perdant pas toute espérance, malgré
l'attitude irréductible de leur prétendant, ne pardonnaient pas à M. de Broglie
la manœuvre qui, pour sept années, avait organisé un gouvernement sous
l'étiquette républicaine, non sans un but certainement orléaniste. Le duc de
Broglie, tacticien parlementaire habile, avait ressenti le besoin de consolider
cette majorité diminuée et, à la première occasion, il n'hésita pas à sacrifier
ceux des ministres qui pouvaient lui être une cause d'embarras. L'infortuné
Beulé fut sacrifié ; sa position était devenue intenable : ses mesures réactionnaires, odieusement et sottement réactionnaires, n'étaient pas pour faire oublier
le ridicule dont il s'était si largement couvert Comme ministre, il n'y pouvait
survivre ; il n'y devait pas, lui-même survivre longtemps, car quelques mois
après il se tuait d'un coup de couteau au cœur. Sa disparition ne fit pas un
grand vide. MM. de la Bouillerie et Ernoul, considérés comme trop compromettants, pour la part qu'ils avaient prise aux dernières négociations avec le
comte de Chambord et le comte de Paris, furent aussi éliminés. Ces deux
derniers furent remplacés par MM. Depeyre et de Larcy, deux légitimistes, mais

d'une intransigeance moins accusée. Pour essayer de réparer les fautes graves de M. Beulé, le duc de Broglie se chargea du portefeuille de l'intérieur.

Il y eut désormais en France deux gouvernements : l'un central, officiel, l'autre répandu dans tout le pays, composé des agents de l'administration, des magistrats de toute sorte, des évêques, des curés, des congrégations, et ce fut un assaut d'émulation pour les mesures les plus arbitraires, pour les persécutions les plus odieuses ; pour les menaces les plus insidieuses ou les plus hautaines ; elles n'intimidèrent que quelques natures timides et, au contraire de ce qu'on en escomptait, elles contribuèrent à renforcer le parti républicain de tous ceux que le dégoût, l'indignation contraignirent à déserter le parti conservateur.

L'opinion publique, lasse des débats trop souvent et parfois heureusement stériles de l'Assemblée nationale, reportait son attention sur le procès qui se déroulait et avait trait à un des événements qui avaient le plus profondément ému, indigné la France, tandis qu'elle tentait un suprême effort sur la Loire : la capitulation de Metz. Ce n'était qu'après de longs et laborieux préliminaires que le maréchal Bazaine était appelé à rendre compte de sa conduite dont le résultat le plus clair, le plus immédiat, avait été de rendre sa liberté d'action à l'armée allemande immobilisée sous les murs de la vieille cité lorraine. La justice militaire avait été autrement expéditive avec les fédérés parisiens qui, en collaboration avec l'armée régulière, avaient soutenu un long et pénible siège, dont certains s'étaient héroïquement battus à Montretout et à Buzenval, où ils avaient éloquemment démontré tout ce qu'ils auraient pu faire, si on eût su ou voulu les employer.

Le général Changarnier, à la tribune de l'Assemblée, avait eu l'audace de défendre le traître et M. Thiers lui-même avait hésité à le laisser comparaître devant des juges. Mais il avait fallu, sous peine d'ameuter l'opinion, appliquer strictement les règlements militaires sur la défense des places et le maréchal Bazaine, comme tous les commandants de places ayant capitulé, avait été envoyé devant un conseil de guerre dont la constitution exigea un remaniement de la loi régissant la matière, aucun des quatre maréchaux, ses pairs, de Mac-Mahon, Baraguay-d'Hilliers, Lebœuf et Canrobert, ne pouvant, pour divers motifs, figurer parmi les juges.

Le président du Conseil de guerre fut le duc d'Aumale et le procès s'ouvrit au palais de Trianon le 6 octobre 1873. Nous n'avons pas à transcrire ni même à résumer les longs et souvent confus débats auxquels donnèrent lieu tous les événements qui avaient marqué la période s'étendant de la bataille de Forbach jusqu'à la capitulation. Le 9 décembre le maréchal Bazaine, à l'unanimité des voix, était condamné à la peine de mort avec dégradation militaire. Mais, à peine le jugement prononcé, les membres du Conseil de guerre s'étaient réunis et avaient adressé au ministre de la guerre une demande de commutation de peine que le maréchal de Mac-Mahon ne refusa pas d'accorder. Le traître ne serait pas fusillé, ne serait même pas dégradé ; durant vingt années il serait condamné à expier son crime dans le fort de l'île Sainte-Marguerite, sur la côte d'azur, climat sans doute plus favorable que celui réservé aux « communards ». Il devait s'en évader trop aisément, moins d'un an après ! De tels jugements, de tels actes ne se commentent pas ; il suffit de les exposer.

Pour effectivement gouverner la France, c'est au moins ce que pensait le duc de Broglie, il fallait tenir en mains les municipalités, c'est-à-dire faire des maires de simples agents du ministère de l'Intérieur et les doubler d'une police vigilante, capable d'agir et résolue à l'action. Cette seconde partie du programme n'était pas difficile à réaliser ; l'ordre moral eut pu éviter bien des dépenses ; elle avait une police volontaire répandue dans tous les départements. Sans caractère officiel, elle n'en était que plus sûre pour le pouvoir, que plus dangereuse pour ses adversaires. Elle se serait composée de la foule de gens prêts à servir tous les régimes quelles que puissent être leurs origines, leurs moyens, leur but, et se serait recrutée dans toutes les classes de la société, chacune ayant ses tares et ses scories. Mais il lui fallait quand même cette police apparente, officielle, qui impressionne les naïfs, les peureux et peut intervenir efficacement durant les périodes électorales. Car, à ce moment, gouverner, pour le parti conservateur, c'était préparer la reconquête des sièges gagnés par les républicains et préserver ceux qui paraissaient menacés, — ils devenaient de plus en plus nombreux.

L'Assemblée nationale avait bien déjà voté une loi municipale fort dure : Lyon avait été dépossédé de la mairie centrale et Paris était placé sous un régime d'exception. Pour si rétrograde que fut cette loi, elle ne paraissait plus suffisante. Un projet de loi tendant à aggraver la situation des municipalités avait été élaboré et déposé par le nouveau cabinet ; ce n'était encore que du provisoire, il est vrai, puisqu'il ne devait rester en vigueur que jusqu'à la définitive organisation des communes. Pour les gouvernements de hasard, le provisoire offre toujours des avantages, car il favorise bien des intrigues et facilite bien des expédients.

Ce projet donnait au gouvernement la nomination de tous les maires ; au président de la République, c'est-à-dire au ministre de l'intérieur, la nomination des maires dans les chefs-lieux de départements, d'arrondissements et de cantons ; aux préfets, c'est-à-dire encore au ministre de l'Intérieur, celle des maires des autres communes. C'était déjà une sérieuse aggravation de la loi précédente, mais ce n'était encore rien à côté de l'article qui autorisait à choisir, en dehors du conseil municipal, le successeur d'un maire démissionnaire ou révoqué ! On ne pouvait afficher un plus public et plus significatif mépris du suffrage universel. Quant à l'organisation policière destinée à compléter cette œuvre magistrale, elle était d'une simplicité exquise : Prefets et sous-préfets, dans les chefs-lieux de départements et d'arrondissements, se doublaient de véritables préfets de police, cumulant les deux fonctions ; pour les autres communes, les maires étaient chargés de la police, sous la férule du préfet et du sous-préfet. Dans chaque département, le représentant du pouvoir central avait directement sous ses ordres et à sa discrétion, comme nomination ou révocation, tous les agents de police appointés d'office par le budget communal, charge pour certaines municipalités souvent trop lourde.

A propos de ce projet, le gouvernement faillit éprouver un grave échec dû à l'initiative des légitimistes qui ne pouvaient lui pardonner la constitution du Septennat et l'élimination du cabinet de deux de leurs coreligionnaires, MM. de la Bouillerie et Ernoul. Dès la rentrée de l'Assemblée Nationale, le 8 janvier 1874, M. de Franclieu, un des plus irréductibles « chevau-légers », avait déposé une motion tendant à l'ajournement du projet de loi et la proposition avait été adoptée par 268 voix contre 226. Le ministère était mis en minorité. Allait-il succomber? Non, car quoiqu'il eût immédiatement remis sa démission, une manœuvre habile allait restaurer son crédit pour quelque temps encore. Le 11, c'est-à-dire trois jours après, le rappel des députés de la droite ayant été battu sur une interpellation « amicale » de M. de Kerdrel, désavouant M. de Franclieu, la majorité faisant confiance au cabinet, la loi sur les maires était remise à l'ordre du jour.

Le premier discours fut prononcé par M. Louis Blanc. L'ancien membre du gouvernement provisoire de 1848, qui était resté sur son siège durant la Commune, prit la défense des communes de France contre les entreprises des cléricaux ; il s'attacha surtout à mettre en contradiction le projet de loi avec les idées décentralisatrices dont la majorité de la droite s'était jadis fait un drapeau :

« Voilà donc où elle devait aboutir, dit-il, cette grande campagne contre la centralisation administrative, cette campagne commencée sous l'Empire et poursuivie depuis si vivement dans cette Assemblée ! chose étrange ! le gouvernement a beau, au milieu du calme le plus profond, être armé de toutes les ressources formidables qu'offre le régime de l'état de siège ; il a beau en user avec une rigueur.... *(on se récrie à droite)* qui ne rencontre aucune résistance et qui n'a d'égale que la sérénité de l'opinion..... *(très bien ! très bien ! et applaudissements à gauche)* ; il a beau pouvoir tout ce qu'il veut et tout ce que la nation ne veut pas..... *(nouveaux applaudissements sur les mêmes bancs)*, on a découvert soudain qu'il a immensément besoin d'être fortifié et qu'il ne pouvait l'être que par une centralisation administrative poussée à l'excès.

. . . .

« L'unité est une chose excellente, sans doute ; mais enfin l'unité n'est pas l'étouffement.

« L'association communale renfermée dans ses limites naturelles, est si peu en désaccord avec le principe de l'unité, que c'est par elle, au contraire, que ce principe se réalise dans ce qu'il a de salutaire et de légitime.

« L'unité, en effet, n'est pas et ne saurait être une agglomération de forces au milieu d'une société réduite en poussière ; elle est le lien des intérêts, des affections, des habitudes, des souvenirs, noué de proche en proche.

« De ce qu'il est abolument nécessaire qu'une impulsion d'ensemble soit imprimée aux intérêts qui sont communs à toutes les fractions d'un peuple, il ne suit nullement qu'il faille écraser les intérêts propres à chacune de ces fractions sous le poids d'une brutale uniformité. Proclamez la centralisation politique, nous applaudirons, parce qu'elle répond, celle-là, à des idées d'organisation, de régularité, de solidarité nationale et de puissance ; mais ne prétendez pas nous imposer la centralisation administrative, qui n'est qu'une cause d'atrophie.

Voulez-vous en même temps qu'un pouvoir fort, une nation forte, ce qui est bien le plus important ?... Facilitez-lui, au lieu de l'entraver, la pratique de ce *self government* auquel les États-Unis et l'Angleterre doivent une partie de leur grandeur. (*Approbation sur divers bancs à gauche.*)

« Après tout, un peuple n'a qu'un moyen de mériter d'être libre. C'est de commencer par être libre. La liberté a su parvenir à se régler partout où on lui a laissé le soin d'elle-même. N'essayez pas de tuer la liberté pour lui apprendre à vivre (*Applaudissements à gauche*). L'ordre y gagnera.

« Dans son beau livre sur la démocratie en Amérique, M. de Tocqueville a excellemment constaté que l'esprit de localité était un élément essentiel de l'ordre ; qu'il tempérait les passions qui, dans des sphères plus hautes, deviennent aisément subversives, et qu'en se développant près du foyer domestique, il produit — ce sont ses propres expressions — « un mouvement continu, mais paisible, qui agite les sociétés sans les troubler.

« Ajoutez à cela que, dans un pays où tout dépend de l'impulsion partie du Centre, la société est toujours à la veille d'un bouleversement, étant toujours à la merci d'un coup de main ou d'un coup d'État (*très bien ! très bien ! à gauche*).

« Voilà pour l'ordre véritable. Je ne parle pas de celui qui n'est qu'immobilité dans la résignation et le silence dans la douleur..... »

Pour être moins beau au point de vue littéraire et moins élevé au point de vue philosophique, le discours d'un autre membre de la gauche, M. Christophle, fut très précis, très énergique ; il s'attacha surtout à démasquer la manœuvre électorale que masquait le projet de loi : « Votre but, le voici : Vous voulez faire un acte politique et renouveler la candidature officielle. Vous voulez trouver dans le maire un agent électoral, et vous n'hésitez pas à le prendre en dehors du conseil et même de la commune, afin qu'il soit plus à votre discrétion. Ce que vous faites, l'Empire n'a osé le faire que dans les villes au-dessus de quarante mille âmes. J'ai montré votre but. Êtes-vous sûrs de l'atteindre ? Je suis convaincu du contraire. Comme les élections vous ont été défavorables, vous retournez à la candidature officielle. Mais l'Empire avait ce que vous n'avez pas. En 1852, il avait le prestige, un immense prestige dans les campagnes, et, malgré cela, il a été obligé, pour imposer ses candidats, de recourir à la terreur. Dieu merci! vous, vous ne faites peur à personne! »

Le remplaçant de l'inoubliable Pascal, au sous-secrétariat de l'intérieur, était le déjà fameux Numa Baragnon, fameux par sa fougue ultra-méridionale et ultra-royaliste; les organes du parti le présentaient comme le concurrent oratoire de M. Gambetta, comme un tribun puissant; il n'était d'ordinaire que touffu, à la grande joie des frénétiques hobereaux et des frémissantes douairières; dans cette discussion, il fut aussi ridicule que M. Beulé, mais, comme talent, il ne pouvait tomber d'aussi haut. Ce fut un véritable pitre à la tribune et son discours valait à peine d'être prononcé dans la loge d'un concierge d'Henri Monnier! Il fallait toute la passion politique des droites pour qu'il ne portât pas un coup mortel au cabinet dont il faisait partie. Le projet de loi fut adopté, avec deux modifications seulement : le maire ne pouvait pas être choisi en dehors des électeurs de la commune et le gouvernement devait déposer un projet de loi complet et définitif sur l'organisation des communes, dans les deux mois qui suivraient la promulgation de la loi provisoire. Le parti bonapartiste avait le droit de se réjouir de ce vote, car il était le véritable bénéficiaire de la victoire du ministère.

Tandis que les partis politiques, plus enfiévrés que jamais, s'agitaient pour conserver ou conquérir le pouvoir pour le modifier, lui donner un caractère définitif, le monde du travail commençait à tenter quelques efforts; nous avons déjà indiqué que le mouvement socialiste avait repris; que malgré les menaces, avant le vote de la loi contre l'Internationale, malgré les procès après sa promulgation, des sections s'étaient fondées sur divers points du territoire et la propagande avait été entreprise. Les propagandistes, il faut le dire, étaient peu nombreux; non seulement ils rencontraient de grandes difficultés du fait des entraves mises à leur action par l'arsenal des lois bourgeoises et les mesures policières, par l'absence de journaux, la difficulté de tenir des réunions, mais encore et surtout en raison des méfiances qui se manifestaient parmi les travailleurs. Ces défiances qui, vues de loin, à près de trente-cinq années d'intervalle surprennent, quoique irritantes pour ceux qui s'y heurtaient, paraissent légitimes à ceux qui ont vécu, étudié de près la période qui s'étend de la chute de la Commune à la proclamation définitive de la République.

Dans les villes où s'était manifesté le mouvement révolutionnaire, à Paris principalement où la répression avait été si largement pratiquée et où elle se pratiquait encore, les travailleurs s'étaient d'abord repliés sur eux-mêmes; se sentant surveillés, ils osaient à peine causer entre eux de politique, même de leurs intérêts corporatifs. La politique qui leur avait valu tant de déceptions les avait d'abord peu intéressés; ils en étaient las; quant au socialisme, ils en avaient peur; ils ne le comprenaient pas; ceux qui avaient tenté de le leur

(D'après l'Illustration).

expliquer avaient disparu, parfois dans des conditions tragiques. Puis, il faut le reconnaître, l'activité économique qui se manifestait assurait du travail et, comme on dit vulgairement, tout le monde avait à « se refaire », après les longs mois de chômage et de misère qu'avaient duré la guerre et la Commune.

Les premiers propagandistes trouvèrent donc de grandes résistances ; trop heureux quand ils ne furent pas brutalement éconduits, quand ils ne furent pas traités d'agents provocateurs ou d'agents stipendiés par la réaction. Toutefois, une certaine activité commençait à se manifester parmi les corporations, au point de vue purement professionnel, et quelques grèves ou tentatives de grèves s'étaient produites dans le Nord, dans le Rhône et à Paris. La loi sur les coalitions, modifiée sous l'Empire, sur un rapport de M. Émile Ollivier, quoique adoucie, était toujours là, menaçante ; aussi bien les tribunaux, encore peuplés des juges nommés par l'Empire, et les parquets envahis par les pires serviteurs de la réaction, s'entendaient merveilleusement à en interpréter les articles insidieux. Les syndicats lentement se reconstituaient sous l'inspiration de M. Barberet, qui s'attachait à les maintenir sur le terrain exclusivement professionnel, à les maintenir hors du mouvement socialiste et des grèves et son influence fut, il faut le reconnaître, déterminante à ce moment.

L'Assemblée Nationale a fait mine de s'occuper des travailleurs, chaque parti s'attachant à amener à lui le « plus grand nombre », car les travailleurs c'est la masse essentielle qui forme le suffrage universel dans les villes : le prolétariat des campagnes n'est pas, lui, un sujet de préoccupations sociales ; il paraît pour longtemps résigné à ses misères ; cependant, dans les élections partielles, qui se succèdent, il sort de sa torpeur ; il s'évade fréquemment de l'influence du clergé, des nobles et même des gros propriétaires fonciers, car il vote pour le candidat républicain. Pour les travailleurs des centres industriels, les représentants de la nation ont voté une enquête, afin de se rendre compte de leur situation ; ils ont ébauché de vagues projets de loi, un entre autres, en 1872, sur le travail des enfants dans les manufactures, tendant à modifier la loi du 2 mars 1841. Cette loi fixait à *huit ans* l'âge d'admission des enfants dans les manufactures ; la durée de leur travail devant être limitée, de huit à douze ans, à huit heures, et de douze à seize ans, à douze heures ; le travail de nuit était interdit au-dessous de treize ans. Le nouveau projet portait que les enfants ne pourraient être employés avant *dix ans* et que la durée du travail ne pourrait dépasser dix heures par jour. Ce projet était bien imparfait ; il autorisait encore l'exploitation des enfants des travailleurs dans des conditions vraiment monstrueuses, car n'est-il pas terrible de penser que des êtres encore chétifs, mal logés, trop fréquemment mal nourris, étiolés dès le jeune âge, avant même d'avoir reçu une instruction primaire à peine ébauchée, étaient condamnés aux plus dures conditions d'existence.

M. Louis Blanc était monté à la tribune pour défendre le projet et son discours avait été tellement modéré que la Droite l'avait écouté avec une atten-

tion extrême et l'avait même parfois interrompu pour l'approuver, car il ne
trouvait guère qu'un côté défectueux « la détermination de la pénalité, trop
faible, selon lui, pour constituer une sanction sérieuse ». Sur les revendications légitimes du prolétariat en faveur de ses « petits », sur les conditions
effroyables dans lesquelles ils étaient placés dans les usines, sur les effets du
régime industriel en ce qui touche l'apprentissage et ses répercussions sur la
main-d'œuvre, l'ancien membre du gouvernement, l'ancien président de la
Commission ouvrière du Luxembourg, l'auteur de tant de brochures et d'articles sur le socialisme était resté muet.

Quant au prolétariat agricole, nous l'avons indiqué, il restait confiné dans
son silence et son travail. Il ne songeait qu'à la paix et les agitations politiques étaient pour le troubler. Cependant, dans les régions vinicoles, il allait
être arraché à sa quiétude par une crise qui devait porter sa misère à son maximum d'intensité, en même temps qu'il allait grossir ses rangs d'un grand
nombre de petits et moyens propriétaires ruinés par cette crise. Le phylloxera
faisait son apparition, la vigne était atteinte, elle agonisait, elle mourait, malgré tant de remèdes inventés, appliqués, mais tous impuissants à enrayer la
marche du fléau. C'était la ruine de la majeure partie de ceux qui possédaient
les vignobles ; c'était la misère noire pour ceux qui, par leur travail, les mettaient en valeur. Ce phénomène douloureux, frappant inexorablement toute
une population dans ses conditions d'existence, allait faciliter la pénétration
des idées socialistes dès que le mouvement serait organisé.

Enfin, la délégation ouvrière envoyée à l'exposition de Vienne à l'aide d'une
souscription publique organisée par la presse républicaine, l'Assemblée ayant
refusé de voter un crédit à cet effet, allait mettre des représentants du prolétariat en contact avec des travailleurs étrangers. Toute sage, modérée que fut et
que put être cette délégation, elle rapporta de son voyage d'études des impressions assez fortes pour que quelques-uns des membres qui la composaient
fissent un pas en avant et comprissent qu'il était impossible de laisser les travailleurs de France à la merci des dirigeants. Entre ceux-ci et les propagandistes
socialistes un rapprochement prochain allait s'accomplir.

CHAPITRE XXII

*Rôle passif du Président. — Impuissance politique du Cabinet de Broglie. —
Le Spectre du Radicalisme. — Déclaration du Maréchal de Mac-Mahon. —
Dépit des Monarchistes. — Le Ministère de Fourtou. — Conspiration bonapartiste. — Le Parti des « Misérables ». — La Loi municipale et le Suffrage
universel.*

Autant avait été actif le rôle du chef du Pouvoir exécutif, quand M. Thiers,
même bridé par la sous-constitution Rivet l'exerçait, autant il devait devenir
passif, purement représentatif avec le maréchal de Mac-Mahon. C'était là, précisément, le plan de ceux qui avaient préparé et réalisé son élection. Malgré la
différence du dosage, tous les partis conservateurs étant représentés dans le
cabinet, chacun d'eux conservait toutes ses espérances et avait un intérêt
majeur à ne rien laisser de définitif se constituer, le provisoire leur apparaissant le plus favorable champ de manœuvres. Ils oubliaient que le parti
républicain y avait sa place et ne pouvait négliger d'en profiter. Mais les
conceptions des troupes politiques en présence étaient bien différentes ; légitimistes et orléanistes escomptaient surtout les résultats d'une action parlementaire avec une majorité à eux, d'une action administrative avec une administration recrutée parmi leur clientèle ; au besoin avec l'armée dont ils ne voulaient voir la transformation morale qui accusait des dissentiments marqués.
Il n'en pouvait guère être autrement dans l'armée, puisque, côte à côte, en contact
quotidien, se trouvaient les officiers de l'Empire et les officiers dont la nomination et l'avancement rapide, contraire aux surannés règlements, étaient dus
au gouvernement républicain de la Défense nationale ; les premiers avaient,
avec leur grade, repris leurs places, souvent obtenu de l'avancement, tandis
que les seconds, malgré les services rendus, soit par un réel courage, soit par
leur courage allié à de réelles capacités militaires, avaient été impitoyablement
rétrogradés par une Commission de revision composée de chefs de l'ancienne
armée.

Les bonapartistes, fort divisés eux-mêmes depuis la mort de Napoléon III,
le prince impérial étant trop jeune et le prince Jérôme voulant jouer son rôle
de « César déclassé », n'en étaient pas cependant découragés. Ils continuaient
activement leur propagande, comptant toujours sur l'appui des populations
agricoles, sur une bonne partie de l'administration, sur la majeure partie du

corps d'officiers qui, il faut reconnaître, était composée de partisans fidèles du régime impérial; ils ne s'en cachaient pas et, en toutes circonstances, affichaient leur aversion envers la République. C'était le seul parti qui, décidé, affirmât une ligne de conduite nette; servi par un esprit conspirateur traditionnel il était capable de toutes les audaces. Des trois groupes conservateurs, il était vraiment le seul à profiter de l'action parlementaire; dans cette Assemblée où il était infime minorité numérique et qui l'avait solennellement flétri, dès ses premières séances, à Bordeaux. Il comptait un des siens, M. Magne, dans le ministère; la nouvelle loi des maires semblait faite en sa faveur.

Quant au duc de Broglie, toutes proportions gardées, sa victoire le plaçait dans la situation embarrassée qu'avait eue M. Thiers, parce qu'il était condamné à ne rien faire de sérieux, d'effectif au point de vue politique, sous peine de provoquer les défiances, de déchaîner les colères des légitimistes et des bonapartistes; il venait de recevoir un avertissement sérieux, lors de l'intervention de M. de Franclieu. Il allait, du reste, rapidement succomber. En effet, il n'avait plus qu'une ressource pour exécuter ses manœuvres orléanistes, gagner du temps, et le temps ne pouvait se gagner qu'en assurant le fonctionnement. toute la durée du septennat — le Maréchal-Président ne représentant, lui, que le chef impuissant d'un gouvernement d'attente. C'était de l'action parlementaire qu'il espérait une crise favorable à un membre de la branche cadette qui, comme chef du pouvoir exécutif, même comme président de la République, préparerait une restauration constitutionnelle légale. Il faisait entrer dans ses calculs l'espoir que les progrès du « radicalisme », comme on disait alors, effrayeraient les ralliés du centre gauche et les ramèneraient vers le centre droit. Pour être subtil, le calcul n'en était pas plus exact, loin de là, la France avide surtout de paix à l'intérieur et à l'extérieur, avait la sensation bien nette que tout autre gouvernement que la République provoquerait fatalement des discordes civiles et des aventures guerrières et elle allait de plus en plus s'orienter à gauche. C'est dire que les jours du ministère de Broglie étaient comptés.

La bataille s'engagea nettement, dès la circulaire qu'adressa aux préfets le vice-président du Conseil sur l'application de la loi des maires; cette circulaire portait : « L'Assemblée nationale a conféré, pour sept années, le pouvoir exécutif à M. le maréchal de Mac-Mahon, qu'elle avait déjà désigné le 25 mai comme Président de la République. Le pouvoir qu'elle lui a remis, et dont la Commission constitutionnelle devra déterminer l'exercice et les conditions, est dès à présent, et pour toute la durée que la loi lui assigne, au-dessus de toute contestation ». Il n'en fallait pas davantage pour appeler les protestations des légitimistes: elles furent vives, menaçantes, tellement qu'elles émurent le duc de Broglie.

Pour la première fois il fit sortir le président de son rôle passif qui, à son instigation, au cours d'une réponse au président du Tribunal de Commerce de la Seine, fit une déclaration aussi nette qu'inattendue : « Parmi les raisons que vous donniez du ralentissement des affaires, vous avez parlé des préoccupations d'ordre politique et du doute qui persiste dans l'esprit public sur la stabilité du gouvernement. J'aurais compris ces craintes il y a quelques mois; aujourd'hui elles ne me paraissent pas fondées. Le 19 novembre, l'Assemblée m'a remis le pouvoir pour sept ans, mon principal devoir a été de veiller à l'exécution de cette décision souveraine. Soyez donc sans inquiétudes : pendant sept ans je saurai faire respecter de tous l'ordre de choses légalement établi. »

Cette déclaration que l'on savait dictée ne fit qu'exaspérer les irritations confiées par la circulaire aux préfets. Il ne restait au parti républicain qu'à en profiter pour déterminer la complète scission entre l'extrême droite légitimiste, appoint important nécessaire, et le Cabinet. C'est ce sentiment qui dicta l'interpellation de MM. Gambetta, Lepère, Pascal Duprat, Henri Brisson, Challemel-Lacour, Pelletan et Peyrat, qui fut discutée le 18 mars. M. Challemel-Lacour la développa dans un discours très serré d'argumentation, magnifique de forme et qui provoqua une émotion considérable; l'orateur conclut par deux questions extrêmement précises :

« 1° En déclarant le 22 janvier, le pouvoir septennal élevé au-dessus de toute contestation, le Ministre a-t-il entendu déclarer que toute tentative de restauration était interdite ?

« 2° Le ministère ne se propose-t-il pas de veiller à l'exécution des lois destinées à réprimer toute tentative ayant pour objet de changer le gouvernement établi ? »

La réponse de M. le duc de Broglie fut aussi embarrassée que la rendaient embarrassante le discours du porte-parole de la gauche, et une déclaration de M. Cazenove de Pradines qui avait affirmé qu'en votant le septennat l'Assemblée n'avait jamais entendu renoncer à son droit de proclamer la monarchie. La discussion, toutefois, se termina par la victoire du ministère. Mais les légitimistes ne désarmaient pas et, symptôme grave pour la solidité de la majorité ministérielle, les bonapartistes relevant audacieusement la tête, par une lettre publique de M. Rouher, affirmaient leur intention de « donner leur concours au septennat », mais affirmaient aussi ne pas vouloir être dupes de ce qu'ils considéraient comme une « trêve » durant laquelle ils entendaient ne pas se laisser jouer par leurs alliés.

C'était la défiance installée en pleine coalition conservatrice, mais une profonde division se manifestait déjà dans les rangs du parti républicain. Tandis que M. Gambetta et ses amis, orientant leur politique, modéraient sinon leur programme, du moins leur allure, et semblaient se rapprocher du centre gauche, une portion, sinon importante au point de vue numérique du moins quant à son activité, prenait une attitude plus nette, se maintenait sur le terrain des principes, dans les lignes du traditionnel programme républicain. De cette division les effets se faisaient déjà sentir dans les débats parlementaires aussi bien que dans les polémiques de presse. On le put constater dès le 27 mars 1874, au cours de la discussion d'une proposition d'un membre de l'extrême droite, M. Dahirel, qui disait : « Au 1er juin prochain, l'Assemblée se prononcera sur la forme du gouvernement définitif de la France. Le vote aura lieu à la tribune, par bulletins écrits et signés ». Sur cette proposition la déclaration d'urgence avait été réclamée, le gouvernement la repoussait : M. le duc de Broglie l'avait fait en termes assez vifs. L'urgence votée, le ministère était en bas, mais 49 républicains d'extrême-gauche avaient voté contre l'urgence et le cabinet était sauvé ! Ce n'était pas la dernière fois qu'allait se pratiquer cette méthode, bonne ou mauvaise, selon les circonstances !

Toutefois, le 16 mai suivant, le cabinet de Broglie succombait sous la coalition des gauches, des légitimistes et des bonapartistes, sur une simple question de priorité de la loi électorale et de la loi municipale. Il était extraordinaire qu'il eut pu vivre aussi longtemps.

La disparition de M. le duc de Broglie créait au maréchal-président la première difficulté grave depuis son élection à la magistrature suprême. Il était malaisé de former un nouveau ministère, puisqu'il n'y avait pas de majorité fixe, cohérente; la crise ouverte le démontrait une fois de plus.

De négociations en transactions, on aboutit à un cabinet fort mélangé, d'un prestige infinitésimal, avec le général de Cissey comme vice-président nominal, car le chef réel était M. de Fourtou, homme à poigne, sans scrupules, d'un talent modeste; il avait pris le portefeuille de l'Intérieur, le plus sérieux pour l'action politique; M. Magne avait les Finances; le duc Decazes était aux Affaires étrangères; les autres portefeuilles avaient été attribués à des comparses sans autorité. Le mémorable M. de Cumont y figurait. Ce qui le caractérisait particulièrement, ce ministère, c'était un cléricalisme ardent et militant.

Le parti bonapartiste continuait à augmenter ses avantages, car il était le seul parmi les partis de droite à bénéficier de leurs irrémédiables divisions : en outre, et le phénomène se marquait chaque jour davantage, il était le seul à regagner du terrain dans certaines régions du pays. Son activité était inlassable, il évoquait sans doute de très douloureux et très récents souvenirs, mais il évoquait aussi dix-huit années d'un régime qui s'était maintenu et avait fait, par tous les moyens, respecter son autorité. Ce dernier souvenir doublé d'une campagne qu'appuyaient la majorité des fonctionnaires, une nuée d'agents, impressionnait fortement tous ceux qu'inquiétait le provisoire et qui étaient avides de stabilité, quelle qu'elle put être. Dans le département de la Nièvre, qui avait été si cruellement éprouvé, où le parti républicain avait été si impitoyablement décimé en décembre 1851; où, quelques mois auparavant, un républicain avancé, le docteur Turigny, avait été élu à une imposante majorité, le 24 mai, un bonapartiste, M. de Bourgoing, ancien écuyer de Napoléon III,

avait triomphé au premier tour de scrutin. Ce brusque revirement était pour
préoccuper. Il importait d'enrayer un mouvement qui pouvait devenir dangereux. M. Cyprien Girerd, député de la Nièvre, le 8 juin, produisit à la tribune
un document qui révélait les dessous de l'action bonapartiste. Il y avait conspiration, c'était là un fait indéniable ; il en apportait la preuve, car ce document
émanait d'un *Comité de l'Appel au peuple* qui siégeait à Paris et était directement intervenu dans l'élection : « Recommandez bien, disait le document,
à tous nos amis d'appliquer tous leurs soins à nous gagner le concours des
officiers retraités ou autres fixés dans la Nièvre. Vous pourrez leur assurer
que nous sommes en mesure de les pourvoir avantageusement quand on créera
les cadres de l'armée territoriale... Notez soigneusement aussi ceux qui nous
sont hostiles ou simplement indifférents. Ci-joint la liste des noms et adresses
des officiers payés par la recette de la Nièvre, fournis par finances ».

Cette révélation venant après l'élection d'un bonapartiste dans un département qui s'était affirmé républicain moins d'une année auparavant, avait
fortement impressionné l'Assemblée, tant à droite qu'à gauche ; elle mettait
directement en cause le ministre des finances, un bonapartiste avéré, quoique
d'allures modérées. Or, M. Magne n'assistait pas à la séance. Le cas était
embarrassant pour le cabinet qui risquait un échec, sa chute, s'il paraissait
favoriser la propagande de la faction plébiscitaire. Après le ministre de la justice qui déclara qu'il avait donné l'ordre aux procureurs généraux d'ouvrir
une instruction sur le document porté à la tribune, le ministre de l'intérieur,
M. de Fourtou, très embarrassé par sa situation personnelle et une situation
parlementaire périlleuse, ne put que déclarer que le *Comité de l'Appel au
Peuple* serait poursuivi et dissous si, ce qu'il ne pouvait croire, il existait
réellement. M. Rouher n'était pas moins embarrassé que les membres du
cabinet : il n'hésita pas à mentir — il en avait, depuis de longues années,
contracté l'habitude — en affirmant que le Comité n'existait pas ; que le document lu par M. Cyprien Girerd était apocryphe ; qu'il avait été fabriqué dans
un but facile à comprendre et il en profita pour attaquer violemment le gouvernement de la Défense nationale, espérant ainsi grouper la majorité sur le terrain de la haine et de la lutte contre le parti républicain. Mais le cabinet et lui
s'attirèrent de la part de M. Gambetta une réponse foudroyante. Au ministère
il démontra que M. Magne, le titulaire du portefeuille des finances, se faisait le
complice de la propagande, de la conspiration bonapartiste, en nommant à
tous les emplois de son administration des bonapartistes militants ou masqués ;
vis-à-vis de l'ex-vice-empereur il fut d'une rare, mais très justifiée véhémence :
« Il est des hommes, s'écria-t-il, en se tournant vers lui et le désignant du
doigt, à qui je ne reconnais ni titre ni qualité pour demander des comptes à la
Révolution du 4 Septembre : ce sont les misérables qui ont perdu la France !... »
Et comme il était rappelé à l'ordre par le président, l'orateur de la gauche
ajouta : « Il est certain que l'expression que j'ai employée renferme plus qu'un

BAKOUNINE DÉFENDANT LE COLLECTIVISME AU CONGRÈS DE BALE

outrage, c'est une flétrissure, et je la maintiens ». La gauche tout entière
acclama M. Gambetta, tandis que les droites restaient silencieuses, à l'exception
du groupe bonapartiste déchaîné, mais impuissant, au moins dans l'enceinte
de l'Assemblée; sa force réelle devait se manifester au dehors, dans Paris
même, le soir, à l'heure de la rentrée des députés habitant la capitale. La gare
Saint-Lazare fut le théâtre de scènes d'une rare violence; une foule énorme s'y
pressait tant au dedans qu'au dehors; des détachements de police y avaient été
concentrés, prêts à agir. Ils agirent, en effet, avec une partialité et une brutalité
dignes des jours les plus sombres de l'Empire. Dispersant de parti-pris et
exclusivement les manifestants qui acclamaient les députés républicains, faci-
litant leur tâche aux agents bonapartistes très nombreux, dont l'un assaillait
lâchement M. Gambetta et le blessait au visage, arrêtant deux députés républicains, MM. Lefèvre et de Mahy; la police prouvait à M. Rouher et à ses
acolytes qu'ils pouvaient compter sur elle en toute circonstance.

Le danger paraissait grave, car dans l'armée de nombreux officiers, même
des généraux, ne cachaient pas leurs sympathies, leur attachement au régime
déchu et flétri. A la vérité, si le gouvernement se refusait à ouvrir une enquête
sur des faits aussi sensationnels, pour donner une apparence de satisfaction à
la majorité de l'Assemblée et à l'opinion, il suspendait pour une quinzaine le
journal *Le Pays*, accumulateur et distributeur des injures les plus ignobles et
les plus violentes, mais par compensation il frappait de la même mesure
Le Rappel et *Le XIX° Siècle*, sous prétexte que leurs polémiques dépassaient
le ton tolérable !

La France entière avait été fortement impressionnée par la révélation de
M. Girerd, par les troubles violents de la gare Saint-Lazare, par l'attitude de la
police, par les explications équivoques et l'inactivité du gouvernement. Le
danger royaliste avait pour ainsi dire disparu; le danger clérical était encore
évident; le péril bonapartiste apparaissait le plus immédiat, le plus menaçant;
le provisoire très indéfini que représentait le septennat ne pouvait que favoriser
ses progrès; il était urgent de réagir. Ce fut le centre gauche, le groupe des
ralliés par raison, le groupe des timides, des ultra-modérés qui prit l'initiative
en faisant déposer le 15 juin, par M. Casimir Perier, une proposition tendant à
imposer à la Commission des lois constitutionnelles comme base de ses travaux : 1° le gouvernement de la République française se compose de deux
Chambres et d'un Président chef du pouvoir exécutif; 2° la loi du 20 novembre 1873, par laquelle la présidence de la République avait été confiée au
maréchal de Mac-Mahon jusqu'au 20 novembre 1880; 3° la consécration du
droit de revision partielle ou totale de la Constitution, dans des formes et à
des époques que devait déterminer la loi constitutionnelle.

La caractéristique de cette proposition se trouvait dans l'exposé des motifs
dirigés surtout contre l'audace du parti bonapartiste qui constituait un réel
danger, l'impossibilité de rétablir une monarchie, la nécessité de donner à la

France un gouvernement stable qui ne pourrait être que la République. Sans doute, M. Casimir-Perier, orléaniste de la veille, ne pouvait faire sa proposition sans affirmer ses sentiments très conservateurs. L'essentiel était l'adhésion formelle du centre-gauche à la République, la proclamation de son intention de la constituer et de sortir d'un provisoire énervant, gros de périls. Malgré une tentative de M. Lambert de Sainte-Croix, véritablement inspirée par le duc de Broglie, le bénéfice de l'urgence fut accordé à la proposition Casimir-Perier. La majorité était bien chétive il est vrai, quarante voix seulement, mais elle disait que quelque chose de nouveau, d'inattendu, d'inespéré, venait de se produire.

Un second vote démontra que l'Assemblée, confirmant son impuissance si souvent manifestée, renonçait officiellement à la monarchie. Par assis et levé, à une écrasante majorité, elle refusa, dans la même séance, de renvoyer à la Commission des Trente une proposition — véritable pétard qui fit long feu — déposée par M. de la Rochefoucauld-Bisaccia. Elle portait en substance que la monarchie devenait le gouvernement de la France ; que le maréchal de Mac-Mahon prendrait le titre de lieutenant-général du royaume ; que les institutions politiques du royaume seraient réglées par l'accord du roi et de la nation.

L'apparition à la tribune d'un des « menins » très mûrs du duc d'Angoulême et d'une antique douairière retour de Coblentz n'aurait pas obtenu un tel succès de pitié et de ridicule.

Le sentiment de la population française avait été admirablement résumé, au cours des conspirations monarchistes, dans une éloquente lettre d'Alceste, le rédacteur masqué (Hyppolyte Castille) de la *Vérité*, devenue successivement, par suite des suppressions infligées par le gouverneur de Paris, la *Constitution*, le *Corsaire*, l'*Avenir national*; devenue aussi, hélas ! sans crier gare, « Jérômiste ».

« Du vaste océan, écrivait Alceste en concluant, aux montagnes des Vosges, du Jura et des Alpes; des noires Pyrénées aux Ardennes ; de Marseille aux sables de Dunkerque ; dans les villes, les hameaux ; parmi les plaines, les forêts et jusque sur le sein des mers ; sous le chaume, dans la mansarde, à l'atelier, à la caserne, dans les cabarets, les salons, partout où bat un cœur français, sous l'habit noir et sous la blouse ; partout où vit encore l'amour de la patrie et de la liberté, partout où la pensée du repos, du travail, partout où la raison pénètre ; partout où l'âme humaine se dégage et déploie ses ailes ; partout en France où le malheur a porté sa rude leçon ; partout où l'homme devenu citoyen, comprend enfin que ses droits, sa personne et ses biens sont menacés, un cri, le cri national, a retenti comme la diane de ce grand chasseur légendaire qui, depuis cent ans bientôt, sonne l'hallali des rois. A bas Chambord ! »

Les progrès sensibles, constants, faits par le parti républicain, depuis le mois de juillet 1871, progrès marqués par la conquête successive d'un nombre important de sièges législatifs, cantonaux et municipaux, n'avaient pas été sans fortement inquiéter les partis conservateurs et leurs chefs. Ils ne comptaient guère plus sur la candidature officielle, sur la pression administrative qui ne donnèrent que de déplorables résultats, les électeurs, s'obstinant, dans la plupart des cas, à voter pour les candidats désagréables au gouvernement et à ses agents. De cette série de constatations douloureuses était née la pensée d'adapter le suffrage universel à la situation, c'est-à-dire de restreindre le nombre des électeurs, en modifiant l'âge de la « majorité électorale » ou en modifiant profondément les conditions de domicile, de façon à éliminer la partie la plus active, la plus républicaine du corps électoral, c'est-à-dire la plus jeune et celle que les conditions de travail entraînent fréquemment à changer de domicile, de localité. Devant une grave atteinte au suffrage universel, toutefois, les réacteurs, malgré leur très vif désir, avaient reculé. Pouvaient-ils oublier que la loi du 31 mai, sous la seconde République, faite pour les monarchistes, contre les républicains, n'avait bénéficié qu'au parti bonapartiste ; que le programme du Coup d'État de décembre 1851 portait en première ligne l'abrogation de cette loi et le rétablissement intégral du suffrage universel ?

C'est à ce souvenir que fut dû le recul de la majorité de l'Assemblée devant le projet de loi municipale tel qu'il avait été proposé par la Commission spéciale chargée de le préparer et qui fixait à vingt-cinq ans l'âge auquel on pourrait être électeur municipal. Et un amendement de M. Oscar de Lafayette ramenant à vingt et un ans l'âge de l'électorat avait été adopté, à une faible majorité de dix voix, il est vrai. Mais il y avait là une indication sérieuse.

Désormais, parmi une foule de causes d'agitations, une surtout allait dominer : la série de mouvements, d'intrigues, de discussions qui allaient marquer la seconde période de l'histoire de la troisième République et devaient aboutir au vote d'une Constitution, bâtarde, incomplète, compliquée, conservatrice, mais qui installait la République comme gouvernement définitif de la France.

CHAPITRE XXIII

Lassitude générale. — Pour la paix. — Les problèmes constitutionnels. — Un nouveau manifeste. — M. de Fourtou et les bonapartistes. — Modifications ministérielles. — La proposition Casimir Périer et le « Ventavonal ». — Les droites désemparées. — La Constitution de 1875.

Suivant un mot fameux, la France s'ennuyait, malgré son activité économique qui semblait devoir l'absorber ; elle s'ennuyait et s'énervait parce qu'elle se sentait le jouet des partis. Jamais, depuis la Révolution française, elle ne s'était autant occupée de politique ; cette fois, c'était une politique élémentaire, pratique, liée à des intérêts matériels tels qu'en majorité elle les comprenait qui sollicitait son attention, excitait son inquiétude et orientait ses efforts. Aucun grand principe ne la passionnait comme cela était advenu en 1789, 1792 et 1848 ; si elle s'éloignait des monarchistes, c'est que leurs intrigues étaient une source d'agitations, de crises ; que leurs projets de restauration, s'ils avaient abouti, auraient entraîné de profondes perturbations et fait naître des aventures ; elle voulait travailler, se refaire en toute tranquillité, estimant qu'il y avait déjà assez pour elle de difficultés et de sacrifices à acquitter de lourds impôts. Elle avait peur de la politique de casse-cou des bonapartistes ; il fallait en payer les frais et, cependant, s'il eut fallu opter, elle eût plutôt incliné vers ces derniers, parce qu'en la masse populaire persistait, comme un héritage des grands jours évanouis, la haine des aristocrates et du prêtre, non de la religion ; ceci était habilement exploité par la faction plébiscitaire, qui connaissait à merveille l'opinion. Elle ne pouvait oublier, cette faction, qu'en 1848, lors de l'élection de décembre, si quelques départements blancs avaient voté contre le prince Louis Napoléon Bonaparte, les départements « bleus » et même les départements « rouges » lui avaient, en masse, donné leurs suffrages.

Phénomème paradoxal, la démagogie bonapartiste avait pu passer aux yeux de la France affolée par les calomnies conservatrices contre la démocratie républicaine, comme le plus sûr rempart de défense de l'ordre !

Toutefois, il faut en convenir, cette crise morale, si elle provoqua de légitimes anxiétés, devait être de brève durée. L'élément rural, agricole, sur qui les bonapartistes comptaient le plus n'eut pas peur de la République ; c'est vers elle qu'il s'achemina résolument, c'est l'élément qui, avec le Parti socialiste plus tard, lui restera le plus fidèle, quand la démagogie plébiscitaire, alliée à tous les partis réacteurs, à des républicains traîtres à leur cause ou égarés par des événements troublants, tentera de s'emparer de l'opinion et de se faire porter par elle à la conquête du pouvoir.

Nous avons eu l'occasion d'indiquer que le sentiment dominant du pays c'était de voir la paix maintenue. Ce sentiment est celui qui se maintiendra avec le plus de solidité, se marquera d'autant plus que la réorganisation militaire et navale s'effectuera. Ceci ne veut pas dire que le sentiment patriotique s'atténue, s'amoindrit; il se modifie, il s'épure, il s'élève. La guerre crée des charges lourdes : elle impose de cruels sacrifices; elle offre des aléas terribles; le vainqueur en sort presque aussi meurtri que le vaincu, et pour quels avantages matériels ou moraux? Comme on la concevait durant la prodigieuse et meurtrière épopée du premier Empire, durant les lamentables expéditions du second Empire aux victoires si souvent incertaines, remportées plus par la valeur des troupes que par la science — combien douteuse? — des chefs, la gloire militaire n'est plus comprise; elle est même redoutée. La dernière guerre a fait lever trop d'hommes qu'ont décimés les nouvelles armes et les maladies coutumières, inévitables, dans les grandes agglomérations de soldats condamnés à une vie tout à fait anormale; celle qui pourrait surgir viderait hameaux, villages, villes, petites, moyennes ou grandes, de tous les hommes valides, capables de porter un fusil ou de manier un sabre. Cette échéance, il la faut reculer, éviter à tout prix. Se défendre contre une agression, mais ne provoquer aucune aventure belliqueuse en Europe, tel est le mot d'ordre tacite; il aura une influence déterminante sur la politique française, quelles que soient les rancœurs de la défaite et la douleur causée par la mutilation de la frontière Est.

Du reste, pendant plusieurs années, la France va rester dans un isolement complet et va voir se former autour d'elle de véritables coalitions, d'aspect défensif il est vrai, mais que la moindre complication, que la plus anodine provocation peuvent rendre offensives. Il y a de quoi réfléchir, et on réfléchit. Ce sentiment pacifique, dominant, M. Gambetta, qui a été l'homme actif de la défense nationale, qui incarne la revanche après avoir incarné la « guerre à outrance », en comprend toute l'importance politique. Parlant aux enfiévrés, aux impatients, aux politiciens qui exploitent sans vergogne les douleurs les plus poignantes, les regrets les plus amers, il prononcera les paroles représentatives du sentiment général à propos des provinces perdues : « Pensons-y toujours, mais n'en parlons jamais ».

C'est bien une idée ferme, l'idée de paix extérieure, de tranquillité intérieure, qui conduit la France vers la République; elle est tellement intense que les partis conservateurs en sont réduits à l'impuisssnce et que d'un provisoire chaotique sortira un gouvernement définitif qui sera la préface fatale de la République désormais aux mains des républicains.

L'Assemblée nationale s'attachait à l'étude des problèmes constitutionnels ; il n'était plus possible de les éviter, de les ajourner ; chaque élection disait la volonté nette du corps électoral. Une nouvelle manifestation du comte de Chambord allait, une fois de plus, déjouer les manœuvres des droites ; elle n'eut que cette importance, notable cependant, car elle ne trouva d'écho pas plus dans la bourgeoisie que parmi les masses populaires.

L'infortuné prétendant abandonnait, cette fois, le ton intransigeant qui lui était familier et avait fait le désespoir de la majorité de ses partisans. C'était un manifeste tout de transactions, de concessions : « Je connais, disait-il, toutes les accusations portées contre ma politique, contre mon attitude, mes paroles et mes actes.

« Il n'est pas jusqu'à mon silence qui ne serve de prétexte à d'incessantes récriminations. Si je l'ai gardé depuis de longs mois, c'est que je ne voulais pas rendre plus difficile la mission de l'illustre soldat dont l'épée vous protège.

« Mais aujourd'hui, en présence de tant d'erreurs accumulées, de tant de mensonges répandus, de tant d'honnêtes gens trompés, le silence n'est plus permis. L'honneur m'impose une énergique protestation.

« En affirmant que je ne rétractais rien des déclarations sans cesse renouvelées depuis trente ans, dans les documents officiels et privés qui sont dans toutes les mains, je comptais sur l'intelligence proverbiale de notre race et sur la clarté de notre langue.

« On a feint de comprendre que je plaçais le pouvoir royal au-dessus des lois et que je rêvais je ne sais quelles combinaisons gouvernementales basées sur l'arbitraire et l'absolu.

« Non, la monarchie chrétienne et française est dans son essence même une monarchie tempérée qui n'a rien à emprunter à ces gouvernements d'aventure qui promettent l'âge d'or et conduisent aux abîmes.

« Cette monarchie tempérée comporte l'existence de deux Chambres dont l'une est nommée par le souverain dans des catégories déterminées, et l'autre par la nation selon le mode de suffrage réglé par la loi. . . . .

. . . .

« Français, je suis prêt aujourd'hui comme je l'étais hier. La maison de France est sincèrement, loyalement réconciliée. Ralliez-vous, confiants, derrière elle ! »

Publié par le journal légitimiste *l'Union*, s'il n'émut pas l'opinion qui en avait lu d'autres plus hautains ; ce manifeste n'était qu'une véritable capitulation ; le drapeau blanc n'y figurait plus et le maintien des vieilles, intangibles traditions en était éliminé, mais il eut une très forte répercussion sur la politique parlementaire. Comme le caractère des pouvoirs confiés au maréchal de Mac-Mahon, malgré la grande déférence affichée, était mis en cause et en doute, au risque de déchaîner la colère des légitimistes, *l'Union* fut suspendue pour une quinzaine. Il n'en fallut pas davantage pour provoquer une interpellation ; ce fut M. Lucien Brun qui la déposa et, le 8 juillet, la développa.

La thèse de l'orateur légitimiste était simple, tellement simple mais précise qu'elle faillit porter un coup mortel au cabinet. Si ses collègues avaient voté la loi qui prorogeai' les pouvoirs du maréchal, c'était parce qu'ils avaient compris que cette loi n'enlevait aucun de ses droits souverains à l'Assemblée nationale, c'est-à-dire qu'elle restait toujours maîtresse de proclamer la monarchie. C'était la remise en question du sens exact de la loi. La situation du ministère était embarrassée, car s'il répondait que la loi de prorogation liait l'Assemblée et entamait sa souveraineté constitutionnelle, il s'aliénait les voix des légitimistes, des bonapartistes et de nombreux monarchistes ; pouvait-il, cependant, lui qui avait été choisi par le maréchal-président, déclarer que les pouvoirs du chef de l'État étaient précaires, indéfinis et d'un caractère tellement provisoire que l'Assemblée y pouvait mettre un terme avant la fin du « Septennat » ? M. de Fourtou, ministre de l'Intérieur, tout audacieux et retors qu'il put être, ne sut que patauger et il s'en acquitta à tel point qu'il ne put grouper une majorité autour de l'ordre du jour de sauvetage présenté par M. Paris qui portait : « L'Assemblée, résolue à soutenir énergiquement les pouvoirs concédés pour sept ans au maréchal de Mac-Mahon, président de la République, et réservant l'examen des questions soumises à la Commission des lois constitutionnelles, passe à l'ordre du jour ». Par 38 voix de majorité, le ministère était battu. Même après le rejet d'un ordre du jour du centre gauche affirmant que l'organisation de la République devait servir de base aux pouvoirs du maréchal de Mac-Mahon et l'adoption de l'ordre du jour pur et simple proposé par le général Changarnier, il crut devoir remettre sa démission, mais elle fut refusée par le président de la République qui, le lendemain, adressa à l'Assemblée un message. Ce document avait une grande importance en ce sens qu'il déclarait d'une durée fixe et irrévocable les pouvoirs qui lui avaient été confiés ; qu'ils enchaînaient, de par sa volonté même, la souveraineté de l'Assemblée et qu'il entendait les maintenir, les défendre par les moyens dont il était armé par les lois. C'était là un langage net, précis ; pour la première fois, depuis son élection, le président faisait acte de décision.

Puis, le message invitait l'Assemblée à donner au pays un gage de stabilité par l'organisation des pouvoirs publics ; il chargeait « ses ministres » de faire connaître sans retard à la Commission les points sur lesquels il croyait devoir, plus particulièrement, insister. Ces trois points étaient : 1° la substitution du scrutin d'arrondissement au scrutin de liste ; 2° la faculté pour le gouvernement de nommer une partie de la Chambre haute ; 3° le droit de dissolution de la Chambre des députés avec ou sans le concours de la Chambre haute. Ces projets devaient être placés en première ligne, par conséquent, détachés de l'ensemble des lois touchant l'organisation des pouvoirs publics.

La Commission des Trente estima que les projets présentés par le gouver-

nement étaient en contradiction flagrante avec les déclarations du message et les
négligea pour s'occuper de la proposition Casimir-Perier. M. de Ventavon en
fut nommé rapporteur. Comme il fallait s'y attendre, la proposition Casimir-
Perier fut repoussée et la Commission accoucha d'un projet étrange qui ne
pouvait être accepté pas plus par les républicains que par les légitimistes et les
bonapartistes. Il portait en substance que le maréchal de Mac-Mahon, avec le
titre de président de la République, exercerait ses pouvoirs jusqu'au terme du
délai fixé par la loi du 20 novembre 1873 ; qu'il n'était responsable que dans le
cas de haute trahison ; que les ministres étaient solidairement responsables

EXPULSION D'UN COLON EN IRLANDE

devant les Chambres de la politique générale du gouvernement et individuellement de leurs actes personnels ; que le pouvoir législatif s'exerçait par deux
Chambres, la Chambre des députés et le Sénat ; que la Chambre des députés
serait nommée par le suffrage universel dans les conditions fixées par la loi
électorale. Quant au Sénat, il devait se composer de membres élus et de membres nommés dans des conditions à déterminer dans une loi spéciale. Le président
de la République était investi du droit de dissoudre la Chambre des députés ;
un délai de six mois était accordé pour l'élection d'une nouvelle Chambre. A
l'expiration des pouvoirs du maréchal ou en cas de vacance du pouvoir présidentiel, les deux Assemblées étaient immédiatement convoquées par le Conseil

des ministres. Réunies en Congrès, elles statuaient sur les mesures à prendre. Enfin, durant les sept années, le maréchal-président avait seul le droit de proposer la revision des lois constitutionnelles.

Le véritable inspirateur de cette paraphrase compliquée du septennat était le duc de Broglie ; elle ne lit pas grand honneur à sa réputation d'homme d'État ; elle était fort usurpée du reste. Faite d'impertinence aristocratique, de morgue et d'indécision, elle manquait de largeur de vues et de volonté.

Au moment où la bataille constitutionnelle allait s'engager survenait une crise ministérielle ; crise de détail, elle commençait par la retraite piteuse du ministre des finances, M. Magne, cher aux bonapartistes qui prônaient sa compétence financière et qui se lit battre lamentablement, à une majorité de 156 voix, sur son projet d'aggraver d'un demi décime additionnel la majeure partie des impôts indirects. L'Assemblée recula devant une mesure qui n'aurait pu qu'accroître son impopularité déjà si grande. Il fut remplacé par M. Mathieu-Bodet. Enfin, M. de Fourtou dut résigner le portefeuille de l'intérieur devant l'évidence de sa complicité avec les conspirateurs bonapartistes dont l'audace ne connaissait plus de bornes, dont la propagande devenait dangereuse et dont les agents avaient pu se faufiler jusque dans les appartements du maréchal ! M. Léon Renault, préfet de police, sur leurs agissements, avait fourni les preuves les plus irréfutables. Le 18 février il était démissionnaire, et le lendemain il avait comme successeur le général de Chabaud-Latour, dont la compétence était peut-être militaire mais sûrement pas politique. Ainsi « replâtré », le cabinet s'engagea dans la lutte constitutionnelle.

Il importait tout d'abord de faire échec à la proposition Casimir Perier qui, quoique repoussée par la Commission, inquiétait, en raison de sa modération et du caractère de son auteur, fils du célèbre ministre de la monarchie de juillet, d'un des adversaires les plus implacables et les plus hautains des idées républicaines : orléaniste lui-même de la veille, mais que les épreuves subies par la France avaient rallié à la République, à la condition qu'elle fût nettement conservatrice.

Sous l'action du gouvernement, pratiquée par le général de Cissey, vice-président du Conseil, plus que sous celle du duc de Broglie qui l'attaqua dans un discours perfide, la proposition fut repoussée à une majorité de 41 voix.

Une proposition signée par plus de trois cents députés et déposée par M. de Malleville, député du centre gauche, fut également repoussée, mais, cette fois, à une majorité réduite à 29 voix ; elle constatait l'impossibilité de fixer la forme définitive du gouvernement, d'organiser les pouvoirs publics en raison de l'état de division des partis et elle proposait à l'Assemblée de décréter qu'il serait procédé dans toute la France, le 6 septembre suivant, à l'élection d'une nouvelle Assemblée qui se réunirait le 28 du même mois. L'Assemblée actuelle ne devait se séparer qu'après sa réunion. C'était, en réalité, une proposition de dissolution ; l'Assemblée ne pouvait s'y résigner. Tous les projets de

droite étaient à vau-l'eau ; aussi ceux du gouvernement ; dans l'impossibilité
où l'on se trouvait de donner une solution quelconque au problème constitutionnel qui se posait, la majorité de l'Assemblée se décida à partir en vacances
le 31 juillet ; elle devait se reposer jusqu'au 3 novembre !

C'est un fait constant que chaque parti affiche hautement la prétention d'avoir
avec lui le pays, parce qu'il affirme ne travailler que dans son intérêt. C'est
là le point essentiel de tout programme d'action politique. Quand on va au fond
des choses, quand on observe plus particulièrement l'évolution de la France
depuis un siècle, on en arrive à conclure que chaque parti, même le plus
infime, le plus décrié, a raison, même aux heures où le mouvement de l'opinion
publique le plus énergiquement hostile semble lui donner tort. Car elle est
profonde la différence existant entre le sentiment général tel qu'il est et les
sentiments variés, changeants, presque toujours factices, qu'exprime l'opinion.

La conscience individuelle est le résultat d'une culture morale développée ;
elle est difficile à former ; c'est elle qui affirme la personnalité de l'individu
ayant une suffisante notion de ses intérêts, de ses droits, de ses devoirs personnels et sociaux. La conscience collective, elle, n'existe pas ; rien n'a contribué à la former ; elle ne peut être encore, parce qu'elle implique l'idée d'harmonie, d'équilibre dans les conceptions, l'orientation, l'action collective basée
sur la solidarité, la liberté, l'égalité et que le milieu social est fait d'antago-
nismes, d'incohérences, de conflits incessants qui suscitent l'individu contre
l'individu, le groupe humain contre le groupe humain, la collectivité contre
l'individu. C'est le désordre qui domine le fonctionnement des organismes
sociaux. Chaque parti tour à tour a bénéficié, — le cycle n'est pas encore
clos — de cet état de choses : il y faut voir l'explication de ces revirements
brusques qui font se succéder les formes de gouvernement les plus disparates,
les plus opposées.

L'opinion publique est formée par des minorités relativement infimes qui
s'agitent, que des circonstances favorisent et qui ne sont que le reflet, plus ou
moins exact, des aspirations toujours vagues ou des besoins fréquemment mal
compris, mal interprétés de la collectivité, auxquels il faut ajouter ses élans ou
ses paniques.

Quand, dans l'Assemblée nationale, les différents groupes politiques s'agitaient, tous pouvaient avoir des espérances ; ceux qui, comme les républicains,
avaient gagné du terrain, comptaient en conquérir encore ; ceux qui en avaient
perdu, comme les royalistes, en reconquérir ; les bonapartistes eux-mêmes,
désarmés au point de vue parlementaire, ne reprenaient-ils pas pied dans certains départements ?

Cependant, au moment où allait se débattre le problème constitutionnel, il
était impossible de ne pas tenir compte du mouvement électoral qui s'était produit depuis la réunion de l'Assemblée nationale jusqu'en septembre 1874 ; il
était caractéristique, puisque sur les 166 sièges devenus successivement vacants,

126 avaient été attribués aux candidats républicains, 22 aux candidats royalistes
et 10 aux candidats bonapartistes. Or, les programmes républicains étaient
nets sur trois points essentiels : l'Assemblée n'a pas le droit de constituer ; elle
doit se dissoudre pour faire place à une Constituante ; le gouvernement de la
République doit être définitivement proclamé et organisé.

A ces manifestations électorales venaient s'ajouter celles causées par le
renouvellement triennal des conseils généraux (4 octobre 1874) et des conseils
municipaux (22 octobre). Celles-ci avaient leur importance, en raison du rôle
prépondérant que jouent les questions locales et l'influence personnelle des
candidats. Or, dans toutes, ce fut le parti républicain qui, seul, affirma ses
constants progrès. Sur 1,426 conseillers généraux, les républicains en comptaient 666 ; les monarchistes, perdant quarante sièges environ, restaient 601 ;
les bonapartistes gagnaient quelques sièges sur leurs intermittents alliés et
avaient 156 de leurs candidats élus ; la moitié des conseils généraux, 43, élisaient des présidents républicains.

Sur le terrain municipal, le succès républicain fut encore plus marqué ;
en effet, les municipalités nommées par le gouvernement, par application
de la loi communale votée dans un but si évidemment électoral, étaient
balayées par le suffrage universel et remplacées par des municipalités républicaines. Les grandes villes donnèrent l'exemple ; à Paris, les conservateurs ne
recueillaient qu'une minorité de 10 sièges ; c'était une défaite soulignée par
l'accroissement du nombre des conseillers radicaux qui devinrent majorité
dans la majorité républicaine. Les marseillais, eux, nommèrent un Conseil
municipal à tendances socialistes ; les effets de la propagande commençaient à
se faire sentir.

Les conservateurs, malgré leurs insuccès électoraux, ne se décourageaient
cependant pas et usaient de tous les procédés en leur pouvoir pour ramener à
eux l'opinion. Le ministère fit exécuter quelques voyages au Président de la
République avec l'espoir qu'un accueil enthousiaste serait fait au soldat intrépide de Malakoff ; au général qui, à Magenta, par une manœuvre plus instinctive que raisonnée, avait sauvé l'armée impériale d'une grave défaite. L'accueil
fut sans doute respectueux mais très froid ; presque partout, population et
municipalité lui firent entendre des vivats républicains et des avis ou des
revendications qu'il n'était pas habitué à entendre dans son entourage. Comme
sous ses dehors militaires faits de brusquerie et de laisser-aller d'allure pater-
nelle, se cachaient une grande timidité et de grandes incertitudes, le maréchal
de Mac-Mahon fut fortement impressionné par l'attitude d'une France qu'il
ignorait. Cette France ne voulait pas « marcher » sous la férule de gouvernements de combat ; elle avait la haine de la monarchie, la peur des curés ; elle
voulait la stabilité et la paix avec la République. Ces manifestions n'avaient
pas passé sans avoir frappé le président jusqu'à ce jour peu mêlé à la politique
active et parfois, au grand dépit de son entourage, il s'était laissé entraîner à

des déclarations peu faites pour être agréables aux conservateurs : à M. Tes-
telin, ancien commissaire de la Défense nationale et aux députés du Nord,
le 11 septembre, il disait « qu'il entendait appeler à lui les hommes modérés de
tous les partis ».

C'est au cours de la session ouverte le 5 janvier 1875 que devait s'engager
la laborieuse, chaotique rencontre d'où allait sortir une constitution, républicaine seulement de nom, votée par une majorité pour ainsi dire imperceptible,
mais dont néanmoins l'influence devait être aussi considérable qu'heureuse
sur les destinées de la France.

Tous les groupes avaient pris position, chacun avec l'espoir de tirer le plus
grand profit du débat. A droite, les légitimistes restaient sur leur terrain
d'intransigeance ; ils avaient la sensation bien nette et très justifiée, du reste,
que les orléanistes manœuvraient en vue de les duper; les bonapartistes
escomptaient l'imprévu; se faisant des illusions sur leurs récents succès électoraux et l'activité de leurs comités, ils estimaient qu'une crise grave surgis-
sant leur permettrait d'agir ; ils en étaient capables, nul scrupule ne pouvait
les arrêter dans leurs calculs. Les orléanistes, eux, dans la droite, étaient la
grande majorité et ils avaient toujours l'espoir que le centre gauche pourrait
leur revenir, chaque manifestation électorale accusant les progrès du « radicalisme ». Quant au parti républicain, tout désireux qu'il fut de voir la République devenir la définitive forme de gouvernement, il se montrait, comme
nous l'allons constater, fort divisé sur des points très importants. Il se sub-
divisait en trois groupes, le Centre qui suivait l'orientation tracée par
M. Thiers : « la République sera conservatrice ou elle ne sera pas ». la Gauche
proprement dite manœuvrant sous la direction à la fois souple et impérieuse
de M. Gambetta; enfin l'Extrême-gauche de formation récente qui, se tenant
plus sur le terrain des principes traditionnels du programme républicain,
trouvait que M. Gambetta et ses amis se rapprochaient trop du Centre, faisaient trop de concessions aux modérés; composée d'éléments fort divers, elle
affirmait sa volonté de ne pas fléchir dans ses revendications.

Pour tous les partis, la situation parlementaire devenait plus délicate que
jamais, en ce sens que la plus légère faute pouvait compromettre la solution
chère à chacun d'eux. Elle n'était pas moins délicate pour le gouvernement,
président de la République et ministère. Le président avait réclamé la stabilité
sans laquelle, avait-il solennellement affirmé, il manquait d'autorité pour
accomplir sa mission. d'où nécessité d'organiser ; mais organiser quoi ?
le provisoire, disaient les membres du ministère représentant les droites, qui
ne pouvaient manœuvrer qu'à la faveur du provisoire. Parmi les plus importants conciliabules tenus en vue de concerter une ligne de conduite, il importe
de signaler celui tenu à la présidence même, le maréchal présent, dont le but
était de ramener le centre gauche vers la droite. Il échoua et la bataille s'engagea définitivement.

La première question qui se posa et sur laquelle, tout naturellement, devait se greffer le débat constitutionnel, fut celle relative à la création du Sénat. Pour tous les partis qui allaient se trouver en présence de problèmes politiques exigeant des solutions précises, elle avait une importance capitale ; elle en avait une considérable pour le maréchal-président. Pouvait-il rester, pouvait-on le laisser désarmé en présence d'une seule Chambre souveraine, alors que l'évolution du suffrage universel y préparait une minorité conservatrice de plus en plus réduite ? Et si, pour un motif ou pour un autre, l'Assemblée nationale venait à se dissoudre, — malgré tous ses désirs, elle ne pouvait se prolonger très longtemps, — que deviendrait-il en face d'une Chambre dont la majorité serait certainement républicaine ? Or, le maréchal de Mac-Mahon devenait déjà suspect aux droites et sa situation était extrêmement délicate ; son entourage et lui s'en montraient préoccupés.

C'est de ces préoccupations que s'inspirait le message lu à l'Assemblée par le ministre du commerce réclamant la mise à l'ordre du jour, dans le plus bref délai, de la loi relative au Sénat. Il n'en fallait pas davantage pour mettre en émoi tout le monde parlementaire ; c'était la première escarmouche d'une grande et décisive bataille. La question allait se poser entre la République et la Monarchie. C'est avec anxiété que le pays tout entier s'attacha à suivre les comptes rendus des séances qui allaient se succéder.

La Commission des Trente n'était pas restée inactive : bien des intrigues s'y étaient nouées ; son président, M. Batbie, monta à la tribune pour demander en son nom la mise à l'ordre du jour des deux projets de lois relatifs au Sénat et à l'organisation des pouvoirs publics qu'il considérait comme étroitement reliés ; toutefois, il déclara que la Commission acceptait que la loi sur le Sénat fût discutée la première. Mais MM. de Laboulaye et Jules Simon firent des interrogations gênantes. Pour quel gouvernement veut-on organiser le Sénat ? Avons-nous oui ou non une République ? Le ministre de l'intérieur, le général de Chabaud-Latour, avec une rondeur et une candeur toutes militaires, déclare que le Sénat doit être organisé pour le septennat. Il n'en faut pas davantage pour qu'une majorité faite des gauches, du centre-gauche et de l'extrême-droite légitimiste qui se sent jouée par les orléanistes, refuse la priorité au projet de loi sur le Sénat. C'est un échec grave pour le président de la République ; c'est la chute du cabinet qui démissionne mais est prié de rester en fonctions, en attendant que la situation plus nettement dessinée permette de former un autre ministère ; il va supporter le poids trop lourd pour lui d'une série de discussions les plus compliquées, les plus violentes qu'enregistrent les annales parlementaires.

Durant une semaine environ, le débat est suspendu ; tandis que l'Assemblée s'occupe à l'étude de l'importante loi militaire des cadres, les stratégistes de droite emploient leur temps à manœuvrer ; des conciliabules se tiennent ; les princes d'Orléans y jouent un rôle très actif ; il faut prend re une attitude nette car il faut tenir compte du sentiment du pays et le pays se lasse du provisoire, il s'inquiète de l'impuissance de la majorité.

C'est le 21 janvier que s'ouvre définitivement le débat : chaque groupe de l'Assemblée semble avoir pris nettement position ; un seul marque une grande indécision, le centre-droit qui cherche à s'orienter, tiraillé rentre les résolus de la droite et le centre-gauche dont le modérantisme bien évident le frappe : n'est-il pas composé d'hommes en majorité naguère hostiles à la République, venus à elle par raison ou par patriotisme; puis, parce qu'ils comptent bien imposer à la France une République par-dessus tout et avant tout conservatrice des intérêts économiques et politiques de la classe dirigeante et possédante ? N'est-ce pas M. Thiers qui les inspire ? Aux deux ailes du champ de bataille, l'extrême-droite royaliste, appoint important, est décidée à s'opposer à tout ce qui ne préparera pas la restauration de la monarchie traditionnelle représentée par le comte de Chambord; à l'extrême-gauche, une poignée de républicains qui affirment la résolution de ne pas se laisser entraîner hors du terrain des principes. Quelle majorité pourra se former — et dans quelle voie s'engagera-t-elle — parmi cette masse confuse, agitée par les passions les plus diverses et les plus vives ?

M. de Ventavon engagea les hostilités en présentant le projet dont il revendiquait la paternité, qui était bien de lui, bizarre, falot comme son auteur. Il n'avait pas la prétention de présenter un projet de constitution, son ambition n'allait pas jusque là; il avait simplement pour but « d'organiser des pouvoirs temporaires, les pouvoirs d'un homme... », les pouvoirs du Maréchal, le Septennat; on le baptisa le Ventavonat !

Quelle était l'économie du projet : deux Chambres; la Chambre des députés et le Sénat; pouvoir absolu donné au Maréchal de dissoudre de sa propre autorité la Chambre des députés; pendant la durée de ses pouvoirs le Maréchal-président pouvait demander la revision des lois organisant les pouvoirs publics, Enfin, point important, si par suite de démission, de mort ou de l'expiration des pouvoirs la présidence devenait vacante, il appartenait aux deux Assemblées réunies en congrès, de prendre, en pleine souveraineté, telles décisions qu'elles jugeraient nécessaires. C'était la porte laissée ouverte aux espérances et aux conspirations monarchistes. Le projet était loin de créer le définitif pour la stabilité réclamée par le suffrage universel. M. Lenoël se prononça nettement contre le projet : orateur d'allures et d'opinions très modérées, son discours produisit une forte impression sur le centre-droit, même quand après avoir démontré que la Commission des Trente n'avait en vue que l'organisation « d'une monarchie temporaire qui exclut les autres monarchies à temps, et qui exclut la République à perpétuité, il déclara que la République était la conséquence logique et nécessaire de la souveraineté nationale. »

La bataille est désormais engagée sur toute la ligne et chaque groupe s'y rue avec une passion extraordinaire. L'extrême-droite, par la voix de

M. de Carayon-Latour et de M. Lucien Brun réclament, proposent la restauration de la vieille monarchie française et dressent contre les orléanistes des réquisitoires, même plus violents que contre la République; le centre-droit, dont M. de Meaux se fait le porte-parole, se cramponne désespérément au maréchal de Mac-Mahon transformé en homme providentiel et au Septennat; le duc de Broglie, dans un discours où tour à tour éclatent son dépit et son embarras, lance un appel pressant à la conciliation entre les éléments vraiment conservateurs. « J'espère, dit-il en concluant, que nous pourrons trouver ensemble un terrain de conciliation sur lequel nous établirons un gouvernement régulier, pacifique, inspirant confiance au pays ».

Le parti bonapartiste, à son tour, entre en ligne avec M. Raoul Duval qui exécute une virulente charge contre le duc de Broglie dont il met à jour toute la duplicité, et M. Bérenger prend position, comme M. Lenoël, au nom du centre-gauche, pour un gouvernement définitif, la République, contre le provisoire du septennal, contre le provisoire si dangereux que confirme le projet de la Commission. Puis, c'est M. Jules Favre, l'ancien ministre des Affaires étrangères, qui sort du silence auquel il s'était condamné depuis de longs mois, pour parler au nom de la République, à laquelle il a fait tant de mal depuis le 4 septembre, dont il a contribué à faire fusiller, emprisonner ou exiler les plus vaillants défenseurs, et son discours, superbe de forme, d'une violence froide, tour à tour hautain, ironique ou menaçant, soulève les droites en des mouvements tumultueux, d'une violence inouïe : « Le pouvoir est tombé dans vos mains, dit-il, vous vous êtes intitulés *conservateurs;* qu'avez-vous conservé? Rien que je sache, si ce n'est les traditions impériales pour les restaurer, les perfectionner et les aggraver; l'arbitraire de l'état de siège; tout le cortège des lois exceptionnelles... Vous n'avez su faire que la réaction, vous qui étiez arrivés, ayant aux lèvres le mot de liberté. Laissez donc la place à la souveraineté nationale, puisque vous lui avez manqué ! »

M. Bocher lui succède; il est l'homme de confiance de la famille d'Orléans; il est un des chefs les plus habiles et les plus autorisés du groupe le plus nombreux, le plus important de la droite. Il parle contre la République, « régime de désordre et de sang, qui par trois fois a été funeste à la France ». Enfin, le débat s'épuise et se clôt, la lassitude, l'énervement aidant, et par 538 voix contre 145, l'Assemblée vote le passage à une seconde délibération. Il se produit comme une accalmie durant la discussion relative au Sénat, à sa constitution et à ses attributions. Malgré l'opposition d'une notable fraction du parti républicain, de M. Gambetta, de M. Jules Simon lui-même qui déclare que *jamais* ses amis et lui ne voteront la création de la seconde Chambre, le principe en est voté. A la fin du mois de janvier, les 28, 29, 30, figure à l'ordre du jour la seconde délibération sur le projet de M. de Ventavon relatif à l'organisation des pouvoirs publics :

PORTRAIT DE JULES JOFFRIN, CONSEILLER MUNICIPAL.

(D'après un document de l'époque).

« Article premier. — Le pouvoir législatif s'exerce par deux Assemblées : la Chambre des députés et le Sénat.

« La Chambre des députés est nommée par le suffrage universel, dans les conditions déterminées par la loi électorale.

« Le Sénat se compose de membres élus ou nommés dans les proportions et aux conditions qui seront réglées par une loi spéciale ».

Un contre-projet présenté par M. Alfred Naquet, qui siège à l'extrême-gauche, est d'abord repoussé ; il comporte une Chambre unique, le pouvoir exécutif exercé par un président du Conseil des ministres responsable devant la Chambre, les ministres choisis en dehors de la Chambre ; revision par une Constituante ; la nouvelle Constitution soumise à la ratification du suffrage universel. C'était une préface à l'organisation du gouvernement direct. Puis, un amendement est présenté, il vient du centre-gauche ; le bruit circule qu'il a été inspiré par M. Thiers. C'est M. de Laboulaye qui le soutient. Il est simple de texte mais caractéristique, car il précise la forme du gouvernement :

« *Le gouvernement de la République se compose de deux Chambres et d'un président* ». Le discours de M. de Laboulaye produisit une forte impression, car il fait appel au patriotisme et à la sagesse de l'Assemblée : il faut sortir du provisoire, telle est sa thèse dominante ; ce n'est qu'à cette condition que l'on conjurera une situation diplomatique délicate, grave ; que l'on donnera confiance au pays ; que l'on enrayera les progrès du parti du désordre qui se reconstitue. On devait voter, quand M. Louis Blanc demanda la parole. Une formidable clameur s'élève contre lui ; on le presse de descendre de la tribune : on le menace, mais il persiste dans son projet de parler sur la position de la question. Ses amis et lui ne peuvent voter l'amendement, parce que la République ne peut être mise en question ; parce qu'ils sont contre la création d'une seconde Chambre et contre la présidence de la République.

« J'entends, déclara-t-il, il faut, eu égard à l'état des partis dans l'Assemblée, être sage, très sage… Il faut savoir comprendre que la politique vit de transactions et de compromis ; il faut ne rien négliger pour gagner à la République les esprits les plus prévenus et les âmes effarouchées ; il faut se hâter vers la dissolution de l'Assemblée en évitant toute querelle, et cela coûte que coûte.

« A ces considérations, dont je ne méconnais pas la portée et qui sont dictées par un sentiment que je respecte, je voudrais pouvoir me rendre : je l'essaye en vain.

« Sacrifier à je ne sais quelles combinaisons éphémères de couloir l'intérêt permanent, l'intérêt suprême de la paix publique dans l'avenir, n'est-ce pas faire passer la petite sagesse avant la grande.

« Serait-ce un compromis dont des républicains auraient lieu d'être satisfaits, que celui qui consisterait, de leur part, à tout donner sans rien recevoir, et, de la part de l'autre contractant, à tout recevoir sans rien donner ?… ou, si l'on aime mieux, qui consisterait dans l'échange d'un mot contre la chose que ce mot exprime ?

« Il est sans doute très désirable de chercher à gagner à la République le plus de partisans possible, et je conviens que pour y réussir le parti républicain doit se montrer un parti pratique, sachant tenir compte des circonstances, capable de procéder par réformes partielles, capable d'aller à son but sans brûler l'étape.

« Mais encore lui convient-il de ne pas compromettre un principe pour éviter le reproche d'en vouloir tirer d'un coup, prématurément, toutes les conséquences.

« Et où serait, je le demande, l'avantage de gagner des partisans, de faire des convertis, à une République qui ne serait pas la République, qui, née d'idées contradictoires, composée d'éléments irréconciliables, n'aurait qu'une puissance de séduction trompeuse. . . . .

« ... Ne vous laissez pas abuser par le mirage de la revision. Rappelez-vous qu'en 1880 la revision dépend du maréchal-président, et de lui seul. Rappelez-vous que, même après 1880, il n'y aura de revision possible qu'avec le concours du Sénat, de qui personne aujourd'hui ne peut dire avec certitude si les ennemis de la République n'y seront pas majorité.

« Oui, Messieurs, prenez-y garde ! les liens dont il s'agit d'enserrer la République sont de telle nature qu'ils ne pourraient pas être brisés de longtemps, et qu'ils ne le seraient peut-être un jour qu'au prix de ce que tous, tant que nous sommes, nous avons intérêt à éviter : une révolution ! »

Comme son apparition à la tribune, le discours de M. Louis Blanc a provoqué une profonde agitation : la droite, par tactique habile et perfide à la fois, fréquemment l'approuve, parfois l'interrompt violemment; la grande majorité de la gauche tient une attitude de désapprobation. Ce discours lui paraît inopportun, dangereux quant à l'effet qu'il peut produire sur les timorés du centre gauche; puis, M. Louis Blanc a annoncé que ses amis et lui ne voteront pas l'amendement; à la vérité ils ne sont que cinq, mais c'est peut-être de ces cinq voix que dépendra la défaite ou la victoire. Dans son numéro du lendemain, *la République Française* exprimait en termes plus que vifs les impressions de la gauche : « Envers et contre tout son parti, disait l'organe de M. Gambetta, M. Louis Blanc a occupé la tribune. Tout entier à son opinion personnelle, il n'a pas vu ce qui se passait dans les rangs des adversaires de la République. Il leur laissait le temps de se concerter, de reformer leurs rangs, d'arrêter un plan de conduite. M. Louis Blanc invoque sa conscience. Il se peut qu'il arrive à se payer de cette monnaie de son propre orgueil... C'est une grave responsabilité que nous lui laissons tout entière. Nous souhaitons qu'elle ne pèse pas d'un poids trop lourd sur cette conscience si scrupuleuse, quand les bouffées d'une vanité, maintenant trop connue, seront entièrement dissipées ».

Dans la vivacité exagérée de cet article, il y avait, en ce qui touche les

réalités du moment, une vérité incontestable : l'impression causée par le discours de M. de Laboulaye s'était atténuée et le trouble jeté parmi le centre-
droit s'était dissipé ; afin d'empêcher une résolution immédiate, sur la proposition de M. de Castellane, le renvoi du vote à une séance ultérieure avait été
adopté ; il restait du temps aux ennemis de la République, même purement
nominale, pour manœuvrer et rallier la partie trop flottante de la majorité
royaliste.

M. Louis Blanc n'avait certainement pas tort de poser nettement à la tribune
les questions de principe qui avaient toujours figuré au premier plan du programme de la fraction la plus avancée du parti républicain ; il importait de ne
pas les laisser oublier, de ne pas les passer sous silence, au moment même où
légitimistes, orléanistes et bonapartistes proclamaient hautement leur attachement aux régimes qui leur étaient chers, mais, certainement, il était dangereux
de se séparer du parti républicain à l'heure où la question se posait entre la
République et la Monarchie. Puis, peut-être, M. Louis Blanc était-il mal placé
pour parler si haut au nom des principes. N'était-il pas resté à son banc, parmi
cette Assemblée de réacteurs, alors que se faisait le second siège de Paris, et
qu'étaient fusillés les parisiens qui, eux, défendaient la République vraiment
républicaine ?

La séance s'était terminée par le vote à mains levées du paragraphe 1er de
l'article 1er du projet de M. Ventavon : dans la séance du 29 eût lieu le vote sur
l'amendement Laboulaye. Les manœuvriers de droite n'avaient pas perdu de
temps durant le répit que leur avait valu le renvoi du vote : le rappel de tous
les absents avait été battu : les malades eux-mêmes s'étaient fait transporter à
la séance. Cinq représentants seuls ne prenaient pas part au vote : MM. Louis
Blanc, Peyrat, Marcou, Edgar Quinet et Madier de Montjau. Entourés, sollicités, objurgués, ils cédèrent et déposèrent leurs bulletins dans l'urne. Il était
quatre heures et demie environ quand le président proclama le résultat du
scrutin : l'amendement Laboulaye n'était pas adopté ; il avait rallié 336 voix, mais
359 s'étaient prononcées contre lui. Tout espoir semblait perdu pour les républicains. C'était un septennat perfectionné qui allait sortir triomphant de ces
laborieux et passionnés débats, c'est-à-dire un gouvernement d'attente pour les
monarchistes. — Il y avait de quoi inquiéter, sinon décourager. — Mais il était
réservé à un représentant obscur, M. Wallon, de produire un amendement qui
allait, soudain, changer la face des choses et engager une partie du centre-
droit dans la voie républicaine. Cet amendement ou plutôt cette disposition
additionnelle portait :

« Le président de la République est élu à la pluralité des suffrages par le
Sénat et la Chambre réunis en Assemblée nationale. Il est nommé pour sept
ans et est rééligible. »

Ce fut un étonnement profond sur tous les bancs. On ne saisissait pas bien
le caractère de cette disposition ; elle paraissait prêter à équivoque. Un moment

elle fit naître dans l'esprit de tous des perplexités, tellement que son renvoi a la Commission fut adopté sur la proposition de M. de Ventavon.

A la réflexion, les républicains reconnurent que son adoption serait pour eux une victoire importante, parce qu'il n'y aurait plus, dès lors, place pour une restauration légale de la Monarchie : ce serait la base même d'une Constitution républicaine puisque, légalement, il resterait stipulé que Chambre et Sénat réunis en Assemblée nationale, ne pourraient élire qu'un *président de République*. C'était peu et beaucoup à la fois. Des négociations s'engagèrent entre les gauches, le centre-gauche en vue de la ligne de conduite à adopter. MM. Gambetta et Jules Ferry, Léon Say, Bérenger, Dufaure et M. Léonce de Lavergne, du centre-droit, établirent les bases d'un accord et il parut qu'en manœuvrant avec habileté, prudence, on pourrait trouver une majorité pour voter l'amendement Wallon ou du moins serrer de près la victoire.

Le 30 janvier, le combat recommença. La Commission des Trente repousse l'amendement de M. Wallon qui le défend. Dans son ouvrage *de Paris à Versailles*, M. Ranc, en quelques lignes, a tracé un croquis très exact de celui qui, dès cette séance, fut paré du titre de « père de la République » : « M. Wallon soutint son amendement avec d'infinies précautions de langage. Il semblait demander pardon à Dieu et aux hommes d'être réduit par la force des choses à défendre le régime républicain. M. Wallon a eu son jour de gloire. Professeur sans auditoire, écrivain sans lecteurs, la politique l'a d'un seul coup bombardé à la célébrité. Il était né pour l'oubli, et son nom vivra; nul esprit plus rétrograde que le sien, et ce nom sera, dans les souvenirs, attaché à la fondation de la République. Le sort a de ces ironies ».

M. Wallon fut, en effet, peu écouté par une Assemblée sur laquelle il n'avait aucune autorité et dont le siège était déjà fait. Un amendement assez perfide présenté par M. Desjardins fut repoussé à une énorme majorité et il fut procédé au vote sur l'amendement Wallon modifié en ce sens que l'élection du président de la République devait avoir lieu à la *majorité absolue* et non à *pluralité des suffrages*, après une déclaration de M. Dufaure qui résumait et confirmait l'accord conclu : « Avec l'honorable M. Wallon, avec un grand nombre de mes amis, j'admets parfaitement en premier lieu que, par l'amendement de M. Wallon, nous ne porterons aucune atteinte aux pouvoirs qui ont été conférés, le 20 novembre, à M. le président de la République et, en second lieu, que nous admettons le droit de revision ».

Il était près de sept heures quand le résultat fut proclamé ; l'amendement Wallon était adopté par 353 voix contre 352. La majorité était bien chétive, mais elle fut accueillie par les applaudissements enthousiastes de la gauche qui avait voté avec un ensemble parfait ; une partie du centre-droit avait formé l'appoint ; les amis de M. Léonce de Lavergne étaient restés fidèles au pacte.

La République était fondée et il y eut en France une détente. Le territoire avait été libéré de l'envahisseur ; la France était libérée de la monarchie. Il ne restait plus qu'à organiser cette République où l'esprit conservateur allait mettre son empreinte sur la Constitution.

Parmi les nombreuses anecdotes qui sertissaient les « mots » prêtés au maréchal avec une si malicieuse prodigalité, une se rapportait au vote de l'amendement Wallon. fait qui l'émut profondément : « une voix ! une voix ! » mâchonnait-il, le lendemain matin en parcourant la liste des députés qui avaient voté « pour » et, comme il atteignait la fin de cette nomenclature alphabétique, il s'arrêta naturellement au dernier nom, Volowski, et lança une exclamation : « Volowski ! Volowski !... ces b..... de Polonais n'en font jamais d'autres ! » Cependant, il se remit ; les émotions politiques, chez lui, n'étaient jamais longues ; le milieu dans lequel il vivait était trop compliqué, trop politicien, trop mêlé d'opinions, de nuances, se tiraillant, se combattant sournoisement, toujours en train d'ourdir quelque intrigue ou de combiner des manœuvres parlementaires bien faites pour effarer son cerveau de soldat. Il y était toujours gêné ; il y devenait parfois gênant.

A la réflexion, toutefois, il comprit que le septennat créé pour lui, il le pensait du moins dans sa candeur, restait assuré comme durée, avec des modifications qui allaient restreindre ses pouvoirs présidentiels, mais lui donner une autorité enfin définie qu'elle n'avait pas eue jusqu'à ce jour, ce dont il s'était fréquemment plaint. Il était loin de se douter que l'unique voix de majorité, pour ne représenter qu'une seule semence, allait rapidement donner une moisson inattendue par lui, mais espérée par l'ensemble du parti républicain.

Il s'agit maintenant de bâtir l'édifice constitutionnel, de l'aménager ; il portera sur son fronton le mot de République, c'est là un fait désormais acquis, mais cette enseigne sera-t-elle une réalité ou un simple trompe-l'œil ? La satisfaction des républicains se mélange d'inquiétudes ; le dépit des conservateurs n'efface pas toutes leurs espérances. L'élaboration des lois constitutionnelles laisse le champ libre à la majorité, si ses chefs peuvent lui rendre la cohésion profondément entamée.

Que seront les pouvoirs du maréchal ? le projet Ventavon les a définis ; ils sont étendus : il aura le droit de dissoudre la Chambre des députés de sa propre et seule autorité. Mais voici un nouvel amendement de M. Wallon qui restreint ces pouvoirs ; le maréchal-président, pour dissoudre la Chambre aura besoin de l'*avis conforme du Sénat* et, en ce cas, ce n'est plus dans six mois mais dans trois que les collèges électoraux devront être convoqués. Après une discussion assez vive, cet amendement est adopté par 452 voix contre 346, malgré l'intervention de M. Berthauld qui, au nom des principes républicains, combat le droit de dissolution, tout en concédant qu'on le peut accorder au maréchal, mais à lui seul. Une fraction notable de la droite avait voté avec les gauches.

A dater de ce vote, ce sont les manœuvriers de droite qui reprennent la

direction et les modérés de gauche vont fréquemment marcher avec eux pour
faire que la République proclamée reste aussi conservatrice, aussi monarchique
que possible. Après la proclamation de la responsabilité collective des
ministres et de leur responsabilité individuelle devant les Chambres, la responsabilité du président dans le seul cas de haute trahison, l'élection par les deux
Chambres du Président de la République en cas de vacance, l'Assemblée vote
l'article 6, qui porte que les deux Chambres auront le droit, par délibérations
séparées, prises dans chacune à la majorité absolue des voix, soit spontané-
ment, soit sur la demande du Président de la République, de déclarer qu'il y a
lieu à reviser les lois constitutionnelles et qu'elles y procéderont en se réunis-
sant en Assemblée nationale, mais avec cette restriction que, durant les
pouvoirs conférés au maréchal de Mac-Mahon, lui seul aura le droit de proposer
la revision. C'était l'empreinte monarchiste bien caractérisée ; elle est dans la
tradition royaliste ; elle a pénétré et elle marque maintenant, depuis 1875, la
tradition républicaine bourgeoise, puisque, malgré la constitution de majorités
républicaines très fortes dans le parlement, elle est restée dans la constitution
qui nous régit ; ils sont relativement très rares ceux qui, au Luxembourg ou
au Palais-Bourbon, parlent de supprimer ce droit de dissolution.

Malgré son calme, Paris républicain décimé, faisait encore peur, aussi
l'article 7 stipula-t il que le siège du pouvoir exécutif et des deux Chambres
resterait à Versailles. L'Assemblée décida à une énorme majorité qu'elle pro-
céderait à une troisième délibération et elle prit quelques jours de repos, jusqu'au 11 février, date à laquelle elle entreprit la deuxième délibération de la
loi sur le Sénat.

Aux yeux des membres de la Droite, le Sénat devait jouer un rôle important, le rôle de refuge et de place forte de tous les ennemis de la République :
par la puissance même que lui donnait la constitution, avec la collaboration du
président de la République, il pouvait entraver, annihiler tous les efforts d'une
majorité républicaine occupant la Chambre des députés. Ses pouvoirs étaient
définis ou à peu près, le problème capital résidait dans son mode de recrutement.

Le rapporteur du projet de loi, M. A. Lefèvre-Pontalis avait fidèlement
résumé la pensée de la Droite et même des timorés des Centres : « Nous voulons
opposer au parti révolutionnaire une barrière suffisante pour qu'il ne puisse
pas s'emparer légalement du pouvoir ». Le « parti révolutionnaire » ne comprenait pas seulement l'Extrême-Gauche parlementaire et « les éléments de
désordre », mais il englobait jusqu'aux amis les plus « sages » de M. Gambetta ! Et l'article du projet élaboré par la Commission disait que le Sénat
serait composé de sénateurs de droit, de sénateurs nommés par le président
de la République, de sénateurs élus par les départements et les colonies : qu'il
ne pourrait compter plus de trois cents membres. En première lecture, les
républicains, y compris M. Jules Simon, avaient repoussé l'institution du

Sénat en se plaçant sur le terrain des principes. Quelle attitude allaient-ils prendre maintenant qu'ils avaient tous voté l'amendement Wallon qui stipulait que le président de la République gouvernerait avec deux Chambres ! La logique les condamnait à voter le principe de la loi et à faire des efforts pour que le Sénat, dans sa composition, fût le plus républicain ou du moins le moins monarchiste possible.

Un amendement présenté par M. Pascal Duprat exprima cette tentative; il disait : « Le Sénat est électif. Il est nommé par les mêmes électeurs que la Chambre des députés ». Il n'y eût pas de débat, mais ce ne fut qu'après deux épreuves, à mains levées, fort douteuses, et après un scrutin public qui donna lieu à pointage, que cet amendement fut adopté par 322 voix contre 310. C'était une victoire républicaine et elle fut accueillie par les gauches avec un grand enthousiasme. La droite qui sur cette question s'était divisée, les bonapartistes ayant voté l'amendement et les légitimistes s'étant abstenus, se trouva fort désemparée; la Commission voyait son projet s'en aller à la dérive et le pouvoir exécutif recevait une rude atteinte. En effet, rien n'était plus illogique que ce vote; pour les républicains qui y voyaient un correctif à la création de deux Chambres, n'était-il pas contradictoire de les voir décider la création de deux Chambres recrutées de la même façon et exposées, naturellement, à se trouver en conflit; conflit entre représentants directs du suffrage universel ! Pour les monarchistes et les partisans du septennat, l'adoption de l'amendement mettait le pouvoir exécutif, le maréchal-président, en présence de deux Chambres pour ainsi dire identiques; sur laquelle pourrait-il s'appuyer en cas de désaccord profond avec l'une d'elles? C'était dès lors le conflit avec le pays lui-même ! Situation vraiment singulière, vraiment délicate. Aussi le général de Cissey, vice-président du Conseil, fit-il une déclaration fort nette, non pas une déclaration ministérielle mais exprimant la pensée même du maréchal de Mac-Mahon. Elle était catégorique, elle laissait même, sous sa forme parlementaire, percer la menace d'une crise grave.

« Messieurs, dit-il, le Président de la République n'a pas cru devoir nous autoriser à intervenir dans la suite de cette discussion. Il lui a paru, en effet, que votre dernier vote dénaturait l'institution sur laquelle vous êtes appelés à statuer et enlevait ainsi à l'ensemble des lois constitutionnelles le caractère qu'elles né sauraient perdre sans compromettre les intérêts conservateurs. Le gouvernement qui ne peut en déserter la défense, ne saurait donc s'associer aux résolutions prises dans votre dernière séance. Il croit devoir vous en prévenir avant qu'elles puissent devenir définitives. »

Dès lors, c'est le désarroi complet; les amendements se succèdent, mais la Commission semble avoir disparu; l'Assemblée ressemble à un navire qui a perdu boussole, gouvernail et pilote en pleine tempête. On adopte un amendement de M. Bardoux, donnant le scrutin de liste comme mode de votation pour le Sénat; joint à la proposition de M. Pascal Duprat, il constitue un article qui

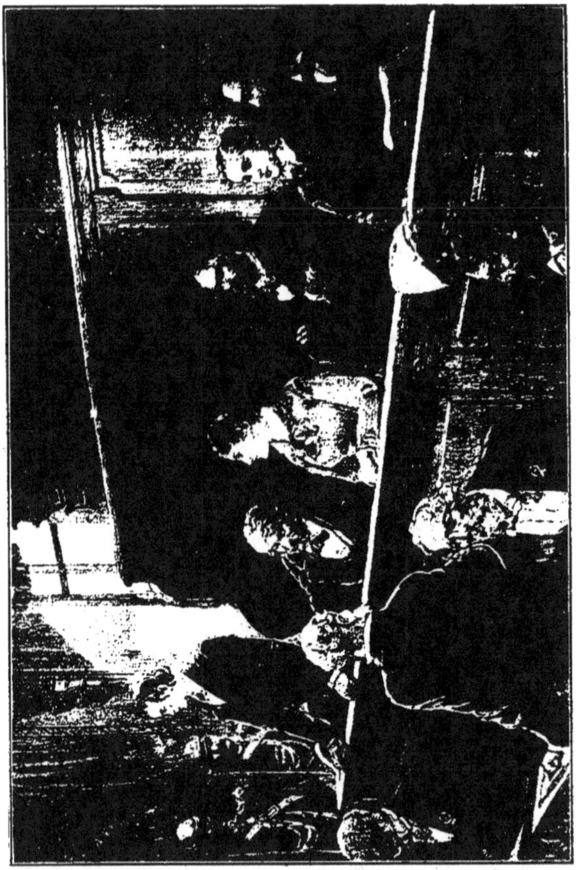

RUSSIE : LE JUGEMENT DES ASSASSINS DE L'EMPEREUR ALEXANDRE II. — LE BANC DES ACCUSÉS.

(Dessin de M. de Haenen, d'après croquis de M. Buck). Extrait du *Monde Illustré*.

est adopté à une majorité de 31 voix sur 601 votants. Mais voici que la déso-
rientation se change en naufrage, car le passage à une troisième délibération
est repoussé par une majorité de 23 voix sur 713 votants.

Une fois de plus l'Assemblée nationale vient de manifester son impuissance.
Il est vraiment temps qu'elle s'en aille, qu'elle laisse au suffrage universel le
soin de nommer une Constituante, car c'est d'une constitution dont il a besoin
pour sortir de l'incertitude dans laquelle il est plongé et est pour lui une source
de constantes inquiétudes ; MM. Vautrain, Waddington déposent des amendements espérant qu'ils constitueront des moyens de conciliation ; vains efforts.

M. Henri Brisson dépose une proposition de dissolution pour laquelle il
réclame le bénéfice de l'urgence. M. Raoul Duval l'appuie avec énergie. Le
tumulte que provoque le déchaînement des plus violentes passions couvre la
voix des orateurs ; le président lui-même est impuissant. L'énervement est à
son comble. Le duc Decazes, au nom du cabinet, accepte la responsabilité de
la déclaration au nom du président de la République ; il demande à l'Assemblée de ne pas se dissoudre et de poursuivre l'œuvre constitutionnelle entreprise. Il le fait avec tant d'âpreté que M. Gambetta monte à la tribune et, aux
applaudissements de la Gauche toute entière, prononce un discours bref, mais
véhément, qui produit une vive impression dans l'Assemblée :

« Messieurs, dit-il, on vient de nous apprendre comment, à l'aide de certaines
habiletés de procédure parlementaire, on pouvait défaire les majorités vraies
et constituer des majorités factices. . . . .

. . . .

. « Messieurs, nous vous avions donné le spectacle d'un parti que vous aviez
souvent qualifié d'intransigeant, d'excessif, d'exclusif, de rebelle à tout compromis, à toute transaction politique ; nous vous avions donné ce spectacle
non sans quelque courage et sans de grands sacrifices de la part de nos aînés
et de nos devanciers dans la vie politique, nous vous avions donné ce spectacle
de nous associer à vous et de vous dire : Conservateurs, vous voulez bien reconnaître qu'après l'échec et l'avortement définitif de vos espérances monarchiques,
il est temps enfin de donner à la France un gouvernement qui pourra rester
dans vos mains, si vous êtes sincères et véritablement épris de ces principes
libéraux dont vous nous parlez sans cesse et dont vous suspendez constamment l'application.

« Nous vous avons dit : Eh bien, nous faisons taire nos scrupules ; nous
prenons sur nous de faire aux nécessités générales de l'État, troublé au dedans,
menacé au dehors, et qui a plus besoin que jamais de gagner sur les heures
qui s'écoulent un temps que lui convoite la jalousie de ses adversaires dans
le monde ; nous prenons sur nous de capituler entre vos mains si vous voulez
faire un gouvernement modéré et conservateur. Nous avons consenti à diviser
le pouvoir, à créer deux Chambres ; nous avons consenti à vous donner le
pouvoir exécutif le plus fort qu'on ait jamais constitué dans un pays d'élection

et de démocratie; nous vous avons donné le droit de dissolution, et sur qui ? Sur la nation elle-même, au lendemain du jour où elle aurait rendu son verdict !

. . . .

. . . . . le Cabinet s'est précipité chez le maréchal et il en est revenu avec une déclaration. Il vous l'a lue; l'a-t-il commentée, expliquée? a-t-il apporté un argument, une raison politique? Non, il s'est caché derrière cette épée et il vous a fait voter !

« Et maintenant voici ce que j'ai à vous dire : Je sais — pardonnez-moi de froisser vos illusions — je sais qu'il en est encore parmi vous qui poussent cet esprit de sagesse et de transaction politique jusqu'à l'héroïsme et qui croient pouvoir encore rencontrer dans des rangs où rien de solide ne s'est présenté, des auxiliaires pour cette œuvre impossible; oui, je le sais. Eh bien, expérimentez vos illusions, la déception ne tardera pas à venir. Jusqu'à présent nous vous avons donné des gages — je l'ai dit et je le maintiens — plus tard on nous jugera, et on nous jugera moins sévèrement, malgré les fautes que nous avons pu commettre, que vous ne serez jugés vous-mêmes. Plus tard on dira que vous avez manqué la seule occasion peut-être de faire une République ferme, légale et modérée ».

Comme nous l'avons déjà dit, l'impression causée par ce discours fut profonde, même sur la droite qui comprit que le pays ratifierait le jugement porté par M. Gambetta. Ce discours, d'une grande habileté sous sa forme véhémente, disait aussi les secrètes pensées du tribun. Il avait parlé de « l'occasion de faire une République ferme, légale et modérée », la République qu'il rêvait conservatrice, car c'était vraiment un conservateur républicain, adversaire du socialisme, estimant que certaines satisfactions données à la toute petite bourgeoisie et aux travailleurs suffiraient largement à leur faire prendre en patience leurs souffrances, leurs misères. Et, sans doute, considérée dans son ensemble, la bourgeoisie française commit-elle à cette époque, par l'organe de ses représentants, une série de fautes capitales en ne mettant pas de côté ses vaines divergences politiques pour se grouper, sous l'étiquette républicaine, en un parti solide, uni, résolu à aborder et à résoudre quelques problèmes destinés à donner certaines satisfactions à la classe ouvrière, c'est-à-dire à créer à son profit, pour la défense plus aisée de ses intérêts économiques et sociaux, de véritables soupapes de sûreté. Ne trouve-t-on pas quotidiennement, dans les Conseils d'administration des sociétés financières, des grandes ou moyennes entreprises industrielles, côte à côte, fraternellement unis pour la culture intensive de leurs capitaux, pour l'exploitation de ceux qui effectivement les mettent en valeur, descendants de croisés, petits-fils de chouans et d'émigrés, petits-fils de « bleus » et bonapartistes de marque ?

Le général de Chabaud-Latour répondit à l'orateur de la gauche; il se montra moins arrogant, moins sec que le duc Decazes; il parut même à certains trop conciliant : « Nous ne pouvons que voir surgir avec sympathie, déclara-t-il en se tournant vers les républicains, de ce côté de la Chambre, de nouveaux projets qui permettront peut-être de résoudre le problème redoutable posé devant nous ». Ces paroles contribuèrent à apaiser les esprits. Toutefois, il fallait s'y attendre, la proposition de dissolution déposée par M. H. Brisson fut repoussée à une majorité de 133 voix sur 647 votants.

Le moment était grave. Si tous les partis avaient la haine des bonapartistes, tous en avaient peur ; leur activité était vraiment pour les inquiéter tous. La conspiration était évidente ; le préfet de police n'avait plus de doutes à ce sujet ; une enquête approfondie lui en avait fourni les preuves certaines. Tout se préparait en vue d'un coup de main militaire ; des généraux, des officiers supérieurs et subalternes, en activité de service, mettaient leur épée et leurs troupes au service des conspirateurs ; on affirmait même que des recrues avaient été faites jusque dans l'entourage immédiat du maréchal. Il faut toutefois reconnaître que celui-ci, malgré les sollicitations directes ou indirectes dont il était constamment assiégé, paraissait décidé à ne pas sortir des attributions qui lui étaient légalement assignées ; c'eût été manquer à ses engagements, à la loyauté ; c'est poussé par ce sentiment qu'il repoussa énergiquement un véritable projet de Coup d'État parlementaire dû à quelques députés assez obscurs mais qui, sans les craintes inspirées par les agissements bonapartistes, auraient pu rallier d'assez nombreux partisans, tant il restaurait et confirmait le provisoire. Ce projet ne tendait à rien moins qu'à donner au maréchal des pouvoirs personnels très étendus tels que le droit de *veto*, le droit de dissolution de l'Assemblée suivante qui se renouvellerait par échelons. Les premières mesures devaient être la constitution d'un ministère prenant pour base l'orientation du 24 mai, la concentration des divers éléments de droite avec une politique nettement monarchiste. Naturellement le premier acte du cabinet devait être le retrait des lois constitutionnelles !

Le maréchal s'étant refusé à ce Coup d'État, il ne restait plus qu'à poursuivre l'élaboration des lois constitutionnelles ; la constitution d'un nouveau ministère paraissait indispensable et urgente. M. de Broglie est appelé dans ce but, mais il refuse. C'est le vendredi 19 février, après des conciliabules, des réunions de groupes, qu'est né un accord d'où sort une majorité, que le projet Wallon est distribué. Il détaille l'organisation du Sénat, nous ne reproduirons pas le texte de ce projet, il est trop connu et il n'a varié que par la suppression, par voie d'extinction, des 75 sénateurs inamovibles élus par l'Assemblée nationale. Dans une réunion plénière des gauches, M. Jules Grévy le combat ; il reste fidèle à son amendement de 1848. Dans une réunion de l'Union républicaine le projet est soutenu par MM. Gambetta, Jules Ferry et Corne, mais MM. Edgar Quinet, Louis Blanc, Madier de Montjau le combattent énergiquement au nom des principes républicains, au nom du programme traditionnel ; ils le combattront jusqu'au bout et se refuseront à le voter, malgré les supplications de leurs meilleurs amis.

La discussion s'engage; chaque parti fait donner ses meilleurs orateurs; les légitimistes et les bonapartistes font entendre d'énergiques protestations et présagent les plus grands malheurs pour la France; en vue d'intimider les hésitants, les timorés, on fait circuler des bruits de coup d'État militaire. Rien n'y fait : le 25 février, le projet de loi est voté par 425 voix contre 254. A l'exception de MM. Tilhand et Baragnon, tous les ministres ont voté « pour »; le duc de Broglie lui-même, après bien des hésitations, cédant aux instances du duc Decazes, s'est rallié. Avec M. Jules Grévy, inflexible, MM. Louis Blanc, Barodet, Edgar Quinet, Madier de Montjau, Marcou, Peyrat, Ordinaire, Escarguel, intransigeants, se sont abstenus. Rien n'a pu les fléchir. La République est organisée, jusqu'au prochain et non lointain Coup d'État parlementaire qui mettra à nu les défauts de la Constitution et, malgré tout, démontrera que, toute chétive, elle sert de suffisant rempart aux institutions républicaines.

CHAPITRE XXIV

Rôle de la Constitution. — La réaction continue. — Le Parti socialiste et sa propagande. — La classe ouvrière. — Principales idées directrices. — La conspiration bonapartiste. — Le rapport Savary et la note du Préfet de police. — Le cabinet Buffet.

La France est dotée d'une Constitution dont on a le droit de dire que, si l'on ne juge la situation que sur des apparences, elle peut, comme le sabre de Joseph Prudhomme, servir à défendre les institutions républicaines et, au besoin, à les combattre ! Elle servira d'abord à les combattre, puisque c'est entre les mains de conservateurs avérés et de républicains défaillants que va rester le pouvoir. Car, pour une victoire remportée, la partie est loin d'être gagnée; la réaction est encore maîtresse dans l'Assemblée : l'Exécutif, jusqu'à ses plus infimes agents, est antirépublicain; l'armée est hésitante, la majorité de ses chefs hostile, et ce facteur politique, si hésitant, le clergé, est actif, audacieux, plus remuant que jamais, prêt, du reste, à chanter le *Te Deum* triomphal pour la faction qui réussira à étrangler la « Gueuse ».

Pour la première fois, depuis la Révolution française, c'est le pays qui va agir par lui-même, s'engager dans une voie où nul ne pourra l'arrêter. Et, cependant, quels efforts seront tentés pour modifier son orientation!

Tandis que, dans le domaine politique, la réaction va tenter de suprêmes manœuvres pour reconquérir le terrain perdu parmi les masses populaires, la majorité du parti républicain va nettement se rapprocher du Centre gauche, abandonner les principaux articles du programme classique, sous couleur de ne pas trop heurter de front les timidités de cette France qui, naguère plébiscitaire jusqu'à l'aberration, semble n'avoir été frappée que par les désastres de la guerre et ses funestes conséquences. Il y avait là, à côté d'une certaine part de vérité, une grosse part d'erreur. En effet, à chaque fois que l'occasion s'en présentait, le suffrage universel se prononçait avec énergie pour la République, les progrès des radicaux, qui préoccupaient les modérés, constituaient les preuves manifestes des progrès de l'opinion et, même, à les bien analyser, dans la plupart des départements où venaient d'être élus des bonapartistes, leurs succès étaient dus à l'habileté avec laquelle les agents césariens avaient su exploiter les impatiences démocratiques.

D'autre part, à la gauche de cette majorité du parti républicain qui s'orientait à droite, se formait lentement une extrême-gauche variée, d'aspect intransigeant, radicale au point de vue politique, ne repoussant même pas, à l'occasion, l'étiquette socialiste, mais prête à combattre ouvertement ou obliquement l'idée socialiste proprement dite qui commençait à reparaître et à faire des prosélytes parmi la classe ouvrière, à recruter quelques adhérents jusque parmi les fils de la bourgeoisie; ils étaient peu nombreux, il faut se hâter de le dire; ils étaient même fort rares et n'étaient pas sans éveiller de grandes méfiances. La classe ouvrière, celle de l'industrie, commençait de sortir de sa torpeur, de reparaître dans ses syndicats, mais elle se bornait, et on s'attachait à l'y maintenir, à étudier des questions d'ordre purement professionnel et de mutualité. Elle semblait vouloir se tenir à l'écart de la politique, se bornant à affirmer ses sentiments républicains. M. Barberet, dans les colonnes du *Rappel*, la tenait dans cette voie avec ténacité et une certaine habileté. Toutefois, elle était travaillée sourdement par ses aspirations, ses besoins impérieux, d'autant qu'à la période de travail intense qui avait suivi la conclusion de la paix, allaient succéder des crises économiques partielles, des crises financières dont la répercussion allait l'atteindre, l'amener à réfléchir.

Or, tandis que les circonstances allaient créer en elle un état d'âme fait d'inquiétudes, de préoccupations positives, d'aspirations vives, mais indéfinies, le socialisme allait reparaître, mais sous un aspect nouveau. Débarrassé du sentimentalisme vague, troublant, qui l'avait jadis si répandu, le condamnant à l'impuissance et aux déceptions dans notre pays généreux, par dessus tout « fraternitaire », il allait apparaître, méthodique, posant le problème social avec une grande clarté, le dégageant des faits économiques eux-mêmes. C'était une véritable doctrine scientifique mise à la portée de tous, applicable en vertu même de l'évolution des phénomènes parmi lesquels vit l'humanité et, comme application, proclamait la nécessité de l'action par les intéressés eux-mêmes et non par d'autres.

Comme cela avait été pratiqué, non sans un grand succès, en 1848, après les journées de juin et à la veille du coup d'État, aussi vers la fin de l'Empire, même par les républicains, on allait exploiter les mêmes artifices, les mêmes injures, les mêmes calomnies. Avec une unanimité touchante et caractéristique, conservateurs monarchistes ou bonapartistes et conservateurs républicains allaient le présenter comme un danger commun pour le pays, pour l'ordre et la propriété. De cette situation naissaient, pour les propagandistes, déjà peu nombreux et ne disposant que de moyens fort restreints, pour ainsi dire nuls, d'énormes difficultés matérielles et morales. Néanmoins, déjà, au moment où, toute frêle, plutôt prête à les mordre qu'à leur sourire, la République vagissait, emmaillotée dans une Constitution monarchiste, les propagandistes, tout en s'affirmant républicains résolus à tout pour combattre et écraser les partis conservateurs monarchistes, commençaient à conquérir des cerveaux prolétariens.

Leur thème était simple : la République ne doit pas seulement proclamer des droits ; elle doit en faciliter, en garantir l'exercice complet. Le premier droit humain est de vivre, de se développer intégralement. Nul n'a le droit de vivre au détriment du travail des autres. Tout être qui est apte à travailler doit jouir du produit intégral de son travail, ses charges sociales étant acquittées. Tout être qui n'est pas apte au travail, enfant, infirme, vieillard doit pouvoir vivre au même titre et dans les mêmes conditions que les autres. La cause de la misère, de l'incertitude dans lesquelles végète et souffre le travailleur se trouve dans ce phénomène que les moyens de produire, capitaux, matières premières et instruments de travail sont possédés par d'autres que par lui ; qu'il est obligé, sous peine de ne pas travailler c'est-à-dire de mourir de faim, de louer ses bras et sa capacité professionnelle, aux conditions fixées par les employeurs. Ces conditions sont déterminées par les bénéfices nets recherchés par les employeurs et par ses frais généraux, parmi lesquels figure le salaire nécessaire au travailleur pour vivre, continuer son travail et se reproduire. L'évolution économique, le développement du machinisme, la création de grandes usines, la constitution de sociétés financières dans un but industriel ou commercial, ont modifié, quant à l'aspect et à la réalité, la propriété. Il s'opère une concentration de plus en plus grande des capitaux et des moyens de produire qui ont transformé le patronat lui-même. Au fur et à mesure que s'accomplit cette concentration, dont un des résultats est de donner des produits à meilleur marché, se constitue une féodalité de plus en plus forte entre les mains de laquelle passe toute la fortune publique ; les rangs du prolétariat proprement dit grossissent du nombre des petits patrons qui ne peuvent résister à la concurrence mieux armée et mieux outillée, maitresse de tous les marchés. Il faut donc transformer, au profit de tous, en propriété sociale, la propriété qui est devenue ou deviendra féodale.

Pour atteindre ce résultat, il faut que les travailleurs se constituent, suivant le principe énoncé par le programme de l'Internationale, en un parti de classe distinct ; qu'il conquière, comme parti de classe, le pouvoir politique qui permettra d'opérer — pacifiquement ou révolutionnairement, suivant les circonstances — tout ou partie de la transformation du régime propriétaire. Donc, sur le terrain politique, de même que sur le terrain économique, constitution d'un parti distinct qui combattra tous les partis politiques bourgeois. Puis, nécessité pour le prolétariat de divers pays de se fédérer pour former un grand parti international.

Telles étaient les grandes lignes du programme des premiers propagandistes ; souvent, l'exposition manquait de clarté, parfois de tact et provoquait de vives résistances, des réfutations qui produisaient grand effet dans la classe ouvrière tenue en grande défiance. Cependant, parmi les syndicats ouvriers, la semence ne restait pas sans germer. Peu à peu la doctrine allait se préciser et en se précisant faire de précieux adhérents, mais les progrès du socialisme devaient être ralentis par les crises politiques à l'intérieur et les complications graves de la politique extérieure.

Le danger bonapartiste était apparu lors des élections de la Nièvre et du Nord ; le document produit par M. Girerd avait vivement frappé les esprits, et les déclarations de M. Léon Renault, préfet de police, avaient révélé que la faction césarienne avait pu trouver des complices jusque dans l'entourage du maréchal-président. Or, la conspiration n'était plus douteuse depuis le 25 février. Au cours de la séance dans laquelle la Constitution avait été adoptée, M. Savary, au nom de la Commission d'enquête, avait fait juger l'Assemblée nationale de l'étrange, inquiétante attitude du ministre de la justice M. Tailhand, qui se refusait à lui donner communication de l'enquête judiciaire et, à son rapport, M. Savary avait annexé le rapport si concluant du Préfet de police. La conspiration était indéniable ; elle avait une organisation solide ; des ramifications partout ; elle exploitait auprès des masses campagnardes cette idée que le maréchal de Mac-Mahon « devait ramener le prince impérial sur le trône ». On était prêt à agir, quand l'heure paraîtrait propice. Il faut noter que dans la note du Préfet de police, il était question d'une certaine action des Comités bonapartistes concertée avec des socialistes, soit de Paris, soit parmi les proscrits. Chaque parti compte ses tarés et ses imprudents et, sans doute, y avait-il du vrai dans la note du Préfet de police, mais en général elle était fausse à ce point de vue, car le parti socialiste est républicain par essence, par principe, et il a trop souvent lutté contre le pouvoir personnel, contre le césarisme, pour que de telles accusations soient exactes. Il y avait là un élément de polémique dont devait largement user le parti républicain bourgeois contre le parti socialiste renaissant, avec la mauvaise foi qui, trop fréquemment, caractérise les luttes politiques.

Le maréchal de Mac-Mahon se trouvait dans l'obligation de constituer un nouveau ministère : le Cabinet de Cissey avait subi trop d'échecs pour qu'il put

ANNIVERSAIRE DES JOURNÉES DE MAI: LES MANIFESTATIONS RÉVOLUTIONNAIRES AU PÈRE-LACHAISE EN 1888.
(D'après un document de l'*Illustration*).

rester au pouvoir et faire face aux exigences de la situation nouvelle. A quel élément allait s'adresser le Président de la République ? Logiquement, les gauches formaient la majorité avec l'appoint du centre-droit et des membres de la droite qui avaient voté la Constitution, tels que MM. Buffet et de Broglie ; c'était donc dans le centre-gauche, au moins, que devait être choisie la majorité du ministère. Mais cette solution logique n'était ni à attendre, ni à espérer ; elle ne pouvait être dans les vues du Président de la République qui, du reste, par la voie du *Journal Officiel* avait fait connaître « qu'après comme avant le vote des lois constitutionnelles, il était fermement résolu à maintenir les principes conservateurs qui faisaient la base de sa politique depuis qu'il avait reçu le pouvoir des mains de l'Assemblée ».

De négociations en combinaisons, un ministère naquit. M. Buffet en était la clé de voûte, mais il n'avait accepté cette mission qu'après avoir tâté l'Assemblée nationale en lui demandant de le réélire président ; elle l'avait fait, lui donnant ainsi, par anticipation, un vote de confiance. Comme collaborateurs il comptait MM. Dufaure à la *Justice*, le duc Decazes aux *Affaires étrangères*, Léon Say aux *Finances*, Wallon à l'*Instruction publique*, le général de Cissey à la *Guerre*, l'amiral de Montaignac à la *Marine*, le vicomte de Meaux à l'*Agriculture* et au *Commerce*, Caillaux aux *Travaux publics*.

Le 12 mars, le Cabinet se présenta devant l'Assemblée. La déclaration, lue par M. Buffet, était imprégnée du plus parfait esprit réacteur ; elle allait jusqu'à affirmer que, non seulement le personnel administratif ne serait en rien modifié, mais encore que le gouvernement entendait le couvrir. Ce fut de la stupeur dans les rangs de la Gauche et même d'une notable partie de la Droite, car, à quelques jours d'intervalle, on ne pouvait oublier le rapport Savary qui avait si nettement établi la complicité active de nombreux agents administratifs dans la conspiration bonapartiste.

C'est, sans doute, à ce sentiment que fut due la forte majorité qui porta M. le duc d'Audiffret-Pasquier au fauteuil de la présidence, en souvenir de l'attitude très catégorique, très véhémente, qu'il avait fréquemment prise contre les bonapartistes. Un membre de la Gauche, M. Duclerc, fut élu vice-président contre deux membres de la Droite, MM. Lucien Brun et Delsol.

La réaction est au pouvoir et les positions sont nettement prises pour ou contre dans l'Assemblée et dans l'opinion. Les manifestations cléricales se continuent un peu partout, encouragées, favorisées, protégées ; sous l'impulsion de cet ennemi juré de toute liberté qu'est M. Dufaure, la presse républicaine est traquée, accablée de prison et d'amendes ; mais les manifestations républicaines se multiplient aussi ; c'est une poussée ardente qui se fait partout sentir, qui résiste aux menaces et entraîne le pays. La propagande en faveur de l'amnistie se développe et groupe de nombreux adhérents ; au cimetière Montparnasse, le 29 mars 1875, plus de 100.000 Parisiens se pressent, escortant le corps d'Edgar Quinet. Victor Hugo, Gambetta, H. Brisson et M. de Laboulaye prononcent des discours que la foule applaudit. Elle est ardemment anti-royaliste, antibonapartiste, anticléricale, cette foule; ce qu'elle veut, c'est aller de l'avant, vers une République vraiment démocratique; elle se fait entendre, comprendre; mais voici qu'une scission s'opère ou, pour mieux dire, s'accentue dans ce parti républicain proprement dit. M. Gambetta, qui s'oriente de plus en plus vers une politique modérée, est le chef de la fraction qui va porter le titre d' « opportuniste »; l'autre fraction va se composer de radicaux, de radicaux socialistes et d'intransigeants qui affirment vouloir ne pas déserter le terrain des principes républicains.

Le 23 avril, à Ménilmontant, M. Gambetta expose le nouveau programme qu'il entend suivre, combien différent de celui de « Belleville » qui avait provoqué à la fin de l'Empire de si vifs enthousiasmes. Il apparaît là sous son vrai jour. Il veut la République ouverte à tous ceux qui se rallient à elle avec sincérité; on peut tirer un profit sérieux de la Constitution nouvelle, malgré ses apparences si imparfaites; on pourra la perfectionner plus tard, quand l'heure sera venue. Il défend l'institution de ce Sénat dont quelques mois auparavant il était l'adversaire déclaré avec M. Jules Simon qui déclarait que « jamais » il ne se résignerait à voter le projet qui le constituait. Il trouve la formule qui qui justifie sa création; il l'appelle le «grand Conseil des Communes françaises!» Ce sera, dit-il, le moyen de faire pénétrer la politique républicaine dans les communes qui ne seront plus tenues à l'écart du mouvement politique; par lui, avec son mode de recrutement, les paysans entreront en scène, « ils tiendront leur destinée entre leurs mains : ils seront les premiers arbitres de la nation », et il se félicite hautement de cet ordre de choses qui va faire des paysans de France la base même, le faisceau de véritables « forces conservatrices ».

Et la foule si ardente qui se presse applaudit avec enthousiasme, toujours facile à émouvoir, à entraîner, quand une voix éloquente se fait entendre et que d'un discours se dégage une formule plus séduisante d'aspect que capable de résister à l'analyse. Puis, il faut en convenir, à cette heure, M. Gambetta est encore le point de mire des haines royalistes et bonapartistes dont l'activité reste toujours assez inquiétante. L'influence de M. Gambetta, toute puissante qu'elle devient de jour en jour, ne peut empêcher le développement du parti radical qui se transforme et accentue son programme afin de barrer la route aux progrès du socialisme renaissant. Dans plusieurs grands centres le parti radical a conquis les municipalités; à Paris il est majorité à l'Hôtel de Ville; M. Ch. Floquet, qui, en 1871, a donné sa démission de député, quoique ne prenant pas parti pour le mouvement révolutionnaire, est nommé président du Conseil municipal. En son nom, M. Madier de Montjau a déposé une proposition d'amnistie. Hélas ! il s'écoulera encore des années avant que condamnés, déportés et proscrits puissent revenir en France reprendre leur place au foyer familial.

Jusqu'au 8 mars 1876, date à laquelle l'Assemblée agonisante se prorogera,

en attendant que la Chambre des députés et le Sénat se réunissent, les partis
se livrent de rudes batailles. L'action cléricale si intense partout se manifeste
dans le Parlement, dans le domaine de l'enseignement. Le parti ultramontain
comprend bien que s'il réussit à conquérir les cerveaux, sa cause et celle de la
réaction ne seront pas tout à fait perdues; il venait d'imposer à Paris le
témoignage tangible de sa puissance en posant, le 16 juin, la première pierre
de la basilique du Sacré-Cœur, sur cette butte Montmartre où s'étaient dérou-
lées les premières, grandioses et tragiques phases de la révolution du 18 mars;
il participe maintenant et victorieusement, à la discussion de la loi sur l'enseignement supérieur, invoquant avec l'évêque d'Orléans, M. Dupanloup, la
liberté, avec M. Chesnelong le « droit propre et supérieur » de l'Église catholique en matière d'enseignement et, malgré les efforts de M. Jules Ferry,
même de M. Jules Simon qui mirent à nu la manœuvre cléricale, il se trouva
une majorité pour adopter la loi d'où surgirent cinq universités catholiques,
le principe de la collation des grades par l'État ayant été repoussé. Par ce
moyen l'Église comptait préserver au moins une notable partie de la jeunesse
aristocratique et bourgeoise de la contamination républicaine et libre-pen-
seuse. Pas un gouvernement, monarchiste ou bonapartiste, n'aurait toléré
qu'un monopole d'enseignement supérieur, même catholique, fût dressé en
concurrence du sien.

L'Église, à travers son évolution si longue, si variée, si contradictoire, au
moins quant aux apparences, a fréquemment montré, plus qu'à cette époque,
de la souplesse et de l'habileté, en s'adaptant aux circonstances, pour rester
maîtresse de l'orientation politique et sociale. A bien observer la profonde
transformation qui, sous l'irrésistible poussée des événements, s'accomplissait
en France, elle aurait dû et pu comprendre que sa puissance morale n'était en
rien menacée par la bourgeoisie française, aussi intéressée qu'elle à conserver
les lignes essentielles de l'organisation sociale qui lui garantit ses privilèges
politiques et économiques. Elle avait trop escompté la possibilité d'une restauration et elle s'était laissée entraîner dans la bataille des partis, au lieu
d'attendre de quel côté se fixerait la victoire; sa part de curée lui eut été réservée certainement, tous les conservateurs devant compter avec son influence
encore très grande. Elle ne le comprit pas et ce fut un bonheur pour la France
et la République.

Restait aussi à liquider l'affaire de la conspiration bonapartiste; l'occasion
s'en présenta avec l'élection de M. de Bourgoing dans la Nièvre; il fut invalidé
à une faible majorité, du reste, de 21 voix sur 639 votants. MM. Raoul Duval
et Rouher intervinrent et le gouvernement fut directement mis en cause. Quelle
attitude allait-il prendre? C'était là un point important, puisque les bonapartistes, malgré qu'ils ne fussent qu'une fort modeste minorité, constituaient un
appoint parfois non négligeable. M. Buffet était fort embarrassé; l'Assemblée
était troublée, houleuse. Désavouera-t-il le préfet de police qui a donné des
preuves irréfutables de la conspiration? Se fera-t-il des bonapartistes des

ennemis irréconciliables? Il ne peut nier l'action des groupes césariens, mais il se retourne vers la gauche et il tente une perfide diversion en insinuant que, dans ses rangs, de même qu'auprès des proscrits de la Commune et des agents de l'Internationale, à Bruxelles, à Genève, à Londres, le « parti de la Révolution sociale et cosmopolite » prend son mot d'ordre; qu'il a, lui aussi, ses groupes organisés, ses cadres et ses chefs. M. Gambetta proteste avec une grande énergie contre l'insinuation qui, il est inutile de l'affirmer, n'a rien de fondé ni même de vraisemblable. M. Buffet remporte une grande victoire, car la gauche presque entière, après le rejet de l'ordre du jour pur et simple, s'est retirée en signe de protestation et l'Assemblée adopte, par 111 voix contre 2, un ordre du jour de confiance que MM. Savary lui-même et Jules Favre ont voté!

Par intermittence, avec une grande lassitude, parfois une grande incohérence, l'Assemblée nationale élabore des lois diverses, concède aux grandes compagnies d'importants réseaux de chemins de fer, poursuit la discussion des lois constitutionnelles. Enfin, le 2 août 1875, en troisième délibération, par 533 voix contre 72, après une dernière protestation énergique du légitimiste irréductible, M. de Franclieu, la loi sur le Sénat est adoptée.

Chaque jour qui s'écoule rapproche l'échéance fatale, si vivement espérée par le pays; le mouvement dissolutionniste s'accuse et prend un rare caractère d'intensité. On a hâte de voir partir cette funeste Assemblée qui laisse l'impression d'une série de cauchemars tour à tour tragiques ou grotesques. Les vacances qui précèdent la dernière session donnent le spectacle d'une véritable veillée d'armes électorale. Chaque parti prend position. Dans le ministère un profond désaccord se manifeste entre M. Léon Say et M. Buffet. Le comte de Chambord lance une façon de manifeste qui trahit un profond découragement. M. Thiers prononce à Arcachon un discours dans lequel il paraphrase avec sa prolixité coutumière son mot fameux : « La République sera conservatrice ou elle ne sera pas ». En Corse, M. Rouher affirme les espérances toujours vivaces des bonapartistes et M. Gambetta, le 25 octobre, dans une lettre aux républicains lyonnais, trace le programme qu'il a définitivement adopté qui n'est autre que celui du centre gauche quelque peu étoffé, élargi, mais en apparence seulement. C'est dans cette lettre qu'est sortie la phrase qui, à l'époque, eut un énorme retentissement : « Les nouvelles couches sociales sorties de la Révolution française et du suffrage universel, réconciliées avec l'élite de la vieille société, nous pourrons enfin achever, *par l'alliance intime et chaque jour plus féconde du prolétariat et de la bourgeoisie*, l'immense évolution commencée en 1789 ».

C'est sous les impressions fortes et diverses causées par les agitations qui marquèrent ces vacances que l'Assemblée se trouva réunie le 4 novembre. Il lui restait pas mal de besogne, une foule de projets de lois d'ordre divers, le budget de 1876; elle avait à fixer le mode de votation pour la Chambre des députés, à dire si l'état de siège serait levé ou maintenu à Paris et dans les départements où il avait été proclamé. Chacune de ces lois devait provoquer de passionnées et parfois orageuses séances. Le scrutin d'arrondissement fut adopté. Enfin, il fut procédé à l'élection de 75 sénateurs inamovibles. Cette élection donna lieu aux intrigues, aux combinaisons, aux alliances les plus invraisemblables, les plus inattendues. Il fallut plusieurs séances pour en terminer et les scrutins divers ne passèrent pas sans déchaîner de violents orages. Le parti orléaniste représentait pour les républicains le danger le plus sérieux : l'extrême droite légitimiste lui tenait rancune de ses manœuvres peu franches et les bonapartistes l'exécraient : ce fut contre lui que se formèrent les coalitions, ce fut lui le véritable vaincu. C'était le parti républicain qui, quoique minorité, restait maître du champ de bataille avec plus de cinquante élus. M. le duc-Decazes, ministre des affaires étrangères, éprouvait un échec lamentable car il n'avait recueilli que 117 voix.

L'Assemblée est arrivée au terme de ses travaux essentiels ; elle n'a plus de raison d'être ; elle ne peut continuer sa résistance au mouvement de l'opinion : elle va se séparer pour jamais ; avant son départ elle pourrait avoir un beau geste, un geste de générosité : la droite ne veut pas et la gauche n'ose. M. A. Naquet a déposé une proposition d'amnistie. Elle est repoussée par la question préalable réclamée par M. Langlois, un des plus violents, des plus sectaires modérés de la gauche. Cependant ils sont nombreux ceux que leurs familles et leurs amis attendent. Le 1er juillet 1875, suivant le rapport de M. Voisin, au nom de la Commission des grâces, il reste encore 233 hommes et 7 femmes au bagne ; 3.609 déportés ; en prison 1.617 personnes, sans compter les proscrits très nombreux répandus dans toute l'Europe et en Amérique, mais plus particulièrement en Suisse, en Belgique et en Angleterre. L'état de siège est en vigueur dans 27 départements où le parti républicain et sa presse sont livrés à l'arbitraire militaire ; l'Assemblée n'y veut rien changer ; à Alger seulement l'état de siège est levé.

Enfin, le 31 décembre 1875, à six heures, l'Assemblée se prorogeait jusqu'au 8 mars 1876, date à laquelle, par suite de la réunion de la Chambre et du Sénat, ses pouvoirs devaient prendre fin. Ce fut un soupir de soulagement qui accueillit sa disparition si longtemps et si impatiemment attendue. Elle avait été haineuse, incohérente et son impuissance avait été telle qu'avec une énorme majorité rétrograde elle n'avait pu que fonder la République, objet de ses haines les plus intenses. Elle emportait l'exécration des républicains sincères, des socialistes, pour l'œuvre sanglante par elle accomplie de Mars à Mai 1871. Elle restera devant l'histoire l'Assemblée de la capitulation devant l'ennemi et de la réaction sous ses aspects les plus sombres.

Tandis que se déroulait l'année 1875, la France avait traversé des heures de poignante angoisse. Elle s'était trouvée à deux doigts d'une guerre avec l'Allemagne dont le gouvernement s'inquiétait de sa réorganisation militaire et de sa grande vitalité s'affirmant de jour en jour. Elle fut heureusement évitée ; nul ne peut dire quelles en eussent été les conséquences.

CHAPITRE XXV

Le sentiment de la France. — Aveuglement de la bourgeoisie. — La campagne électorale. — La Chambre et le Sénat. — Victoire républicaine. — Échecs de M. Buffet. — Opportunistes et Radicaux. — Bruits de coup d'État. M. Dufaure, vice-président du Conseil. — Réunion des Chambres. — La transmission des pouvoirs.

La période qui s'étend entre la dissolution de l'Assemblée nationale et le coup d'État parlementaire du 16 mai 1877, peut passer à bon droit, pour aussi singulière que celle qui s'est écoulée depuis la défaite de la Révolution du 18 mars. Elle a ceci de caractéristique, en outre, c'est que la réaction se manifeste d'autant plus vive que la République est, légalement, constitutionnellement établie ; que cet état de fait est à la fois le résultat de l'impuissance des partis monarchistes dans l'Assemblée et de la volonté énergiquement exprimée par la grande majorité du pays. Il n'y a plus de place possible pour une restauration quelconque. Qu'espèrent donc les réacteurs ? Comptent-ils sur un revirement des contribuables, dû à la lourdeur croissante des impôts ? Le pays sait bien que les suppléments de charges fiscales sont dus à la guerre qui n'est pas le fait de la République, mais bien de l'Empire : qu'elles se décomposent en charges de liquidation et en charges de réorganisation, car tout est à refaire ou à faire.

Il a fallu des désastres militaires pour s'apercevoir que l'instruction du peuple a été tout à fait négligée. On instruira donc le peuple, dit la bourgeoisie, mais pour faire de bons soldats ; recruter de meilleurs cadres de sous-officiers. Pour organiser cette instruction, il faudra des millions, car il sera nécessaire, non seulement de recruter une formidable armée d'instituteurs, mais encore de construire de nombreuses écoles. « C'est l'instituteur allemand qui nous a battus », tel est le mot que l'on se répète, qui devient un « cliché » courant, obsédant. Sans doute y a-t-il une grande part de vérité dans cette affirmation ; elle apparaît même comme une circonstance atténuante de la défaite !

La France a été vaincue, en réalité, parce qu'elle s'est livrée pendant dix-huit années à un régime qui, comme les précédents, avait tout à redouter de masses qui auraient été instruites et auraient raisonné. Elle a été vaincue par les fautes de ce régime cependant condamné par son origine et ses traditions à une politique extérieure, belliqueuse, ne laissant pas à l'opinion le loisir de la réflexion. Il n'a pu oser, même modeler son organisation militaire sur celle de l'ennemi certain, fatal, auquel il était appelé à se heurter, organisation préparée depuis le lendemain d'Iéna, en 1806, et qui venait de se révéler si puissante, en 1866, durant la campagne de Bohême. Cependant, tout bien examiné, l'instruction à elle seule n'est pas un facteur de révolution; l'Allemagne a mis en pratique depuis longtemps l'instruction primaire; son peuple est le plus instruit; c'est lui qui, depuis plus d'un demi siècle, a compté le moins d'illettrés, ce qui ne l'empêche pas d'être un des plus soumis aux autorités, d'être le moins agité par les crises politiques. Tout dépend des conditions dans lesquelles est donnée l'instruction, surtout l'éducation qui est sa compagne obligée, son complément nécessaire. L'instruction meuble plus ou moins le cerveau, — c'est une question de programme, mais l'éducation forme les consciences et apprend aux hommes à se servir des éléments fournis par l'instruction. Elle peut être la meilleure ou la pire de choses. Il est surprenant que les monarchies et l'Empire qui se sont succédé en France, depuis la formidable débâcle de 1814 et 1815, ne l'aient pas compris.

La bourgeoisie française, même après la guerre, a mis du temps à comprendre ces nécessités et ces faits; il a fallu, pour qu'elle se décide à intervenir, la pression de l'opinion publique et encore ne s'y est-elle résignée que quelque temps après la fondation régulière de la République. Il en a été, du reste, de même pour l'organisation de la défense nationale, encore si incertaine après trente-six années de laborieux efforts et des sacrifices qui se chiffrent par milliards.

C'est que la préoccupation dominante de la classe possédante et dirigeante, dans les divers partis qui la composent, c'est surtout la défense du système qui assure ses privilèges économiques. Même quand des sentiments élevés la hantent, telle l'indépendance de la nation, elle oscille entre les mesures qui s'imposent jusqu'à l'évidence et les dangers qui peuvent en résulter pour ses intérêts. Elle est affligée d'un « conservatisme » aveugle qui l'empêche de s'orienter; tout est pour l'effrayer et elle s'effare à la moindre crise intérieure ou extérieure qui surgit, car elle n'a su prendre que des mesures incomplètes pour les prévenir ou y faire face.

Ce sont ces préoccupations, encore fortes aujourd'hui, parmi une fraction notable du parti républicain, qui marquent l'évolution à dater de l'année 1876. Quant aux partis de réaction proprement dits, ils ne cessent leurs tentatives en vue de regagner le terrain perdu. C'est l'œuvre à laquelle s'attachent les cabinets qui se succèdent et, phénomène curieux mais au fond normal, tout réactionnaires ou modérés que pourront être ces cabinets, ils paraîtront tellement révolutionnaires que, parfois, ils deviendront un sujet d'épouvante pour le Président de la République harcelé par son entourage.

LES GRÈVES A PARIS
LES GARÇONS LIMONADIERS ASSAILLANT LE CAFÉ DU DANEMARK DANS L'APRÈS-MIDI DU 7 AOUT 1888.
(D'après un document de *l'Illustration*).

LIV. 828. — HISTOIRE SOCIALISTE. — LA TROISIÈME RÉPUBLIQUE. — LIV. 828.

La campagne électorale est ouverte dans toute la France ; pour le Sénat, les scrutins sont fixés au 30 janvier ; pour la Chambre des députés, aux 20 et 27 février. Ces deux élections ont un caractère bien différent ; le Sénat doit être nommé, pour les deux tiers, par un suffrage très restreint ; la Chambre des députés par le suffrage universel et au scrutin d'arrondissement. Les influences locales y auront une grande part, beau jeu ; elles joueront, dans certaines régions, un rôle prépondérant. Comme il fallait s'y attendre, le Sénat n'avait été créé que dans ce but, les résultats sont différents, pas autant, en apparence, qu'on l'avait prévu.

Au Sénat, la majorité est nuance présidentielle. En y comprenant les 75 inamovibles, il se décompose ainsi : Extrême-gauche, 15 ; Gauche républicaine, 50 ; Centre-gauche, 84 ; Constitutionnels, 17 ; Centre-droit et Droite modérée, 81 ; Extrême-droite, 13 ; Bonapartistes, 40.

A la Chambre des députés, la répartition des partis est la suivante : sur 533, on compte 98 républicains d'Extrême-gauche ; 194 de Gauche, 48 du Centre-gauche, 22 Constitutionnels, 75 Bonapartistes, 25 Légitimistes, 55 députés de Droite et du Centre-droit. Le groupe le plus fort était celui des républicains suivant l'orientation de M. Gambetta.

La campagne électorale avait été fort calme, mais d'une activité extraordinaire. Chaque parti avait fait un effort considérable, surtout sur le terrain législatif. Des résultats du scrutin allait dépendre la mise en application de la nouvelle Constitution. Les réunions publiques n'avaient été tolérées que durant la stricte période légale et les banquets avaient été interdits. Le gouvernement, lui-même, s'était trouvé fort embarrassé pour agir, car deux camps s'étaient formés dans le sein même du Cabinet ; le camp anti-républicain groupé autour de M. Buffet ; le camp républicain, très modéré, il est vrai, mais enfin républicain, se prononçant pour la mise en vigueur loyale du régime républicain, représenté par MM. Léon Say et Dufaure ; une crise avait failli se produire, mais M. Buffet avait cédé. Ses amis et lui comptaient, du reste, plus sur leurs agents que sur eux-mêmes. En effet, un grand nombre de préfets exercèrent une pression administrative aussi forte qu'impudente. Mais le suffrage universel avait son siège fait et si les électeurs sénatoriaux hésitèrent, lui n'hésita pas ; il se prononça nettement.

A Paris, comme dans le reste de la France, la préoccupation dominante fut surtout d'ordre politique. Il fallait, à tout prix, consolider la République en l'arrachant à une majorité monarchiste. Les questions économiques et la question sociale y tinrent une place fort restreinte. Cependant, le mouvement républicain, à cette heure de lutte suprême, ne fut pas compact, au contraire. Le combat s'engagea fort résolument entre ceux qui conseillaient la modération, la « sagesse », et ceux qui estimaient qu'après avoir fait le grand sacrifice à l'idée républicaine d'accepter une constitution plutôt monarchiste, il fallait préparer pour l'avenir une revision qui permettrait de donner enfin à la République son caractère réel et de la doter d'une Constitution et de lois conformes aux aspirations et aux besoins de la démocratie.

MM. Gambetta et Jules Ferry s'étaient faits les principaux interprètes de la fraction modérée et ils s'étaient nettement expliqués.

Partout où il avait pris la parole, à Lille, à Aix, à Avignon, à Bordeaux, à Paris, M. Gambetta avait prêché aux républicains la sagesse: il parlait bien de certaines revendications du traditionnel programme, mais il préconisait la méthode d'attente de M. Thiers dont il se rapprochait de plus en plus et qui suivait sa campagne avec un vif intérêt, de la retraite où il se confinait. L'éducation du suffrage universel n'était pas suffisamment faite; il ne fallait pas l'effrayer par une action trop rapide. Il faisait appel aux hommes de sagesse, de bonne volonté, de patriotisme, leur demandant de se rallier à la République, une place large, honorable, leur y serait réservée. Il fallait avant tout s'occuper à réorganiser la France au point de vue militaire, financier; l'orienter dans sa politique extérieure grosse de dangers. Sans doute, des réformes étaient nécessaires, attendues, telles que l'impôt sur le revenu, la séparation de l'Eglise et de l'Etat, la liberté de presse, de réunion et d'association, l'organisation de l'instruction laïque et obligatoire, mais c'étaient là des problèmes à ajourner. A Bordeaux, il avait déclaré : « Je me garde de dire que vos représentants les accompliront pendant leurs quatre années de législature; je ne le crois pas et, si vous voulez toute ma pensée, *je ne le veux pas* ». Il exprimait ce désir que la Chambre fut « avant tout politique ». Et il se montrait ainsi l'interprète, le représentant exact de cette fraction de la bourgeoisie française, républicaine de tradition ou venue à la République par raison surgie de circonstances. La bourgeoisie française n'a pas su le comprendre et elle se montrera bien ingrate avec lui quand, plus tard, il prendra le pouvoir.

Dans les Vosges, M. Jules Ferry, qui devait devenir un des hommes d'Etat les plus marquants et aussi un les plus impopulaires de la troisième République, affirmait la nécessité de faire preuve « d'esprit de mesure et de sagesse »: il déclarait que « le moment n'est pas venu de renoncer à la politique de transaction. Traitons, ajoutait-il, les questions pratiquement, l'une après l'autre. Acclimatons la République ». Et, tandis que les plus avancés du parti républicain, dans leur programme électoral, inscrivaient la revision constitutionnelle, il disait : « Laissons les ennemis de nos institutions prendre la revision pour drapeau ». De tels discours, de telles déclarations avaient pour résultat de semer la défiance dans l'opinion contre les républicains qui affirmaient la nécessité de fonder une République vraiment républicaine, en les classant comme des complices, conscients ou inconscients, des réacteurs.

Le parti radical qui devait, dans la nouvelle Chambre, former l'extrême-gauche, avait, de son côté, mené une campagne très ardente à Paris et en province. Trop de concessions avaient été faites, disait-il aux modérés du centre; il n'était que temps de remettre le parti républicain dans sa vraie voie.

Il était impossible de conserver une Constitution aussi bâtarde qui ne pouvait que fournir des armes dangereuses aux ennemis avérés ou masqués de la démocratie. C'était la politique radicale, intransigeante, opposée à la politique opportuniste. MM. Alfred Naquet, Bonnet-Duverdier, Louis Blanc, Clemenceau, Floquet, Barodet, Lockroy, Madier de Montjau, Henri Brisson, etc...., en étaient les protagonistes les plus en vue.

Dans le XVIIIe arrondissement de Paris, M. G. Clemenceau, alors président du Conseil municipal, déclarait : « Les républicains conservateurs demandent à la République son minimum, nous son maximum. Nous, les républicains radicaux, nous voulons la République pour ses conséquences naturelles : les grandes et fécondes réformes sociales qu'elle entraîne... Il ne s'agira plus que de savoir s'il faut accélérer ou ralentir notre marche en avant dans l'accomplissement, depuis si longtemps poursuivie, de la réorganisation démocratique et sociale de la Société française. »

M. A. Naquet, dans un discours prononcé à Marseille où sa candidature était opposée à celle de M. Gambetta, disait : « J'ai voté la Constitution, je le regrette, mais les affirmations des négociateurs de la gauche, auxquelles j'ai dû ajouter foi, ne me permettent pas de juger autrement ; nous avons aujourd'hui la monarchie sans le monarque, ou plutôt avec un monarque élu, non héréditaire, il est vrai, mais rééligible. — Gambetta et ses amis sont dans l'ornière constitutionnelle ; qu'ils y restent puisqu'ils le jugent utile, qu'ils représentent l'élément républicain conservateur. Mais il faut constituer en dehors d'eux un groupe d'avant-garde de combat démocratique. »

M. Louis Blanc, lui, dans sa profession de foi, tout en rappelant les principes essentiels du programme républicain, tout en proclamant la souveraineté du peuple sans restrictions, tout en affirmant que la République est l'amélioration du sort de tous et que le cléricalisme est le véritable péril social, se montrait plus conciliant. Candidat dans le Ve arrondissement de Paris, il faisait appel « à l'union de toutes les forces républicaines qui, seules, sont véritablement conservatrices ».

L'action des radicaux, peu favorisée par la presse, les journaux qui soutenaient leur politique étaient traqués par les parquets et assaillis de prison et d'amendes par les tribunaux, gênée par les défiances suscitées contre eux, car, fréquemment, les opportunistes les assimilaient aux pires ennemis de la République, fut toutefois assez féconde, puisque 98 sièges furent conquis par leurs candidats.

A Paris, s'était formé un Comité composé de jeunes étudiants et de quelques ouvriers qui avaient pris part à la Révolution du 18 mars et avaient réussi à se soustraire aux poursuites. Il avait posé, dans le VIe arrondissement, la candidature d'Émile Acollas, professeur libre de droit, homme éminent, d'idées fort avancées en matière politique, philosophique et législative. Son programme comportait une série de réformes classiques du programme de l'Extrême-

Gauche et il se prononçait pour l'amnistie pleine et entière de tous ceux qui avaient été frappés par les tribunaux civils et militaires, à l'occasion des mouvements insurrectionnels de Paris et de Province, depuis le 4 septembre. Sa candidature, opposée à celle du colonel Denfert-Rochereau, était une escarmouche intéressante, en ce sens qu'indéfinie au point de vue socialiste, car Émile Acollas était un individualiste par-dessus tout, elle fut menée avec une grande activité. Du Comité qui la présenta et la soutint, la majorité, environ un an après, devait se rallier aux idées collectivistes et former le noyau d'un groupe de propagandistes qui fortement collaborèrent, avec Jules Guesde, à la reconstitution du Parti socialiste et à la fondation du Parti ouvrier. C'était aussi ce même groupe qui devait poser la première candidature de Blanqui à Paris, dans le même arrondissement, et préluder à la campagne électorale qui arracherait enfin aux geôles bourgeoises, un des plus grands, des plus héroïques martyrs de la cause socialiste-révolutionnaire.

En somme, l'opinion publique venait de faire un sérieux pas en avant et le résultat des élections législatives dépassait les espérances, les pronostics des plus optimistes. Les hommes les plus marquants de l'ancienne majorité monarchiste avaient été battus, et le chef du cabinet, M. Buffet, s'était vu infliger d'écrasantes, significatives défaites, tant aux élections sénatoriales qu'aux élections à la Chambre des députés. Nulle part il n'avait été élu !

La proclamation du scrutin provoqua une émotion considérable : la Bourse s'émut et le 3 0 0 baissa de 2 francs ; le monde officiel fut plongé dans la consternation et dans l'entourage du Président de la République ce fut de la stupeur. Partout, aussi bien par les candidats que par les agents de l'Administration empressés à pratiquer la candidature officielle, le maréchal de Mac-Mahon avait été engagé, découvert ; sa politique avait été mise en cause, pour ainsi dire soumise, par arrondissement, à un véritable plébiscite et c'était un véritable échec qu'elle avait rencontré. Ni les titres militaires, ni les engagements formels, ni la loyauté si souvent invoquée du soldat de Magenta, n'avaient eu de succès auprès du suffrage universel ! Qu'allait-il advenir ? Quelles catastrophes politiques, nationales allaient se produire ? A Paris, « l'armée du désordre » s'était reformée, avait triomphé. Il n'en fallait pas davantage pour inciter l'entourage du maréchal à pousser à d'énergiques mesures, à un véritable coup d'état, et l'on y songea sérieusement.

Le maréchal était perplexe ; son cerveau peu formé aux choses de la politique, dégageait mal la situation exacte. Homme double, autant chez lui le soldat était résolu, énergique, autant le « civil » était indécis, perplexe. Il consulta tour à tour M. Buffet, et le duc de Broglie ; M. Buffet encore sous le coup des désastreux échecs éprouvés, était en proie à une profonde irritation ; son âme était noyée d'amertume et il conseilla l'action ou la résistance ; le duc de Broglie, lui, était pour la temporisation. Il fallait voir la Chambre à l'œuvre, d'abord ; il serait temps d'agir après, si l'occasion s'en présentait. Le maréchal n'était-il pas assuré de l'appui du Sénat ? Il ne fallait rien brusquer, pas commettre d'imprudences dont les suites pouvaient être très dangereuses, et ce fut son opinion qui prévalut.

Quoiqu'il fut conservateur dans l'âme, monarchiste par-dessus tout, antirépublicain par traditions de famille, par éducation et par tempérament, le maréchal de Mac-Mahon tenait à observer la parole jurée, les promesses faites. Le jeudi, 24 février, M. Dufaure était chargé de constituer un nouveau ministère et prenait provisoirement le portefeuille de l'intérieur.

C'est le 8 mars 1876 que le Sénat et la Chambre se réunirent avant de procéder à la transmission des pouvoirs. Le président du Sénat était un doyen d'âge, M. Gauthier de Rumilly; le président de la Chambre, Raspail, qui, ironie du hasard, sur six secrétaires en avait quatre appartenant à la Droite! Comme il passait entre les deux rangs de gendarmes qui faisaient la haie et lui présentaient les armes, le vieux démocrate, qui avait passé une partie de son existence dans les prisons de la Monarchie et de l'Empire, dit en souriant à un des secrétaires : « C'est la première fois que je vois des gendarmes si près de moi et qu'ils ne viennent pas pour m'arrêter ! »

Les bureaux constitués, la séance est suspendue et ils se rendent dans la Salle d'Hercule où, sous la présidence du duc d'Audiffret-Pasquier, président de l'Assemblée nationale, entouré de son bureau, est réunie la Commission de permanence. Le duc d'Audiffret-Pasquier prononce un discours dans lequel il déclare que le nouveau Parlement a une belle œuvre à accomplir, une œuvre de conciliation et d'apaisement. Groupé autour du maréchal de Mac-Mahon, il saura donner au pays un gouvernement d'ordre et de paix.

M. Gauthier de Rumilly lui répond en affirmant que c'est par l'union intime des pouvoirs publics que la France jouira de l'ordre, de la paix et de la liberté, sous l'égide de la Constitution républicaine qui a reçu la sanction du pays.

M. Dufaure, vice-président du Conseil des ministres, fait une déclaration : « Nous sommes délégués par M. le Président de la République pour recevoir de vos mains le pouvoir exécutif et ses prérogatives, tel qu'il lui est attribué par la Constitution républicaine du 28 février. Nous avons mission de vous déclarer qu'il a l'intime confiance, qu'avec l'aide de Dieu et le concours des deux Chambres, il ne l'exercera jamais que conformément aux lois, pour l'honneur et pour l'intérêt de notre grand et bien-aimé pays ».

Après les bruits de coup d'État qui avaient circulé avec une inquiétante persistance, cette déclaration provoqua une heureuse détente.

Les pouvoirs de l'Assemblée nationale étaient expirés. Chaque Chambre se réunit à part : le Sénat entend une allocution républicaine de son doyen d'âge et s'ajourne au lendemain. A la Chambre, Raspail prononce un discours dans lequel il parle de la République, de ses devoirs envers la France, envers le peuple, envers l'humanité, en termes éloquents; il fait un appel suprême à la démocratie pour « féconder la science, l'industrie, la moralisation et la liberté, ces grandes forces actives de la République ». Puis, M. Jules Grévy est élu président et M. Rameau vice-président provisoires. Comme le Sénat, elle s'ajourne ensuite au lendemain.

La France républicaine va voir à l'œuvre ses nouveaux représentants.

CHAPITRE XXVI

La République et les paysans. — France « blanche » et France « bleue ». — Le Socialisme aux champs. — Les Syndicats ouvriers. — Le Congrès de Paris. La Jeunesse française. — La République en marche. — Nouvelle tentative de la réaction.

La défaite de la réaction, l'entrée en ligne dans les rangs de l'armée républicaine de nombreux et solides bataillons paysans donnent à la situation de la France, en 1876, un caractère tout spécial. Si les apparences sont pour solliciter une attention vigilante, pour inspirer des inquiétudes, les réalités, celles qui sont évidentes et celles que l'on devine, sont pour donner les plus sérieux espoirs. Si le Sénat, tel que l'a fait la Constitution, tel que l'a formé le suffrage restreint, est, plus qu'un frein, un obstacle destiné à barrer la route aux progrès de l'idée républicaine, à faire échec aux allures trop vives du suffrage universel; si le pouvoir exécutif est aux mains de réacteurs et de modérés antidémocrates par tempérament et par tradition, il y a désormais, en France, une majorité républicaine qui a grossi de jour en jour, qui a résisté à toutes les pressions, qui n'a cédé ni aux menaces ni aux sollicitations et dont rien n'a pu arrêter les progrès. C'est là un phénomène nouveau : il y a là un gage de sécurité.

Ce mouvement n'est pas le résultat d'un passager élan d'enthousiasme dont la réaction peut être aussi vive, ce qui serait bien dans la tradition française. Il a été, du reste, le résultat d'un entraînement progressif, réfléchi, lent, mais très net.

Les gouvernements de combat avaient hautement affiché la prétention de faire « marcher » la France et, en effet, elle avait marché, mais contre eux, révélant ses sentiments intimes, ses sentiments démocratiques. Elle eut, sans doute, été moins hardie si la majorité de l'Assemblée nationale eut été composée de bonapartistes ; on le comprend à constater que, seule, cette faction politique n'avait pas, comme tous les autres partis de droite, perdu du terrain lors des élections législatives; elle en avait gagné au contraire, et dans des proportions frappantes, alors que se pouvait mesurer, avec plus de calme, de sang-froid, toute l'étendue, la profondeur des maux que le régime impérial avait causés.

La nation avait été frappée d'étonnement et d'effroi à la vue de cette majorité de royalistes, de la recrudescence du mouvement clérical évoquant les pires souvenirs, des souvenirs imprécis, plutôt des impressions lointaines, mais très vivaces; c'était la vieille France « blanche » qui se dressait de nouveau devant la France « bleue », celle de la Révolution, la menaçant d'une revanche et cela avait suffi. Ce sont les hobereaux inconnus, agités, sortis de leurs manoirs provinciaux, réclamant leur roi; ce sont les évêques et les curés réorganisant leurs missions, leurs pardons, leurs pèlerinages, leurs processions expiatoires, qui ont mis en branle contre la réaction et pour la République des masses que le spectacle du pays envahi n'avait pu aussi profondément émouvoir qu'il eût été nécessaire. Du reste, dans l'évolution politique, durant les années qui vont suivre et qui seront marquées par les deux violentes crises du « Boulangisme » et du « Nationalisme », la défense de la République sera particulièrement assurée par les masses rurales, tandis que les grandes villes et les centres industriels, plus « avancés », se laisseront duper, entraîner par ces mouvements d'un caractère césarien très marqué.

Si, dans le domaine politique, les progrès de l'idée républicaine s'accusent, surtout par la fidélité du pays agricole, il n'en va pas de même des progrès de l'idée socialiste. C'est que la répercussion des phénomènes économiques est moins vive sur le paysan et le petit propriétaire que sur le travailleur des villes et des centres industriels; puis les premiers y sont moins sensibles en raison de leurs conditions d'existence.

Pour si pénible qu'il paraisse et qu'il est en réalité, durant certaines époques de l'année, le travail des champs ne saurait être comparé au travail industriel et commercial. A l'exception de certains qui se pratiquent avec hâte, les « coups de feu » sont plutôt rares à la campagne; les travaux agricoles sont lents et l'effort vif, brutal n'y est pas coutumier, pas même nécessaire. La vie au grand air réparateur tolère une alimentation simple, relativement peu coûteuse. L'homme des champs vit dans l'isolement; il est peu communicatif, ne se livre pas et ne se laisse pas entraîner; de sa vie monotone, solitaire, d'un passé tout de sujétion et de labeur, son cerveau a gardé la profonde empreinte. Son ambition c'est d'avoir sa demeure à lui, un lopin de terre à lui, sur lequel il puisse travailler pour lui et sa famille. Son rêve ne va pas plus loin. Sa sensibilité n'entre en jeu que quand il est touché directement dans ses affections de famille et dans ses intérêts. Dans la politique il voit surtout l'impôt; pour lui le gouvernement c'est le percepteur. Il ne manifeste pas ses sentiments intimes, par indifférence ou par crainte; il a la haine

LES FUNÉRAILLES DE MICHELET. — LE CORTÉGE DANS LA GRANDE AVENUE DU PÈRE-LACHAISE.

(Extrait du journal l'*Illustration*).

sourde de qui ne travaille pas, tout en affichant envers lui le respect. Il a peur du curé, le salue bas, l'accueille, mais le considère comme un paresseux et un heureux qui a sa récolte toute poussée, amassée dans les caisses de l'État; il n'a qu'à l'y cueillir. Ce n'est qu'avec regret qu'il sort de son gousset les quelques piécettes pour payer de traditionnelles cérémonies religieuses. Ceci est pour expliquer la popularité qu'ont rencontrée la séparation de l'Église et de l'État, la suppression du budget des cultes. Cependant, peu à peu, des crises se sont produites qui ont profondément transformé l'état d'esprit des travailleurs des champs et même du petit propriétaire, si fortement attaché à son modeste domaine. En 1876, le pays agricole était notoirement hostile aux idées socialistes; il en avait peur et était sous la hantise du « spectre rouge », des « communistes » et des « partageux ». Ce n'était pas sans raison que la presse conservatrice et la presse républicaine déclaraient aux propagandistes que s'ils allaient développer leurs idées parmi les paysans, ceux-ci les accueilleraient à coups de fourche. Tout cela est bien changé, puisque le programme collectiviste a des représentants agricoles au Parlement et que des municipalités rurales lui sont acquises !

De même que les événements politiques par leur matérialité ont, de 1871 à 1876, lentement entraîné la France agricole vers la République, de même les phénomènes économiques, avec leur matérialité bien plus effective, l'amènent lentement mais sûrement au socialisme. La République, malgré ses imperfections, les agitations qui se sont produites, a assuré la sécurité intérieure, une certaine liberté et la paix à l'extérieur; le socialisme, pour ceux qu'affectent, que lèsent dans leurs intérêts les crises économiques, a le même caractère; les travailleurs des champs, les petits propriétaires à la vie si laborieuse, si incertaine, dont les terres sont grevées de lourdes hypothèques, viennent peu à peu à lui, parce qu'il est une promesse, une garantie de travail et de sécurité.

Tandis qu'aux premières heures de la jeune République, les travailleurs agricoles restent dispersés, ne songent même pas à se grouper pour étudier leur situation et tenter de l'améliorer, les ouvriers des villes poursuivent la reconstitution de leurs groupements professionnels. Nous avons déjà vu que que les syndicats, disloqués après la Révolution du 18 mars, où du reste ils ont joué un rôle très effacé, pour ainsi dire nul, voient reparaître une partie de leurs anciens adhérents et en venir de nouveaux. Ce mouvement a eu d'abord un caractère purement professionnel, mutualiste. Tout ce qui, de près ou de loin, peut toucher à la politique ou au socialisme en est soigneusement écarté.

Du reste, pendant quelques années encore, les syndicats vont rester sous le régime de la tolérance, puisque leur organisation n'est pas reconnue, que leur fonctionnement n'est pas réglé, garanti par les lois. Ils sont placés sous l'arbitraire de la police: c'est le régime du bon plaisir. Cependant, par une action oblique, venue de l'extérieur, les idées socialistes y commencent leur pénétralion, vivement combattues, tenues en défiance par de prudents ou insidieux meneurs qui veulent que ces groupements restent à la merci des partis politiques républicains.

Les délégués ouvriers à l'Exposition de Vienne avaient pris contact avec leurs camarades de travail des différents pays ; ils avaient pu constater que, dans les pays monarchiques, ils étaient parvenus à s'organiser sur le terrain corporatif et que des avantages appréciables en étaient résultés. En outre, ils s'étaient rencontrés avec des socialistes, avec des proscrits de la Commune et certains d'entr'eux avaient rapporté cette impression qu'il y avait autre chose à faire que l'action professionnelle. Certainement, celle-ci n'était pas inutile ; elle était même nécessaire pour grouper les travailleurs, mais il fallait étudier la série des problèmes dont l'ensemble constitue la question sociale. Il n'était pas possible que le prolétariat français, si longtemps à l'avant-garde, restât en arrière ; il avait été vaincu en 1871, mais il devait se réorganiser pour préparer son émancipation et prendre sur les vainqueurs une éclatante revanche. Aussi bien, la République, pour si conservatrice qu'elle pût être, devait lui concéder quelques libertés et les élargir au fur et à mesure qu'elle se développerait ; à son développement, la classe ouvrière devait s'intéresser et collaborer par son intervention dans la bataille politique.

Enfin, les délégués ouvriers comme les chefs de l'industrie et du commerce français qui s'étaient rendus à Vienne (1873), à Philadelphie (1876) et avaient su étudier ces expositions internationales, s'étaient rendu compte des progrès réalisés dans l'Europe et en Amérique ; de la concurrence sérieuse qui en résultait déjà pour le commerce et l'industrie de notre pays. C'étaient de véritables voyages, non de plaisir, mais d'études qui venaient de s'effectuer et dans l'esprit des délégués ils avaient laissé une forte, féconde impression. Elle ne devait pas se faire immédiatement sentir.

Le premier Congrès ouvrier, qui se tint à Paris en 1876, ne s'occupa en réalité que de questions purement ouvrières : il bannit de ses préoccupations la politique et le socialisme. Il voulut rester ouvrier. Du reste, un article du règlement portait : *En vue d'éviter des abus que tout le monde devine, nul ne pourra prendre la parole s'il n'est ouvrier et recommandé par sa Chambre syndicale.* Cette précaution avait été prise en vue d'éviter l'intervention d'éléments étrangers au monde ouvrier : ceux qui conduisaient les syndicats, qui y avaient l'influence prépondérante, tout en affirmant leurs sentiments républicains, donnaient à entendre que, sous le régime de tolérance qui leur était fait, les syndicats ouvriers, à peine réorganisés, risquaient de se voir dissous s'ils sortaient de leur cadre purement professionnel pour faire des incursions trop hardies dans le domaine de la politique, s'ils se laissaient entraîner à des conflits tels que les grèves, surtout s'ils se laissaient pénétrer par le socialisme. Aussi ce Congrès se borna-t-il à étudier des questions de salaire, de conditions du travail, de coopération, mais à un point de vue tellement « sage », tellement étroit, que les journaux de toutes les nuances s'empressèrent do les complimenter de leur tenue, de leur sagesse et de leur modération. Certains, même, trouvèrent les séances du Congrès effacées, « ternes! »

Cette attitude provoqua une vive émotion parmi les socialistes militants qui avaient été soigneusement tenus à l'écart du Congrès, parmi les proscrits qui y répondirent par une brochure : *Les Syndicaux et leurs Congrès*, d'un ton fort vif qui ne fut pas, du reste, sans encourager quelques délégués, sans en blesser d'autres profondément. Voici un passage de cette brochure, il est caractéristique : « Le Congrès ouvrier vient de terminer ses séances comme il les avait commencées, au milieu des bravos bourgeois. Journaux de droite et journaux de gauche rivalisent d'éloges. La presse réactionnaire de l'Étranger fait chorus; elle s'écrie qu'en France : « l'ère des révolutions est close ».

« Dans la ville de la Révolution, cinq ans après la lutte de la Commune, sur la tombe des massacrés, devant le bagne de Nouméa, devant les prisons pleines, il semble monstrueux que des hommes aient pu se trouver, osant prendre le caractère de représentants du prolétariat, pour venir en son nom faire amende honorable à la bourgeoisie, abjurer la Révolution, renier la Commune.

« A l'ombre protectrice des conseils de guerre bonapartistes, les syndicaux sont venus insulter à ce Paris révolutionnaire, qu'ils tentent vainement de déshonorer, ils ont fait hommage aux lois *qu'ils savent respecter, alors même qu'elles ne sont pas conformes à la justice. Nous ne sommes pas les révolutionnaires, ont-ils dit, nous sommes les pacificateurs.* . . . .

. . . .

« Pour nous, communeux, nous n'avons qu'à nous féliciter de ce que ces hommes aient ainsi produit au grand jour leurs idées réactionnaires. Par là même, ils ont cessé d'être un danger. Ce n'est pas au prolétariat révolutionnaire qui a déclaré une guerre sans merci à la bourgeoisie, qu'il faut parler d'entreprises de détail, de coopération et autres farces réactionnaires. Il n'y voit qu'un procédé hypocrite d'escamotage de la Révolution ».

Malgré les correspondances entretenues avec leurs amis de Paris ou de province, les proscrits ne pouvaient se rendre un compte, même approximatif, de la situation exacte faite aux travailleurs, et par la défaite de la Commune et par les circonstances et par la situation politique encore si incertaine. Ils ne pouvaient pas connaître les difficultés que rencontraient, même dans l'étude dé questions purement professionnelles, les travailleurs qui se groupaient dans les syndicats; la police les y surveillait de près et, parfois même, ainsi que cela fut prouvé plus tard, glissait parmi eux des agents provocateurs; du reste. il faut le répéter, les syndicats étaient à la merci du pouvoir qui, en vertu de la loi, pouvait les dissoudre. Ils ignoraient enfin que des tentatives étaient faites, avec la prudence que comportait le moment, par des socialistes, pour entraîner peu à peu les masses ouvrières. Leur jugement était exagéré; il ne pouvait que l'être.

Enfin, il n'est pas inutile de rappeler que, depuis l'exode des combattants qui avaient échappé au massacre, durant la semaine sanglante, aux arrestations, aux conseils de guerre, de retentissantes querelles s'étaient élevées parmi les proscrits dont les deux principaux éléments, ceux qui tenaient pour la « majorité » de l'Assemblée communaliste et ceux qui tenaient pour la « minorité », se renvoyaient réciproquement, en des polémiques violentes, les responsabilités de la défaite. L'écho de ces querelles arrivait en France et n'était pas pour encourager les hésitants. Ces querelles étaient, faut-il le dire, habilement exploitées par les organes conservateurs de toutes les nuances.

C'est autour de la question d'amnistie que se forma, en réalité, le groupement d'où devait presque aussitôt sortir le mouvement socialiste actif et renouvelé. Si, à l'étudier de près, la façon dont avait été conduite la Révolution du 18 mars prêtait à des critiques variées, d'autant plus variées et contradictoires qu'elles étaient exercées sans une documentation suffisante et avec passion, alors qu'on pensait aux prisonniers, aux déportés, aux forçats, aux proscrits, l'union se faisait pour réclamer la mesure législative qui devait leur assurer la liberté et leur prompt retour en France. C'était un mouvement très intense qui s'était marqué, développé dans le monde travailleur particulièrement frappé. Partout s'organisaient des réunions, se votaient des ordres du jour et, à ce moment, nul ne songeait à élever des récriminations et c'était avec douleur, avec indignation, que l'on avait vu des propositions d'amnistie repoussées par l'Assemblée nationale, même par les républicains dont nombreux étaient ceux qui reconnaissaient que la Commune, même vaincue, avait empêché une restauration monarchiste.

C'est en dehors des syndicats que se groupèrent donc les éléments ouvriers qui avaient compris la nécessité de reprendre la tradition socialiste violemment interrompue. Des groupes d'études sociales commencèrent à se former en dehors des partis politiques; peu nombreux furent-ils d'abord et contre quelles difficultés eurent-ils à lutter! fréquemment, au sortir de leurs réunions, rencontraient-ils dans les rues les patrouilles organisées par l'état de siège!

Quelle attitude allait tenir, sous la jeune République, la jeunesse française? Telle était la grave question qui se posait pour le présent, pour l'avenir. Elle venait d'être témoin des plus graves, des plus tragiques événements qui puissent frapper la vie d'une nation : guerre effroyable, défaites foudroyantes, Révolution pacifique du 4 Septembre, faite d'indignation et de mépris; lutte contre l'invasion marquée par des actes d'héroïsme prodigieux et de lamentables faiblesses; révolution politique et socialiste réprimée avec cruauté, manœuvres en vue d'une restauration, démembrement de la frontière Est, incertitudes douloureuses, énervantes durant cinq années sur le gouvernement réel de la France : une véritable anarchie morale parmi laquelle ne se rencontrait qu'un élément actif, à orientation nette, l'élément clérical recevant son mot d'ordre, son impulsion de l'étranger, de Rome. Il y avait de quoi troubler la jeunesse et elle le fut profondément.

Elle n'avait pas été, du reste, préparée à supporter de tels chocs. Elle en resta effarée. La jeunesse bourgeoise, élevée dans les lycées impériaux et les établissements religieux, avait reçu de l'instruction, mais son éducation avait été orientée vers l'obéissance, vers le respect, soit du pouvoir établi soit des traditions royalistes; tous avaient reçu une éducation religieuse. Une très faible fraction avait fréquenté les quelques établissements libres où se donnait, pour ainsi dire en cachette, une instruction libérale, parfois même républicaine. Cependant dans cette bourgeoisie, assez nombreuse, étaient des jeunes gens qu'avait séduits le mouvement d'opposition à l'Empire et qui s'y étaient laissé entraîner; mais la République fondée, ils avaient compris la place qu'ils pouvaient s'y faire et s'étaient tôt rangés dans le parti républicain, résolus à assurer son triomphe, mais aussi résolus à défendre les privilèges de leur classe contre les entreprises du socialisme. Peu nombreux furent ceux qui prirent place parmi les défenseurs des intérêts du prolétariat.

Quant à la jeunesse ouvrière, l'enseignement primaire lui avait été parcimonieusement mesuré: allait à l'école qui voulait et qui pouvait; l'immense majorité, formée par les nécessités, trop fréquemment aussi par l'ignorance des parents, était au travail dès l'âge le plus tendre, vouée aux conditions les plus défavorables tant au point de vue physique qu'au point de vue moral. Les programmes étaient pour ainsi dire nuls, le personnel enseignant, transformé en personnel politique, notoirement insuffisant; l'élément congréganiste, aux influences funestes, y jouait un rôle prépondérant. Que pouvait être cette jeunesse, sinon indifférente? Néanmoins, dans les grandes villes, elle subissait le contact des parents ou des amis républicains, socialistes, mais il n'y avait là qu'une minorité. Or, voici qu'avec toutes les ardeurs qui la caractérisent, l'ensemble de la jeunesse allait se trouver tiraillée entre les partis qui tentaient de la conquérir et de la grouper, parce qu'ils comprenaient bien le rôle qu'elle pourrait jouer. Ce fut de ces tiraillements si divergents qu'une idée se dégagea, commune à tous, l'idée d'une revanche de la France vaincue. Pour cette revanche il fallait une jeunesse robuste, exercée, bien avant le service militaire: éduquée patriotiquement, ainsi qu'avait procédé la Prusse durant plus d'un demi-siècle. Et partout l'on vit se former sociétés de gymnastique, sociétés militaires, bien avant qu'on ne songeât à organiser l'instruction gratuite et obligatoire!

Sans doute était-il indispensable d'organiser la France en vue de sa sécurité future, de son indépendance vis-à-vis de ceux qui pouvaient la menacer, s'inquiétant de son prompt relèvement et de son développement républicain; mais tenir la jeunesse de tout un pays hypnotisée sur une seule idée, c'était aller à l'encontre du but qu'on se proposait en apparence: c'était risquer de l'énerver dans l'attente d'une échéance incertaine, la lasser, puis la conduire à l'indifférence, ce qui est survenu et inspire tant de légitimes inquiétudes.

C'est dans ces conditions générales, troublantes, que le nouveau Parlement s'était réuni et qu'il allait aborder les problèmes qui se posèrent; ils étaient nombreux, complexes, pressants; leur étude allait s'entreprendre parmi les résistances de la réaction qui ne voulait pas s'avouer vaincue et allait tenter de suprêmes efforts pour une éclatante et prochaine revanche.

Les bureaux des deux Chambres avaient été définitivement constitués. M. d'Audiffret-Pasquier était président du Sénat, M. Jules Grévy, de la Chambre.

Le 14 mars, le cabinet se présentait devant le parlement. Il était composé de MM. Dufaure, président du Conseil, ministre de la Justice et des Cultes; Ricard, de l'Intérieur, qui avait échoué aux élections mais que, le lendemain, le Sénat allait élire comme inamovible en remplacement d'un sénateur décédé; le duc Decazes, des Affaires étrangères; Waddington, de l'Instruction publique; Léon Say, des Finances; Christophle, des Travaux publics; Teisserenc de Bort, du Commerce; de Cissey, de la Guerre; l'amiral Fourichon, de la Marine. M. de Marcère était au sous-secrétariat de l'Intérieur, M. Louis Passy à celui des Finances.

La déclaration du nouveau ministère fut écoutée avec grande attention: elle était pour ainsi dire incolore, réduite à l'énumération du travail à parachever ou à entreprendre; elle affirmait le respect de la Constitution votée, sa mise en application loyale, mais elle affirmait aussi la volonté du maréchal de Mac-Mahon de faire respecter les pouvoirs qui lui avaient été personnellement conférés par l'Assemblée nationale; de défendre l'ordre, la propriété, la famille, la religion. Ce fut une déception profonde pour les républicains des deux Chambres. D'autant plus profonde, cette déception, que le parti républicain était loin d'avoir conservé cette forte unité qui l'avait conduit à la victoire constitutionnelle. Nous avons eu l'occasion de le constater durant la campagne électorale, des divergences très nettes s'étaient accusées dans le parti dont la direction semblait échapper à M. Gambetta: le Centre-gauche reprenait ses hésitations, ses timidités: l'Extrême-gauche, quoique minorité, représentait une force d'appoint relativement considérable: la Gauche proprement dite allait peu à peu se disloquer, une fraction restant fidèle à Gambetta, l'autre devant subir l'influence de M. Jules Ferry. Enfin, M. Thiers lui-même, malgré un effacement volontaire, allait exercer une action oblique très appréciable. Les Droites étaient aussi fort divisées, non toutefois autant que dans l'Assemblée nationale, car le parti légitimiste était pour ainsi dire réduit à presque rien. Au Sénat, seulement, il formait un petit groupe, grâce à l'appui qui lui avait été donné par les républicains, lors de l'élection des inamovibles.

En fait, malgré la victoire remportée par les républicains aux élections législatives, malgré la couleur républicaine — bien pâle — de quelques membres du cabinet, la réaction est maîtresse de la situation. Ses agents peuplent les postes administratifs; la magistrature debout est à sa dévotion; la magistrature assise, en vertu de son inamovibilité, reste composée de fidèles du

régime impérial. Elle croit avoir le droit de compter sur l'armée dont les
grands chefs sont loin de professer des sentiments démocratiques; elle com-
met une grande erreur, car l'esprit des troupes s'est déjà profondément transformé, — les événements ne tarderont pas à le démontrer. La réaction compte
avant tout sur le chef du pouvoir exécutif dont elle connaît la ferme résolution
de s'opposer aux progrès, aux entreprises de la « démagogie » qui, pour le
maréchal de Mac-Mahon, commence avec le centre-gauche ! C'est dans de telles
conditions que s'inaugure la République parlementaire.

Le premier choc eût lieu à la Chambre des députés à propos de la validation
des élections. La pression administrative avait été forte, fréquemment par trop
impudente, et le clergé s'en était mêlé avec une grande ardeur. 18 députés de
droite furent invalidés, entre autre M. Rouher qui avait été élu en Corse et qui
devait être, en mai, remplacé par le prince Jérôme Bonaparte. L'élection qui
provoqua le plus vif et le plus intéressant débat fut celle du comte de Mun,
dont M. H. Brisson était le rapporteur, réclamant une enquête, en raison de
l'intervention du clergé, de l'évêque de Vannes surtout. Le comte de Mun, qui
se révéla un orateur de premier plan, défendit son élection, affirmant hautement
le droit pour l'Église d'intervenir. Gambetta prit la parole pour appuyer la
demande d'enquête, déclarant qu'il n'avait pas l'intention de combattre la
religion, mais bien l'intervention du clergé dans la politique où il ne pouvait
que se compromettre. L'enquête fut votée. A la suite de cette enquête le comte
de Mun fut invalidé, mais il fut réélu.

Deux propositions d'amnistie furent déposées pour ainsi dire simultanément
par Victor Hugo au Sénat, par F.-V. Raspail à la Chambre. M. Gambetta
n'avait pas signé. L'urgence fut votée, sur la demande du gouvernement,
mais la discussion en fut ajournée à la session suivante; elle devait être
repoussée; on se borna à faire appel à la « large clémence » du maréchal. Décidément, la droite et une partie de la gauche ne pouvaient se résigner à oublier
la peur que leur avait causée laRévolution du 18 mars. Le fait le plus marquant
de cette première session fut sans contredit l'élection de M. Gambetta comme
président de la Commission du budget. Malgré le discours fort modéré qu'il
prononça en prenant possession de la présidence, cette élection causa une
vive émotion parmi la camarilla de l'Elysée et le maréchal en manifesta plus
que de la surprise, de l'irritation. Cependant, les hostilités ne devaient pas
encore prendre un caractère aigu. Il importait de démontrer à l'Europe que la
France, si elle n'avait pu encore panser toutes ses plaies, réparer tous les maux
causés par ses désastres militaires, n'en avait pas moins reconquis une grande
vitalité; qu'elle était redevenue assez forte pour reprendre sa place dans le
concert des puissances européennes; puis il fallait lui inspirer confiance en
elle-même: une Exposition universelle était décidée et devait s'ouvrir le
1er Mai 1878. Dans le rapport adressé par M. Teisserenc de Bort au président
de la République, se détachait cette phrase : « En annonçant au monde la

1. Le pâtissier Soudey, secrétaire de la Ligue pour la suppression des bureaux de placement.
2. Bailé, chef de la grève des terrassiers.
3. Lenormand, promoteur du mouvement des coiffeurs.

(D'après un document de l'*Illustration*).

LES GRÈVES ET LES GRÉVISTES A LA BOURSE DU TRAVAIL EN 1888.

(D'après un document de l'*Illustration*).

nouvelle Exposition universelle internationale, la France affirme sa confiance
dans les institutions qu'elle s'est données...; elle proclame qu'elle veut la
paix. » Enfin, l'état de siège était partout levé. On commence à épurer un peu
l'administration préfectorale; cinq préfets, parmi les plus compromis, sont
destitués, trois sont mis en disponibilité, quatre sont admis à faire valoir leurs
droits à la retraite, on n'eut pas cru le ministère Dufaure capable d'un tel
effort ! bientôt un second mouvement complétait l'entreprise.

Mais voici que M. Ricard, ministre de l'Intérieur, qui, quoique fort modéré,
représente l'élément le plus républicain et le plus énergique du cabinet, meurt
subitement; il est remplacé par M. de Marcère, d'un ton encore plus pâle, résolument constitutionnel cependant. C'est lui qui répond à une interpellation de
M. de Frandieu au Sénat sur la revision, car les monarchistes n'ont pas encore
perdu tout espoir. Il le fait avec habileté, souplesse, posant la question de
revision en demeurant dans le sens républicain. Puis vient en discussion un
projet de loi déposé par le ministre de l'Instruction publique sur la liberté de
l'enseignement supérieur; il s'agit de la collation des grades qu'il importe de
réserver à l'État et d'entourer d'un « contrôle efficace et sévère ». Après un
important débat auquel prennent part MM. Spuller, rapporteur, Paul de Cassagnac, P. Deschanel, Keller, Waddington, de Mun, Jules Ferry, la loi, est
adoptée par la Chambre. Presque immédiatement le Sénat, afin de marquer
son rôle, sa puissance, comme une réponse à la majorité républicaine, nomme
M. Buffet sénateur inamovible à la place de M. Ricard. On sent que la
Chambre haute va servir de point d'appui au maréchal qui se laisse effrayer,
conduire par les conservateurs royalistes. Tandis que les droites et l'Elysée
reprennent courage, le parti républicain se fractionne à propos de la loi des
maires; M. Jules Ferry se sépare de Gambetta ouvertement et se rapproche
du centre-gauche, alors qu'à l'autre aile l'extrême-gauche accentue son
intransigeance, soutenue par une fièvre qui se développe, et, malgré de nombreux procès, mène une énergique et active campagne contre la réaction et
l'opportunisme. Le duc de Broglie redevient le chef de l'opposition : c'est lui
qui va grouper les forces au Sénat et les conduire au combat.

En dehors du Parlement, une grande activité se manifestait partout. Paris
faisait des obsèques émouvantes à Michelet, obsèques civiles, escortées d'un
grand déploiement de police; c'était le libre penseur, l'historien passionné de
la Révolution française que les républicains honoraient en formant un grandiose cortège à ses restes revenus d'Hyères. Le clergé ne cessait de s'agiter en
faveur du pape Pie IX. prisonnier volontaire au Vatican ; il s'indignait publiquement de la transformation en ambassade de la légation de Rome; l'évêque
Pie, à Reims, excitait le maréchal à prendre en mains la cause sacrée de la
religion catholique qui primait toutes les questions. Le maréchal accomplissait
des voyages militaires, suivant l'armée aux manœuvres, voyant de près les
généraux parmi lesquels figuraient le duc d'Aumale rétabli dans son grade et

remis en activité, et Bourbaki, l'ancien commandant de la garde impériale, l'homme au voyage mystérieux en Angleterre durant le siège de Metz, à l'énigmatique tentative de suicide à l'armée de l'Est qu'il avait si déplorablement dirigée. En province, les troupes assistaient en armes à de véritables manifestations cléricales, et à Paris le piquet commandé pour assister aux funérailles de Félicien David, l'ancien Saint-Simonien, l'auteur du *Désert*, se retirait parce qu'elles étaient purement civiles !

Tout permettait de présager qu'une lutte grave et suprême allait s'engager et que des efforts allaient être tentés pour ramener le pays dans une voie plus « sage ». Le gouvernement n'avait-il pas un appui sérieux, résolu avec le Sénat qui marquait de plus en plus une opposition effective, en nommant M. Chesnelong sénateur inamovible et en refusant de passer à la discussion des articles du projet de loi adopté par la Chambre qui a trait à la cessation des poursuites pour faits relatifs à la Commune, au dessaisissement des conseils de guerre, projet bien anodin, cependant, puisqu'il ne comporte pas d'amnistie. C'est la chute du cabinet Dufaure, qui se retire le 2 décembre 1876.

Après de longs, laborieux pourparlers, ce fut M. Jules Simon qui accepta la mission de former le nouveau Cabinet. Pour le pouvoir, il était prêt à tous les sacrifices. Le nouveau ministère était constitué le 13, sans grands changements, M. Jules Simon, avec le portefeuille de l'Intérieur, prenait la présidence du Conseil et M. Martel succédait à M. Dufaure au ministère de la Justice et des Cultes. Le maréchal de Mac-Mahon avait exigé le maintien du général Berthaut à la Guerre. M. Méline était sous-secrétaire d'État à la Justice.

M. Jules Simon, qui avait appartenu à l'opposition républicaine sous l'Empire et s'était, à cette époque déjà, rendu suspect à l'ensemble du parti par son modérantisme, malgré toute sa souplesse et son art oratoire fait de nuances très subtiles, allait se trouver dans une situation difficile, délicate. Il était appelé à se heurter aux hostilités de la Droite, aux défiances d'une forte fraction de la Gauche. M. Gambetta pouvait-il oublier que c'était le collègue qui avait été envoyé par le gouvernement de la Défense nationale resté à Paris pour mettre un terme à sa « dictature »; que la rencontre avait été plutôt vive, qu'elle avait été près de tourner au tragique ?

Néanmoins, la déclaration qu'il lit à la Chambre fut chaleureusement accueillie par les Gauches, en raison des affirmations républicaines dont elle était parsemée. Au Sénat, il n'en alla pas de même, l'accueil fut très froid. Il fallait maintenant gouverner, c'est-à-dire manœuvrer parmi des écueils, entre le Sénat où la Droite était majorité de résistance et d'action, la Chambre où la Gauche, malgré ses divisions, se retrouvait bloc compact quand une question grave, vitale se posait; le maréchal qui s'effrayait des mouvements passionnés de l'opinion publique, du ton hardi de la presse républicaine, parfois comminatoire des journaux d'avant-garde où sous des initiales, des pseudonymes transparents, des proscrits écrivaient des articles apologétiques du mouvement du 18 mars. Les difficultés, durant cinq mois furent nombreuses, elles parurent parfois insurmontables et, toutefois, M. Jules Simon sut toujours les tourner, tant sa souplesse était grande.

Une partie de son cabinet agissait dans l'ombre contre lui, entre autres le duc Decazes qui, de l'aveu même de ses amis ou partisans, conduisait en dépit de la logique et du bon sens la politique extérieure de la France, particulièrement dans les affaires financières du canal de Suez qui allaient bientôt poser la question d'Égypte, source de préoccupations graves durant des années. Une crise avait failli éclater du fait du retard apporté à communiquer la dépêche annonçant la démission de Midhat-pacha, retard qui fut attribué à la volonté bien arrêtée de faire un coup de bourse fructueux. Dans le Parlement et au dehors, tandis que du côté des conservateurs on disait que son cabinet était aux ordres de Gambetta et de ses amis, du côté gauche on insinuait qu'il suivait trop l'orientation des cléricaux et, suivant que les attaques se prononçaient, se précisaient, M. Jules Simon en pilote expérimenté barrait à droite ou à gauche. En somme, le ministère était visé de tous côtés, et le Maréchal le tenait en particulière défiance, se laissant aller aux insinuations, aux conseils des chefs militaires, des hommes les plus influents de la Droite et, surtout, du parti clérical. Le 15 mars déjà, le président de la République déclarait au cardinal de Bonnechose qu'il était résolu à ne plus faire de concessions.

Cependant le parti républicain est frappé, inquiet de la recrudescence de l'agitation cléricale qui, évidemment, est attisée par le Vatican irrité de ce que deux ministres du Maréchal se sont rendus en Italie et se sont mis en rapports ouverts avec les ministres du roi Victor-Emmanuel; ces deux ministres sont le président du Conseil et le ministre des Finances, M. Léon Say. Les gauches se sont unies pour demander des explications au gouvernement sur les menées ultramontaines, caractérisant ainsi la part très grande d'un élément étranger dans la politique intérieure du pays. C'est le 3 mai que doit avoir lieu l'interpellation, mais M. de Mun prend les devants et avant qu'un des trois interpellateurs aient pu prendre la parole, il questionne le président du Conseil sur l'indifférence coupable affichée par le gouvernement vis-à-vis du déchaînement d'injures et de blasphèmes qui a marqué l'attitude de la presse républicaine et des orateurs dans les banquets organisés par les libres-penseurs sur plusieurs points du territoire, durant la *semaine sainte :* « Je demande, dit l'orateur catholique, au gouvernement s'il entend accepter un solidarité quelconque avec les organes de la majorité. Faut-il vous rappeler que, pendant cette semaine que, d'un bout du monde à l'autre, des millions de chrétiens appellent « la semaine sainte », il y a eu, dans toute cette presse, comme une fureur d'impiété qui a fait frémir de honte et d'indignation tous ceux qui respectent encore la foi de leurs pères et qu'il en est encore ainsi chaque jour, sans qu'une voix s'élève dans les conseils du gouvernement pour venger le Dieu des chrétiens ? »

Le coup est direct et pour gêner le président du Conseil pris entre son passé de républicain, de philosophe et une situation politique à défendre. Il ne serait pas gêné, s'il n'y avait que la Droite et il ne manquerait pas de faire toutes les concessions; elles lui coûteraient fort peu, du reste; mais il y a les Gauches; unies, elles paraissent résolues; si elles sont minorité au Sénat, elles sont majorité notable à la Chambre; derrière elles, plus ardentes qu'elles, marchent les masses citadines et les masses rurales de la grande majorité du pays. La politique a un présent; elle a aussi un avenir. Comment s'orienter pour ne compromettre ni le présent ni l'avenir? Il demande que la question soit jointe à l'interpellation des Gauches que va développer M. Leblond qui est armé d'un formidable dossier. M. Jules Simon prononce un discours durant lequel il essaie de satisfaire tout le monde. Aux Droites il parle de son grand respect pour la religion et ses ministres; aux Gauches il parle du respect de la loi égale pour tous: il ne peut que blâmer les exagérations de langage qui caractérisent trop souvent les polémiques entre catholiques et républicains. Toute la Chambre était perplexe et ne savait quelles conclusions tirer d'un tel ensemble d'artifices oratoires. Mais la question se posa nettement le lendemain quand M. Gambetta, à qui M. Jules Ferry avait cédé son tour de parole, dénonça l'attitude du clergé uni au « haut personnel de la politique réactionnaire » pour livrer assaut à l'État, pour y faire « brèche au nom de la religion ». Et sa conclusion fut foudroyante : « Oh! ce n'est pas l'intérêt de l'État qui vous agite, c'est le besoin d'influer sur les élections. Les élections! vous votez donc, vous avouez donc qu'il y a une chose qui, à l'égal de l'ancien régime, répugne à ce pays, répugne aux paysans de France, c'est la domination du cléricalisme... vous avez raison et c'est pour cela que du haut de cette tribune je le dis, pour que cela devie ne précisément votre condamnation devant le suffrage universel et je ne fais que traduire les sentiments du peuple de France en disant du cléricalisme ce qu'en disait un jour mon ami Peyrat : *Le cléricalisme, voilà l'ennemi!*

L'effet de ce discours, de cette véhémente péroraison, fut tel que la séance se trouva suspendue. Il n'était plus possible de faire entrer en ligne des expédients, des faux-fuyants, des artifices oratoires. Il fallait des explications précises, une attitude nette: le président du Conseil était mis en demeure d'opter entre les républicains ou les réactionnaires. C'était peu dans son tempérament, mais il était impossible d'éloigner la coupe d'amertume, d'autant plus que, dès la rentrée en séance, M. Bernard Lavergne, un modéré s'il en fut, intervint à son tour pour demander des explications sur un article d'un journal royaliste et surtout ultramontain, *La Défense*, qui faisait plus qu'insinuer, qui affirmait que le Président du Conseil avait été mis en demeure de rompre avec les gauches sous peine de se voir contraint de quitter le pouvoir. M. Jules Simon, il l'affirmait, du moins, n'avait pas eu connaissance de cet article ; M. Bernard Lavergne n'en avait pas donné lecture à la Chambre ; il le lut, puis s'expliqua d'abord sur un ton modéré. Soudain il se redressa, sa voix prit des accents indignés qu'on ne lui connaissait pas. Déchirant le journal, le jetant violemment à terre et le foulant aux pieds, il évoqua son passé et invoqua sa dignité, son honneur de vieux républicain, faisant toutefois parade d'un respect profond pour le caractère du maréchal-président: de sa respectueuse admiration pour sa conduite politique !

L'effet de ces déclarations, surtout de ce geste indigné fut considérable ; les gauches applaudirent presque unanimement. A cette discussion d'un caractère et d'une importance décisifs il fallait une sanction. Un ordre du jour fut déposé par MM. Leblond, Laussedat et de Marcère. Il n'y avait pas le mot confiance ; il se bornait à demander au gouvernement, en termes très nets, d'user des moyens légaux dont il disposait pour calmer les manifestations ultramontaines, agitation antipatriotique qui ne pouvait que compromettre la sécurité intérieure et extérieure de l'Etat.

Le président du Conseil se trouvait dans le plus profond embarras ; il demanda que le mot « confiance » fut introduit dans le texte. Un refus formel lui fut opposé par M. Gambetta et il dût se résigner à accepter l'ordre du jour qui fut adopté par 346 voix contre 114.

Dès lors la perte du cabinet était résolue. L'occasion propice ne devait pas tarder à se présenter. Le 15 mai venait en discussion la loi sur la presse. L'avis de la Commission était d'abroger la loi de 1875 due à M. Dufaure. Le maréchal avait demandé au président du Conseil de combattre l'avis de la Commission et de défendre énergiquement la loi visée. M. Jules Simon s'y était engagé, mais il se montra hésitant et en fin de compte, malgré les efforts de M. Gambetta que préoccupait une crise prochaine, l'abrogation de la loi fut votée par une forte majorité : 377 voix contre 55. Cet échec irrita fort le président qui, le 16 mai, adressait au président du Conseil une lettre qui n'était outre qu'une demande de démission, un congé très catégorique. Voici le passage le plus saillant de ce document, premier acte d'un coup d'état qui devait si misérablement avorter :

« J'ai vu avec surprise que ni vous ni le Garde des Sceaux, n'aviez fait valoir à la tribune toutes les graves raisons qui auraient pu prévenir l'abrogation d'une loi sur la presse votée, il y a moins de deux ans, sur la proposition de M. Dufaure et dont tout récemment vous demandiez vous-même l'application aux tribunaux, et cependant dans plusieurs délibérations du Conseil et dans celle d'hier matin même, il avait été décidé que le président du Conseil et le Garde des Sceaux se chargeraient de la combattre.

. . . .

« Cette attitude du chef du Cabinet fait demander s'il a conservé sur la Chambre l'influence nécessaire pour faire prévaloir ses vues.

« Une explication à cet égard est indispensable, car si je ne suis pas responsable comme vous envers le Parlement, j'ai une responsabilité envers la France dont aujourd'hui, plus que jamais, je dois me préoccuper ».

Il ne restait plus à M. Jules Simon qu'à s'incliner, à remettre sa démission, ce qu'il fit.

L'émotion provoquée par la lettre du maréchal fut considérable et rendit toute la France anxieuse. C'était un retour soudain, offensif, audacieux, de l'ordre moral que l'on croyait à jamais enterré avec l'Assemblée Nationale. Malgré la menace qui planait, elle était grosse de périls pour la France et la République, il faut reconnaître qu'il n'y eut pas une minute de découragement. Toutes les divisions du parti républicain s'apaisèrent comme par enchantement, et sur tous les points du territoire la résistance s'organisa. L'union se manifesta le 16 mai au soir, dans la réunion des gauches, au Grand-Hôtel, à laquelle plus de trois cents députés assistèrent et où fut adopté un ordre du jour affirmant trois idées principales :

« Rétablir une fois de plus les principes du gouvernement parlementaire sur la base de la responsabilité ministérielle scrupuleusement respectée ;

« Rappeler que la politique républicaine est la garantie de l'ordre et de la prospérité intérieure ;

« Résister à toute politique de hasard qui, sous l'influence de certaines agitations coupables, entretenues par je ne sais quel prétendant, pouvait lancer la France, ce pays de la paix, de l'ordre et de l'épargne, dans des aventures dynastiques et guerrières. »

Le lendemain, devant M. Christophle, seul membre présent du Cabinet démissionnaire, M. Gambetta développa une interpellation déposée par M. Devoucoux et, par 347 voix contre 149, un ordre du jour fut adopté qui disait « que la confiance de la majorité ne saurait être acquise qu'à un Cabinet libre de son action et résolu à gouverner suivant les principes républicains, qui peuvent seuls garantir l'ordre et la prospérité au dedans et la paix au dehors. »

A cet ordre du jour émané de la majorité des représentants directs du pays, élus par le suffrage universel, le Maréchal répondit par la Constitution d'un Cabinet qui était un défi à l'opinion. Le duc de Broglie, l'homme de toutes les intrigues louches, en était le président ; le bonapartiste de Fourtou y tenait le portefeuille de l'Intérieur ; le reste, des comparses de peu de notoriété, mais prêts à tout.

Le 18 mai, lecture fut donnée aux deux Assemblées d'un message présidentiel qui résumait, motivait la politique du maréchal, son attitude : la défense du pays et de l'ordre contre le radicalisme menaçant ! Le ton en était net, comminatoire ; il indiquait une résolution ferme. Après cette lecture terminée et afin d'éviter tout débat, communication fut faite d'un décret prorogeant le Parlement pour un mois. C'était du style Louis XIV le plus audacieux ; après la lettre de congé si impertinente, si peu mesurée adressée à M. Jules Simon, message et décret de prorogation étaient bien pour agiter profondément l'opinion. Certainement il fallait voir là une menace de coup d'État. On pouvait s'attendre à tout d'un soldat aveugle, étourdi par les dangers qu'évoquaient devant son esprit peu ouvert les familiers de son entourage et les habiles de la réaction; il fallait s'attendre à tout d'un ministère qui comptait dans ses rangs un bonapartiste sans scrupules tel que M. de Fourtou. Malgré tout, cette émotion se calma pour faire place à un calme fait de vigilance et de résolution. L'union étroite des républicains naguère si divisés, l'attitude nette des Gauches de la Chambre et du Sénat représentaient une force appréciable. L'opinion ne se laissa pas désemparer, même quand le 23 juin, après une discussion mémorable à la suite de laquelle un ordre du jour de défiance fut voté par 363 députés républicains, à la Chambre, et que, par 149 voix contre 130, le Sénat se fut prononcé pour la dissolution. Le 25 juin le décret de dissolution était signé et communiqué à la Chambre où le président Grévy se borna à prononcer de brèves mais significatives paroles de protestation, accueillies par les applaudissements unanimes des représentants républicains : « Le pays devant lequel la Chambre va retourner lui dira bientôt que, dans sa trop courte carrière, elle n'a pas cessé un seul jour de bien mériter de la France et de la République. »

Le même jour, dans la presse républicaine, paraissait un manifeste des trois groupes de gauche du Sénat. Il élevait une énergique protestation contre la politique de réaction et d'arbitraire du Cabinet de Broglie et il invitait instamment le suffrage universel à se grouper pour répondre, comme il convenait, à ce défi, en réélisant les 363 députés républicains qui avaient voté l'ordre du jour de défiance.

En somme, quoique d'apparence très troublée, la situation était nette; la France était divisée en deux camps bien tranchés, bien délimités: d'un côté toutes les forces vives de la réaction ayant pour elles le chef de l'État, le pouvoir exécutif, l'administration, la magistrature et, disait-on, l'armée! De l'autre, la grande majorité du suffrage universel et de ses représentants directs, une forte minorité du Sénat, puisque la dissolution n'avait été votée qu'à 19 voix de majorité. Dans de telles conditions, la lutte devait être active, brûlante, durant la période électorale qui allait bientôt s'ouvrir, quoique reculée jusqu'à l'extrême limite légale. Tout ce que peut imaginer un gouvernement qui se lance dans une aventure dangereuse, en « risque-tout », décidé à vaincre, fut imaginé et mis en pratique. Fonctionnaires républicains les plus modérés ou seulement suspects de scrupules révoqués ou déplacés; conseils municipaux dissous et remplacés par des commissions; procès de presse et de réunion, manœuvres policières, perquisitions chez les citoyens les plus paisibles, tout fut employé pour exercer une formidable pression sur le corps électoral. Jamais, même aux plus mauvais jours, l'ordre moral n'avait tant osé. Mais le pays ne se laissa intimider ni par les menaces, ni par les voies de fait accumulées avec un cynisme déconcertant. Il tint bravement tête à l'orage:

AUX MORTS DE MAI 1871

... sin que nous donnons ci-dessus a été fait par André Gill, en mémoire de l'héroïsme des tisseurs de la Croix-Rousse. Cette page ... qui malheureusement trop au peuple de Paris, pour qu'aujourd'hui, à l'anniversaire du grand supplice prolétarien, elle ne soit ... douloureuse actualité. »

D'après un document du *Cri du Peuple* du 30 mai 1887.

partout la résistance et l'action s'organisèrent avec enthousiasme et sang-froid méthodique. La France républicaine avait recouvré sa vitalité, elle ne cessa de le prouver durant les trois longs mois que dura la dictature effrontée. Rien ne l'ébranla et les masses paysannes, d'ordinaires si timides, formant les gros bataillons de l'armée démocratique, affrontèrent sans fléchir une seule minute et le fonctionnaire, et le hobereau, et le gendarme, et le prêtre, ce dernier déployant un zèle invraisemblable.

La précaution prudente, prévoyante, prise par la Chambre de ne pas voter le budget des recettes, donnait un argument précieux, saisissant. C'était le suffrage universel qui tenait les clés de la caisse. Sans l'autorisation en bonne et due forme constitutionnelle de ses représentants directs, c'était un acte de forfaiture, passible des peines les plus graves, de réclamer, de percevoir les impôts! Pour la première fois, Jacques Bonhomme avait le droit de faire la nique au percepteur!

Le maréchal, lui-même, était entré ouvertement en campagne, s'était découvert; mais le vainqueur de Magenta voyait son prestige ancien s'évanouir: c'était du vague, incapable soldat de Sedan qu'on parlait maintenant; la légende se dédorait, le prestige avait fui; du « vaillant soldat d'Afrique et de Crimée » il ne restait plus que le magistrat menaçant de l'épée la République : c'était trop et pas assez.

La réponse du pays au coup d'Etat fut éclatante, significative; le 14 octobre les élections eurent lieu; la gauche, il est vrai, perdait 36 sièges, par suite de la pression électorale et de la candidature officielle, mais elle était la majorité, une majorité imposante. Quand elle eut procédé aux invalidations nécessaires, le parti républicain non seulement regagna le terrain perdu mais en conquit de nouveau. Tout compte fait, il allait compter 389 sièges, soit 26 de plus qu'il n'en comptait dans la Chambre dissoute.

Le suffrage universel venait de manifester un inébranlable attachement à la République; il avait écrasé la réaction, mais celle-ci bientôt revenue de l'effarement que lui causait sa défaite allait tenter une revanche et menacer la France d'une crise grave, grosse de complications intérieures et extérieures.

CHAPITRE XXVII

Le 16 Mai et l'Europe. - Craintes de guerre. — La victoire républicaine calme les inquiétudes. — Les Socialistes et le Mouvement républicain. — Le « Prolétaire » et « L'Égalité ». — Un mot de Bakounine. — De la rentrée du Parlement à la démission du Maréchal de Mac-Mahon. — Menaces de Coup d'État. — L'Armée et la République. — M. Jules Grévy, président.

La crise violente dont la première phase, la plus importante, venait de se dérouler, n'avait pas passé sans vivement solliciter l'attention de l'Europe entière. Qu'allait-il advenir de la lutte engagée? Partout, comme en France, on avait la sensation bien nette que la victoire de la réaction se traduirait par une répercussion sur la politique extérieure et il y avait une grande inquiétude touchant la paix de l'Europe. Le triomphe du parti clérical, du parti ultramontain ne pouvait manquer de faire surgir des complications avec l'Italie ; il n'en fallait pas davantage pour provoquer une conflagration, non seulement avec la « sœur latine », mais encore avec l'Allemagne. La question de revanche ne se poserait-elle même pas, alors que l'armée n'était pas encore réorganisée, que le matériel de guerre n'était pas renouvelé, que notre marine était à l'état rudimentaire, tiraillée entre des méthodes divergentes, gouvernée, orientée par les bureaux si routiniers du ministère de la rue Royale? On ne pouvait oublier les heures d'angoisses de 1875, alors que la guerre avait failli éclater.

A calculer les folies dont étaient capables les hommes au pouvoir, malgré les vives défiances causées aux gouvernements par l'installation définitive de la République en France, avide surtout de paix, l'étranger se montra sympathique aux efforts des républicains, dont une première victoire fut accueillie comme un gage de sécurité.

Les socialistes avaient marché d'accord avec le parti républicain et n'avaient pas été des derniers à participer aux luttes ardentes de la campagne électorale, faisant abnégation de leurs préférences personnelles, mais dégageant de la situation des conclusions destinées à éclairer les travailleurs, à leur tracer la voie dans laquelle ils devaient s'engager pour de la République bourgeoise dégager leur République à eux ; pour les émanciper du double joug politique et économique.

Disposant de moyens plus que modestes, ils avaient fondé deux organes hebdomadaires, suivant une ligne de conduite à peu près semblable, mais composés d'éléments différents qui bientôt allaient se réunir pour former le Parti ouvrier socialiste : *Le Prolétaire* et *L'Egalité*. Le premier portait en sous-titre, *journal républicain des ouvriers démocrates-socialistes*. *Le Prolétaire* était né des deux Congrès de Paris (1876) et de Lyon (1877), de ce dernier particulièrement où, pour la première fois, avaient été présentées les idées socialistes, telles que l'organisation des travailleurs en un parti politique distinct, la socialisation des moyens de production, la répartition équitable des produits du travail, etc..... A la vérité, les socialistes n'y avaient figuré que comme minorité, mais on les avait écoutés, sans trop s'irriter et c'était déjà un grand progrès fait pour inquiéter leurs guides habituels qui sentaient venir le moment où les groupements ouvriers, même purement professionnels, allaient échapper à leur influence vraiment par trop modérée. La partie active du prolétariat, lentement mais sûrement, s'arrachait à sa torpeur. Parmi les rédacteurs du *Prolétaire* figuraient des ouvriers intelligents, studieux, actifs, dévoués et énergiques, quand l'occasion s'en présentait : Chabert, Prudent-Dervillers, Eugène Fournière, Paulard, un instituteur, A. Lavy, et tant d'autres qui collaboraient au journal tant par la plume que par leur modeste obole. Chaque rédacteur se doublait d'un conférencier et tous déployaient une activité merveilleuse, supportant fatigues, attaques, calomnies, privations avec un courage rare et une grande simplicité. Une grande union existait parmi tous ces militants dont l'œuvre fut considérable, entreprise qu'elle était entre tant de difficultés et de périls de toute nature.

Parallèlement au *Prolétaire*, s'était créée l'*Egalité*, hebdomadaire. C'était à la fois un journal de combat et de doctrine ; fondé par Jules Guesde qui revenait d'exil, avec l'aide de quelques amis, il représentait les idées de Karl Marx. Quelques semaines après sa fondation, il comptait comme collaborateurs : Gabriel Deville, Brugnot (de Lyon), E. Ferroul, John Labusquière, Paul Lafargue, Victor Marouck, qui devait y publier sa belle étude sur les journées de juin 1848, Emile Massard, Benoît Malon, établi à Lugano en attendant l'amnistie. Il avait des correspondants un peu partout : en Allemagne, Liebknecht et Most ; en Angleterre, J.-B. Clément ; en Belgique, César de Paëpe, le théoricien des services publics ; aux Etats-Unis, Eugène Dupont, de l'Internationale ; en Italie, A. Costa, Gnocchi-Viani, Nabruzzi, Zanardelli ; pour la Russie, un ex-rédacteur d'un journal socialiste russe. Inutile de dire que pour l'*Egalité* comme pour le *Prolétaire*, toutes les collaborations étaient gratuites, et que, fréquemment, il advint qu'un rédacteur paya le papier pour le tirage ou les timbres pour l'expédition. Dans l'*Egalité*, Jules Guesde publiait régulièrement un article étincelant de forme, serré d'argumentation, dans lequel il développait un des points essentiels de la doctrine marxiste, dont il devait être le propagateur le plus ardent, le plus actif et le plus efficace, et sous son action, sous celle de ses collaborateurs, les groupes d'études sociales se formaient, se fédéraient à Paris et en province.

L'activité des propagandistes fut à peine ralentie par les événements du 16 mai et ceux qui allaient suivre, jusqu'à la démission du maréchal de Mac-Mahon. Les plus intransigeants, tout en faisant ardente campagne pour la République contre la coalition réactionnaire déchaînée, ne cessaient de faire la critique de l'organisation sociale et d inciter les travailleurs à se placer sur le terrain de la lutte des classes pour la conquête de leur émancipation.

Par eux tous la victoire républicaine fut accueillie avec enthousiasme. Plus la République serait solidement établie plus la propagande leur serait aisée. Leur attitude ne pouvait être autre, quand Bakounine lui-même, l'apôtre indomptable, passionné de l'anarchie, l'anti-étatiste par excellence, déclarait, au lendemain des élections d'octobre, que la démocratie française venait une fois de plus de sauver la France et de donner un salutaire exemple aux peuples de l'Europe ?

Malgré le vent de résistance qui soufflait dans les groupes et cercles réactionnaires, jusque dans l'entourage du maréchal-président, certains hommes politiques que n'aveuglaient ni la passion ni la haine, qui voyaient clair dans la situation et se rendaient compte du mouvement irrésistible qui emportait le pays, conseillaient la prudence ; à trop vouloir se heurter contre l'obstacle nouveau qui venait de se dresser, on risquerait de se briser. Mieux valait céder, au moins dans les apparences ; rien n'empêcherait de gouverner pour le parti de la conservation en choisissant un Cabinet modéré quant au républicanisme, décidé à n'entreprendre aucune des réformes réclamées par le « radicalisme ». Des organes modérés, tels que le *Moniteur Universel* et le *Soleil* prêchaient la « soumission ». Ils ne furent pas écoutés. L'orientation était à la résistance et cette résistance on l'organisa. Le Cabinet de Broglie, qui avait donné sa démission, la reprit sur l'invitation du maréchal et il se présenta devant la Chambre des députés qui avait réélu son ancien bureau, afin de bien affirmer, par une significative manifestation que la nouvelle majorité n'était autre que l'ancienne et que le même esprit l'animait.

Son premier acte fut de décider qu'une Commission de 33 membres, élue dans les bureaux, serait chargée de procéder à une enquête sur les actes qui, depuis le 16 mai, « avaient eu pour objet d'exercer une pression illégale sur les élections »... de constater tous les faits de nature à engager. n'importe à quel titre, la responsabilité de leurs auteurs, quels qu'ils pussent être » et « de proposer à la Chambre les résolutions que ces faits lui paraîtraient comporter ».

Durant les trois séances des 13, 14 et 15 novembre, cette proposition fut l'objet de débats d'une violence rare ; la droite entière se sentait touchée par l'attaque directe menaçante dirigée contre le ministère qui l'avait si violemment servie. MM. de Fourtou et de Broglie firent hautement l'apologie de leurs actes ; M. Gambetta intervint, faisant ressortir les actes arbitraires, illégaux, commis, l'usage abusif qui avait été fait du nom du maréchal : « La vérité, s'écria-t-il, c'est que vous n'hésitez pas à perdre celui-là même dont vous exploitez le point d'honneur contre son devoir constitutionnel, et que vous n'hésitez point, pour sauver quelques heures de cette domination dont vous n'avez pas l'ambition, dont vous avez la gloutonnerie ! »

Comme cela était à prévoir, le projet de la Commission fut adopté par 312 voix contre 205.

Au Sénat, le duc de Broglie obtint gain de cause ; il se trouvait plus à l'aise pour développer, en les soulignant, ses conceptions gouvernementales si étranges. A cette attitude, la Chambre riposta en ajournant l'examen de l'élection du baron Reille, dans le Tarn, jusqu'à ce qu'il eût été procédé à une enquête complète sur l'attitude des fonctionnaires et des agents de l'autorité dans la circonscription.

Malgré l'appui du Sénat, qui manifestait ouvertement ses préférences en élisant des réacteurs avérés comme inamovibles, la situation n'était plus tenable pour le ministère et le 21 il se retirait. Qu'allait-il sortir de cette nouvelle crise ? Le maréchal céderait-il aux vœux du pays? Appliquerait-il, simplement et « loyalement », ainsi qu'il l'avait maintes fois déclaré, la Constitution? Provoquerait-il, de sang-froid et de parti-pris, la majorité de la Chambre renvoyée par le suffrage universel, malgré une pression inouïe? Il y avait une grande inquiétude; aussi ce fut avec une profonde stupeur que fut accueillie la nouvelle de la constitution du ministère ayant à sa tête un soldat, le général de Rochebouët! Son entourage importait peu, à l'exception de M. Welche, à qui était échu le portefeuille de l'Intérieur et qui avait la réputation d'un « homme à poigne », les autres n'étaient que de vagues comparses. L'accueil que lui fit la Chambre fut significatif. M. de Marcère qui, depuis, a manifesté un goût très vif pour la politique de violence et de Coup d'État, de répulsion pour le parlementarisme, le Parlement n'ayant plus voulu de lui, protesta énergiquement contre le gouvernement qui surgissait comme une menace. M. Welche tenta de lui répondre: il fut d'une éloquence incertaine, d'une argumentation fort anémique. M. Floquet résuma le sentiment général des républicains dans un discours qui se terminait par cette virulente apostrophe : « Nous vous déclarons que vous n'aurez ni notre confiance provisoire, ni notre concours à un moment quelconque. — Non! nous vous refusons cette confiance, nous vous refusons ce concours! Vous ne pourrez, ni nous tromper, ni égarer le pays! »

La conclusion du débat fut le vote d'un ordre du jour par lequel la Chambre déclarait « qu'elle ne pouvait entrer en rapports avec le ministère ».

Ce cabinet renversé, tout danger n'était pas conjuré, car à ce moment, les bruits de préparation d'un coup d'Etat militaire prenaient une telle consistance que le parti républicain avait dû s'en préoccuper et prendre des mesures de précaution très sérieuses. Quels éléments triompheraient parmi ceux qui harcelaient le maréchal de Mac-Mahon de leurs conseils, de leurs supplications, de leurs objurgations? L'infortuné soldat ne savait auquel se vouer, car on le menaçait de toutes parts des pires catastrophes. C'était la révolution radicale et socialiste qui se dressait, menaçant de tout emporter, ordre, religion, famille et patrie!

Durant quelques jours, qui furent des jours d'anxiété, se succèdent les combinaisons tour à tour les plus singulières et les plus graves. Il est question d'un ministère Balbie; on parle de la démission du président qu'effare la politique de résistance qu'on préconise autour de lui; des généraux, des colonels ont insisté dans ce sens. C'est le parti de la modération, de la légalité qui finit par l'emporter et le 14 décembre c'est un cabinet Dufaure qui est constitué, composé de membres de la Gauche, de la Gauche modérée naturellement. M. Dufaure a le portefeuille de la Justice; M. Waddington est aux Affaires étrangères; M. de Marcère à l'Intérieur, avec M. Lepère comme sous-secrétaire d'État; M. Léon Say aux Finances, avec M. Girerd, celui qui, au cours d'une séance mémorable de l'Assemblée nationale, a produit le document établissant la conspiration bonapartiste, comme sous-secrétaire; M. Bardoux, à l'Instruction publique, avec M. J. Casimir-Périer comme sous-secrétaire; M. de Freycinet aux Travaux publics; M. Teisserenc de Bort à l'Agriculture et au Commerce. Le portefeuille de la Guerre a été confié au général Borel; celui de la Marine à l'amiral Pothuau. Ces deux derniers n'ont pas de passé politique; ils n'ont été mis en vue par aucune intrigue; ils passent tous deux pour des tempéraments modérés.

Le 15 décembre 1877, le nouveau ministère, dont la constitution avait provoqué une détente nécessaire, se présentait devant le Parlement avec un message présidentiel. La crise et ce document n'étaient que la paraphrase du mot comminatoire de M. Gambetta « se soumettre ou se démettre ». Après avoir eu la ferme intention de se démettre, le Maréchal se soumettait. Il reconnaissait que les dernières élections avaient « affirmé une fois de plus la confiance du pays dans les institutions républicaines » et il affirmait sa volonté d'appliquer dans toute sa rigueur la Constitution de 1875, dont les principes seraient désormais ceux de son gouvernement. Il faisait, en terminant, un appel au concours de tous pour rendre l'Exposition universelle très brillante.

Le ministère fut accueilli avec faveur par la Chambre des députés. Ce fut avec un silencieux dépit que la majorité du Sénat écouta la lecture du message qu'applaudissait vigoureusement la Gauche. Elle n'osait blâmer ouvertement le maréchal de son attitude, mais elle voyait s'évanouir ses espérances; toutefois elle avait la relative consolation de se sentir, en vertu même de la Constitution, le frein de la Chambre; elle allait jouer ce rôle avec ardeur et ténacité.

En ce qui touche les lourdes responsabilités accumulées durant la période préparatoire des élections, les partis de réaction avaient bien tort de s'alarmer. Les représailles des républicains devaient se borner modestement à des révocations, à des déplacements de fonctionnaires, de sous-ordres qui avaient souvent obéi parce que leur pain tenait à leur emploi. Les grands chefs, les vrais responsables, devaient être épargnés; l'impunité leur était assurée comme elle l'avait été à ceux de l'Empire qui avaient tenu la France sous leur joug durant près de vingt ans, puis l'avaient livrée à l'invasion étrangère. Chez nous, depuis le 24 février 1848, la République ne s'est montrée sévère, implacable, qu'envers ses plus fidèles, ses plus dévoués et ses plus énergiques défenseurs.

Le Parlement se mit à l'œuvre ; elle n'était pas aisée la tâche qui incombait aux républicains vainqueurs à qui était échu de mettre en pratique, de transformer en lois les articles de leurs programmes électoraux. Le mot de Gambetta : « l'ère des difficultés commence » était en situation. Qu'allaient surtout faire, ou seulement tenter, les représentants du suffrage universel en faveur des prolétaires qui venaient, de toute leur vigueur, les aider à vaincre la réaction menaçante ?

C'est que la question ouvrière ne se posait pas seulement au point de vue des principes ; une crise économique se produisait dont les travailleurs souffraient un peu partout, mais qui se faisait plus particulièrement sentir dans quelques régions, à Lyon surtout où les ouvriers de l'industrie de la soie étaient frappés par un cruel chômage. La très active reprise des affaires qui avait marqué la seconde moitié de l'année 1871 et les suivantes, s'était peu à peu apaisée. Dans la hâte de rattraper le temps perdu, l'industrie française avait produit sans compter et elle avait fortement engagé son avenir. Il avait fallu réalimenter le marché intérieur et s'occuper de l'exportation. Sans méthode, sans calculs assis sur des données exactes, simplement stimulés par les âpres aiguillons de la concurrence, les industriels français s'étaient acharnés à la besogne. Pour les besoins de la consommation intérieure elle-même ils avaient trop produit, d'autant plus que de même que sur les marchés étrangers ils avaient rencontré des rivaux supérieurement organisés pour la production et les échanges, ils rencontraient maintenant sur le marché français les produits de ces mêmes rivaux à des conditions de prix bien inférieures. L'Allemagne, l'Angleterre, l'Autriche-Hongrie, l'Italie nous envahissaient commercialement, immobilisant dans nos réserves la partie de la production nationale concurrencée victorieusement par elles et toute la surproduction due à l'anarchie qui dominait et domine encore notre industrie et notre commerce.

De cet état de choses résultait le chômage pour les industries réduites à restreindre leur production ; pour les autres c'étaient des opérations destinées à restreindre les effets de la concurrence, par exemple la réduction des frais généraux, entre autres des salaires, alors qu'il aurait fallu transformer l'outillage et perfectionner l'organisation commerciale encore sous le joug de la routine la plus lamentable. Parmi ce que, dans le monde officiel et dans la grande presse de toutes les nuances, on appelait le relèvement, la vitalité, la prospérité de la France, la misère commençait à se faire sentir vivement, chez les petits patrons, chez les petits commerçants, surtout parmi les ouvriers. A Lyon, elle fut particulièrement douloureuse. La situation des canuts rappelait, l'activité, l'exaspération révolutionnaires en moins, les tragiques journées de

PORTRAITS DES CONSEILLERS MUNICIPAUX SOCIALISTES RÉVOLUTIONNAIRES DE LA VILLE DE PARIS EN 1887.

D'après un document du *Cri du Peuple.*

1746, 1786 et 1831. Pour venir en aide à ces infortunes vraiment émouvantes, des souscriptions s'organisèrent partout, mais combien insuffisantes, malgré l'élan de générosité qui se manifesta.

M. Louis Blanc donna, au profit des canuts, une conférence le 25 mars. On attendait avec curiosité, dans le monde bourgeois aussi bien que dans le monde socialiste, ce qu'allait dire l'ancien organisateur du « Parlement ouvrier du Luxembourg » en 1848, qui se réclamait toujours du socialisme et avait tant écrit sur l'organisation du travail. Hélas ! son discours fut exclusivement consacré à l' « Histoire légale de la Charité en Angleterre » ! Voici, en majeure partie, quelle fut sa conclusion : « La suppression de la misère est, je le sais, et je l'ai dit bien souvent, un problème trop difficile pour qu'on ne l'aborde pas avec modestie, avec prudence, avec défiance même ; il est trop vaste pour que sa solution soit resserrée dans telle ou telle conception particulière ; il touche à trop d'intérêts pour qu'il y ait chance de le résoudre autrement que par l'accord de toutes les bonnes volontés, le concours de tous les efforts et au moyen de réformes graduelles, demandées à la science, à elle seule ».

Ce fut une éloquente déception pour tous ; quant à la recette, c'était une goutte d'eau dans un océan de misère !

Malgré toutes les épreuves courageusement supportées, les travailleurs lyonnais ne se départirent pas du calme le plus grand ; une fois de plus le prolétariat faisait crédit de sa misère à la République.

La bourgeoisie française ne comprit pas encore à quelles causes réelles était due cette crise ; elle l'attribua principalement aux répercussions des crises politiques qui venaient de se produire et dont l'ère ne paraissait pas près de se clore. On trouve la trace de ces préoccupations dans les nombreuses pétitions adressées au président de la République. Elles produisirent, quoiqu'elles fussent en grande partie inexactes, une grande impression sur cet esprit faible, désorienté et elles eurent du moins cet heureux résultat de le faire renoncer à la politique de résistance que, sur les sollicitations de son entourage et de ses ministres, il semblait résolu à adopter.

Le Sénat, lui, décida la nomination d'une Commission d'enquête qui eut mandat d'étudier les causes de la crise ! On en attend encore les résultats !

La Chambre allait poursuivre son travail d'examen des élections réservées comme entachées de fraudes et, pour ainsi dire, chaque invalidation devait être suivie d'une revanche républicaine. Le nouveau Cabinet prenait des mesures contre les fonctionnaires qui, trop ouvertement, avaient manifesté leur zèle en faveur de la réaction et de la candidature officielle ; il ne pouvait se désintéresser du rôle qu'avaient joué certains généraux, car il était certain que des préparatifs militaires avaient été faits en vue d'un coup d'État, sous le bref ministère Rochebouët. Comme cela fut établi par la suite, la mobilisation du corps d'armée de Bourges, destiné à agir sur Paris, avait été organisée sous l'œil vigilant du général Ducrot. Le ministre de la Guerre le priva de son commandement. A Limoges, un grave incident s'était produit et avait causé dans toute la France une émotion très vive : un officier, le major Labordère, en présence des instructions données par le général Bressolles, avait cru devoir élever une énergique protestation et déclarer qu'il ne consentirait pas à se rendre complice d'un coup de main contre la Constitution et la République. On savait qu'assez nombreux avaient été les officiers qui, sans traduire aussi publiquement leur attachement à la République, n'en étaient pas moins résolus à ne pas « marcher » si l'ordre leur en était donné. Le général Bressolles fut mis en disponibilité ; à cette mesure justifiée, le Cabinet républicain, dans sa timidité, et au nom de la discipline militaire, trouva une singulière compensation : le major Labordère fut mis en non activité par retrait d'emploi. On ne pouvait pas laisser l'indiscipline s'introduire dans l'armée. On qualifiait d'indiscipline le respect de la Constitution et la fidélité au gouvernement légal, à la République ! Et la Chambre, en majorité républicaine approuva. C'était là un encouragement singulier donné aux officiers républicains dont la situation dans l'armée était déjà si difficile.

L'usage qu'avaient fait des lois sur le colportage les ministres du 16 mai en amena la refonte dans un sens plus libéral et il en fut de même de la loi sur l'état de siège ; elle ne fut pas abrogée, mais amendée en ce sens qu'il ne pouvait être déclaré qu'en vertu d'une loi et pour une durée déterminée « en cas de péril imminent résultant d'une guerre étrangère ou d'une insurrection à main armée ». En cas d'ajournement des Chambres, le président de la République faisait déclarer l'état de siège, mais les Chambres se réunissaient de plein droit deux jours après ; en cas de dissolution, l'état de siège ne pouvait être déclaré, sauf le cas de guerre étrangère et seulement dans les territoires menacés par l'ennemi, à la condition de convoquer les collèges électoraux et de réunir le Parlement dans le plus bref délai ; enfin, quand par suite de la déclaration de l'état de siège le Parlement se réunissait, son premier devoir devait être de statuer sur l'état de siège qui serait levé de plein droit en cas de dissentiment entre les deux Chambres.

Puis fut votée une amnistie touchant les délits et contraventions aux lois sur la presse, les réunions, commis depuis le 16 mai 1876 jusqu'au 14 décembre 1877. Le projet adopté par la Chambre avait un caractère de flétrissure pour le gouvernement du 16 mai et ses agents ; ce caractère lui fut enlevé par le Sénat, dont la majorité ne pouvait aussi rudement frapper ses chefs.

Les questions passionnantes de la politique intérieure à peu près réglées, en ce qui concernait les luttes entre républicains et réacteurs, les éléments de droite allaient fusionner pour former un grand parti de conservation sociale et religieuse, transportant la lutte sur un terrain commun et, dans leur haine de la République, oubliant leurs anciennes divisions ; les républicains, eux, jusqu'à cette heure unis devant le danger, allaient reprendre leurs positions, divisés en trois fractions principales : celle qui allait subir l'influence de M. Jules Ferry ;

celle qui resterait docile à l'orientation autoritaire de Gambetta; l'Extrême-gauche à côté de laquelle, dans quelques années, les représentants du parti socialiste-révolutionnaire devaient prendre place.

M. de Freycinet, dont le rôle dans l'organisation des forces militaires rassemblées ou levées après le 4 septembre avait été si considérable, à peine installé au ministère des Travaux publics, procédait à l'exposition et à l'exécution d'un plan de grands travaux qu'il avait étudié et mûri. La première étape était la constitution d'un réseau de l'État par le rachat des chemins de fer secondaires du Centre et du Sud-Ouest, dont la situation était devenue difficile; deux étaient en pleine déconfiture. Le plan des grands travaux projetés par M. de Freycinet se chiffrait par une dépense globale de 4 milliards répartie sur une période de douze années. Il fut vivement combattu; le gros mot de « socialisme d'État » fut même prononcé par les adversaires. A constater les conditions dans lesquelles furent littéralement militarisés et rétribués les travailleurs et employés subalternes qui en assurent l'exploitation, il apparaît que le terme était vraiment exagéré !

M. Léon Say, ministre des Finances, en vue d'assurer les moyens financiers d'exécution de ce vaste plan, créa un nouveau type de rente, le 3 0 0 amortissable en 75 ans, malgré l'argumentation très serrée que lui opposa M. Rouvier.

Enfin, le Parlement s'attacha à l'étude de questions militaires importantes, telles que la constitution de l'état-major et la loi sur les sous-officiers. Pour l'état-major, jusqu'alors corps fermé, recruté par la voie d'une école spéciale et qui avait donné de si manifestes preuves d'incapacité durant la guerre, une loi fut votée qui en faisait un corps accessible à tous les officiers munis du brevet spécial; l'école supérieure de guerre fut réorganisée. L'état-major fut formé de 455 officiers et de 180 archivistes. Ce projet fut naturellement combattu par les représentants de la vieille armée, qui n'avaient pas compris, quoiqu'ils eussent subi les cruels effets, la forte et logique organisation de l'état-major allemand.

Puis, fut votée une première loi sur les sous-officiers destinée à les retenir le plus possible dans l'armée, par l'appât de primes de rengagement, par une haute paye et une retraite. Le corps des sous-officiers fut augmenté par la création des adjudants de compagnie. C'était le drainage qui se préparait de la jeunesse la plus active et la plus instruite du pays, au profit de l'armée et au détriment du travail, particulièrement du travail agricole, sans donner aux corps de troupes la force qu'on en espérait.

Le Parlement s'occupait de l'instruction primaire, reconnue par les républicains si nécessaire, si indispensable; mais il n'allait pas oser encore aborder de front et résoudre le problème de l'instruction laïque, gratuite et obligatoire. Cependant, c'était un des articles les plus saillants du classique programme républicain et n'était-il pas urgent d'arracher la jeunesse française aux nombreux congréganistes qui, dans toutes les régions du territoire, sans le moindre brevet, sans le moindre diplôme, avec la simple lettre d'obédience, brevet d'ignorance, remplissaient les fonctions d'instituteurs ou d'institutrices et marquaient de l'indélébile empreinte cléricale les cerveaux des enfants qui, si imprudemment, leur étaient confiés.

Il se borna à promettre son aide aux communes désireuses de construire des écoles primaires, de réparer ou de mieux aménager celles qui existaient déjà et d'acquérir ou de compléter les mobiliers scolaires. Un crédit de 60 millions, payable en 60 années, fut voté, ainsi que la création d'une Caisse spéciale destinée à des subventions ou à accorder des avances aux communes qui en auraient besoin. Le plus grand effort restait à accomplir pour préparer des générations à l'intelligence claire, à la conscience droite. Un pas important a été fait, mais que ne reste-t-il encore à faire pour donner au peuple l'instruction dont il a besoin pour apprendre à se guider lui-même et à gouverner dans son intérêt qui, bien compris, est l'intérêt de tous?

Le 1er mai 1878 fut inaugurée l'Exposition universelle qui devait donner à l'Europe la sensation que la France était en partie relevée, plus qu'on n'eut osé le prévoir ou l'espérer, de la situation si douloureuse où elle était tombée quelques années auparavant. Comme spectacle elle fut éblouissante: toutes les nations, à l'exception de l'Allemagne qui n'y participa pas officiellement, avaient fait des efforts formidables en vue des concurrences présentes et futures. L'industrie française, en ce qui touche l'application des beaux-arts, y montra son traditionnel bon goût, l'habileté incomparable de ses travailleurs: elle sut mettre merveilleusement en valeur ses produits: toutefois, déjà, on put constater qu'autour d'elle, en Autriche-Hongrie par exemple et en Italie, de même qu'en Belgique, dans les Pays-Bas, de sérieux progrès s'étaient accomplis, que le goût s'y était affiné et que des rivaux se préparaient dans certaines spécialités, telles la céramique, le bronze d'art, la bijouterie, l'orfèvrerie, le meuble et, en général, tout ce qui concerne la décoration intérieure et extérieure de l'habitation. Dans le domaine de l'industrie proprement dite et de l'agriculture, il devenait évident que nous étions en retard, que la routine exerçait une trop persistante influence. C'était là le secret de la crise économique traversée; il fallait être aveugle pour ne pas le constater. Mais les visiteurs accourus de tous les points du pays étaient surtout éblouis par cette formidable, papillotante, grisante kermesse; hypnotisés, hantés par le souvenir des désastres militaires de 1870-71, par la pensée des futures et peut-être prochaines revanches, ils portaient leur attention sur les nouveaux engins de guerre dus à l'ingéniosité de nos savants et de nos officiers, et là, il faut en convenir, nous ne nous montrions pas inférieurs, tant il est vrai de redire que l'humanité s'intéresse toujours plus aux œuvres meurtrières qu'à celles qui peuvent procurer la paix et le bien-être.

De nombreux délégués ouvriers avaient été envoyés de tous les points de la France et de l'Algérie; ils furent fraternellement reçus par leurs camarades

parisiens, contre lesquels on les avait soigneusement tenus en garde, de crainte
d'une contamination trop républicaine et socialiste. Mais le contact ne fut pas
cependant stérile, malgré un trop bref séjour et presque complètement
employé à visiter l'Exposition.

C'est durant l'Exposition que fut célébré le Centenaire de Voltaire, au
grand désespoir des cléricaux qui, en manière de protestation, tentèrent
d'organiser une manifestation en faveur de Jeanne d'Arc. Ils opposaient la
vaillante paysanne lorraine à l'auteur de *La Pucelle*; n'était-ce pas l'Eglise
qui l'avait envoyée au bûcher?

Divisés sur cette grave question, cléricaux et républicains de gouvernement
allaient, à quelques jours près, se trouver unis contre l'ennemi commun,
contre l'ennemi des privilèges de leur classe, contre le socialisme qui manifestait, une fois de plus, sa vitalité, ses progrès. La preuve n'allait pas tarder à
se faire.

Le Congrès corporatif de Lyon tenu l'année précédente et où, si elles
avaient pu être exposées, n'avaient obtenu l'adhésion que d'une fort mince
minorité, avait décidé qu'un Congrès international ouvrier serait tenu à Paris,
en septembre 1878, l'Exposition décidée en fournissait l'occasion. Les Chambres
syndicales ouvrières de Paris avaient naturellement été chargées de toute
l'organisation. Alors que tant de Congrès internationaux, de toute nature,
étaient projetés, un Congrès international ouvrier paraissait normal, légitime ;
c'était peu connaître la bourgeoisie française, même républicaine. Contre les
socialistes, contre les travailleurs, sans que de nombreuses protestations se
fussent élevées, l'Assemblée nationale n'avait-elle pas forgé la loi sur l'Internationale? Allait-on permettre qu'elle se réorganisât en plein Paris? Et le
ministère républicain pour donner satisfaction aux conservateurs de droite et
de gauche, sur ce terrain ils formaient une majorité compacte, s'empressa
d'interdire le Congrès. La Commission chargée de l'organisation fut vivement
impressionnée par l'interdiction communiquée par la Préfecture de police et
elle abandonna la partie qui fut aussitôt reprise par les organisations socialistes révolutionnaires dont ce devait être une première et éclatante manifestation. Elles préparent le Congrès aidées par une demi-douzaine de Chambres
syndicales qui ne se sont pas laissé intimider. Une salle, rue des Entrepreneurs,
louée par le citoyen Isidore Finance, non pas collectiviste, mais positiviste
déterminé, va servir de lieu de réunion, de réunion privée, pour mettre le
Congrès sous la garantie et la protection de la loi. Les Chambres syndicales
sont revenues de leur premier mouvement de recul; encouragées par l'initiative
hardie des socialistes, elles se sont ralliées et ont décidé d'envoyer leurs
délégués au Congrès. Mais la police, cette police à laquelle M. de Marcère
avait recommandé de « se montrer libérale dans l'application des lois », attend
les organisateurs à la porte de la salle qu'elle a fermée; elle les arrête et le
parquet les poursuit ! Ceci paraîtra bien naturel, puisque, jusqu'à ce jour,

l'impunité reste assurée aux conspirateurs bonapartistes, à ceux qui ont
préparé un coup d'Etat militaire.

Les socialistes arrêtés ne se découragent pas; de toutes parts les témoignages
de sympathie leur viennent. Le Congrès qui n'a pu être tenu salle des Entrepreneurs, se tiendra en police correctionnelle ; sa publicité en sera plus forte,
plus retentissante. Les socialistes viennent de défendre, aux côtés des républicains, la République menacée par la coalition réactionnaire, aux deux
groupes d'adversaires aujourd'hui coalisés contre eux, les socialistes diront
les motifs réels, sociaux, de leur union en apparence monstrueuse.

Le 22 octobre s'ouvre le premier procès contre le socialisme ressuscité de
la cendre des fusillés de Mai. De ces débats qui devaient exercer sur la propagande des idées une si grande influence, nous ne retiendrons pas le réquisitoire
du ministère public, brodé au nom de l' « ordre républicain » sur la vieille,
classique trame jadis en service parmi les procureurs royaux et impériaux : le
titre du gouvernement seul y était changé et nous regrettons que l'espace ne
nous permette de parler que de la défense collective présentée par Jules
Guesde: elle fut, du reste, remarquable de tous points, tant au point de vue
de l'exposition claire, précise, démonstrative, des idées collectivistes que du
tour entraînant, ironique, émouvant de la forme. Au rôle de la bourgeoisie se
substituant à la vieille aristocratie française, il opposa le rôle du prolétariat
se plaçant sur le terrain de la lutte des classes pour la conquête du pouvoir
politique et économique, pour la transformation du régime propriétaire d'individuel, de féodal, en régime propriétaire collectif, seule condition d'affranchissement complet de la masse qui, par son travail, est la créatrice de la richesse
sous toutes ses formes : « Le premier usage, déclara-t-il, que fit de sa victoire
le Tiers-Etat, de rien devenu tout, ce fut d'abolir le droit d'aînesse, ce fut,
pour me servir d'une expression de Gambetta, de faire disparaître cet attentat
qui consistait à dépouiller les uns au profit d'un seul, dans les familles, pour
satisfaire l'orgueil de la race, et d'appeler tous les membres de la communauté
à une part égale dans le patrimoine commun.

« Or, nous ne poursuivons pas autre chose.

« Nous voulons, à notre tour, faire disparaître cet attentat plus énorme,
qui consiste à dépouiller dans la société le plus grand nombre au profit du
plus petit, pour satisfaire l'oisiveté de quelques-uns.

« Si la substitution de la famille égalitaire à la famille féodale d'autrefois
était commandée par l'équité, comment la substitution de la société égalitaire
à la société féodale d'aujourd'hui pourrait-elle ne pas l'être ? »

La grande majorité des prévenus tint à faire des déclarations et elles furent
d'une grande netteté. Comme tout portait à le prévoir, des peines d'emprisonnement, quelques-unes fort sévères, furent prononcées avec l'escorte obligée
des amendes et des frais. Le Congrès, dont la première phase s'était déroulée
devant le tribunal correctionnel, devait se poursuivre dans le pavillon de la

prison de Sainte-Pélagie traditionnellement consacré aux détenus politiques, où, le dimanche, de nombreux amis venaient visiter les condamnés, se fortifier dans leurs convictions et leurs espérances. Le socialisme avait reçu le baptême du feu et rien ne devait plus entraver ses progrès parmi les masses ouvrières.

L'Exposition avait fermé ses portes, laissant le souvenir d'une féerie prodigieuse. Les dures réalités de la vie reprenaient tout le monde et elles étaient d'autant plus sensibles que, si la vie avait renchéri, le travail se ralentissait ainsi qu'il advient régulièrement après les efforts multiples, anormaux et hâtifs qu'exigent la préparation et la mise en œuvre d'aussi inutiles manifestations.

Une échéance politique, particulièrement inquiétante, se rapprochait, le renouvellement triennal du Sénat. Un grand effort devait être fait par les républicains pour conquérir la majorité dans cette Assemblée, place forte de la réaction, qui avait voté la dissolution, s'opposait à toute tentative républicaine de la Chambre et élisait comme inamovibles les pires parmi les réacteurs qu'avait chassés de leurs sièges législatifs le suffrage universel. Les élections avaient été fixées au 5 janvier 1879. La campagne électorale fut vive, tant la partie était grosse de conséquences.

L'attitude violente des droites à la Chambre, la révélation des manœuvres électorales du Cabinet du 16 mai, des projets du ministère Rochebouët, l'obstination du Sénat à défier, par ses résistances, les élus du suffrage universel ; le désir d'en terminer avec une politique qui n'avait que trop duré, au détriment de la tranquillité publique, de la réorganisation du pays, avait fortement impressionné le suffrage restreint. Aussi le scrutin du 5 janvier marqua-t-il une éclatante victoire pour le parti républicain qui, non seulement conquérait la majorité au Sénat, mais encore s'orientait un peu plus à gauche, mais si peu ! Les élections du 5 janvier avaient modifié la composition de la Chambre haute : les républicains se comptaient au nombre de 178 ; le nombre des monarchistes et bonapartistes tombait à 120 et la Gauche était assurée d'une majorité de 58 voix ; il n'y en avait eu que 19 en faveur de la dissolution. Le parti républicain devenait maître de la situation, mais il allait procéder avec prudence, avec modération, ainsi que M. Gambetta le lui avait conseillé dans ses deux retentissants discours de Romans et de Grenoble, tellement qu'il allait subir plus que la sienne l'orientation donnée par M. Jules Ferry dont l'influence grandissait de jour en jour.

A l'ouverture de la session de janvier 1879, la Chambre, à l'unanimité des votants, élut M. Grévy, président ; c'était une indication en cas de crise présidentielle. Au Sénat, ce fut M. Martel, républicain fort modéré, qui fut porté au fauteuil avec trois vice-présidents de gauche, un siège avait été concédé à la droite ; il fut accordé au général de Ladmirault, celui qui comme gouverneur militaire de Paris avait fait une guerre si implacable à la presse républicaine. On eut pu faire un choix moins malencontreux ; les républicains ont la victoire indulgente..... jusqu'à la candeur.

LES TROUBLES DE MONTCEAU-LES-MINES. — LES ARRESTATIONS.

Dessin de M. de Haenen, d'après le croquis de M. Dick.   (Extrait du *Monde Illustré*).

Le ministère avait subi une légère modification; elle devait avoir prochainement des sérieuses conséquences. le général Borel s'était retiré et avait été remplacé par le général Gresley; d'autre part la nomination de M. Challemel-Lacour, l'ancien préfet du Rhône durant la Défense nationale, qui avait été l'objet des plus graves, des plus inqualifiables accusations de la part des droites, venait d'être nommé ambassadeur auprès du gouvernement helvétique; il y avait là l'indication d'un rapprochement entre M. Dufaure et M. Gambetta; l'action de M. Thiers n'y avait pas été étrangère.

La déclaration lue au Parlement, le 16 janvier, provoqua des impressions bien différentes, bien contradictoires; elle était pâle à ne pas troubler un membre du centre droit et elle fut goûtée; par contre la Chambre lui fit un accueil glacial et le président du Conseil dut s'expliquer le 20 janvier à l'occasion d'une interpellation amicale déposée par M. Sénart. Il le fit avec une netteté relative — on ne pouvait attendre autre chose de lui — qui lui valut les applaudissements de la majorité de la gauche. Ce fut en vain que MM. Madier de Montjau et Floquet tentèrent de réclamer un gouvernement plus en harmonie avec le caractère de la majorité républicaine, un ordre du jour de M. Jules Ferry, tout de confiance, consolida le ministère. Désormais, la situation du maréchal de Mac-Mahon devenait difficile, intenable. obsédé par son entourage qui lui reprochait sa faiblesse, l'accusait parfois crûment de trahir la cause de l'ordre, les intérêts sacrés de la Patrie; retenu par la double majorité républicaine prête à le combattre ouvertement. Sa loyauté, son irrésolution en matière politique l'éloignait de toute pensée de coup d'État; il n'attendait qu'une occasion pour se retirer, abandonner un poste qui ne lui avait réservé que des soucis, des amertumes et de successives défaites. Elle se présenta bientôt. Il refusa d'apposer sa signature sur un rapport relatif à l'application de la loi de 1873, relative aux grands commandements militaires, et sur un décret mettant en disponibilité des généraux maintenus dans leurs fonctions depuis plus de trois années.

Le 30 janvier, il adressait sa démission à la Chambre et au Sénat. Conformément aux lois constitutionnelles, le Parlement. le même jour, se réunissait en Congrès pour procéder à la désignation du nouveau président. 713 membres de l'Assemblée nationale prirent part au scrutin: M. Jules Grévy était élu au premier tour par 563 suffrages; les droites avaient voté pour le général Chanzy qui protesta le lendemain et qui obtint 99 voix.

La transmission du pouvoir s'effectua tranquillement, avec une grande simplicité. La grande crise traversée par la jeune République était close et ce fut une grande joie dans tout le pays. Mais la tranquillité n'allait pas être de longue durée. Gambetta avait dit juste : « L'ère des difficultés venait à peine de commencer ».

CHAPITRE XXVIII

M. Jules Grévy à la Présidence. — Remaniement du Ministère. — Premier Message. — L'Amnistie et les grèves. — Lois sur l'Enseignement. — L'Article 7. — L'Élection Blanqui à Bordeaux. — Rentrée des Proscrits de la Commune. — Le Premier Congrès collectiviste. — Dispersion des Congrégations. — L'Incident Hartmann. — Le 14 Juillet Fête nationale. — L'Amnistie. — Le Cabinet Ferry. — M. Clemenceau contre M. Gambetta.

La politique a de ces ironies : M. Jules Grévy avait conquis la célébrité par son fameux amendement de 1848, qui supprimait la présidence de la République et cette célébrité le portait, par une élection triomphale, à la magistrature suprême. Il serait injuste d'affirmer que là était le seul motif de son élection. Le nouveau président avait un passé tout fait de silence, de sérénité, disons le mot, d'inactivité politique. Sans doute, il était républicain et il avait appartenu à l'opposition, sous l'Empire, mais il s'était tenu à l'écart des agitations par lesquelles les hommes politiques conquièrent la grande notoriété, popularité ou impopularité, étiquettent un parti, illustrent vivement une cause. Ses familiers ont dit qu'il avait horreur de l'action; il s'en était toujours gardé, observant froidement ce qui se passait autour de lui, parlant peu et rarement, écrivant encore moins.

Durant les événements qui se déroulèrent depuis le 4 septembre jusqu'à la réunion de l'Assemblée nationale, à Bordeaux, il n'avait pas fait parler de lui. Il n'avait pas fait partie du gouvernement de la Défense nationale, quoiqu'il fut qualifié plus que les trois quarts de ses membres pour y prendre place; mais il ne s'était pas rendu à l'Hôtel de Ville où, les jours de révolution, se forment les gouvernements provisoires, par la voie d'acclamations populaires généralement si peu raisonnées et si étrangement interprétées que ce sont, pour la plupart, des conservateurs ennemis de la « vile multitude » qui s'attribuent le pouvoir.

Il ne s'était pas usé; les polémiques violentes ne l'avaient pas effleuré; sa réputation modeste n'avait pas fait de jaloux, n'éveillait pas les inquiétudes ambitieuses: il était intact, calme, d'une apathie qui passait pour du sang-froid et il se trouva tout désigné pour présider les débats de cette assemblée passionnée, tumultueuse qu'agitaient les passions les plus désordonnées. Son élection à la présidence n'avait pas eu, du reste, un caractère politique. C'était un glaçon placé au centre de la fournaise; il n'y fondit pas, au contraire. Soit au fauteuil, soit à son siège de député, quand dans un moment de dépit dont on ne l'eût pas soupçonné capable, il eut donné sa démission, il était resté le même; il ne changea pas durant sa présidence, montrant toutefois une grande fermeté en certaines circonstances; pendant son séjour à l'Elysée, la chapelle ne s'ouvrit pas; le clergé, sans oser l'attaquer de front, ne le lui pardonna pas. M. Jules Grévy fut, par excellence, le parfait représentant de la bourgeoisie républicaine.

Son message inaugural fut simple : « Soumis avec sincérité, portait-il, à la grande loi du régime parlementaire, je n'entrerai jamais en lutte contre la volonté nationale exprimée par ses organes constitutionnels ». Au cabinet Dufaure qui s'était volontairement retiré, succéda un cabinet qui fut d'abord une déception. On s'attendait à voir M. Grévy appeler pour le constituer un homme politique en vue, de ceux qui s'étaient montrés au premier plan, durant les incessantes batailles livrées par le parti républicain : M. Gambetta ou M. de Freycinet qui avait déjà pris une grande place dans le monde parlementaire. Il n'en fut rien. Ce fut M. Waddington qui reçut cette mission; l'ancien cabinet était peu modifié : toutefois M. Jules Ferry y prenait le portefeuille de l'Instruction publique et M. Le Royer celui de la Justice. M. Gambetta fut élu président de la Chambre.

On espérait voir le gouvernement nouveau, tout entier aux mains des républicains, inaugurer la décisive victoire républicaine par un acte de générosité, par une amnistie complète et sans réserve. Un projet fut à la vérité déposé par le ministère, mais il était très restreint, puisque l'amnistie n'était accordée qu'aux condamnés déjà graciés et devant être graciés par le président de la République dans le délai de trois mois après la promulgation de la loi. Décidément la République se montrait plus indulgente envers les fauteurs de coups d'Etat qu'envers les révolutionnaires républicains. M. de Marcère, alors qu'il était ministre de l'Intérieur, n'avait-il pas annulé une délibération du Conseil municipal de Paris, allouant une somme de mille francs à un des comités qui s'étaient formés pour recevoir les amnistiés? L'amnistie était plus qu'espérée, escomptée ?

Par contre, après une discussion fort vive, la proposition de loi relative à la mise en accusation des ministres du 16 mai se terminait par une simple flétrissure !

Le scandale provoqué par les articles du « vieux petit employé » (M. Yves Guyot), sur les agissements politiques et privés de la police, avait amené la retraite de M. de Marcère qui eut pour successeur M. Lepère et l'avènement à la Préfecture de M. Andrieux, qui devait s'y montrer l'homme versatile et fantaisiste qu'il a toujours été jusqu'au jour où, ayant lassé tous les partis, il n'exista plus politiquement.

Le 18 juin, le Parlement se réunit en Assemblée nationale pour reviser dans la Constitution l'article qui fixait à Versailles le siège des deux Chambres; cet article fut abrogé et bientôt une loi décidait que le Parlement rentrerait à Paris. Le retour fut fixé au 3 novembre.

Enfin, vint en discussion le projet de loi sur la composition du Conseil supérieur de l'Instruction publique d'où l'élément religieux était exclu et celui relatif à la liberté de l'enseignement supérieur. Tous deux donnèrent lieu à de longs et passionnés débats durant lesquels le parti clérical lutta avec l'ensemble et toute l'activité dont il était capable. Le mémorable article 7, plus particulièrement, provoquait les fureurs de toutes les jésuitières déchaînées. Il portait : « Nul n'est admis à participer à l'enseignement public ou libre, ni à diriger un établissement d'enseignement de quelque ordre que ce soit, s'il appartient à une congrégation religieuse non autorisée ». M. Madier de Montjau, au nom de l'Extrême-gauche, avait présenté un amendement excluant de l'enseignement public ou privé tout membre du clergé séculier ou d'une congrégation religieuse ou ayant cessé d'en faire partie depuis moins de deux ans; il fut repoussé. L'ensemble de la loi fut adopté par la Chambre des députés à une forte majorité.

Il s'agissait aussi d'organiser, de recruter un personnel destiné à assurer le fonctionnement laïque de l'enseignement, ainsi que l'exigeait la loi qui venait d'être votée. Il était à ce moment livré aux mains et aux inspirations de 37.000 congréganistes dont 5.700 seulement étaient munis de brevets ! Sur une proposition de M. Paul Bert. fortement combattue par la Droite. la création d'écoles normales d'instituteurs et d'institutrices fut rendue obligatoire pour chaque département. C'est de cette époque que date la concentration de toutes les forces réactionnaires autour du parti clérical et les campagnes d'agitation. de menaces, de conspirations qui marquent l'histoire de la République et illustrent de façon saisissante les mouvements tels que le boulangisme et le nationalisme.

Tandis que se discutaient les lois sur l'enseignement, le prince impérial tombait au Transvaal, frappé par la zagaie d'un Zoulou ; l'incident émut aussi peu l'opinion que les manifestes lancés par le comte de Chambord et le prince Jérôme Napoléon.

Un siège était devenu vacant à Bordeaux : le vieux révolutionnaire Blanqui était toujours détenu à Clairvaux après l'inique condamnation prononcée par le Conseil de guerre. Il n'avait pu participer au mouvement du 18 mars, puisqu'il avait été arrêté en province pour les événements du 31 octobre et ce, au mépris des engagements contractés, de la parole jurée. La grâce n'avait pas touché celui qui, toujours luttant pour la République, avait passé sa vie dans les geôles de la Monarchie et de l'Empire. Tout vieux et affaibli par les souffrances physiques et morales endurées, il effrayait encore ses classiques adversaires aux côtés desquels avaient pris place de trop nombreux républicains. Allait-on le laisser mourir en prison ? Ceci paraissait, hélas ! bien certain.

L'exemple donné par les républicains socialistes parisiens fut repris et sa candidature fut posée. C'était la candidature d'un inéligible ; il fut néanmoins élu à une imposante majorité de 4,000 voix. Mais, malgré un magnifique discours de M. Clemenceau, il fut invalidé ; 33 républicains seulement avaient voté sa validation.

Son élection, toute annulée qu'elle était, avait été accueillie par un tel mouvement d'enthousiasme, que le gouvernement se trouva dans l'obligation morale de le mettre en liberté, mais, pour qu'il restât inéligible, il ne fut gracié que deux jours après que le délai d'application de l'amnistie aux graciés était expirée. Il n'y avait pas de jésuites que dans les rangs de la Droite.

Le 1er septembre, le premier navire ramenant en France des déportés arrivait à Port-Vendres. L'accueil le plus chaleureux leur y fut fait. A Paris, l'accueil fut enthousiaste : une foule énorme se pressait, acclamant ceux qui avaient lutté, souffert pour la cause républicaine et la cause socialiste, émue à la vue de ces physionomies ravagées par un long voyage et le long temps passé loin de la famille, loin des amis. Chaque convoi reçut le même accueil ; chacun était l'objet de manifestations attendries et ce n'était pas la moindre surprise pour les rentrants que de voir cette foule ardente, attendrie, alors qu'à la fin de la Commune, leurs colonnes, traversant Paris encadrées de cavaliers et de fantassins menaçants, ils avaient été assaillis, sur tout le parcours, par les clameurs d'une foule affolée de terreur et de haine. Bientôt, chaque proscrit resté dans l'action militante reprit sa place dans le parti auquel son tempérament, ses convictions le ralliaient. On en put trouver dans toutes les fractions, depuis la fraction opportuniste jusqu'au parti socialiste révolutionnaire qui fit parmi eux de nombreuses et excellentes recrues.

Le retour des proscrits ne fit qu'activer la propagande en faveur de l'amnistie plénière ; ceux qui avaient bénéficié de l'amnistie partielle faisaient le récit des souffrances, des humiliations endurées dans les camps, sur les pontons, dans les prisons, dans la déportation et au bagne, et c'était un profond sentiment d'indignation, de colère et de pitié que ces récits provoquaient. A Paris, M. Alphonse Humbert, l'ancien rédacteur du *Père Duchêne*, était élu conseiller municipal dans le quartier de Javel, après avoir été, au préalable, puni de prison pour avoir, à l'enterrement de son camarade Gras, prononcé un violent discours contre la justice des conseils de guerre. Son élection fut annulée. De cette agitation à laquelle se joignait l'active propagande socialiste, tous les réacteurs essayèrent de tirer parti pour apeurer le pays. L'effort fut vain.

C'est au mois d'octobre de cette même année que se tint à Marseille le troisième Congrès. Son importance fut capitale, décisive ; de son attitude, de ses résolutions se dégagea la doctrine générale qui devait, malgré les scissions qui allaient plus tard se produire, orienter l'ensemble des forces socialistes. A Paris, en 1876, la politique avait été bannie des séances ; à Lyon, les idées collectivistes n'avaient attiré qu'une infime minorité et avaient provoqué de fort vives discussions ; à Marseille, par 73 voix contre 27, le Conseil adoptait comme but à assigner aux efforts du prolétariat : « La collectivité du sol, sous-sol, instruments de travail, matières premières, donnés à tous et rendus inaliénables, par la société, à qui ils doivent retourner ».

Ce ne fut pas sans avoir entendu des contradicteurs que les résolutions furent prises. Le citoyen Isidore Finance, ouvrier peintre, positiviste, que nous avons déjà trouvé participant à l'organisation du Congrès international interdit par la police en 1878, combattit avec conviction et talent la doctrine qui devait triompher, mais la cause de la propriété individuelle était perdue d'avance.

Toutes les agitations du dehors avaient une vive répercussion dans les milieux parlementaires : sur la question de l'amnistie le Cabinet allait se retirer et M. de Freycinet, le 29 décembre, prenait la présidence du Conseil ne conservant que MM. Jules Ferry, Lepère, Cochery ; M. Tirard était au Commerce ; M. Cazot à la Justice ; l'amiral Jauréguiberry à la Marine ; le général Farre à la Guerre ; M. Magnin aux Finances ; M. Wilson avait le sous-secrétariat d'Etat des Finances ; M. Constans était sous-secrétaire d'Etat à l'Intérieur et M. Sadi-Carnot aux Travaux publics. Le programme de M. de Freycinet comportait l'épuration du personnel administratif, la réorganisation de la magistrature, la loi sur l'enseignement, des projets de loi sur la presse et le droit de réunion. Les lois proposées par M. Jules Ferry et adoptées par la Chambre des députés allaient venir en discussion au Sénat. M. Jules Simon devait les y combattre, ce qui ne surprit personne. Parmi toutes ces réformes en projets, une devait être réalisée et sa mise à exécution déchaînait une agitation cléricale comme on n'en avait pas vu durant les plus sombres jours de l'ordre moral, nous voulons parler des décrets dissolvant les congrégations non autorisées ; elles étaient au nombre de 500 environ. La Société de Jésus avait trois mois pour se dissoudre. Elle n'était admise à aucune demande d'autorisation. Les autres avaient un délai de trois mois pour faire les déclarations et remplir les formalités imposées. Ce fut une révolte générale du parti clérical, mais à l'exception de quelques points de France, partout une suprême indifférence l'accueillit et la loi reçut son application. Suivant une expression populaire, « les congrégations chassées par la porte ne devaient pas tarder à rentrer par la fenêtre ».

En février 1889, se produisit un incident assez sérieux : un socialiste russe, Hartmann, était arrêté par la police française, sur l'indication et la demande du prince Orloff, ambassadeur de Russie. Il était accusé de complicité dans une tentative contre le tzar ; il y avait une demande d'extradition formelle. Au point de vue politique, l'extradition ne pouvait être accordée, conformément à tous les précédents. Pouvait-on, par un subterfuge policier et juridique à la fois, transformer en crime privé un crime politique ? Le président du Conseil se trouvait dans une situation difficile, parce que des préoccupations de politique étrangère se mêlaient à l'incident ; déjà des hommes politiques tournaient leurs regards vers la Russie avec le secret espoir de trouver en elle une alliée.

Mais l'opinion publique, par un irrésistible courant manifesté dans la presse radicale, dans les quelques organes socialistes, dans de nombreux meetings et réunions, exerça une influence décisive sur M. de Freycinet qui refusa l'extradition en se fondant sur des raisons d'ordre purement juridique. L'ambassadeur russe quitta Paris soudain, mais il y reparut trois mois après. Simple bouderie diplomatique qui n'eut pas d'autres conséquences.

Sur la proposition de Raspail, le 14 juillet fut adopté comme Fête nationale et, à l'occasion de cette première fête républicaine, un projet d'amnistie fut déposé. Les Chambres étaient fort hésitantes, troublées par l'élection du « forçat » Trinquet à Paris, par la candidature de Blanqui à Lyon et le président du Conseil se trouvait perplexe. M. Gambetta descendit de son fauteuil pour défendre la proposition. Dans son discours, il répudia hautement le mouvement du 18 mars et la politique révolutionnaire; il présenta la proposition comme une mesure politique d'apaisement et elle fut adoptée ; le Sénat devait la voter mais en l'amendant légèrement.

Le caractère modéré, surtout irrésolu de M. Freycinet devait déterminer sa retraite, par suite d'un désaccord assez profond entre lui et le ministre de l'Intérieur qui entendait poursuivre dans toute sa rigueur légale l'application des décrets contre les congrégations. M. Jules Ferry fut chargé de constituer le nouveau ministère dont la politique allait accuser, en les exaspérant, les divisions du parti républicain.

Dans un discours prononcé à Marseille, M. Clemenceau, devenu le chef effectif de l'Extrême-Gauche, chef redoutable, parfois même à ses amis, par son éloquence à l'emporte-pièce, argumentée, son esprit toujours en éveil et caustique, avait publiquement rompu avec M. Gambetta et sa politique ; il l'accusait d'être le chef occulte et réel du gouvernement et il traçait, sous l'impression du développement de la propagande du Parti ouvrier, un programme, bien oublié depuis, dans lequel il réclamait « la liquidation des grandes compagnies de chemins de fer, canaux et mines, et l'exploitation de ces industries par l'ensemble de ceux qui les mettent en œuvre et à leur profit ». Le Congrès de Marseille, tenu l'année précédente, avait donc eu une grande influence, puisque le leader de l'Extrême-Gauche en adoptait, en partie, une résolution qui n'était autre que la nationalisation et la transformation en services publics à forme socialiste de certains organes économiques féodalisés par de grandes compagnies.

Ce n'était là qu'une apparence. Les collectivistes du Parti ouvrier ne devaient pas rencontrer d'adversaire plus ardent que M. Clemenceau. On le constatait déjà, on le put constater encore plus effectivement au cours des meetings contradictoires, des campagnes électorales que, de concert avec quelques militants, l'ouvrier mécanicien Joffrin, revenu de la proscription, allait mener, particulièrement à Montmartre.

Le cabinet Ferry se présenta devant le Parlement le 9 novembre 1880. Son

LES ÉLECTIONS : M. GAMBETTA A LA RÉUNION ÉLECTORALE DE LA RUE SAINT-BLAISE.

(Extrait du *Monde Illustré*).

(Dessin de M. de Haenen, d'après le croquis de M. Dick).

programme était modéré d'aspect, mais c'était un programme de travail nettement limité à certaines questions, parmi lesquelles les lois sur l'enseignement,
les lois sur le droit de réunion, sur la presse, sur les syndicats professionnels,
sur la réforme judiciaire. Pour cette tâche, le Cabinet demandait à la Chambre
de lui faire confiance. La réforme judiciaire qui vint la première en discussion
n'aboutit que sur la question du personnel qui fut sensiblement réduit comme
nombre. Vint, enfin, la réforme sur laquelle une grande bataille allait se livrer
et mettre en ligne les meilleurs et les plus ardents orateurs des deux côtés de
la Chambre. La gratuité de l'enseignement primaire venait en première ligne :
elle fut adoptée à une forte majorité. Un mouvement d'opinion provoqué dans
le pays sous l'inspiration et la direction de Jean Macé, le fondateur de la
Ligue de l'Enseignement, avait fait aboutir cette loi si essentielle que devait
compléter l'obligation, la laïcité étant déjà acquise. A l'instruction religieuse
fut substitué l'enseignement moral et civique, mais toute conception religieuse
n'en était pas bannie. Il y avait déjà un sérieux progrès réalisé.

Au dehors la guerre russo-turque qui avait inspiré, dès ses débuts, de vives
anxiétés pour la paix de l'Europe, s'était terminée par la victoire de la Russie
dont la mobilisation, la concentration avaient révélé la très défectueuse organisation militaire. Un ordre de choses nouveau naissait en Orient où les prin-
cipautés danubiennes, libérées du joug ottoman, allaient ressentir dans leur
organisation intérieure les nombreuses répercussions des convoitises et des
intrigues de leurs puissants voisins. La Conférence de Berlin avait réglé la
situation créée par le traité de San Stefano, mais le Sultan n'avait cédé, n'avait
donné de réponse ferme que sous la menace d'une démonstration combinée
des forces navales de l'Europe devant Constantinople. La paix semblait désormais assurée, malgré les agitations inquiétantes de ceux qui, sous couleur de
patriotisme, faisaient entendre des menaces de prochaine revanche contre
l'Allemagne. Cette agitation qui devait, peu à peu, se transformer en mouvement politique dirigé contre la République, rallier les cléricaux et les réacteurs
de toute nuance, prenait corps et causait de vives préoccupations.

Enfin, s'engageaient en Tunisie la série des opérations financières et diplomatiques qui, l'année suivante, allaient déterminer l'expédition militaire,
source de difficultés diplomatiques et politiques, source de violentes et persis-
tantes animosités de l'Italie contre la France.

CHAPITRE XXIX

Les divisions du Parti républicain. — Le Parti socialiste. — Anarchistes et radicaux. — Les cercles catholiques. — La politique coloniale. — Le cabinet Gambetta. — Réaction républicaine. — Le boulangisme. — L'affaire Wilson et la démission du président Grévy.

Jamais peut-être les polémiques de presse n'avaient eu autant de violence qu'au moment où M. Jules Ferry occupa la présidence du Conseil et durant les années qui suivirent, troublées par les crises les plus graves, les plus dangereuses pour la République. Les partis de réaction avaient, en fait sinon en apparence, renoncé à leurs projets de restauration pour le prétendant de leur choix. Au surplus, avaient-ils la sensation assez nette que leurs efforts resteraient vains devant la volonté catégoriquement exprimée du pays. Depuis la réunion du nouveau Parlement, depuis surtout leur dernière défaite sénatoriale, ils s'étaient unis sur le terrain de la défense de la religion, commun à tous. Leur but? devenir les maîtres du pouvoir, sans se préoccuper de la forme qui lui serait donnée; leurs moyens? tous ceux qui paraîtraient en rapport avec les circonstances et le moment. Agir sur l'opinion, l'ameuter contre le Parlement en mettant en relief les fautes commises ou le danger de certaines réformes en préparation ou en cours d'exécution; profiter du moindre incident pour le transformer en scandale; accuser le gouvernement de compromettre par sa faiblesse dans le domaine de la politique extérieure, par son imprudence dans la politique coloniale, la dignité de la France ou sa sécurité. M. Paul de Cassagnac, libéré de sa fidélité bonapartiste par la mort tragique du prince impérial, avait donné la formule du nouveau parti conservateur « le n'importequisme » avec « n'importe qui » pourvu que « la gueuse en crevât ». L'action parlementaire réduite à des effets de tribune allait se doubler d'une active campagne dans le pays. Des républicains aveuglés par la passion politique, ou débordés d'appétits, allaient se faire les complices, les uns inconscients, les autres conscients et déterminés, de cette campagne qui, par trois crises profondes, va retarder l'évolution de la République et faire naître les plus graves complications.

Ce qui va faciliter singulièrement les entreprises du Parti conservateur, c'est la confusion extrême qui règne dans le Parti républicain. Les rivalités d'influence se sont accusées jusqu'à l'exaspération. La dictature morale exercée par M. Gambetta, que l'on pousse au pouvoir pour l'en précipiter et ruiner son prestige, lasse tout le monde ; l'Extrême-Gauche a violemment rompu avec lui et, par la voie de la presse, des réunions privées ou publiques, lui fait une guerre sans merci, souvent justifiée, parfois injuste. M. Jules Ferry, qui est devenu une personnalité, a depuis quelques années déjà secoué le joug. C'est un tempérament d'homme d'Etat résolu à suivre la ligne de conduite qu'il s'est tracée, sans se préoccuper des impressions de l'opinion publique ; il en affiche le plus profond dédain ; on dirait qu'il s'acharne à déchaîner contre lui l'impopularité ; qu'il savoure la tourmente passionnée, haineuse qui l'enveloppe. C'est évidemment un des rares hommes d'Etat que la bourgeoisie ait produit sous la troisième République ; elle n'a pas su le comprendre. Aux côtés de M. Jules Ferry un autre homme politique jouait un rôle considérable, M. de Freycinet, dont l'action était considérable, l'autorité très grande dans toutes les matières, sur lesquelles s'exerçait son activité méthodique. Lui aussi avait abandonné Gambetta dont il avait été le lieutenant le plus actif, le plus intelligent collaborateur, durant la guerre franco-allemande. Contre son ancien chef, il menait une campagne oblique, sournoise, mais féconde en résultats. Son rôle eut été plus considérable encore si à sa souplesse, à son habileté, à ses réelles capacités, à son éloquence substantielle, claire, démonstrative, il eut joint un caractère ferme.

En réalité, le Parti républicain était fort fractionné et c'était dans son sein un renouvellement incessant d'intrigues, de luttes pour la conquête des portefeuilles ministériels.

En dehors du Parlement, la propagande socialiste se poursuivait avec ardeur ; cependant son aspect se modifiait profondément ; de même que dans le Parti républicain, des divisions se produisaient, préjudiciables certainement aux progrès de l'Idée. La doctrine anarchiste avait lentement pénétré en France et parmi les tempéraments révolutionnaires épris de liberté et impatients de l'action, elle avait recruté des adhérents dont l'activité était grande et donnait des résultats, comme elle en avait donné déjà en Italie, en Espagne, en Suisse, depuis la scission qui s'était produite dans l'Internationale au Congrès de La Haye. C'était la lutte engagée entre anarchistes et socialistes réformistes ou révolutionnaires, tous admettant du reste le collectivisme ou le communisme comme doctrine fondamentale.

Tandis que les socialistes, tout en affirmant leur attachement à l'idée de liberté, entraient résolument dans la voie de l'action politique pour la conquête par le prolétariat des pouvoirs publics, les anarchistes prêchaient l'abstention, l'organisation en vue de la destruction de la société bourgeoise dans son organe essentiel l'Etat. Il y avait dans cette propagande de quoi séduire certains tempéraments ardents, certains cerveaux auxquels le socialisme ainsi conçu apparaissait comme une doctrine peu compliquée et ne comportant pas d'études approfondies. Elle devait produire de funestes effets.

Parmi les socialistes qui s'étaient groupés en un seul parti à la suite du Congrès de Marseille, les divisions s'étaient introduites; il serait trop long d'en retracer les origines, les causes, l'évolution; elles devaient aboutir, en 1881 et en 1882, à des luttes très vives, puis à une rupture définitive qui devait se prolonger durant bien des années. C'est au Congrès de Saint-Étienne (1882) que cette rupture se produisit. Il en résulta deux fédérations de groupes : le Parti Ouvrier Socialiste, qui maintient intactes la doctrine et la tactique marxistes et la Fédération des Travailleurs Socialistes de France qui reste naturellement collectiviste révolutionnaire, mais adopte une organisation plus souple, plus capable de s'adapter aux nécessités de la propagande et de l'action, telles que les différents milieux, les différentes régions du pays les dégagent.

En vue de contrebalancer les progrès du Parti Socialiste qui s'accusaient chaque jour, malgré les divisions et certaines erreurs de propagande, s'était constitué un groupement dont le programme politique était celui de l'Extrême-Gauche de la Chambre, mais qui avait été additionné de quelques articles empruntés au programme socialiste et de réformes intéressant la classe ouvrière au point de vue corporatif. L'Alliance Républicaine Socialiste était anticollectiviste, antirévolutionnaire; elle se déclarait opposée au principe de la lutte des classes, mais elle admettait la nationalisation et la transformation en services publics de certaines industries, chemins de fer, canaux, mines. M. Clemenceau avait accepté cette transformation; dans son retentissant discours de Marseille, il les avait déclarées souhaitables, possibles, nécessaires.

De nombreux combattants de la Révolution du 18 mars, d'anciens membres de la Commune revenus d'exil ou de la Nouvelle-Calédonie, avaient adhéré aux divers groupements politiques et se trouvaient dans les différents camps ; il faut déclarer que la majorité de ceux qui avaient siégé à l'Hôtel de Ville ne vinrent pas au parti socialiste révolutionnaire et que, fréquemment par la plume et la parole, ils le combattaient avec une ardeur et une âpreté remarquables. C'est à les voir attachés à cette œuvre que l'on put comprendre à quelle causes réelles était due la défaite d'un des mouvements révolutionnaires qui avait provoqué un grand enthousiasme et eut à sa disposition des troupes exercées, entraînées par les nécessités militaires du Siège ; un outillage de guerre largement suffisant.

Sur les masses ouvrières, en vue de l'exécution de leur plan et de la lutte contre le socialisme, les conservateurs de droite, essayaient d'agir par l'organisation des cercles catholiques. M. de Mun s'était employé avec un grand zèle à cette tâche et il avait trouvé de précieuses collaborations tant dans le monde politique que dans le monde patronal et clérical; grâce à cet appui, des organisations se fondèrent à Paris, à Lyon et dans de nombreux centres de province, mais les progrès un instant très vifs devinrent rapidement stationnaires; l'empreinte cléricale et royaliste qui, si fortement répugne au caractère français, était trop visible.

De ce tableau esquissé à larges traits dans ces pages trop sommaires, se dégage l'état de division dans lequel se trouvait la France entière ; il est pour expliquer comment, après leurs écrasantes défaites, les partis de réaction purent reprendre espoir et provoquer des crises périlleuses pour le pays et la République.

Un mouvement se produit dans le monde qui, durant plusieurs années, semble devoir détourner l'attention des puissances des affaires européennes et va, cependant, l'y ramener très intense, déchaînant des troubles gros de dangers. Chaque nation cherche à augmenter le nombre de ses colonies ou à en acquérir. C'est l'Afrique qui sollicite les principaux efforts. Le continent noir est sillonné, sur la côte et vers l'intérieur, par de nombreux explorateurs, par des missions ; il y a là d'incomparables richesses en matières premières précieuses pour l'industrie. La France qui a déjà dans le nord l'Algérie, sur la côte occidentale le Sénégal, va viser la conquête de points importants: au nord, entre l'Algérie et la Tripolitaine, la Tunisie; Savorgnan de Brazza lui conquiert lentement, sans efforts militaires proprement dits, une partie du Congo; peu à peu s'annexeront la Côte d'Ivoire, le Bénin, le Dahomey, et la pénétration vers Tombouctou, le lac Tchad s'effectuera, démontrant, trop fréquemment, que la civilisation ne se présente pas aux malheureux noirs sous des aspects civilisés et civilisateurs. Sur la côte occidentale, un établissement sera créé à Obock. Mais, en attendant qu'une grande et douloureuse expédition s'organise pour la conquête de Madagascar, la politique coloniale française s'oriente aussi et surtout en Extrême-Orient, entre le fleuve Rouge et le Mékong, au nord de notre possession de Cochinchine, au Tonkin, en Annam.

Cette politique provoque de violentes polémiques dans la presse et dans le Parlement. Aux uns elle apparaît dangereuse, en ce sens qu'à leur avis elle détourne l'opinion de la préoccupation qui doit tout dominer, la préparation d'une revanche et la reconquête de la frontière de l'Est annexée à l'Allemagne; la dispersion au loin de nos forces militaires et de centaines de millions; pour d'autres elle n'est que l'appui donné à une série d'affaires financières qui, à aucun titre, ne peuvent intéresser le pays au point de lui faire courir des risques très grands. Elle est impopulaire, ceci est certain. Cependant, disaient ses pro_ tagonistes et leurs partisans, ils étaient nombreux, était-il possible de laisser un continent aussi vaste, aussi riche que l'Afrique, à la merci des concurrents économiques, alors que par ses possessions déjà acquises la France y était déjà établie? Était-il possible de laisser incomplète l'œuvre déjà accomplie en Extrême-Orient? Le Tonkin et l'Annam étaient le complément nécessaire de la Cochinchine, de véritables « marches » destinées à assurer la sécurité contre les intrigues et les incursions de la Chine. Quant à Madagascar, il n'était pas prudent de laisser tomber aux mains de rivaux une baie telle que Diégo-Suarez point d'appui tout désigné pour nos escadres sur la route de nos colonies d'Extrême-Orient.

Ces polémiques, ces crises parlementaires, provoquées par la politique coloniale ne sont pas, il faut le dire, suscitées par le seul souci de la sécurité et de la grandeur de la France; les divisions, les âpretés de la politique intérieure y jouent un rôle considérable, prépondérant, et la mauvaise foi y a sa grande part. La meilleure preuve qu'on en puisse fournir, c'est que tous les partis politiques se sont succédé au pouvoir depuis 1871 et que pas un n'a renoncé à la politique dite d'expansion, quand les circonstances l'ont placé à la direction des affaires. Les critiques ont été le fait d'une opposition transitoire, pas autre chose.

Ce qui était pour frapper l'opinion, en dehors des échecs éprouvés parfois et qui l'affolaient malgré leur peu de gravité, c'est que les courants de l'émigration française ne se portaient pas sur les nouvelles colonies, encore moins que sur les anciennes où la sécurité était assurée. Elle continuait de s'orienter vers l'Amérique, principalement vers la République Argentine. Pouvait-on espérer voir des colons s'expatrier pour s'établir sur la Côte occidentale d'Afrique, en Cochinchine, en Annam, au Tonkin, alors que ce n'était qu'à grand'peine que quelques-uns avaient consenti à se fixer en Algérie, en Tunisie, non loin des côtes de France, dans des régions assainies et riches ? Alors l'or et le sang français, au profit de qui les sacrifiaient-on ? au profit d'étrangers, de nos rivaux économiques, plus actifs, plus entreprenants que nos nationaux peu soucieux, du reste, d'aller se heurter aux complications, aux tracasseries créées et soigneusement entretenues par les autorités militaires et civiles.

Les questions coloniales ne passaient pas sans entraîner des difficultés dans le domaine de la politique étrangère. La Tunisie provoquait un violent mouvement anti-français en Italie; il devait durer de longues années et fixer la sœur latine dans la Triplice. Le développement de la politique coloniale en Afrique, la pénétration progressive vers le Soudan et l'expansion en Extrême-Orient posaient la question d'Egypte, clé du Centre africain et par le Canal de Suez, clé de la route maritime la plus brève, la plus sûre. Ce problème devait se résoudre par l'établissement de l'Angleterre dans le pays des Pharaons: par Gibraltar, Malte, l'Égypte, l'île de Chypre cueillie dans le règlement des affaires d'Orient, la Méditerranée devenait un « lac Anglais ».

A l'intérieur, où la politique s'exaspérait de plus en plus, où le Parti clérical faisait bloc contre les républicains divisés et s'entredéchirant, les réformes, néanmoins, s'entreprenaient et s'accomplissaient au moins en partie, telles la loi sur la réorganisation judiciaire et sur l'enseignement secondaire et primaire, mais il était fort difficile de les continuer avec méthode et esprit de suite, car les ministères se succédaient avec une rapidité extraordinaire. Puis, on voyait fréquemment des républicains, ou du moins des représentants se disant tels, combattre avec une obstination rare les projets ou propositions de lois présentés, en ce qu'ils avaient de démocratique. C'est ainsi qu'en matière d'enseignement primaire, l'obligation et la gratuité étant adoptées, M. Jules Simon, au Sénat, demandait et obtenait que les « devoirs envers Dieu » figurassent dans le programme, au mépris du principe de neutralité tant de fois proclamé et qui s'imposait.

La loi sur les Syndicats subissait le même sort. Il s'agissait de faire cesser le régime de pure tolérance sous lequel étaient placés les groupements professionnels ; ils étaient à la merci de l'arbitraire et cet arbitraire prenait un aspect d'autant plus menaçant qu'au ministère de l'intérieur avait été créé un *Bureau des Associations professionnelles*, sous la direction de M. Barberet qui, depuis la défaite de la Commune, s'était exclusivement attaché à la reconstitution des syndicats ouvriers, s'efforçant à les maintenir sur le terrain purement corporatif et mutualiste, à les tenir en garde contre les grèves et l'intrusion de la propagande socialiste. Le gouvernement avait fait sien, en le modifiant toutefois, le projet déposé par M. Lockroy en 1876. Sous la condition du dépôt des statuts et de la liste de leurs membres, le projet du gouvernement accordait la reconnaissance légale et la personnalité aux syndicats. MM. Goblet, Trarieux et Ribot avaient présenté un amendement qui autorisait les associations ouvrières à se constituer librement sans être dans l'obligation de déposer ni statuts ni liste des adhérents, mais sans reconnaissance de la personnalité civile. Pour jouir de ce dernier avantage, tout syndicat devait déposer ses statuts dont l'examen était réservé aux préfets, à charge par eux de s'assurer qu'ils ne contenaient rien de contraire aux lois.

Ce projet devait traîner devant la Chambre et le Sénat jusqu'en mars 1884. Il fut, dès sa mise à l'ordre du jour, le sujet de très vives polémiques dans le monde ouvrier où les opinions étaient fort partagées. L'élément purement corporatif qui était resté fidèle aux idées et à la tactique de M. Barberet, souhaitaient l'adoption du projet ; en revanche, les travailleurs qui s'étaient laissé pénétrer par la propagande socialiste, ils commençaient à être nombreux, combattaient le projet avec la plus grande énergie, préférant le régime de la tolérance avec toutes ses incertitudes, tous ses dangers, à une réglementation qui, à leur avis, les plaçait collectivement et individuellement sous la surveillance de l'autorité, c'est-à-dire de la police.

Mais un travail méthodique, réfléchi, de sang-froid, pouvait-il s'accomplir dans une Chambre où les rivalités d'ambition se manifestaient avec une acuité de plus en plus intense, que préoccupait ce que l'on appelait la « dictature occulte » de M. Gambetta, qu'inquiétaient les affaires de Tunisie et la dangereuse insurrection du Sud-Oranais où Bou-Amema venait d'infliger un grave échec au colonel Innocenti : alors qu'une fermentation, un vif mécontentement se manifestait dans tout le pays et que des élections générales s'approchaient ? Le cabinet Ferry, pour se maintenir, car sa majorité s'effritait chaque jour davantage, brusqua la situation et, le 29 juillet, un décret déclara

LES ATTENTATS DE LYON. — L'EXPLOSION DU 17 OCTOBRE DANS LA ROTONDE DU CAFÉ DU THÉÂTRE (TELLIER).

(Extrait du *Monde Illustré*)

Dessin de M. Gérardin, d'après un croquis de M. Dick.

close la session législative, tandis qu'un autre convoquait les électeurs pour le 21 août.

La campagne électorale fut on ne peut plus vive. Pour la première fois, le Parti socialiste entra en ligne avec son programme intégral, composé de la partie doctrinale dans laquelle figuraient les principes adoptés par le Congrés de Marseille, confirmés par des congrés régionaux : Expropriation de la classe possédante ; appropriation collective de tous les moyens de production ; constitution du prolétariat en parti politique de classe en vue de la conquête du pouvoir politique dans l'État et du pouvoir municipal dans la Commune ; ce programme doctrinal était suivi d'une série de réformes considérées comme immédiatement réalisables, destinées à fournir à ceux qui seraient élus comme autant de mises en demeure à présenter au Parlement. Partout où cela lui fut possible, des candidats furent posés et opposés à ceux de tous les partis. S'il mena une ardente campagne, il fut combattu avec une égale ardeur par tous les partis et surtout avec un merveilleux ensemble leur presse et leurs orateurs « donnèrent » contre lui. Rien ne lui manqua, pas plus les calomnies que les injures, les provocations et les coups. Il obtint à Paris et dans certains points de province des minorités qui, étant donné les ressources plus que modestes dont il disposait, marquaient de sensibles progrés.

Mais où la lutte fut plus que vive, violente, ce fut dans le XXe arrondissement qui était devenu pour M. Gambetta un véritable fief électoral. M. Gambetta était candidat dans les deux circonscriptions ; il tenait, en raison même de la campagne dirigée contre lui par les socialistes, l'Extrême-Gauche, par MM. Jules Ferry, de Freycinet et leurs amis, à être réélu dans ce centre démocratique que, sous l'Empire, il avait appelé le « Mont Aventin de la Révolution ». La campagne électorale s'y déchaîna en tempête, particulièrement au cours de la mémorable réunion de la rue Saint-Blaise où son discours, dès l'exorde, fut accueilli, haché par de formidables clameurs. Le tribun, malgré l'avis de ses amis, avait tenu à y paraître, comptant que sa voix puissante, son éloquence brûlante, apaiseraient tous les orages et imposeraient silence aux plus déterminés. Tous ses efforts furent vains et c'est dans un mouvement de fureur, qui acheva de porter à son comble l'exaspération de l'auditoire surchauffé, qu'il traita les électeurs assemblés là d' « esclaves ivres », menaçant d' « aller chercher jusque dans leurs repaires » ses interrupteurs ; ils étaient la majorité.

C'était là déjà un grave échec pour l'homme politique que Belleville, dans un élan d'enthousiasme, avait adopté comme son représentant, après l'affaire Baudin. L'échec devait s'aggraver le jour du scrutin, car M. Gambetta, s'il était élu dans la 1re circonscription, fut mis en ballottage dans la seconde ; il se désista.

Les élections furent une nouvelle et importante victoire pour le parti républicain qui gagna environ 800.000 suffrages depuis 1877 et conquit 53 sièges dont 42 sur les bonapartistes qui furent particulièrement écrasés. Toutefois, la lassitude qui régnait dans le pays se manifesta par un million d'abstentions de plus qu'il ne s'en était produit en octobre 1877 lors de la grande bataille contre le gouvernement du 16 mai. Les divisions du parti républicain, les complications de l'expédition de Tunisie, l'augmentation des charges fiscales n'avaient pas été étrangères à cet événement qui constituait une indication grave.

Dans la nouvelle Assemblée allait se former un groupe composé de 88 républicains radicaux qui, tout en combattant la politique de M. Gambetta, ne devaient pas toujours s'associer à la politique de M. Clemenceau devenu le véritable chef de l'Extrême-Gauche. Au point de vue parlementaire, ce groupe devait prendre une réelle importance, en ce sens qu'il formerait un appoint appréciable dans les scrutins décisifs.

Dès la réunion de la Chambre, M. Gambetta fut désigné, par 317 voix sur 350 votants, comme président provisoire. C'était là une manifestation significative, une invitation formelle à prendre le pouvoir, aussi, le tribun assagi, déclina-t-il la candidature à la présidence effective. M. Brisson fut élu et, quelques jours après, le 10 novembre, le Cabinet Ferry renversé sur la question tunisienne, après une discussion incohérente, une série de scrutins au cours desquels se manifestèrent l'affolement et les lâchetés les plus navrantes, M. Gambetta était chargé de constituer un Cabinet, celui que l'on baptisa, dès sa naissance, du titre ironique de « grand ministère » et qui devait être de si brève durée. Sans doute, s'il n'était pas grand il était copieux; il comptait douze portefeuilles et dix sous-secrétariats d'État. MM. Paul Bert, Allain-Targé, Waldeck-Rousseau, Rouvier, Félix Faure, Raynal, en faisaient partie et M. Gambetta s'était réservé les Affaires étrangères, avec M. Spuller comme aide de camp.

Il faut convenir que la large composition du Cabinet, qui avait été d'abord annoncé comme devant englober MM. de Freycinet et Jules Ferry, fut une déception. Il apparaissait plus prétentieux que grand. Son programme parut vaste mais creux; il voulait donner satisfaction à tout le monde et il ne pouvait faire naître que des mécontentements; il avait surtout ce caractère d'être « anti-gambettiste », en ce sens qu'il tournait le dos au programme de Belleville, même atténué par les récentes évolutions de M. Gambetta.

Pour comble, les premières mesures prises provoquèrent plus que de la surprise, de la stupéfaction : M. J.-J. Weiss, journaliste et écrivain de très grand talent, mais orléaniste avéré, qui sous le 16 mai s'était fait remarquer par sa campagne anti-républicaine et ses excitations au coup d'État, était nommé directeur au ministère des Affaires étrangères; le général de Gallifet, celui qui s'était montré si particulièrement odieux envers les prisonniers de Mai 1871, qui avait fait enlever à Dijon une statue de la République, dont le bonapartisme était avéré, entrait au Conseil supérieur de la Guerre avec le maréchal Canrobert; enfin le général de Miribel, dont on disait, non sans raison, qu'il avait tracé le plan de mobilisation et de mise en marche du corps d'armée de Bourges pour le porter sur Paris, quand avait été préparé un coup d'Etat, sous le Cabinet de Rochebouet, clérical, monarchiste militant, était placé à la tête de l'état-major général de l'armée! Il y avait là de quoi rassurer l'opinion déjà émue par les accusations de dictature lancées contre celui qui venait de prendre le pouvoir et surtout donner confiance aux éléments républicains qui pouvaient se trouver dans l'armée!

C'était un défi ou une inconcevable maladresse; l'effet en fut désastreux. Les polémiques s'en aggravèrent dans les rangs républicains; quant aux conservateurs, loin de les apaiser, ces concessions ne firent que les rendre plus âpres, plus exigeants.

Dès sa naissance, le « grand ministère » était mortellement atteint. Aussi bien était-il sourdement miné par les manœuvres de MM. Jules Ferry, de Freycinet, Ribot, Méline et par l'Élysée où le président Grévy, sous son attitude d'apparence réservée, strictement constitutionnelle, ne cessait de s'occuper activement de politique. Le 26 janvier 1882, il s'écroulait misérablement, après l'échec de sa proposition tendant à la substitution du scrutin de liste au scrutin d'arrondissement, proposition-préface d'une revision constitutionnelle fort anodine.

Aveuglée sur ses propres intérêts de classe possédante et dirigeante, par ses passions politiques si diverses, si contradictoires, la bourgeoisie française, par l'organe de ses représentants, venait de renverser, de réduire à l'impuissance un de ses hommes les plus marquants, dont le plan lui avait certainement échappé et qui était de constituer, sous l'étiquette républicaine, un grand parti national dans les rangs duquel auraient pu prendre place tous ceux qui, partisans de « l'ordre », résolus à lutter contre les progrès du socialisme, auraient fait abstraction de leurs préférences politiques. Le clergé lui-même y aurait eu son action réservée. Toutes les forces conservatrices se seraient groupées autour d'un programme résumé en ces articles dominants : la tranquilité au dedans; au dehors le rôle prépondérant de la France rétabli.

Le cabinet de Freycinet qui succéda au ministère Gambetta dura juste six mois. Il avait à faire face à de graves questions extérieures dont l'évolution inquiétait le pays et l'opinion du monde entier; affaires d'Extrême-Orient où la France se trouvait engagée et affaire d'Égypte. M. Gambetta s'était prononcé pour une entente et une action commune avec l'Angleterre: M. de Freycinet, lui, soutenait avec l'Extrême-Gauche, une politique d'abandon, redoutant des complications internationales dangereuses. Toutefois, par un brusque revirement, il se décidait à proposer une occupation militaire du Canal de Suez. La Chambre des députés repoussait la demande de crédits proposée dans ce but et par 450 voix elle renversait le Cabinet auquel 75 députés seulement étaient restés fidèles ! Les partisans de Gambetta venaient de prendre leur revanche. Ce fut un Cabinet bien effacé, présidé par M. Duclerc, qui fut constitué pour laisser aux groupes parlementaires le temps de voir clair dans une situation fort troublée, fort incertaine. Cette situation devait, pour quelque temps encore, devenir plus incertaine, car, dans la nuit du 31 décembre 1882, Gambetta mourait à Ville-d'Avray. Le rôle qu'il avait joué était considérable ; on s'en aperçut surtout au lendemain de sa mort, car les partis conservateurs reprirent courage et entreprirent des manifestations qui émurent le pays tout entier, particulièrement le monde parlementaire désemparé. Manifeste et arrestation du prince Napoléon, expulsion des princes prétendants, agitations légitimistes dans le Midi, propagande anarchiste très intense, marquée par l'explosion de la place Bellecour à Lyon ; grèves graves à Montceau-les-Mines avec intervention de la troupe ; menées très actives de l'élément dit patriote, il n'en fallait pas davantage pour provoquer une profonde et inquiétante perturbation. La République semblait avoir usé, en fort peu de temps, ses hommes les plus en vue, les plus réputés et elle traversait une crise sérieuse, d'autant plus que chaque année le budget des dépenses grossissait et que les charges des contribuables devenaient de plus en plus lourdes ; elles étaient fort inéquitablement réparties. De cette situation le travail parlementaire se ressentait vivement ; il était lent et sans orientation. Le 21 février 1883, M. Jules Ferry était chargé de constituer un nouveau Cabinet : il apparaissait comme le seul capable de tenir solidement la barre, d'appliquer un programme déterminé et d'affronter l'opinion publique, alors même qu'elle se déchaînerait contre lui ; il était déjà peu populaire. Le Parlement qui voyait l'Extrême-Gauche s'augmenter numériquement à chaque élection ; le Parti socialiste grossir le nombre de ses adhérents et prendre une part très active aux luttes électorales, groupant d'appréciables minorités, gagnant des sièges dans les municipalités, à Paris, par exemple, ressentait le besoin d'un « gouvernement fort », capable de pratiquer une politique de « réaction républicaine ». La désignation de M. Jules Ferry était indiquée. On ne pouvait oublier que c'était lui qui, le 31 octobre 1870, alors que l'Hôtel de Ville était tombé aux mains des révolutionnaires, parmi l'effarement de tous ses collègues, avait été le seul à conserver son sang-froid, à grouper, à conduire les forces militaires dont l'intervention inattendue avait délivré le gouvernement de la Défense nationale.

M. Jules Ferry, qui s'était manifesté antigambettiste en maintes circonstances, s'entoura d'amis dévoués de Gambetta, entre autres de MM. Challemel-Lacour, Waldeck-Rousseau, dont le rôle devait devenir si considérable par la suite. La tâche était malaisée ; il fallait créer de toutes pièces une majorité, c'est-à-dire rassembler des éléments épars et divisés. Si la situation intérieure était on ne peut plus compliquée, il y avait à faire face aux inquiétudes, aux événements provoqués par l'expédition du Tonkin et les difficultés de tout ordre surgissaient chaque jour, motivant de grandes dépenses et des envois de troupes. Le mouvement de l'opinion était en général hostile à cette politique d'invasion qui se marquait en Afrique et en Indo-Chine, les uns estimant que tous les efforts devaient être consacrés à l'œuvre de réformation intérieure incombant à la République, les autres proclamant que la France ne devait pas être affaiblie par des expéditions lointaines; que toutes les forces militaires devaient être réservées pour sa défense en Europe, surtout pour sa revanche des désastres de 1870-71.

Le cabinet Ferry se présenta devant le Parlement avec un programme qui, en résumé, n'était autre que celui de Gambetta, et il fut favorablement accueilli, ce qui démontrait que ce n'était pas des idées — il n'y avait pas de quoi — que la majorité avait eu peur, mais de l'homme. Il devait néanmoins rencontrer l'hostilité occulte mais active de l'Elysée plus favorable à la personne de M. de Freycinet. Et on se mit à l'œuvre. Après des discussions longues, touffues, parfois violentes, furent votées les mémorables conventions avec les compagnies de chemins de fer, alors que le rachat eut été autrement avantageux pour l'Etat et le public; la réforme judiciaire, fort incomplète, mais pour l'exécution de laquelle il fallut suspendre l'inamovibilité. Enfin la revision et le changement du mode de scrutin qui avaient été les causes déterminantes de la chute du ministère Gambetta. Le scrutin de liste était adopté et le Sénat était modifié dans son recrutement, en ce sens que, par voie d'extinction, les soixante-quinze inamovibles étaient supprimés et tous les sénateurs élus pour neuf ans, avec le renouvellement triennal. Mais le cabinet devait soudain tomber dans les conditions les plus émouvantes, les plus tragiques et les plus pitoyables. Le 29 mars 1885, comme un coup de foudre, survenait la dépêche affolée du général Brière de l'Isle annonçant ce que l'on appela le « désastre de Lang-Son ». Tout semblait irrémédiablement compromis sur la frontière sino-tonkinoise; ce n'était pas une retraite difficile mais bien une débâcle. Devant la surexcitation d'une partie de Paris toujours si impressionnable, la Chambre perdait tout sang-froid, toute orientation et, sur un discours virulent de M. Clemenceau, la Chambre rompait avec le ministère Ferry! Vingt-quatre heures plus tard une nouvelle dépêche apaisait l'émotion, la retraite s'effectuait en bon ordre et l'échec tout momentané se présentait comme rapidement réparable; mais le monde parlementaire se préoccupait déjà de la constitution d'un nouveau ministère. Tous les appétits étaient en éveil et les ministrables, leurs clients, se désintéressaient des événements du Tonkin.

Ce fut M. Brisson, président de la Chambre, qui composa le nouveau ministère..., un ministère de concentration républicaine; il y entrait des éléments si divers, qu'il devait être voué à de solennels avortements. MM. de Freycinet, Allain-Targé, Goblet, Sadi-Carnot, Sarrien en faisaient partie. Son programme était tout de prudence à l'intérieur et à l'extérieur. M. Floquet remplaçait M. Brisson au fauteuil de la présidence. C'était l'avènement au pouvoir du groupe l'Union républicaine qui s'était formé entre la Gauche Gambettiste et l'Extrême-Gauche.

Une proposition d'amnistie avait été déposée par Clovis Hugues, député socialiste des Bouches-du-Rhône; sur la demande du gouvernement elle fut repoussée.

Nous avons déjà noté que la situation politique à l'intérieur était déjà fort troublée à l'avènement du ministère Ferry; elle s'était exaspérée lors de l'affaire de Lang-Son et les agitations se manifestaient chaque jour davantage. Les obsèques d'Amouroux, ancien membre de la Commune, devenu député de la Loire, et de Cournet, avaient donné lieu à des manifestations importantes; le drapeau rouge y avait été déployé, des rixes avaient éclaté entre la police et les manifestants. Voici que revenait l'anniversaire de la semaine de mai 1871; depuis 1878, les socialistes se rendaient, à cette occasion, au cimetière du Père-Lachaise; des couronnes d'immortelles étaient accrochées au « Mur des Fédérés » et des discours faisant l'apologie de la Révolution du 18 mars étaient prononcés par les propagandistes. Chaque année cette manifestation avait donné lieu à des incidents plus ou moins graves et les ordres donnés par M. Camescasse, préfet de police, exécutés avec une rare vigueur, n'avaient pas passé sans provoquer de vives réclamations à l'Hôtel de Ville où, depuis 1881, 1882 et 1884, siégeaient des socialistes : Vaillant, Jules Joffrin et Chabert.

En 1885, la manifestation s'annonçait comme plus importante que précédemment. M. Gragnon, qui venait de succéder à M. Camescasse, avait pris des précautions telles qu'on aurait pu se croire dans une ville en état de siège; des troupes de police avaient été massées aux abords du Père-Lachaise et à l'intérieur du cimetière; les drapeaux rouges avaient été proscrits; aussi la manifestation se transforma-t-elle rapidement en cohue passionnée pour la défense des drapeaux révolutionnaires; au dedans du cimetière, les bagarres prirent des proportions effrayantes : il y eût de nombreux blessés et il fut procédé à de véritables arrestations en masse. Ces scènes, que rien ne pouvait justifier, provoquèrent une vive émotion jusque dans des milieux hostiles aux socialistes. Il était évident que les mesures prises, sous couleur d'assurer l'ordre, n'avaient eu d'autre résultat que de le troubler; c'étaient là de condamnables provocations. Le lendemain de la manifestation, le gouvernement se trouva dans l'obligation de déclarer que désormais, si les drapeaux rouges devaient rester proscrits, les bannières de même couleur seraient autorisées. C'était là une concession, minime compensation aux coups reçus et aux arrestations subies.

Ces incidents amenèrent des interpellations à la Chambre et à l'Hôtel de Ville. A la Chambre une intime minorité se rencontra pour protester; à l'Hôtel de Ville, sur l'intervention du citoyen Chabert et de ses collègues, la majorité éleva une énergique protestation contre l'attitude du Préfet de Police. Quelques jours avant ces incidents, Victor Hugo était mort et des obsèques nationales lui avaient été faites auxquelles participèrent de nombreuses délégations venues de toutes les régions de France et de l'Etranger. Ce fut une brève trève entre les partis.

Le 4 juin venait en discussion la proposition tendant à la mise en accusation du ministère Ferry; elle fut repoussée, et ce n'était que justice, car l'expédition du Tonkin n'avait pas été entreprise par lui; puis, jusqu'à l'incident de Lang-Son, elle avait obtenu l'approbation de la majorité du Parlement qui avait sa large part de responsabilité sans avoir la moindre franchise ni le moindre courage. La Chambre devait, du reste, quelques jours plus tard, donner la mesure de son esprit politique en ratifiant, le 6 juillet, le traité de Tien-Tsin conclu avec la Chine; elle avait déjà ratifié le traité de Hué et le traité avec le Cambodge, approuvant ainsi la politique coloniale de M. Jules Ferry qu'elle avait si violemment flétrie, dans un moment d'affolement, le jour où lui avait été communiquée la trop fantaisiste dépêche du général Brière de l'Isle. La Chambre et le Sénat votent la loi réduisant le service militaire à trois ans, supprimant le volontariat d'un an, mais, toutefois, créant une série de dispenses équivalant au volontariat qui devenait simplement gratuit.

Le budget vint en discussion. En cette fin de législature, le débat offrait un puissant intérêt... électoral. Ce fut pour la réaction l'occasion de vives critiques sur la gestion des finances du pays par le parti républicain. Sans doute le système financier prêtait-il le flanc à de sérieuses et justifiées critiques, mais on conviendra que ce n'était ni aux bonapartistes, ni aux orléanistes, ni aux légitimistes à les présenter, car les régimes qu'ils représentaient n'avaient pas laissé des finances prospères et des contribuables satisfaits. M. Jules Roche qui, depuis que les divers gouvernements qui se sont succédé se sont passés de ses éminents services, s'est fait le champion ardent de la coalition réactionnaire contre la politique fiscale de la République, se signala parmi ceux qui défendirent la gestion républicaine, et il apporta, à l'appui de sa thèse, des arguments solides et une éloquence impressionnante par sa clarté, sa précision.

Mais une grande, solennelle discussion allait s'élever au cours de laquelle allait reparaître M. Jules Ferry qui, durant plusieurs semaines s'était tenu à l'écart et n'avait pas reparu au Palais-Bourbon. La Chambre avait voté un crédit de 600.000 francs pour frais de première installation à Obock, un crédit de 12 millions était demandé par le Cabinet pour l'expédition de Madagascar. Favorablement rapportée par M. de Lanessan, la demande était vivement combattue par MM. G. Périn et Camille Pelletan; M. Jules Ferry monta à la tribune et présenta une apologie passionnée de l'expansion coloniale qu'il envisageait au double point de vue du développement économique et de la défense nationale elle-même. La thèse obtint dans l'enceinte législative un succès considérable. L'ancien président du Conseil retrouvait en quelques heures une majorité nombreuse et enthousiaste; elle parut même menaçante pour le ministère en fonction. Le crédit fut voté à une forte majorité. Les jours du cabinet Brisson étaient comptés; il n'aurait pas longtemps résisté si l'échéance électorale ne s'était trouvée si proche.

Le 6 août, la Chambre se séparait après avoir donné le spectacle d'une rare

DÉGRADATION DU CAPITAINE DREYFUS. — LA PARADE D'EXÉCUTION DANS LA COUR DE L'ÉCOLE MILITAIRE.
(D'après extrait du journal l'Illustration).

incohérence ; elle laissait le pays profondément troublé, donnant déjà de visibles signes de mécontentement dont toutes les réactions et une poignée de républicains ambitieux allaient profiter pour déchaîner une série de crises qui allaient agiter profondément la France et lui faire courir les dangers les plus grands.

Les électeurs étaient convoqués pour le 4 octobre ; la campagne électorale fut on ne peut plus active ; le rétablissement du scrutin de liste avait quelque peu modifié la situation et rendu toutes les propagandes plus aisées, car la lutte avait débordé le terrain trop limité des questions et des influences locales. L'Extrême-Gauche avait adopté un programme d'action nettement anti-opportuniste et anti-colonial ; il réclamait la Révision constitutionnelle basée sur la souveraineté absolue du suffrage universel ; la Réforme financière ; la Séparation des Églises et de l'État ; la Réduction du Service militaire ; des lois de Protection et d'Émancipation du Travail. La plupart de ces réformes étaient peu claires dans leur énoncé et dans leur développement, surtout celles concernant le travail, mais il faut se hâter de reconnaître que l'Extrême-Gauche se trouvait fort embarrassée, car elle se trouvait placée entre le parti gouvernemental qui avait un programme modéré, il est vrai, mais précis, et le parti socialiste qui entrait une fois de plus en ligne, malgré les divisions qui l'affaiblissaient depuis qu'une scission s'était produite en 1882, au Congrès national de Saint-Étienne, entre ceux que l'on appelait les « Marxistes » et ceux que l'on allait appeler les « Possibilistes ». Les socialistes, quelle que fut la fraction à laquelle ils appartenaient, arborèrent leur programme avec son exposé de la doctrine intégrale et la série de réformes à présenter au Parlement comme autant de mises en demeure destinées à faciliter et à rendre plus effective leur propagande. La position du parti représenté par l'Extrême-Gauche était d'autant plus difficile que c'était parmi ses électeurs désabusés ou impatients que le parti socialiste devait recruter ses nouveaux adhérents.

Quant aux partis de droite, leur tactique fut simple ; ils laissèrent à peu près de côté les questions politiques ; ils avaient compris que le suffrage universel était en grande majorité fortement attaché aux institutions républicaines et ils ne voulaient pas le heurter de front. Ils s'attachèrent à se tenir sur le terrain de ce que l'on appelle la politique pratique, la politique d'affaires ; leurs critiques portèrent sur le système financier, le développement de la dette publique, l'accroissement des impôts, les dangers de la politique coloniale, la politique d'effacement devant l'Europe et particulièrement devant l'Allemagne. Ils ne négligèrent pas, toutefois, la question religieuse, sachant que si le pays était anticlérical, il était néanmoins, par habitude, attaché aux croyances religieuses traditionnelles dans les familles. Et leur ardeur devint d'autant plus vive que, dès le début de la période électorale, ils purent constater que le ministère prenait une attitude de neutralité telle que les fonctionnaires n'osèrent pas intervenir, même en qualité de simples électeurs.

Les résultats des fautes commises par les ministères successifs qui avaient énervé, inquiété le pays, des divisions des républicains de gouvernement, de l'attitude inconcevable du gouvernement furent un sujet de stupéfaction. Après les deux tours de scrutin, la composition de la Chambre, considérée dans son ensemble, était la suivante : 383 républicains et 201 réactionnaires. Les partis de droite qui, aux élections de 1881, avaient au total obtenu 1.789.767 suffrages, en obtenaient cette fois 3.541.384, soit un gain de 1.751.617 suffrages. L'événement était sensationnel. Il démontrait qu'une notable partie des électeurs républicains était prête à se laisser cueillir par le parti audacieux qui oserait en faire la tentative. Ce fut une profonde émotion dans le parti républicain dont les diverses fractions n'hésitèrent pas à se renvoyer, dès la première heure, la responsabilité de ce retour offensif, menaçant, d'un ennemi qu'on croyait bien avoir écrasé définitivement en 1881.

Malgré une fort belle campagne, durant laquelle, ayant des moyens plus que modestes à sa disposition, le Parti socialiste groupa une minorité respectable de voix ; elle accusait des progrès lents mais certains. Son activité s'était manifestée dans les grandes villes, dans les centres industriels des principales régions ; partout avaient été développées les idées essentielles du programme surgi des différents Congrès qui avaient suivi celui tenu à Marseille en 1879. A Paris seulement, malgré les difficultés présentées par le scrutin de liste, ses candidats avaient réuni près de 30.000 voix. Clovis Hugues, Antide Boyer, Camélinat, Basly élus, allaient prendre les premiers sièges à la gauche de l'Extrême-Gauche.

Le bureau de la nouvelle Chambre ne fut pas aisé à constituer. Si M. Floquet fut élu président sans opposition, il n'en alla pas de même pour les vice-présidents parmi lesquels figurèrent MM. E. Lefèvre et Anatole de la Forge.

La nouvelle Chambre avait une lourde tâche à accomplir : à l'intérieur, des réformes importantes et urgentes ; les questions coloniales à régler et une situation extérieure qui, depuis la constitution de la Triplice, sollicitait toujours l'attention, car la paix de l'Europe était à la merci d'un incident. Mais était-il possible d'entreprendre un travail suivi avant d'avoir liquidé le problème ministériel. Le parti républicain rendait le cabinet Brisson — il n'y avait rien d'exagéré, du reste — responsable de la victoire remportée par la réaction ; puis les pouvoirs du Président de la République venaient à expiration. Le cabinet Brisson traversa non sans difficultés les débats provoqués par le traité conclu avec la reine de Madagascar et la question de l'évacuation ou de la non évacuation du Tonkin. Le 28 décembre, les deux Chambres réunies en Assemblée nationale, à Versailles, réélisaient par 457 voix sur 589 votants, M. Jules Grévy président de la République, et le 7 janvier, suivant l'usage constitutionnel, un nouveau Cabinet fut constitué sous la présidence de M. de Freycinet. M. Sadi-Carnot y détenait le portefeuille des Finances, M. Sarrien celui de l'Intérieur, M. Goblet celui de l'Instruction publi-

que, M. E. Lockroy celui du Commerce, l'amiral Aube, qui devait et aurait
dû exercer une plus grande influence sur l'évolution de notre marine militaire,
prenait le portefeuille de la Marine ; enfin, le général Boulanger, dont le rôle
allait être si prodigieux et la fin si lamentable, faisait sa première apparition. Il
avait été spécialement et chaudement recommandé pour « ses talents militaires
et son républicanisme » — alors qu'il était colonel, il participait aux processions
à Belley ! — par les hommes les plus en vue et les plus influents de l'Extrême-
Gauche. Ils devaient s'en repentir bientôt, mais un peu tard.

De la nouvelle Chambre, du nouveau Cabinet à la tête duquel se trouvait un
homme politique d'une intelligence, d'une souplesse et d'une hésitation incomparables, datait réellement l'ère des difficultés dont Gambetta avait parlé au
lendemain de l'éclatante victoire remportée sur les hommes du 16 mai. Les
droites y constituaient une minorité tellement nombreuse que le moindre
appoint venu des Gauches, sur une des questions de principe ou de tactique
divisant le parti républicain — elles étaient nombreuses — la pouvait transformer en majorité et déterminer la chute d'un ministère. Il n'en fallait pas
davantage pour compliquer une situation politique déjà difficile.

Le cabinet se présenta devant le Parlement avec un programme vague,
imprécis ; il n'en pouvait guère être autrement avec un gouvernement formé
d'éléments aussi disparates. On devait cependant lui faire crédit, puisqu'il
apparaissait au lendemain de la réélection de M. Grévy qui, dans son message,
avait fait un pressant appel à la concentration républicaine. Le seul ministre
qui devait y cueillir une popularité énorme, en attendant qu'elle devînt dangereuse, fut le général Boulanger qui ne négligea aucune occasion de faire parade
de son républicanisme. Les occasions ne devaient pas lui manquer. Quelques
jours à peine après la constitution du ministère il dût répondre à une demande
d'interpellation pour le déplacement, par lui ordonné, d'une brigade de cavalerie connue pour l'attachement et les intrigues royalistes de la majorité de ses
chefs. Il parla en termes fort nets des devoirs de l'armée envers la République
et de son intention bien ferme de réprimer toute manifestation contre la discipline. Il fut très applaudi par la Gauche et obtint, à une forte majorité, un vote
de confiance. En juin, après l'adoption de la loi d'expulsion des chefs des familles ayant régné sur la France et de leurs héritiers directs dans l'ordre de primo-
géniture, il raya des cadres de l'armée les membres de la famille Bonaparte et
de celle de Bourbon qui y avaient été réintégrés ou y avaient été admis. Sa
popularité s'en accrût d'autant plus que la mesure qu'il venait de prendre lui
attirait les attaques les plus violentes de la presse bonapartiste et royaliste. Il
eut à ce sujet une rencontre avec le baron de Lareinty. Mais déjà se révélait
l'intrigant, l'ambitieux sans scrupules qui se cachait sous des allures si militaires et si démocratiques. On publiait, dans la presse de droite, des lettres
adressées par le colonel Boulanger au duc d'Aumale, lettres de gratitude dont
le ton formait un contraste frappant avec l'attitude du ministre de la guerre. l'

n'hésita pas à les démentir, quoiqu'elles fussent authentiques, ainsi que cela fut démontré plus tard.

Au cours d'une interpellation sur l'intervention de la troupe dans une grève, il avait déclaré que la présence des soldats et des gendarmes n'impliquait aucun caractère d'hostilité contre les grévistes; qu'il ne fallait voir là qu'une sage mesure de précaution, et il avait ajouté qu'au surplus, au moment même où il parlait, gendarmes et soldats étaient peut-être en train de partager leur gamelle avec les ouvriers en chômage volontaire ! Il n'en fallait pas davantage pour séduire cette partie de la population qui, dans sa candeur touchante, sans défiance, se laisse séduire, enthousiasmer par des déclarations qu'elle n'a pas l'habitude d'entendre.

Mais voici que, le 11 décembre 1886, le ministère de Freycinet tombait sur un vote de surprise de la Chambre décidant la suppression des sous-préfets à dater du 1er janvier 1887. Un cabinet Goblet lui succédait et le général Boulanger y était religieusement conservé comme une force, tant sa popularité avait fait des progrès dans les masses populaires, à Paris et dans certains centres industriels. C'était lui qui, maintenant, pour cette partie de la France qu'hypnotisait la pensée de la revanche, incarnait le sentiment du patriotisme le plus exaspéré, le plus dangereux; il devenait en même temps le pivot de combinaisons ministérielles élaborées par des membres en vue de l'Extrême-Gauche. La série des « fantaisies » politiques, parlementaires et militaires du ministre de la guerre serait trop longue à énumérer; son plan se démasquait, mettait à jour ses visées ambitieuses. Le Parlement, les républicains clairvoyants, sincères, de toutes les nuances, depuis les plus modérés jusqu'aux socialistes révolutionnaires, étaient déjà fortement impressionnés par le mouvement démagogique, d'allure césarienne, qui se déchaînait et des tentatives de réaction qui s'ébauchaient, tandis que des républicains, principalement dans les fractions les plus avancées, les plus intransigeantes, voire même les plus révolutionnaires, affirmaient que le général Boulanger suivait une voie franchement démocratique, inspiré par le plus noble désintéressement. En mai, toutefois, un grave incident de frontière, l'incident Schnœbelé, se produisait; il révélait les dangers que pouvait faire courir à la France le ministre de la guerre. Au moment où la situation diplomatique était très tendue, où le Chancelier de fer se montrait menaçant, une demande de crédit extraordinaire était déposée pour une expérience de mobilisation d'un corps d'armée. En la circonstance, l'expérience eut été considérée par l'Allemagne comme une provocation, comme un *casus belli* et le crédit fut, heureusement, repoussé. La chute du cabinet Goblet était, dès ce jour, décidée; elle se produisit sur une question fort secondaire d'économies. On commençait à comprendre, dans le parti républicain, qu'il y avait impérieuse nécessité, urgence à se débarrasser d'un soldat-politicien compromettant, déjà entouré d'une clientèle plus compromettante encore.

On peut dire qu'à cette époque les esprits étaient si profondément déçus et troublés que les mesures prises pour réagir contre le mouvement césarien qui se dessinait ne contribuèrent qu'à le développer, surtout parce que ceux qui les édictaient étaient attachés à une politique antidémocratique, hostiles aux réformes réclamées par le pays. D'autre part, le développement des Sociétés patriotiques avait détourné la jeunesse de toutes les questions à l'ordre du jour pour la localiser sur le terrain d'un chauvinisme étroit, exclusif, provocateur. On allait voir s'opérer autour du général Boulanger la concentration des éléments les plus disparates : les patriotes et les démagogues en marge du Parti socialiste, les politiciens impatients de jouer un rôle et, plus tard, bientôt, toutes les forces vives de la réaction, du cléricalisme qui comptaient tirer le parti le plus avantageux de la tourmente qui se préparait.

Le Cabinet qui succéda au ministère Goblet était présidé par M. Rouvier ; le choix était détestable, maladroit, car M. Rouvier était très impopulaire. Le général Boulanger fut remplacé au ministère de la guerre par le général Ferron, soldat très simple, modeste, mais qui ne manquait pas d'énergie, et l'ancien ministre fut nommé au commandement du 13ᵉ corps d'armée à Clermont-Ferrand. On avait espéré que, repris par les occupations de sa charge et par les obligations rigoureuses de la discipline militaire, il allait se dégager de son entourage, s'effacer. C'était méconnaître et la situation et l'homme. Son départ pour Clermont-Ferrand fut l'occasion d'une manifestation formidable qui se déroula jusqu'à la gare de Lyon, véritable crise de délire qui faisait redouter les pires complications. Dès lors, ce que l'on a appelé le mouvement boulangiste avait pris corps ; il allait se prolonger jusqu'aux élections de 1889, qui marquèrent la débâcle de cette faction ou, pour mieux dire, de cette cohue césarienne et démagogique.

Comme un malheur n'arrive jamais seul, au moment où la France, troublée, incertaine, avait le plus besoin de tranquillité pour se recueillir et de confiance pour conserver son sang-froid, voici qu'éclataient les scandales Wilson-Caffarel-Limouzin, dont toute la presse publiait quotidiennement les détails. Il ne s'agissait de rien moins que d'une véritable entreprise de négociations pour le trafic des décorations. Les perquisitions ordonnées sous la pression irrésistible de la presse et de l'opinion, avaient amené la découverte de pièces édifiantes ; elles établissaient la complicité active du gendre du Président de la République qui avait transformé une partie de l'Elysée en une officine de louches opérations de toute nature. Le scandale plongeait dans le plus profond désarroi le monde parlementaire et tous ceux qui calculaient que le général Boulanger pouvait devenir, sous leur direction habile, un instrument puissant d'opposition, s'empressèrent à exploiter le scandale. On conviendra que, dans un pays où la politique a, du reste, été bien plus un moyen d'agitation qu'un sujet d'études, qu'un procédé d'éducation des masses populaires, toujours très impressionnables, l'occasion était merveilleuse.

Ce fut dans tout le pays un mouvement d'opinion inoui ; il faut reconnaître, toutefois, que les masses paysannes ne s'y laissèrent pas prendre ; elles virent les réactionnaires, les cléricaux qui, d'abord, à la suite de l'expulsion des princes, avaient manifesté la plus violente hostilité au général Boulanger, ministre « radical » de la guerre, se faire ses plus chauds partisans, et cela éveilla toutes leurs méfiances ; elles comprirent que, sous couleur de patriotisme et d'honnêteté politique, c'est à la République que la coalition en avait, et elles ne se laissèrent pas influencer : elles restèrent ce qu'elles étaient lentement devenues : des masses républicaines, soucieuses de la paix extérieure et de la tranquillité intérieure.

La crise provoquée par l'affaire Wilson-Caffarel-Limouzin entra dans sa période la plus aiguë, le jour où la Chambre, à l'unanimité moins une voix, autorisa les poursuites contre M. Wilson : quarante-huit heures après, le cabinet Rouvier était renversé et M. Grévy, dans l'impossibilité de constituer un nouveau ministère, cédait aux sommations formelles du Parlement, en donnant, le 2 décembre, sa démission.

Cette démission aurait sans doute amené une détente, si ne s'était immédiatement présentée la perspective de la candidature et de l'élection de M. Jules Ferry à la présidence de la République. Cette perspective, qui n'avait rien d'exagéré, du reste, donna un nouvel aliment à l'agitation populaire, à Paris surtout, où elle devint particulièrement intense et permit de redouter des troubles graves. Mais M. Sadi-Carnot fut élu au second tour de scrutin, le 3 décembre ; pour quelques jours, un calme relatif fut rétabli. M. Sadi-Carnot était un républicain modéré, de tempérament maladif et calme ; le renom de l'aïeul qui avait joué un si grand rôle durant la Révolution l'auréola vis-à-vis de la foule. C'était un président de tout repos qui entrait à l'Elysée. M. Tirard fut chargé de constituer le nouveau ministère. Il aurait fallu des hommes d'énergie, de décision, pour réagir contre le mouvement boulangiste qui s'exaspérait et prenait toute l'allure d'un parti très fort, décidé aux pires aventures : on avait compté sur un apaisement qui ne pouvait se produire.

L'année 1888 s'ouvrit donc sous de sombres présages. Les victoires républicaines allaient-elles donc être compromises par une faction ayant à sa tête un soldat rebelle ? En février, la candidature du général, encore en fonctions, par suite inéligible, était posée par un Comité d'initiative, à la tête duquel se trouvait M. G. Thiébaud, bonapartiste ardent, actif et intelligent, dans cinq départements et elle groupait 55:000 suffrages. Sur une mise en demeure, le général se défendit d'avoir manqué à la discipline militaire ; il affirmait être resté étranger à la campagne électorale : il n'avait autorisé personne à se servir de son nom, à poser sa candidature. Mais on découvrait qu'il était venu plusieurs fois à Paris sans autorisation, sous un déguisement. La mesure nécessaire qui, quelque temps après, le mettait à la retraite d'office, le rendait complètement libre. Il ne nous est pas possible de noter dans tous ses détails l'évolution du mouvement boulangiste organisé avec son *Comité de protestation nationale*, doté de sommes formidables, outillé d'organes nombreux, groupant toutes les forces vives de la réaction fraternellement alliées avec des révolutionnaires qui n'avaient pas hésité à patronner un des chefs militaires qui s'était particulièrement distingué durant la répression de mai 1871. Il faut nous borner à en souligner les points saillants et les répercussions.

Le cabinet Tirard avait été renversé sur une question de révision constitutionnelle présentée par MM. C. Pelletan, G. Clémenceau et Andrieux. Un ministère Floquet lui succéda. Il devait trouver devant lui, comme député, le général qui avait élu dans la Dordogne, le Nord et avait opté pour ce dernier département. On escomptait son action au Parlement ; elle fut nulle, car il se rendit ridicule par son attitude hautaine et prétentieuse. Il donna connaissance de son programme dont les articles essentiels figuraient dans le traditionnel programme républicain de l'extrême-gauche. Il visait surtout l'organisation du gouvernement direct, le referendum, non la suppression du Sénat, mais son élection par le suffrage universel. Ce programme il en avait fait une proposition ferme de révision constitutionnelle; l'urgence fut repoussée. Enfin, le 18 juillet 1888, il remontait à la tribune pour proposer la dissolution de la Chambre. Sa proposition décida une intervention très vive du président du Conseil, M. Floquet, et une altercation s'en suivit qui motiva contre le général l'application de la censure. Il avait compris qu'il n'y avait pour lui rien à obtenir de la Chambre et il donna sa démission, puis il adressa des témoins à M. Floquet ; une rencontre fut décidée et le général reçut un coup d'épée dans la gorge, fort léger du reste, — simple piqûre d'amour-propre.

Cependant, le Parti républicain, devant le danger menaçant pour la République, s'était ressaisi ; les membres de l'Extrême-Gauche qui avaient introduit le général dans la politique active et en avaient fait un ministre de la guerre, l'avaient soutenu, revenaient de leur grave erreur. Une concentration républicaine se formait pour s'opposer à la coalition de toutes les forces réactionnaires et démagogiques et une notable fraction du Parti socialiste, la *Fédération des Travailleurs socialistes de France* y adhérait, plaçant momentanément au-dessus de toute considération la défense de la République. La *Société des Droits de l'Homme* se dressait en face du *Comité de protestation nationale*. Sans se réconcilier, prêts à reprendre leurs positions respectives de combat le danger passé, des adversaires, hier irréductibles, combattaient côte à côte : M. Ranc qui représentait la politique gambettiste, M. Clemenceau la politique radicale-socialiste et Jules Joffrin qui, à l'Hôtel de Ville, dans la propagande quotidienne, défendait avec la plus vive ardeur et un remarquable sens politique les revendications socialistes révolutionnaires.

Presse restée fidèle à l'opinion républicaine, propagandistes, tous faisaient une campagne acharnée contre le mouvement devenu césarien et plébiscitaire.

L'INTERPELLATION CAVAIGNAC A LA CHAMBRE DES DÉPUTÉS.
LA BAGARRE PENDANT LE DISCOURS DE JAURÈS.

(D'après un document du *Monde Illustré*).

Déjà leur intervention donnait d'appréciables résultats. Dans l'Ardèche, la candidature du général essuyait une défaite magistrale ; quelques mois auparavant, le chef de la *Ligue des Patriotes*, M. Déroulède, avait été battu dans la Charente. Toutefois, au scrutin du 19 août, le général était élu, avec d'imposantes majorités, dans la Somme, la Charente-Inférieure et le Nord. Enfin, dans un moment d'oubli, le 27 janvier 1889, Paris l'élisait contre M. Jacques, candidat de la Concentration républicaine. Quinze jours après cette élection qui eut un grand et douloureux retentissement, le ministère Floquet se retirait et M. Tirard prenait le pouvoir, trouvant le scrutin d'arrondissement substitué au scrutin de liste.

C'était l'année où devait se tenir l'Exposition internationale, en vue de laquelle de grands préparatifs avaient été faits, l'année où devaient avoir lieu les élections générales. Dans de bien fâcheuses conditions elle se présentait. Mais, dans le nouveau ministère, se trouvait un homme peu populaire, fort décrié, sur lequel la presse boulangiste faisait courir les bruits les plus graves, le représentant comme un brasseur d'affaires louches ; des accusations formelles étaient venues, par l'organe de M. G. Laguerre jusqu'à la tribune du Palais-Bourbon. M. Constans qui détenait, dans le nouveau Cabinet, le portefeuille de l'Intérieur, était un homme de ressources ; il le démontra bientôt. La *Ligue des Patriotes* fut dissoute ; des poursuites autorisées par la Chambre furent ordonnées contre trois députés, MM. Laguerre, Turquet et Laisant et, enfin, le bruit circula que le général Boulanger ainsi que les principaux chefs du Parti boulangiste allaient être arrêtés. Le général, le comte Dillon et M. Rochefort s'empressèrent de passer la frontière. C'était tout ce que voulait le gouvernement. Ce fut une première et grande déception pour la majorité de ceux qui avaient adhéré à la faction, s'y étaient lancés à corps perdu, s'y étaient compromis, de voir leurs chefs si belliqueux, les abandonner, se mettre à l'abri, dès la moindre menace. Décidément, leurs héros manquaient d'héroïsme. De ce jour data une salutaire réaction. L'appoint des forces socialistes qui comptaient des représentants au Conseil municipal de Paris, Vaillant, Lavy, Joffrin, Simon-Soëns, Réties, Brousse, Faillet, Chabert, avait joué un rôle important dans la lutte contre le boulangisme. Leur rôle n'était pas terminé, car tout danger n'avait pas encore disparu. Partout, et au premier rang, propagandistes et militants affrontaient les foules délirantes qui acclamaient le général factieux et, fréquemment, c'étaient de véritables batailles qui se livraient dans des réunions tumultueuses.

L'exposition internationale fut une trêve heureuse et féconde ; la commémoration des grandes dates de la Révolution redressa la conscience populaire déviée par une perturbation extraordinaire ; le 13 juillet, la Chambre avait adopté la loi sur les candidatures multiples ; le 14 août, le Sénat constitué en Haute-Cour, frappait, par contumace, de la peine de la déportation dans une enceinte fortifiée, le général Boulanger, le comte Dillon et M. Rochefort ;

18,000 maires de France accourus à Paris, sur l'appel du Conseil municipal, renouvelaient les fêtes mémorables et émouvantes de la première fête de la Fédération et, après les élections générales du 22 septembre et du 6 octobre, la République sortait triomphante de l'épreuve qu'elle venait de subir. Cette fois, c'était un véritable plébiscite en sa faveur, puisque 366 députés républicains étaient élus. 172 royalistes ou bonapartistes et seulement « 38 boulangistes ». La faction était morte sous cet aspect ; elle devait bien reparaître, transformée il est vrai, mais toujours la même quant à sa constitution.

CHAPITRE XXX

Répercussion de la crise boulangiste. — Le mouvement ouvrier. — Le cabinet de Freycinet. — Une escadre française en Russie et en Angleterre. — Le ministère Loubet. — Le pape Léon XIII et le clergé français. — La « Marseillaise » à Saint-Merri. — Série d'attentats anarchistes. — La grève de Carmaux. — L'affaire du Canal de Panama.

La crise boulangiste n'a pu passer sans exercer sa répercussion sur le mouvement socialiste et sur le mouvement ouvrier. Les divisions qui existaient déjà se sont accentuées et, durant une période heureusement brève, dans certaines grandes villes et dans les centres industriels, les travailleurs ont échappé à l'action des propagandistes. Parmi les socialistes organisés, certains n'ont voulu voir dans la grande lutte qui se déroulait entre les coalisés plébiscitaires et les républicains de toutes nuances, pour un instant unis, qu'un conflit surgi entre deux camps de la « classe bourgeoise » et ils n'ont point voulu s'y mêler, considérant que le prolétariat a des intérêts opposés à ceux de toute la classe capitaliste considérée en bloc, sans distiction de parti ou de nuance politique. Le prolétariat, sans s'en laisser détourner, devait poursuivre sa route nettement tracée, sa victoire, c'est-à-dire son émancipation intégrale, étant au bout. Mais les travailleurs ne pouvaient rester indifférents à cette agitation qui bouleversait la France entière ; n'ayant rien obtenu des partis parlementaires, ils plaçaient leurs espérances dans le parti antiparlementaire dont l'action et la force se dessinaient et, dans le Nord, à Paris, pour ne citer que deux exemples caractéristiques, ils votaient pour le général Boulanger, sourds aux conseils d'abstention de leurs chefs les plus influents. D'autres, sans convictions bien solides ou sans conscience, ont délibérément marché avec la faction, prétextant qu'elle portait en elle les germes d'un mouvement révolutionnaire! Comme s'il n'était pas évident qu'une agitation à laquelle collaboraient les pires réacteurs, les cléricaux les plus notoires, ne pouvait dévier au profit du socialisme, même au simple bénéfice de la République?

Les socialistes qui firent masse avec les républicains, furent guidés par cette sensation simple, élémentaire, qu'avant tout, dans l'intérêt du pays, de la France de la Révolution, du socialisme lui-même, il fallait sauver la République d'une catastrophe analogue à celle du 2 décembre 1851 et que leurs positions, leur campagne de propagande, ils reprendraient le tout quand le danger serait écarté. Le citoyen Chabert avait parfaitement défini la situation quand, dans une formule impressionnante, il définissait la République « l'outil nécessaire de l'émancipation des travailleurs »; malgré son âge, ses fatigues, il combattait dans les rangs républicains. Du reste, au cours de leur propagande antiplébiscitaire, les socialistes ne manquaient aucune occasion d'établir le bilan des fautes accumulées par les partis républicains bourgeois, depuis leur arrivée au pouvoir; de développer leur programme, de convier les travailleurs à se préparer à la conquête du pouvoir politique, afin de fonder leur république à eux, la République sociale, La République, vivant, persistant, ils la pouvaient améliorer; si elle périssait, il la faudrait ressusciter, c'est-à-dire perdre encore des années et des années à lutter contre la réaction triomphante qui, dès le lendemain de sa victoire, s'empresserait de supprimer les maigres libertés concédées par la République née depuis quelque temps à peine.

La crise boulangiste apaisée, ils reprenaient, en effet, leur campagne de programme, toujours prêts, comme ils devaient le prouver encore au cours de la crise nationaliste, à rallier le drapeau républicain, pour le défendre contre les entreprises de ses ennemis traditionnels et de ses ennemis d'aventure.

Mais un mouvement particulier qui était appelé à prendre plus tard une extension considérable, se manifestait déjà dans le monde du travail qui commençait à mettre en pratique la théorie de la lutte des classes, de la constitution du prolétariat en un parti distinct opposé à tous les partis politiciens, vivant de ses propres ressources et s'orientant par ses propres moyens. Cette tendance se manifestait assez nettement dans les bourses du travail qui s'étaient créées et dans les syndicats qui y avaient d'abord adhéré. Depuis qu'à Lyon, en 1886, s'était fondée la *Fédération nationale*, les congrès corporatifs, sous l'influence des partis socialistes, étaient entrés dans la voie révolutionnaire et celui de Bordeaux, tenu en 1888, déclarait que « la grève générale ou la révolution » pouvait seule entraîner les travailleurs vers leur émancipation. En outre une résolution invitait les travailleurs « à se séparer nettement des politiciens qui les trompent. »

La propagande anarchiste que n'avaient pu complètement enrayer les poursuites judiciaires exercées contre elle, à Lyon, en 1883 et depuis, faisait des progrès marqués ; elle inquiétait non seulement les partis politiques mais encore et particulièrement les deux grandes fractions du Parti socialiste qui avaient la notion bien nette du tort considérable que faisait à leurs progrès cette action, violente, désordonnée qui, sous des aspects parfois séduisants au point de vue théorique, ne pouvait donner que de funestes résultats. D'autant que, fréquemment, les réunions socialistes étaient troublées par les orateurs anarchistes et leurs compagnons et qu'il s'élevait des rixes graves.

Dans la *Fédération des Travailleurs socialistes de France*, qui venait de si vaillamment se conduire pour la défense de la République, un profond désaccord commençait à se manifester sur des questions de tactique, aussi il faut le reconnaître, sur des questions de personnes et une scission grave allait se produire au Congrès de Châtellerault ; mais elle ne devait pas avoir l'influence fâcheuse qu'on redoutait sur le développement général du Parti qui s'accusait partout et se manifestait à chaque fois qu'une occasion électorale se présentait. Déjà les socialistes avaient conquis des sièges dans plusieurs municipalités et, à la Chambre, un petit groupe de députés, se formait en marge de l'Extrême-Gauche. A l'Hôtel de Ville de Paris, en 1890, une dizaine de socialistes révolutionnaires portaient à la tribune les différents articles du programme et les défendaient avec talent et énergie.

Le cabinet Tirard, dont s'était séparé M. Constans, était tombé sur la question du traité de commerce avec la Turquie ; ce fut un cabinet de Freycinet qui lui succéda, le 17 mars 1890. M. Constans y détenait le portefeuille de l'Intérieur, M. Bourgeois celui de l'Instruction publique, M. Ribot avait les Affaires étrangères, M. Rouvier les finances. MM. Jules Roche et Yves Guyot avaient, enfin, conquis une situation ministérielle : le premier était au Commerce, le second aux Travaux publics. Ils ne se sont jamais consolés d'avoir perdu leur portefeuille et ils n'ont jamais pardonné à la République d'avoir osé et pu se passer de leur précieux concours.

Sous ce ministère eut lieu la mémorable visite d'une escadre française, commandée par l'amiral Gervais, à Cronstadt (juillet 1891) où l'accueil le plus enthousiaste se manifesta ; un accueil plus enthousiaste encore devait accueillir nos marins à Saint-Pétersbourg. C'est ainsi que les deux gouvernements français et russe préludaient à ce qui devait devenir d'abord l'entente, puis l'alliance franco-russe.

Déjà les polémiques les plus vives s'élevaient au sujet du rapprochement entre les deux pays, les uns y voyant un gage assuré du maintien de la paix, un contre-poids à l'influence allemande, un avantage sérieux en cas de conflagration européenne ; d'autres y pressentaient, au contraire, un encouragement à une politique belliqueuse, de revanche, et blâmaient hautement une orientation qui menaçait d'engager la France avec une nation mal organisée au point de vue militaire, incapable d'un effort soutenu, déterminant, en cas de guerre avec l'Allemagne ; enfin, ils trouvaient incompréhensible, inexcusable, ce rapprochement entre la République française et le gouvernement le plus rétrograde et le plus oppressif de l'Europe.

A son retour, l'escadre française fut invitée par le gouvernement anglais à pénétrer dans la rade de Spithead où de magnifiques fêtes lui furent données. Les chauvins qui avaient trouvé tout naturel que les anciens adversaires de 1814 et de 1854 oublient leurs vieilles querelles à main armée, ne manquèrent pas de violemment s'indigner du rapprochement de la France et de l'Angleterre !

Dès les débuts de l'année 1892, le ministère de Freycinet tomba. Un projet de loi avait été déposé sur les associations et l'urgence avait été réclamée avec ce caractère bien net qu'il en fallait considérer l'adoption comme une indication en faveur de la Séparation de l'Eglise et de l'Etat. M. de Freycinet combattit l'urgence étant donné sa signification, mais la Chambre manifesta un avis tout tout contraire. Le 27 février, M. Loubet constituait le nouveau ministère qui ne subissait pas de profondes modifications. Toutefois, M. Ricard remplaçait M. Fallières à la justice et M. Cavaignac M. Barbey à la Marine.

La déclaration ministérielle ne présentait guère de nouveautés sensationnelles, mais elle se prononçait nettement contre la Séparation de l'Eglise et de l'Etat, estimant qu'il n'y avait ni dans la Chambre ni dans le pays une majorité pour l'accomplir ! Elle insistait aussi sur les projets de loi déjà déposés « concernant l'amélioration du sort des travailleurs », tels que la réglementation du travail des enfants, des filles mineures et des femmes dans les établissements industriels ; le droit à l'indemnité pour les ouvriers victimes d'un accident dans leur travail ; l'arbitrage dans les différends entre patrons et ouvriers, la loi sur l'hygiène et la sécurité des ateliers, les caisses d'épargne, les retraites ouvrières.

Cette partie du programme causa peu d'impression parmi les travailleurs qui savaient bien, par une longue et douloureuse expérience, qu'entre un programme ministériel et les maigres réalités qu'il annonce il y a trop souvent un abîme.

Le nouveau ministère s'était résolument prononcé contre toute séparation de l'Eglise et de l'Etat et pour l'application la plus stricte du Concordat ; dès ses débuts, c'est une question posée par l'audace des cléricaux qu'il allait allait avoir à traiter.

Le pape Léon XIII, avisé, observateur, semblait se départir de l'intransigeance de son prédécesseur. Il avait compris — les événements qui avaient marqué le développement et la défaite du boulangisme, le rôle important qu'y avait joué le clergé le lui avaient surabondamment démontré — que l'Eglise de France, à persister dans son attitude d'hostilité aux institutions consacrées par le suffrage universel, risquait gros jeu. Il devenait dangereux pour elle de continuer une lutte au cours de laquelle elle serait vaincue. Il conseillait la soumission au moins apparente, le respect de la légalité et des pouvoirs établis, le désintéressement de l'action directe en matière politique, mais il avait tout au plus rencontré une respectueuse déférence de la part des cardinaux dont un seul, le cardinal Lavigerie, sans influence sur le clergé, avait adhéré à la République. Le pape aurait voulu voir le clergé se confiner dans son rôle d'éducateur, de consolateur. Sa tâche n'était-elle pas assez belle, assez élevée, de consoler les souffrants, de les réconforter? Et la condition des travailleurs sollicitait son attention; il manifestait une bienveillance toute particulière à ceux qui, dans le clergé et parmi les défenseurs de l'Église, s'occupaient des questions ouvrières. C'était là une tactique habile et qui eut pu offrir quelques dangers pour la démocratie, si le clergé français avait été capable de la comprendre et de l'adopter; il aurait trouvé des appuis et des défenseurs jusque dans les rangs du parti républicain, en grande majorité hostile au socialisme, même aux réformes réellement efficaces. Ce fut peine perdue : le clergé français restait plus royaliste que le roi, plus ultramontain que son pape.

Or, voici qu'un jésuite, le P. Le Moigne, s'inspirant des vues de Léon XIII, avait entrepris de traiter les questions ouvrières, dans l'église Saint-Merri, en une série de conférences. Il avait abordé la question du paupérisme et comparant l'état social avant et après 1789, il avait dressé un véhément réquisitoire contre la Révolution française, l'accusant d'avoir trahi toutes les espérances du monde ouvrier et de ne lui avoir légué que la misère et la faim. Dans la bouche d'un défenseur de l'Ancien régime ce langage était normal, mais l'impudence était grande de le tenir publiquement. Les conférences du père jésuite ne manquèrent pas de produire un grand effet, mais combien contraire à celui qu'il escomptait. En foule, des travailleurs se rendirent à l'église Saint-Merri et aux attaques contre la Révolution française ils répondirent par des clameurs, par le chant de la *Marseillaise*. Ce grave incident fut porté à la Chambre par voie d'interpellation et provoqua un vif débat au cours duquel le président du Conseil, tout en affirmant son respect de la religion, déclara que le Cabinet était résolu d'une part à faire respecter la liberté du culte, mais d'autre part, à interdire toute critique et toute censure des actes du gouvernement et des lois de l'Etat. « Si, ajoutait-il, il se produit des conflits graves dans l'église Saint-Merri ou ailleurs, le ministre de l'Intérieur, qui a la garde de la tranquillité publique, prendra les mesures nécessaires et n'hésitera pas à aller jusqu'au bout, jusqu'à la fermeture de l'édifice ». L'attitude du président du Conseil reçut l'approbation de la majorité de la Chambre. Mais l'agitation des échauffés du cléricalisme que n'avait pu apaiser la défaite du boulangisme désormais sans chef; — découragé, déçu, abandonné de la plupart de ses courtisans et de ses bailleurs de fonds de la veille, il s'était brûlé la cervelle, au cimetière d'Ixelles, — se compliquait d'une série de faits graves, résultats de la propagande par le fait appliquée par des anarchistes. Le 11 mars 1892, au numéro 136 du boulevard Saint-Germain, où logeait un juge, M. Benoît, qui avait présidé la

Cour d'assises chargée, en 1891, du procès des anarchistes de Levallois-Perret, se produisait une formidable explosion ; le 15, une charge de dynamite éclatait à la caserne Lobau, le 27 du même mois, rue de Clichy, une bombe détruisait en partie la maison habitée par M. Bulot qui, en qualité de substitut, avait prononcé le réquisitoire contre les anarchistes de Levallois-Perret. Cette succession aussi rapide qu'inattendue d'explosions provoqua un vif émoi et une légitime indignation. L'auteur de l'attentat du boulevard Saint-Germain, Ravachol, dont le signalement avait été répandu par la presse, fut reconnu, boulevard Magenta, dans un débit de vins, par un garçon de l'établissement et, sur ses indications, il fut arrêté. Quelques jours après l'établissement sautait ; le propriétaire, sa femme, sa fille et un client, complètement étrangers à l'arrestation de Ravachol, étaient mortellement blessés.

L'opinion publique était terrifiée, exaspérée ; elle réclamait d'énergiques mesures. Un projet de loi fut déposé par le ministre de l'Intérieur ; il concernait la presse et avait un double caractère préventif et répressif assez rigoureux. Après un grand débat et malgré une nouvelle explosion qui coûta la vie à cinq personnes, ce projet ne fut adopté que sensiblement amendé ; quant à Ravachol, il fut condamné aux travaux forcés à perpétuité ; plus tard il devait être condamné à mort pour crime de droit commun, par la Cour d'assises de la Loire.

Tels étaient les plus clairs résultats d'une propagande qui s'exerçait non seulement contre les partis possédants et dirigeants, mais encore et surtout contre l'ensemble du parti socialiste, sous le couvert des idées de liberté individuelle poussée jusqu'à ses plus extrêmes limites et de la nécessité d'une transformation sociale. Ils ne pouvaient avoir d'autres effets que de troubler profondément les travailleurs, les éloigner de l'action socialiste et les refouler vers les partis de conservation sociale. Toutefois, il faut noter ce fait que, dans la classe ouvrière, la confusion que certains eussent souhaitée entre les socialistes et les anarchistes ne s'établit pas et que les progrès des idées n'en furent pas ralentis. La politique coloniale engagée sur différents points de l'Afrique et en Extrême-Orient se poursuivait activement partout ; la pacification du Tonkin et de l'Annam imposait encore de lourds sacrifices ; la pénétration au Soudan progressait lentement et le général Dodds poursuivait la conquête du Dahomey. Comme cela advint en chaque expédition lointaine, des dissentiments graves s'étaient produits entre le département de la guerre et celui de la marine, ce dernier se montrant trop régulièrement au-dessous de sa tâche, au point de vue de l'organisation. Du conflit qui s'éleva se produisit la retraite de M. Cavaignac qui fut remplacé par M. Burdeau.

Le Parlement poursuivait la discussion de lois à l'ordre du jour depuis plusieurs années déjà, mais l'élaboration en était lente surtout en matière de législation ouvrière ; ce ne fut qu'à grand peine que fut adoptée la loi réglant les conditions du travail des femmes et des enfants dans les manufactures ;

M. Zola.   Mᵉ Labori
M. Perreux. M. Vaughan.

A LA COUR D'ASSISES. — LE PROCÈS ZOLA : Mᵉ LABORI DÉVELOPPANT SES CONCLUSIONS.

(D'après un document du *Monde Illustré*).

sans doute réalisait-elle un progrès, mais non celui qu'attendaient les travailleurs dont les familles étaient vouées au plus douloureux destin.

En l'année 1892, la bourgeoisie républicaine, qui combattait avec la plus vive ardeur le parti socialiste, célébra, en une solennelle cérémonie au Panthéon, la commémoration de l'établissement de la République en 1792. Dans les discours qui furent prononcés par les présidents de la Chambre (M. Floquet) et du Sénat (M. Challemel-Lacour) furent mis en lumière les efforts prodigieux prodigués de 1789 à 1792, furent célébrées les grandes journées durant lesquelles le droit ne triompha que grâce à l'appui de la force révolutionnaire, mais dans ces discours il fut déclaré aussi que l'ère des révolutions devait être considérée comme définitivement close chez nous. C'était un avertissement donné au peuple ; il considérait surtout ces fêtes, ces évocations des grands jours, comme de véritables leçons de choses.

Comme pour bien établir, par des faits indéniables, quels fruits maigres, amers, la classe ouvrière a cueillis depuis la Révolution, entre tant d'autres faits significatifs, une grève formidable éclatait à Carmaux où, en 1891, la municipalité avait été conquise par les socialistes ; le citoyen Calvignac, secrétaire du syndicat des mineurs avait été élu maire. Cette élection avait préparé, amorcé le conflit qui allait surgir et provoquer partout un magnifique élan de solidarité. Tout fut mis en œuvre par l'administration de la Compagnie minière pour placer le nouveau maire dans l'impossibilité d'accomplir son mandat. M. le baron Reille était président du Conseil d'administration, il était député et avait pour collègue, dans la circonscription d'Albi, son gendre, le marquis de Solages ; ils ne pouvaient se faire à cette idée que là où ils étaient les maîtres au point de vue économique, ils ne le seraient plus au point de vue politique et ils congédièrent le citoyen Calvignac. Cette mesure constituait un véritable acte de provocation ; il excita l'indignation des mineurs qui se mirent en grève et se virent appuyés, suivis, par les métallurgistes et les verriers.

La lutte prit immédiatement un caractère très grave : elle devait se prolonger durant deux mois et demi, déterminant l'envoi de troupes nombreuses. Propagandistes et députés socialistes et mêmes radicaux, tel M. Clemenceau, se rendirent parmi les grévistes pour les encourager et soutenir leurs droits ; dans toute la France des réunions et des souscriptions s'organisèrent et, enfin, une interpellation porta la question à la tribune de la Chambre. Du débat se dégagea la nécessité d'un arbitrage et M. Loubet, président du Conseil, accepta d'être l'arbitre. Après avoir entendu les représentants de la Compagnie et les délégués des grévistes, MM. Millerand, Clemenceau et Pelletan, il rendit sa sentence qui donnait tort et raison à la fois aux deux parties en présence. Les ouvriers congédiés devaient être réintégrés ainsi que le citoyen Calvignac à qui ses fonctions de maire seraient rendues possibles ; de la réintégration devaient être exclus les travailleurs condamnés par le tribunal d'Albi ; enfin, le directeur de la Compagnie, M. Humblot, dont le renvoi était réclamé, devait rester en fonctions. La grève se prolongea, malgré cet arbitrage, et le travail ne reprit que le 3 novembre, après que les derniers condamnés eurent été graciés.

Cette grève avait eu un résultat politique local, elle avait provoqué la démission de M. de Solages, député de la circonscription. Après avoir fait la conquête de la municipalité de Carmaux, les travailleurs, gagnés par la propagande socialiste qui venait de recevoir un vif élan, allaient faire la conquête de la circonscription en élisant Jean Jaurès dont l'action à la Chambre et dans le pays allait devenir si considérable.

Mais voici qu'un nouveau scandale éclatait, celui du « Panama » qui devait une fois de plus, agiter la France entière. De pressantes réclamations, attisées par les partis politiques qui ne pouvaient se résigner à leurs défaites successives et profitaient de toutes les occasions pour susciter des troubles, se faisaient entendre de la part de tous ceux qui avaient engagé des fonds dans l'entreprise du percement de l'isthme de Panama; à ces réclamations nombreuses se joignaient de vagues accusations contre certains membres du Parlement, des personnalités en marge de la Chambre et du Sénat et contre certains organes de la presse; ils avaient trafiqué de leurs mandats, de leur influence pour faire aboutir le dernier emprunt de 720 millions autorisé le 8 juin 1888. L'opinion était émue, elle exigeait que de la clarté fut projetée sur cette aventure louche, d'autant qu'il paraissait avéré que le canal ne pourrait être terminé et qu'une formidable collection de capitaux avait été drainée parmi les petits rentiers et les modestes épargnistes. Une spéculation effrénée, des malversations emportaient, comme cela arrive trop fréquemment, une entreprise grandiose dont les conséqnences économiques et politiques pouvaient être si considérables.

A la pression énergique, violente de l'opinion publique, la Chambre céda en nommant une Commission de 33 membres « chargée de faire la lumière sur les allégations portées à la tribune à l'occasion des affaires de Panama ». Dès lors, l'affolement s'empara du monde parlementaire et les Cabinets se succédèrent, les uns parce qu'ils voulaient faire toute la lumière, les autres parce qu'ils tenaient à en faire le moins possible. Les accusations les plus graves, les plus formelles étaient dirigées contre les personnalités les plus en vue de la politique; vingt-six chèques avaient été découverts au cours d'une perquisition dans une banque avec laquelle le baron de Reinach, dont le suicide restait si mystérieux, avait été en relations d'affaires. Ils représentaient une somme globale de trois millions et demi qui avaient été employés à reconnaître les services d'hommes politiques. Le gouvernement, M. Ribot était à la présidence du conseil, affolé, laissait adresser à la Chambre et au Sénat des demandes en autorisation de poursuites contre des députés et des sénateurs — un seul devait être condamné, M. Baïhaut, car il avait avoué. Le cabinet Ribot se désagrégeait, puis faisait place au cabinet Dupuy dont l'action contre les socialistes et les travailleurs organisés devait être si maladroite, si brutale.

CHAPITRE XXXI

Le ministère Charles Dupuy. — Manifestations russophiles. — Assassinat du président Carnot. — L'affaire Dreyfus. — Élection de M. Casimir-Périer. — M. Félix Faure, président de la République. — Élection de M. Loubet. — Le mouvement nationaliste et l'agitation revisionniste. — « L'Histoire socialiste ».

Le 7 juillet 1893, M. Dupuy, qui avait eu la main si gauche et si lourde dans l'affaire Nuger, ferma la Bourse du Travail de Paris, provoquant de ce fait des troubles graves. Cette mesure qui eut son retentissement à la Chambre et à l'Hôtel de Ville où les élus socialistes blâmèrent en termes énergiques l'acte gouvernemental, fut diversement apprécié parmi les militants, alors qu'il était presque unanimement approuvé par la presse de toutes les fractions des partis conservateurs et du parti républicain. La Commission d'organisation du Congrès de la Fédération des Bourses du Travail qui devait se tenir cette même année à Toulouse, disait dans son rapport : « L'idée des Bourses a plus fait, pour fortifier le mouvement syndical, que dix années d'efforts des militants, aussi bien que M. Dupuy a plus fait, en fermant la Bourse de Paris et en attaquant les syndicats que vingt années de propagande. »

D'autre part, le citoyen Jules Guesde, dans le *Matin*, déclarait que M. Dupuy « en encombrant de sa police et de ses troupes à cheval l'impasse corporative dans laquelle menaçaient de s'égarer un trop grand nombre de travailleurs, avait rejeté dans le mouvement politique, c'est-à-dire dans la vraie voie socialiste, le parti ouvrier tout entier, désormais convaincu qu'en dehors du gouvernement conquis par la classe ouvrière, il n'y a pas de salut, pas d'émancipation du travail. »

Ce qui devait surtout résulter de l'acte du président du Conseil, c'était une recrudescence d'activité révolutionnaire des éléments dont l'action se faisait sentir parmi les organisations ouvrières qui allaient faire une série d'efforts pour se soustraire à l'influence politique des propagandistes et des élus des divers partis socialistes constitués.

Les élections municipales de 1892 et de 1893 avaient été signalées par de notables progrès du parti socialiste; de leurs candidats un nombre relativement considérable avaient pénétré dans les municipalités de province et de Paris. Les élections législatives de la même année allaient encore accuser ses progrès; désormais, au Palais-Bourbon, un groupe socialiste s'était formé dont l'action était puissante sur l'opinion. Déjà, le besoin se faisait sentir de concentrer toutes les forces éparses du parti socialiste français et des tentatives s'esquissaient dans ce but. Il ne devait pas encore être atteint, car des divisions nouvelles, aiguës, se produisirent au Congrès de Nantes où fut discutée et adoptée, malgré la vive opposition des représentants du parti socialiste français, l'idée de la grève générale.

Mais une nouvelle série de crises allait s'ouvrir et rappeler les heures les plus agitées, les plus pénibles du mouvement boulangiste. L'affaire du Panama était à peine apaisée qu'un nouvel attentat anarchiste stupéfiait l'opinion : Le 24 juin 1894, un italien, Caserio, poignardait le président de la République à Lyon, où il s'était rendu pour visiter l'Exposition universelle. Cet attentat provoqua la plus profonde indignation dans tous les partis; il devait être l'occasion de nouvelles mesures contre la propagande anarchiste, dont s'éloignaient de plus en plus, pour se confiner dans le domaine de la pure théorie, certains d'entre ceux dont l'influence avait donné de si lamentables résultats.

Ce fut M. Casimir-Périer qui succéda à M. Sadi-Carnot; sa présidence fut brève mais fort agitée. Il atteignait la magistrature suprême accueilli par une rare impopularité, d'autant plus marquée qu'elle se doublait de celle du président du Conseil. Il fut violemment attaqué par la presse. Gérault-Richard, entre autres, publia dans le *Chambard* un article portant pour titre : *A bas Casimir!* qui, malgré une éloquente défense du citoyen Jaurès, lui valut une condamnation à un an de prison et 3.000 francs d'amende. A cette condamnation, les électeurs parisiens devaient riposter en envoyant le journaliste socialiste siéger au Palais-Bourbon. Ces attaques quotidiennes réitérées lassaient, irritaient le président de la République, d'humeur indépendante mais perdant aisément son sang-froid. Une nouvelle crise, plus grave que celles que venait de traverser la République, s'ouvrait : elle allait déterminer à bref délai la retraite prématurée de M. Casimir-Perier et désorganiser tous les partis politiques désorientés.

Vers la fin de l'année 1894 un officier israélite, Alfred Dreyfus, capitaine d'artillerie, breveté d'état-major, attaché au premier bureau de l'état-major de l'armée, était arrêté sous l'accusation d'avoir livré, vendu à l'Allemagne des documents d'un haut intérêt pour la défense nationale. Les 19-21 décembre, jugé à huis-clos par un conseil de guerre, il était condamné à la déportation dans une enceinte fortifiée. Quelques jours après, dans une des cours de l'École militaire, parmi une « parade » militaire au plus haut point émouvante. il était dégradé, mais avec une énergie sans égale, qui fut qualifiée de cynisme. le condamné supporta l'effroyable épreuve et d'une voix ferme, assurée, il clama son innocence. L'unanimité des juges pour la condamnation ne laissait aucun doute sur la culpabilité ; ce fut une générale et pénible impression que causa cette affaire, au cours de laquelle des difficultés, un instant menaçantes, surgirent avec le gouvernement allemand.

M. Casimir Périer avait donné sa démission et le 17 janvier 1895, M. Félix Faure était élu président de la République par 430 voix contre 361 données à M. Henri Brisson.

Par la personnalité même du nouveau président, la période durant laquelle il exerça la magistrature suprême, n'aurait pas laissé grande trace, dans les annales de l'histoire. C'était un politique sans portée, plus préoccupé de son rôle extérieur, de questions de protocole, que de hautes idées en matière politique et sociale. Pour tout dire, c'était un médiocre et sa médiocrité l'avait fait choisir ; on était certain que de l'Élysée il n'exercerait aucune influence sur le gouvernement effectif. Toutefois, dès le début, ses origines modestes, son passé d'employé, puis de commerçant lui valurent une certaine popularité. La presse s'empressa de forger des légendes attendrissantes et, dans le désarroi qui se manifestait un peu partout, on lui fit un mérite tout spécial d'avoir participé à la campagne de 1870-71. Par centaines de mille des Français étaient dans ce cas. Mais, en France, nous avons besoin d'illustrations à tout prix ; pour si banale qu'elle puisse être, l'imagination lui donne un éclat particulier.

Le point culminant, l'apogée de sa présidence ne fut pas une réforme importante proposée ou réalisée sous son inspiration, simplement son voyage en grand apparat dans le pays des Tzars ; ses excursions militaires dans les Alpes ou dans les régions sillonnées par les troupes en grandes manœuvres ; il s'y révéla cavalier accompli. Ce fut un émerveillement ; la France bourgeoise se montrait satisfaite de cette gloire d'apparat, de façade, quand, brutalement, l'affaire Dreyfus, réveillée, vint l'arracher à sa quiétude.

Des doutes s'élevaient sur la régularité de la procédure suivie par le Conseil de guerre qui avait jugé le capitaine Dreyfus ; on affirmait que le général Mercier, ministre de la guerre, au mépris des règles les plus élémentaires du droit, avait communiqué au Conseil de guerre, sans que l'accusé et son défenseur en eussent pris connaissance, un dossier secret qui avait déterminé la condamnation. C'était là un fait judiciaire sans précédent, inexcusable, inadmissible. Quels motifs l'avaient pu déterminer, autoriser ? Les doutes prenaient corps, une partie bien faible de l'opinion s'étonnait de tels procédés qui ne rappelaient que trop les lettres de cachet et les procédures judiciaires de l'ancien régime. Un sénateur, vice-président du Sénat, homme modéré d'opinions, mais d'une grande droiture de conscience et d'un rare courage civique, M. Scheurer-Kestner, prenait, à la fin de l'année 1897, l'initiative du mouvement revisionniste qui, lentement, allait se créer, susciter les plus grands dévouements, déchaîner les pires passions et provoquer les plus terribles conflits ; provoquer la résurrection de la coalition de tous les réacteurs, de tous les chauvins et de tous les politiciens sans scrupules qui se rallient aux agitateurs prometteurs de profits.

M. Scheurer-Kestner publiait dans le *Temps* une lettre par laquelle il affirmait non seulement que le jugement du Conseil de guerre était entaché d'irrégularité, mais encore qu'il était inique ; il avait entre les mains les preuves évidentes de l'innocence du capitaine Dreyfus. Le bordereau qui lui avait été attribué et qui avait été la pièce capitale de l'accusation n'était pas de lui mais d'un autre ; cet autre, c'était le coupable, il fallait à tout prix le découvrir.

Désormais la lutte pour la revision du procès Dreyfus et contre le parti nationaliste devait, en l'énervant de plus en plus, tenir constamment en haleine l'opinion politique.

Il est matériellement impossible de reprendre, de rapporter dans le déroulement de ses passionnants détails ce mouvement en faveur de la revision qui devait se prolonger parmi les hésitations, les terreurs électorales des ministères qui se succédaient et du monde parlementaire dont le travail normal se trouva annihilé ou faussé. Mais des hommes de cœur appartenant à tous les partis, surtout au parti républicain et au parti socialiste, s'attachèrent à la si noble entreprise de M. Scheurer-Kestner : MM. Clemenceau, Ranc, Lazare Bernard et tant d'autres dont les noms sont restés gravés dans toutes les mémoires, s'attachèrent à réclamer justice. Dans leurs admirables pages accusatrices, Émile Zola, Jaurès, Anatole France, Trarieux, Havet, Duclaux, le colonel Picquart, bravant l'opinion déchaînée, instruisirent le procès du Conseil de guerre, des jésuitières embusquées dans les bureaux de l'état-major et, peu à peu, l'opinion se ressaisissait malgré la campagne de violences, de perfidies de la coalition nationaliste, devenue plus audacieuse que jamais. La culpabilité d'Estherazy, cet aventurier militaire, ne faisait plus de doute, et le suicide du colonel Henry, au mont Valérien, projetait d'étranges clartés sur cette affaire mystérieuse, inexplicable surtout dans ses origines et son but.

La grande majorité du parti socialiste s'était jetée avec la plus vive ardeur dans cette émouvante mêlée et son intervention, tant par le talent, l'ardeur de ses orateurs, de ses écrivains, ne fut pas sans exercer une déterminante impression sur l'opinion publique. Il réclamait justice, pour qui ? pour un des fils de la classe capitaliste qui, officier dans l'armée, n'aurait sans doute pas hésité à marcher contre lui pour sa défense, en cas de troubles ou de révolution. Ce n'était donc ni un intérêt de classe ni de parti qui le guidait, mais bien une haute pensée : la réparation d'une injustice flagrante, d'une iniquité monstrueuse, commise par des officiers contre un des leurs, sans que les véritables motifs s'en pussent démêler.

Il affirmait par son attitude que ses revendications, toutes ses revendications, il les élève au bénéfice de tous, ainsi qu'il le proclame dans son programme, « sans distinction de race, de nationalité ». Puis, comme cela était advenu durant la tourmente boulangiste, il avait compris que le gros de la coalition « antidreyfusarde » était le même qui, à chaque crise, se reformait, depuis 1871 contre la République et, devant le nouveau danger, une fois de plus, il avait repris sa place de bataille à l'extrême-gauche de l'armée républicaine parmi laquelle se manifestaient tant d'indécisions. Il avait, du reste, à lutter contre des socialistes qui ne pouvaient admettre une nouvelle « déviation » de la ligne de conduite tracée au prolétariat et qui affirmaient qu'il fallait laisser aux éléments bourgeois en lutte ouverte le soin de régler leurs conflits en lesquels les travailleurs n'avaient sans doute rien à perdre que leur temps et leur énergie et certainement rien à gagner. C'était là la tactique qui avait déjà été conseillée, préconisée ; elle ne put prévaloir auprès de la majorité qui se rendit parfaitement compte de tous les dangers que cachait la campagne antisémite et soi-disant patriotique.

Elle était grave, en effet, cette crise, plus grave que le mouvement boulangiste, en ce sens qu'elle ne se déroulait plus autour et en faveur d'une personnalité en vue de l'armée. C'était toute l'armée elle-même qu'on tentait de mettre en cause ; c'était une question troublante de défense nationale que l'on posait, avec l'espoir d'agiter tout le pays. Mais, cette fois, le pays se ressaisit plus rapidement que jamais, après avoir été divisé au plus haut point. Il eut, dans son ensemble, plus de droiture et d'énergie morale, plus de clairvoyance, de décision, que ses représentants et ses gouvernants qui, à la fin, ne se décidèrent à agir que sous sa pression calme mais irrésistible. Les faits démonstratifs, du reste, s'étaient accumulés avec une rapidité foudroyante et il était bientôt apparu que toute l'affaire Dreyfus, depuis la première phase jusqu'au procès de Rennes, avait été l'œuvre d'un groupe de faussaires audacieux auxquels, comme cela est si souvent advenu, l'impunité devait être assurée. Un seul des coupables, le colonel Henry, s'était fait justice courageusement, bouc émissaire de ceux pour lesquels il avait travaillé.

La lutte était arrivée au plus haut point d'exaspération quand, le 16 février 1899, le président Félix Faure mourut subitement.

Le 18, M. Émile Loubet était élu président de la République, par 483 voix contre 279 à M. Méline, pour qui la réaction avait voté avec un remarquable ensemble. On savait M. Loubet partisan de la revision du procès Dreyfus ; il n'en fallait pas davantage pour déchaîner contre lui toutes les bandes antidreyfusardes et nationalistes. Son retour de Versailles à Paris fut marqué par des scènes scandaleuses ; insuffisamment protégé par une escorte hostile, que maintenaient à peine dans le devoir les rigueurs de la discipline militaire, le nouveau président de la République fut hué, injurié, et ce fut un scandale inouï.

Le jour des funérailles de M. Félix Faure (23 février), comme les troupes regagnaient leurs casernes, M. Paul Déroulède essayait de provoquer une sédition militaire, d'entraîner sur l'Élysée la brigade stationnée à Reuilly et commandée par le général Roget. Dans ce faubourg Saint-Antoine, si

LA VENTE A L'HÔTEL DE M. ÉMILE ZOLA, DANS LE VESTIBULE : « A 32.000 FRANCS LA TABLE LOUIS XIII ! »
(D'après un document de l'Illustration)

républicain, gagné à la cause revisionniste, la tentative offrait peu de chances
de succès ; les régiments se seraient fondus avant d'avoir atteint la place de la
Bastille. M. Paul Déroulède et son fidèle lieutenant M. Marcel Habert furent
arrêtés. Ils devaient être acquittés par la Cour d'assises de la Seine ! Alors
que la France un instant profondément troublée, se ressaisissait et qu'aux
élections générales de 1898 elle se manifestait revisionniste, Paris s'affolait
comme cela lui était advenu durant l'aventure boulangiste. Des manifestations tumultueuses s'agitaient autour des procès qui se déroulèrent et marquaient les perplexités, les hésitations des gouvernements qui se succédaient.
Il importait, pour la tranquillité générale, pour le salut de la République
encore menacée, de prendre de suprèmes et décisives résolutions.

Dans les derniers jours du mois de mai 1899, la Cour de cassation, toutes
chambres réunies, ouvrait le procès en revision ; le 3 juin, elle rendait son
arrêt et le capitaine Dreyfus était renvoyé devant le conseil de guerre de
Rennes pour être jugé de nouveau. Un navire de guerre fut envoyé à l'île du
Diable pour chercher l'officier innocent déporté et soumis aux pires mais illé-
gales rigueurs d'une cruelle captivité.

Ces mesures destinées à réparer une monstrueuse iniquité et à mettre en
lumière de hautes et nombreuses culpabilités, portèrent à son comble l'exaspération de la coalition nationaliste qui, sur le champ de courses d'Auteuil, se
livra le 4 juin, à de scandaleuses manifestations; un énergumène, le baron
Christiani, s'oublia, dans un accès de véritable délire, jusqu'à frapper de sa
canne le président de la République. La foule protesta par ses acclamations
contre l'attitude des nationalistes ; les Chambres, le Conseil municipal de Paris
élevèrent de solennelles protestations contre de tels agissements et tout le
monde comprit qu'il n'était que temps de réprimer avec décision un mouvement qui paraissait désormais plus dangereux que le mouvement boulangiste.

Il apparaissait aux yeux des moins prévenus contre lui que le président du
conseil, M. Charles Dupuy, n'avait pas songé à prendre les plus élémentaires
précautions pour protéger le nouveau Président de la République, alors que
tout était pour indiquer que les nationalistes ne manqueraient pas cette
occasion de manifester leurs sentiments. Le 12 juin, la Chambre, par un ordre
du jour précis déposé par MM. Ruau et de Laporte, donna son congé au cabinet.
Cet ordre du jour était ainsi conçu : « La Chambre résolue à ne soutenir qu'un
gouvernement décidé à défendre avec énergie les institutions républicaines et
à assurer l'ordre public, passe à l'ordre du jour ».

C'est à ces préoccupations que fut due la constitution du ministère Waldeck-
Rousseau.

Ce ne fut pas sans peine que la crise ministérielle fut dénouée ; le 26 juin
seulement le nouveau cabinet put se présenter devant le Parlement.

Le Président de la République avait d'abord appelé M. Poincaré que sa
situation parlementaire, assez indécise du reste, semblait désigner pour former

un gouvernement de concentration entre le centre gauche et l'extrême-gauche, plutôt un cabinet d'affaires que d'action, mais il ne put aboutir en raison du choix qu'il avait fait comme collaborateur de M. Barthou, dont de nombreux républicains n'avaient pu oublier le rôle par lui joué aux élections de 1898, alors que, dans le cabinet Méline, il détenait le portefeuille de l'Intérieur. Les hostilités que suscitèrent ce choix déterminèrent M. Poincaré à abandonner sa mission.

M. Waldeck-Rousseau, dont le premier passage aux affaires dans le cabinet Gambetta avait été fort remarqué, qui était un des orateurs les plus froids mais les plus remarquables du Parlement et avait conquis une très grande influence, avait accepté la tâche de constituer le ministère ; elle n'était pas aisée ; la situation était difficile au dedans et au dehors ; le Parlement était divisé par les rivalités et les indécisions ; les compétitions s'accusaient nombreuses. L'heure était venue de tenter une œuvre ayant un double caractère : la concentration des forces réellement républicaines et une orientation plus nette, capable de prouver que la République voulait enfin entrer dans la voie des réformes sociales d'un caractère précis, effectif et large.

Après plusieurs jours de pourparlers, de négociations, la constitution du nouveau cabinet paraissait à l'*Officiel*. Ce fut une véritable stupéfaction. M. Waldeck-Rousseau, avec le portefeuille de l'Intérieur, prenait la présidence du Conseil ; le général de Galliffet était à la Guerre, M. de Lanessan à la Marine ; M. Monis, à la Justice ; M. Delcassé, aux Affaires étrangères ; M. Millerand, au Commerce ; M. Caillaux, aux Finances ; M. G. Leygues, à l'Instruction publique ; M. P. Baudin, aux Travaux publics ; M. Decrais, aux Colonies ; M. J. Dupuy, à l'Agriculture.

Que des républicains eussent pu songer au général Galliffet, l'homme aux exécutions sommaires de mai 1871, l'ancien familier des Tuileries, le fougueux réacteur sous l'ordre moral et le 16 mai, pour en faire un ministre de défense républicaine, dans un cabinet où figurait un socialiste ; qu'il eût lui-même accepté d'en faire partie, il y avait de quoi surprendre, émouvoir l'opinion. Mais il apparut bientôt qu'il n'avait été choisi que pour mâter les chefs militaires trop nombreux qui s'étaient laissé entamer par la contamination nationaliste et antisémite. On avait pensé qu'il se montrerait aussi sévère, aussi énergiquement implacable envers les officiers indisciplinés qu'il l'avait été contre les républicains révolutionnaires de Paris. C'était une grave imprudence ; elle n'eût toutefois pas les funestes résultats qu'on était en droit d'appréhender. Sous son action énergique, brutale, les « bavards » de l'armée durent se taire et la revision du procès Dreyfus put s'activer.

L'entrée de M. Millerand dans le ministère avait surpris les bourgeois républicains et les socialistes. C'était lui qui, au cours du banquet tenu à la Porte-Dorée au lendemain des élections municipales de 1896 qui avaient marqué le grand développement du parti socialiste, avait tracé un programme de doctrine et d'action qui, sauf quelques réserves, avait obtenu l'adhésion générale.

Devait-il accepter le portefeuille? les avis étaient partagés et des querelles s'élevèrent très vives entre ceux qui maintenaient l'intransigeance de leur programme de classe et ceux qui, comme au temps du boulangisme, estimaient que le parti socialiste, dans les circonstances présentes, ne pouvait s'isoler, s'éloigner de l'action de défense républicaine et la majorité approuva l'attitude de M. Millerand.

Le 26 juin, le ministère Waldeck-Rousseau se présentait devant le Parlement et donnait lecture de sa déclaration dont le passage principal était un appel à la concentration de tous les républicains sincères, pour la défense des institutions et une indication très nette sur l'affaire qui agitait les esprits :

« La Chambre en exprimant la résolution de ne soutenir qu'un Gouvernement décidé à défendre avec énergie les institutions républicaines et à assurer l'ordre public, a nettement défini la tâche qui s'impose au nouveau cabinet.

« Il n'a d'autre ambition que de l'accomplir.

« S'agissant de maintenir intact le patrimoine commun, nous avons pensé que les divisions de parti devaient s'effacer et que l'œuvre que nous allions entreprendre exigeait le concours de tous les républicains.

« Quand le but est précis et qu'il ne varie point avec les méthodes ou avec les écoles, l'accord devient facile, les controverses se taisent en présence d'un même devoir à remplir.

« Mettre fin à ces agitations dirigées, sous des dehors faciles à percer, contre le régime que le suffrage universel a consacré et qu'il saura maintenir ; exiger dans tous les services un concours fidèle, le courage des responsabilités, telle doit être la première préoccupation du gouvernement qui se présente devant vous.

« Il ne dépendra pas de lui que la justice n'accomplisse son œuvre dans la plénitude de son indépendance. Il est résolu à faire respecter tous les arrêts, il ne sait pas distinguer entre ceux qui ont la redoutable mission de juger les hommes et, si le vœu du pays est avant tout écouté, c'est dans le silence et le respect que se prépareront ses décisions. »

La tâche qui incombait au nouveau ministère était de liquider l'affaire Dreyfus ; de rétablir l'ordre et d'achever la préparation de l'exposition internationale qui devait couronner la fin du xixe siècle.

Le 1er juillet, dans le plus grand mystère et avec les plus grandes précautions, le capitaine Dreyfus rentrait en France, nuitamment débarqué dans un petit port de pêche de Bretagne, non loin de Quiberon, à Port-Haliguen ; de là, il était transporté et emprisonné à Rennes.

Rarement une cause judiciaire transformée en événement politique n'avait si fortement ému l'opinion, déchaîné d'aussi violentes passions, d'aussi virulentes controverses. Les divisions qu'elle avait semées dans le pays

s'étaient fait sentir jusque dans les relations les plus anciennes, les plus
étroites ; elles avaient rompu jusqu'aux liens les plus intimes, les plus affectueux dans de nombreuses familles. Et l'émotion avait franchi les frontières,
gagné l'Europe, le monde entier où, des pièces et la procédure du procès,
lentement mais sûrement révélées, examinées avec plus d'attention, plus de
sang-froid, ne laissaient plus aucun doute sur l'innocence du prisonnier de
l'Ile du Diable ; sur les écrasantes responsabilités assumées par les auteurs
conscients d'une telle infamie judiciaire. On s'étonnait de ce que la France,
aux initiatives si hardies, aux élans si nobles, si généreux, n'eût pas exigé une
plus prompte revision, eût si longtemps laissé impunis les coupables.

Aussi toute l'attention se concentra-t-elle sur le procès qui s'ouvrit, le 7 août,
devant le Conseil de guerre composé d'officiers d'artillerie et présidé par le
colonel du génie Jouaust, dont l'insuffisance devait éclater dès la première
audience. Elle ne pouvait être égalée que par celle du commandant Carrière,
commissaire du Gouvernement, dont l'attitude eut été simplement ridicule, si
le procès n'avait eu une si haute importance.

Parmi une agitation fiévreuse, le procès se déroula péniblement, marqué
par des incidents graves, impressionnants, parfois tragiques, tel l'attentat contre Me Labori qui avait déployé au cours de toute l'affaire Dreyfus une grande
énergie et une remarquable habileté en matière de procédure et avait
accepté, avec Me Demange, la lourde mission de défendre le capitaine protes-
tant de son innocence plus que jamais, car les cruelles épreuves morales et
matérielles subies n'avaient pu l'abattre.

L'attention générale était d'autant plus grande que le huis-clos avait été
ordonné pour la communication du dossier diplomatique et militaire. Allait-
on, une fois de plus, user des mêmes procédés que devant le Conseil de
guerre de Paris ? telle était la question que tout le monde se posait. Et les
témoins défilaient avec leurs dépositions variées, fréquemment contradictoires.
Celle du général Mercier, au nom duquel une éternelle flétrissure restera
attachée, malgré son habileté, sa perfidie, fit éclater les irrégularités graves
de la procédure précédemment suivie. Contrairement aux lois, un dossier
secret avait été soumis aux premiers juges ; comme il n'avait été communiqué
ni à l'accusé ni à son avocat, il n'avait pu être discuté dans l'interrogatoire ni
dans la défense. Il était inouï que le président eût accepté une telle situation ;
eût ainsi manqué à tous ses devoirs les plus élémentaires, eût ainsi violé les
droits sacrés de la défense.

Car la partie saillante de la déposition du général Mercier ne laissait plus
aucun doute, quoi qu'elle fut un modèle de restriction jésuitique : « Je mis
sous pli cacheté les pièces secrètes, dont je vous ai donné communication,
ainsi que le commentaire qui y était relatif, et je l'envoyai le deuxième jour,
je crois, ou en tout cas le matin du troisième, au président du Conseil de
guerre, en lui faisant dire que je n'avais pas le droit de lui donner un ordre

positif, *mais que je lui donnais un ordre moral, sous ma responsabilité, d'en donner communication aux juges du Conseil de guerre, parce que j'estimais qu'il y avait là des présomptions graves dont il était indispensable qu'ils eussent connaissance ».*

Entre toutes les dépositions, une, fut particulièrement sensationnelle, celle de M. Casimir-Perier, ancien président de la République, dont la démission avait été si inattendue, les causes en étant restées enveloppées d'un mystère troublant. Après avoir déclaré qu'il n'avait eu communication d'aucun dossier avant la condamnation du capitaine Dreyfus, qu'il n'avait pas joué de rôle dans cette affaire dont il avait été systématiquement tenu à l'écart par le Cabinet, tant au point de vue militaire que diplomatique, il ajouta :

« J'ai fidèlement et complètement relaté le seul incident diplomatique que j'aie connu. Il était fait appel à ma loyauté personnelle ; j'ai dit à l'ambassadeur d'Allemagne la vérité sans détours, estimant que c'était la seule explication que pouvait donner celui qui parlait au nom de la France. Rien dans cet incident diplomatique ne pouvait déterminer ma démission.

« J'ai, quoiqu'il m'en coûte, le devoir d'ajouter un mot : parmi les considérations et les faits qui m'ont conduit à donner ma démission et que j'ai voulu taire, parce qu'en me taisant je ne faisais tort qu'à moi-même ; il est un fait qui a un lien trop étroit avec l'incident dont je viens de parler pour que je m'expose au reproche de ne pas l'avoir dit.

« Quand j'ai dû conférer avec l'ambassadeur d'Allemagne, le ministre des Affaires étrangères était absent de Paris.

« Je savais qu'il avait eu sur l'affaire Dreyfus des entretiens avec l'ambassadeur, mais malgré mes observations antérieures, il s'était abstenu de me les faire connaître. Ce n'est ni l'heure ni le lieu d'expliquer dans quelle mesure je juge la présidence de la République dépourvue de moyens d'action.

« Je demeurais, dès lors, exposé à m'entendre dire un jour, dans des circonstances plus graves, par un représentant de l'étranger, que mes déclarations n'étaient pas conformes à celles du ministre des affaires étrangères de France.

« Voilà des considérations qui ont pesé sur ma conscience. Mais, je le répète, l'incident diplomatique avec l'Allemagne n'a été pour rien dans ma démission. »

Le 9 septembre, par cinq voix contre deux, le conseil de guerre déclarait de nouveau le capitaine Dreyfus coupable de trahison, mais accordait les circonstances atténuantes ! C'était une véritable proclamation morale d'innocence que devait suivre la remise de la peine, c'est-à-dire la grâce, jusques et y comprise la remise de la dégradation militaire.

La victime de la « justice militaire » était libre, grâciée, mais non proclamée effectivement innocente. La tâche des revisionnistes n'était pas terminée et l'agitation nationaliste loin de désarmer s'intensifiait de jour en jour, mais perdant chaque jour du terrain dans l'opinion publique, sauf à Paris où l'année suivante elle devait remporter de signalées victoires électorales et faire pencher à droite la majorité du Conseil municipal.

Tandis que se déroulait le procès de Rennes, le Gouvernement, présidé par M. Waldeck-Rousseau, mettait à exécution la partie de la déclaration ministérielle dans laquelle il affirmait son ferme dessein de prendre toutes les mesures nécessitées par la défense des institutions républicaines et par le maintien de l'ordre public plus que jamais troublé depuis l'ouverture des débats. Il était certain que toute l'agitation était conduite et soldée par les agents les plus actifs des partis réacteurs qui n'attaquaient plus ouvertement la République, mais accusaient les républicains de corruption, de trahison, et se proclamaient les seuls, les vrais défenseurs de l'armée outragée, de la Patrie livrée à l'étranger.

Quoique la grande majorité du pays résistât aux calomnies, parfois aux menaces, le danger était évident, il importait de le conjurer. Le 12 août 1899, des arrestations assez nombreuses étaient opérées, entre autres celles de MM. Paul Déroulède, André Buffet, de Sabran-Pontevès, de Ramel, etc., et des perquisitions étaient pratiquées au siège du Comité royaliste, à la *Ligue des Patriotes* et chez des personnalités en vue parmi les chefs du mouvement nationaliste.

C'est dans les termes suivants qu'en une note officieuse, l'*Agence Havas* annonça les mesures qui venaient d'être prises :

« Un certain nombre d'arrestations ont été opérées ce matin à la suite d'une instruction ouverte en vertu de l'article 89 du Code pénal, complot formé dans le but de changer la forme du Gouvernement.

« Les inculpés appartiennent aux groupes de la Jeunesse royaliste, de la Ligue des patriotes et de la Ligue antisémite.

« Lors du procès relatif à l'attentat de la caserne de Reuilly, les faits se rattachant à cet épisode furent seuls retenus par le réquisitoire ; mais les perquisitions faites dès ce moment et les pièces saisies permirent plus tard de reconstituer l'organisation, dès juillet 1898, d'un complot ayant pour but de s'emparer par un coup de force du gouvernement.

« Des dépêches qui furent retrouvées ne laissent aucun doute ni sur l'existence du complot, ni sur ses principaux acteurs.

« Une surveillance très active fut organisée, et on acquit la preuve que les mêmes groupes préparaient une nouvelle tentative à brève échéance, exigeant, pour prévenir de nouveaux désordres, des mesures immédiates. »

D'autre part, il était avéré, les preuves avaient été rassemblées après la mort de M. Félix Faure, que tout avait été préparé pour un coup de main, que, dans ce but, le duc d'Orléans avait quitté Palerme pour venir à Bruxelles, mais que le complot découvert avait avorté.

Enfin, M. Jules Guérin, un des hommes d'action réputés les plus énergiques, avec M. Max Régis, dans le parti antisémite, contre qui un mandat d'amener avait été lancé, s'était fortifié dans une maison de la rue de Chabrol annonçant que ses amis et lui feraient feu sur quiconque tenterait d'y pénétrer pour le mettre en état d'arrestation. Ce fut là un siège mémorable qui provoqua la curiosité des Parisiens, mais mit en regrettable relief la longanimité et la faiblesse du Gouvernement, alors qu'un détachement de pompiers eût rapidement effectué cette simple opération de police.

Le 18 septembre commençait devant le Sénat, transformé en Haute-Cour, sous la présidence de M. Fallières, le procès qui fut marqué par les incidents les plus violents et qui ne devait se terminer que le 4 janvier 1900 par la condamnation de MM. Paul Déroulède, de Lur-Saluces et André Buffet à dix ans de bannissement, de Jules Guérin à dix ans de détention ; enfin M. Marcel Habert qui s'était constitué prisonnier au cours du procès, jugé seul, fut condamné plus tard à cinq ans de bannissement. Les autres accusés furent acquittés.

L'initiative du gouvernement avait ramené le calme dans la rue, mais ce calme n'était pas revenu dans les esprits au moins à Paris, ainsi que les événements devaient bientôt le démontrer.

Tout semblait, du reste, s'accumuler pour rendre difficile, même au point de vue politique, l'évolution de la République, les circonstances extérieures venant se greffer sur les incidents si mouvementés de la situation intérieure. La mission Marchand, après avoir, parmi de grandes difficultés, traversé de l'ouest à l'est l'Afrique, avait atteint le Bar-el-Gazal et gagné Fachoda. L'Angleterre avait vu dans ce fait une atteinte directe à sa situation en Égypte et à ses projets vers les provinces équatoriales placées sous la suzeraineté du vice-roi. Elle avait réclamé l'évacuation de Fachoda et présenté au Gouvernement français des observations très nettes, tellement pressantes qu'on avait pu redouter un conflit armé et qu'on s'y était hâtivement préparé. Les angoisses étaient grandes. Allait-on s'engager pour une question d'amour-propre, pour une acquisition dans une région si éloignée des possessions françaises, dans une aventure de guerre grosse d'incertitude, étant donnée l'infériorité manifeste de notre marine? Et quelles autres complications européennes pouvaient surgir de ce conflit? Après des négociations laborieuses, des hésitations, le parti de la sagesse, de la paix, l'emporta et ce fut un bonheur à tous les points de vue. Le commandant Marchand fut rappelé et Fachoda évacué.

La conclusion de cette si grave affaire provoqua une détente dans la majorité du pays peu soucieuse de voir une guerre éclater pour un coin du continent noir qui, sans profit, n'aurait fait qu'augmenter les charges, déjà lourdes, du budget colonial et les soucis d'une politique marquée par de nombreux et cruels mécomptes ; mais la paix assurée ne pouvait satisfaire tout le monde, particulièrement ceux qui, dans le patriotisme tel qu'ils le comprenaient et l'exploitaient au point de vue politique, cherchaient et malheureusement trouvaient des

LE TRIOMPHE DE LA RÉPUBLIQUE, GROUPE EN BRONZE DE M. DALOU.

(D'après un document de l'*Illustration*)

occasions, des moyens d'agitation. La conclusion pacifique de l'incident de
Fachoda fut par eux traitée de capitulation honteuse vis à vis de l'Angleterre et
le jour où le commandant Marchand revint à Paris, il fut accueilli par des
manifestations délirantes comme celles qui avaient salué le général Boulanger.
Les factions réactrices avaient l'espoir de « travailler » une fois de plus avec le
nom d'un soldat. L'enthousiasme ne fut qu'un « feu de paille ».

Un autre explorateur, pas un soldat celui-là, mais un vaillant, un modeste,
Foureau, avait presque pacifiquement traversé le Sahara, atteint Tombouctou,
puis le lac Tchad ; accompli un voyage périlleux et fécond, l'opinion ne lui
prêta qu'une vague attention. La foule réserve ses ovations aux héros d'aventure, qui savent tirer parti de leur rôle ou qui complaisamment deviennent les
jouets des partis ; elle dédaigne les laborieux, les utiles, les modestes et elle se
plaint d'être toujours dupée !

L'année 1899 s'acheva dans le calme le plus complet ; toutefois, dans la
presse, les polémiques se poursuivaient sur l'affaire Dreyfus dont la revision
complète était réclamée, afin d'établir d'une façon définitive, complète, l'indis-
cutable innocence du capitaine d'artillerie remis en liberté et rendu à sa
famille après une longue, cruelle séparation.

Cette affaire avait eu pour résultat principal d'ouvrir les yeux à des
hommes qui, jusqu'à ce jour, confinés dans leurs études, leurs laboratoires,
leur parti politique, n'avaient pas vu de près les douloureuses réalités de l'ordre
social et n'avaient pu ou voulu déchiffrer les louches énigmes masquées par
les intrigues, les manœuvres des politiciens. Le retentissement des premières
polémiques suscitées par l'initiative de M. Scheurer-Kestner, après les avoir
troublés dans leur indifférence ou leur quiétude, les avait profondément émus ;
l'iniquité commise les avait indignés ; tout ce qu'il y avait de bas, de vil,
d'odieux dans le premier procès les avait arrachés à leur retraite et, à leur
tour, avec toute l'autorité de leur renom, ils s'étaient lancés dans la tourmente,
bravant tous les préjugés, tous les dédains de leurs amis ou admirateurs de
la veille, pour ne s'attacher qu'à une cause : la cause de la justice.

A voir de près le monde politique, ses tares si nombreuses, ils avaient jugé
les coupables, les complices, les hésitants ; certains d'entre eux avaient été
frappés, au mépris de toute équité, par le gouvernement de la République ;
rien n'avait pu les arrêter dans leur élan. Jugeant à quelle coalition réactionnaire était due la résistance à la revision du procès Dreyfus ; à quelles préoccupations misérables étaient dues les hésitations des gouvernements successifs,
quand l'innocence du condamné apparaissait évidente, ils en étaient arrivés à
une haute conception de la République. Cette justice qu'ils réclamaient pour
un soldat injustement frappé, certains d'entre eux, enfin, la comprenaient
nécessaire pour cette foule innombrable qui produit tout et ne possède rien ;
qui naît dans le besoin, vit dans le travail et finit dans la détresse, condamnée
par l'organisation sociale au mal de misère, de génération en génération.

La lumière se fit dans leur esprit. Il y avait une autre mission à poursuivre : la mission sociale et le parti socialiste rencontra de sérieuses recrues, de fervents adhérents, parmi des savants, des penseurs qui, la veille, lui étaient indifférents ou hostiles.

Le 19 novembre 1899, une importante manifestation se produisit à l'occasion de l'inauguration du superbe groupe de Dalou érigé place de la Nation : le *Triomphe de la République*. Le Conseil municipal avait organisé la cérémonie à laquelle assistaient le Président de la République et les ministres. Après la lutte longue, ardente, soutenue contre la coalition nationaliste et à laquelle ils avaient pris une part si grande, si énergique, les socialistes, les travailleurs tinrent à s'associer à la manifestation, à répondre à l'appel que leur avaient adressé leurs représentants à l'Hôtel de Ville. Plus de trois cent mille citoyens et citoyennes, en ordre parfait, drapeaux socialistes déployés au vent, défilèrent devant le monument, acclamant la République sociale et faisant retentir les airs de chants vibrants d'espoir en l'avenir. Il faisait nuit close quand se termina le défilé. Cette admirable journée républicaine et socialiste devait avoir de douloureux lendemains.

C'est durant la seconde moitié de l'année 1899 que fut conçue et que prit définitivement corps l'idée de l'*Histoire socialiste*, embrassant le vaste champ qui comprend la Révolution française et tout le xix⁰ siècle. Pour cette entreprise considérable, placée sous la direction de Jean Jaurès, qui venait de donner au socialisme l'appoint de sa parole, de ses écrits savants et si entraînants, appel fut fait à des écrivains, des philosophes, des théoriciens, ou à de simples propagandistes du parti socialiste, tel celui qui écrit ces lignes et dont le vif regret restera de n'avoir pu faire de l'histoire de la troisième République une œuvre moins imparfaite. La tâche entreprise se parachève : puisse-t-elle contribuer à la diffusion des idées de revendication parmi le prolétariat et tous ceux qui, à un titre quelconque, souffrent des iniquités sociales !

CHAPITRE XXXII

*Le ministère Waldeck-Rousseau et les travailleurs. — La grève de Saint-
Étienne. — Interventions socialistes. — M. Millerand à Saint-Mandé. —
Le travail des femmes et des enfants. — Inauguration de l'Exposition
internationale. — Les élections municipales à Paris. — Les événements de
Chalon-sur-Saône. — La guerre en Chine. — Le Congrès international
socialiste. — Les lois ouvrières et le Parlement. — L'affaire Dreyfus.*

Voici l'année 1900, la dernière d'un siècle tourmenté, fécond entre tous
ceux qui marquent l'évolution de notre pays, l'histoire du monde. Né en
pleine épopée guerrière, parmi une griserie de gloire meurtrière, stérile,
après la formidable secousse de la Révolution, il caractérise d'une empreinte
grandiose, indélébile, le rôle de notre pays dans l'œuvre de collaboration générale au développement, aux progrès de l'esprit humain. Ce rôle est indéniable ;
chaque mouvement révolutionnaire qui s'y produit a sa répercussion dans
toute l'Europe dont les trônes se trouvent ébranlés et les peuples émus. La
bourgeoisie française, en parachevant ses conquêtes politiques avec l'aide du
prolétariat qu'elle utilise pour cette entreprise, comme elle l'emploie, dans le
domaine du travail, à développer et à asseoir sa puissance économique,
entraîne à suivre son exemple la bourgeoisie des autres pays. Mais, à pousser
l'élément populaire aux luttes révolutionnaires qu'elle juge utiles à ses intérêts
et qu'elle canalise à son profit exclusif, elle lui apprend, bien malgré elle, à
combattre pour lui-même. L'apprentissage de ce rôle du prolétariat est lent,
difficile, douloureux. Toujours groupé et guidé par d'autres, il lui faut s'accoutumer à se grouper de lui-même pour lui-même et à se guider de lui-
même.

Le siècle finissant le trouve engagé dans cette voie, en minorité encore il
est vrai, mais en minorité qui compte dans l'orientation politique du pays,
dans son fonctionnement économique et, à la rapidité de son accroissement on
peut déjà prévoir que le jour se rapproche où la classe dirigeante sera obligée
de compter avec lui. D'autant plus que les militants ont abandonné les allures,
le langage du socialisme romantique et purement sentimental ; qu'ils ont
étudié, vu les réalités de près et adopté le programme qui lentement s'est

dégagé et est devenu le programme du prolétariat socialiste universel ; il ne reste de divergences que dans le domaine de la tactique, cette dernière étant subordonnée aux traditions, au tempérament, aux conditions politiques de chaque collectivité humaine.

L'année 1900, ainsi que nous le verrons par la suite, restera une année mémorable dans l'histoire du socialisme français et du socialisme international.

Ce n'est que dans les premiers jours de janvier que la Haute-Cour avait liquidé, dans les conditions précédemment indiquées, le procès qu'elle avait eu à juger ; les polémiques, loin de désarmer, restaient toujours d'une rare violence. La « cause nationaliste » paraissait perdue en France ; à Paris il n'en allait pas de même, en raison surtout des hésitations de nombreux républicains qui, de crainte de froisser leurs électeurs, le renouvellement du Conseil municipal devant s'effectuer en mai, n'osaient pas émettre une opinion ferme sur l'affaire Dreyfus, toujours pendante. Toutefois, les manifestations s'étaient apaisées, la rue était calme et c'était là un point essentiel.

Le cabinet Waldeck-Rousseau allait subir sa première épreuve, importante en raison de sa constitution, de la présence d'un socialiste au ministère du Commerce. Dans la seconde quinzaine du mois de décembre, une grève se déclarait à Saint-Étienne parmi les tisseurs réclamant des conditions moins dures quant au travail et aux salaires. Tout d'abord, il fut permis aux grévistes de se réunir, puis de former des cortèges dans les rues et sur les places publiques ; mais cette attitude tolérante des pouvoirs publics ne devait pas durer. Sur les réclamations et les excitations de la presse modérée ou conservatrice, le 26 décembre, le Gouvernement avait cru devoir donner l'ordre de réprimer des manifestations que, jusqu'alors, il n'avait pas considérées comme dangereuses. Ainsi qu'il était à prévoir, cette brusque transition aggravée par l'attitude de la police déchaîna des colères parmi les grévistes dont s'étaient rendus solidaires de nombreux ouvriers. L'arrivée de la troupe, l'intervention des dragons porta à son comble l'exaspération ; les manifestations pacifiques d'abord dégénérèrent en manifestations fatalement tumultueuses ; le 4 janvier, des rixes violentes se produisirent entre la police, la cavalerie et les grévistes, sur la place Marengo et aux abords. Si, heureusement, personne ne fut tué, les blessés, plus ou moins grièvement, furent nombreux. L' « ordre » régna, une fois de plus ; mais ce fut comme un premier nuage entre le ministère et le parti socialiste, il ne devait pas être le dernier.

La situation politique, du reste, était fort paradoxale, pleine de contradictions, et, à l'évoquer, on se demande comment le Cabinet put y résister aussi longtemps. Le Parlement en faisant au nouveau ministère un accueil en apparence favorable, n'était pas sans inquiétude sur sa composition ; la présence de M. Millerand qui avait développé le programme « collectiviste » de Saint-Mandé, excitait ses défiances, tout en lui procurant la satisfaction de voir son arrivée au Gouvernement devenir un sujet de discorde entre socialistes ; mais il envisageait surtout la nécessité de lutter contre la faction nationaliste et il laissait au ministère le soin d'en accepter les lourdes responsabilités. La Chambre se réservait de marquer son orientation en matière sociale et elle le fit en élisant, une fois de plus, contre M. Brisson, M. Paul Deschanel comme président de la Chambre. C'était surtout l'homme politique qui avait prononcé de vastes discours contre le socialisme collectiviste qu'elle désignait, pour marquer son sentiment dominant en matière sociale. Au Sénat, M. Fallières était réélu président.

La première question importante qui se présenta au Palais-Bourbon, fut une double interpellation sur les grèves qui s'étaient produites au cours de l'intersession ; celles de Saint-Étienne et celles du Doubs. Ce fut un membre du parti socialiste, Dejeante, qui développa l'interpellation relative aux grèves du Doubs dans lesquelles la troupe était intervenue. La responsabilité de cette intervention il ne la faisait pas remonter au gouvernement mais à l'administration préfectorale qu'il accusa, documents en mains, de s'être montrée d'une partialité évidente en faveur des patrons, en logeant les soldats dans les locaux patronaux. Sous cette pression militaire, compliquée de la pression administrative et judiciaire — des condamnations avaient été prononcées contre certains grévistes — les travailleurs avaient dû céder, reprendre leur travail, sans avoir obtenu la moindre satisfaction. En termes très énergiques, l'orateur socialiste, après avoir protesté contre la neutralité violée, s'éleva contre les mesures d'intimidation prises au mépris de toute équité et il manifesta la vive surprise que pouvaient provoquer de tels actes de la part d'un gouvernement qui comptait dans ses rangs un ministre recruté dans les rangs socialistes.

L'interpellation sur la grève et les « troubles » de Saint-Étienne fut développée par M. Victor Gay qui s'attacha plus particulièrement à mettre en cause M. Millerand, l'accusant d'avoir fréquemment agi « seul », sans consulter ses collègues du Cabinet. Il manifesta le vif regret de ce que le Gouvernement, après avoir toléré les réunions, les cortèges, les chants des grévistes sur la voie publique, les eut brusquement interdits. Cette attitude avait été la cause la plus certaine des troubles graves qui s'étaient produits. Au demeurant, M. Gay rendait le Cabinet responsable d'une situation au cours de laquelle l'ordre avait été profondément troublé, la liberté des travailleurs ouvertement violée, et du grand préjudice causé, affirmait-il, à l'industrie, non-seulement de Saint-Étienne, mais encore dans les départements voisins.

M. Millerand, ministre du Commerce, répondit, réfutant les accusations portées contre lui et affirmant que jamais il n'avait agi sans en avoir avisé ses collègues. C'était, en réalité, au président du Conseil, ministre de l'Intérieur, que s'adressait l'interpellation et il y répondit en un discours au cours duquel, tout en étudiant les événements de Saint-Etienne, il exposa l'attitude que comptait prendre le Gouvernement en matière de grève. Cette attitude serait « ferme et prévoyante », la neutralité la plus stricte s'imposait, puisque le droit de grève est un droit légal, mais cette neutralité ne pouvait aller jusqu'à laisser porter atteinte à « la liberté du travail ». Quant au rôle de la troupe, il ne pouvait commencer que quand la tranquillité publique était menacée par un des deux partis en conflit. Était-il possible au ministre de l'Intérieur d'exercer, même indirectement, une pression matérielle ou morale sur des travailleurs réclamant contre un abaissement plus que sensible des salaires ? C'était là la cause principale de la grève des tisseurs de Saint-Etienne. puisque le prix d'une pièce était descendu de 6 et 7 francs à 2 francs et même à 1 fr. 25. Cette neutralité il ne l'avait abandonnée que le jour où il lui avait semblé nécessaire, urgent, de prendre de sérieuses mesures de précaution. Il déclara du reste, que ce que l'on appelait l'émeute du 4 janvier « avait été exagérée à plaisir » et que « l'ordre matériel n'avait jamais été sérieusement troublé ».

Le président du Conseil prononça un vif éloge des syndicats considérés comme régulateurs de la vie et des revendications des travailleurs ; il se félicita d'avoir pu mettre un terme au différend qui, un instant, avait désuni patrons et ouvriers. Le député socialiste Dejeante avait déposé un ordre du jour exprimant le regret « de l'intervention de l'armée dans les grèves » ; il ne put grouper que 104 voix, et un ordre du jour de confiance en le Cabinet fut adopté par 384 voix contre 74.

Parmi les plus graves reproches adressés par M. Victor Gay au ministre du Commerce, figurait celui d'avoir donné à des ouvriers plaidant contre les patrons, de véritables consultations sur la loi relative aux accidents de travail et sur l'interprétation qui pouvait lui être donnée. Grand crime, en effet, que de donner des avis à des travailleurs, en pareille matière !

Nous ne citerons que pour mémoire la scandaleuse discussion qui se déroula à la Chambre à propos du procès intenté aux Assomptionnistes et, plus particulièrement, de l'attitude de M. Bulot, procureur de la République, qui, au cours de son réquisitoire, avait donné lecture de lettres saisies dans lesquelles les « pères » se réjouissaient de l'élection de certains députés. M. Motte, le puissant industriel qui, grâce à l'appui d'une formidable coalition dans laquelle les conservateurs figuraient au premier plan, avait remplacé Jules Guesde comme député du Nord, avait adressé une question, transformée en interpellation par M. Gourd. Sur la demande du Gouvernement, la Chambre avait ajourné l'interpellation ; mais les Assomptionnistes, sur ces entrefaites, avaient été condamnés à des peines très légères et dissous et il s'en était suivi de véritables manifestations de la part de membres de l'épiscopat français, de l'archevêque de Paris et autres dignitaires de province. Blâme, suppression de traitements avaient été la réponse du Gouvernement. et les attaques de la presse cléricale, de la presse progressiste, en avaient pris une rare acuité.

Quelques jours après avait lieu le renouvellement triennal du Sénat ; il fut

marqué, dans le département de la Seine, par l'échec de M. A. Ranc qui avait
mené, dès la première heure, une ardente campagne en faveur du capitaine
Dreyfus. Par contre, dans la Loire-Inférieure, le général Mercier fut élu sénateur; — il est ainsi des collèges électoraux qui ne sont vraiment pas difficiles
dans le choix de leurs représentants !

Le budget de l'exercice 1900 n'ayant pu être voté en temps prescrit, on
vivait sous le régime des douzièmes provisoires — les contribuables n'en
sentaient leurs charges ni alourdies, ni allégées — on en reprit la discussion
et le budget de la guerre donna au député socialiste Sembat l'occasion d'un
discours sur une série de graves abus relevés dans l'administration de l'armée.
Dans un langage éloquent, à l'aide de documents précis, il dressa un émouvant réquisitoire contre les compagnies de discipline et les bataillons d'Afrique ;
puis il dénonça les tares constatées dans la gestion militaire. Ce discours fut
le point de départ d'une discussion qui, sans la souplesse du président du
Conseil, aurait pu être funeste au cabinet, car une polémique acerbe, virulente,
s'éleva entre M. Camille Pelletan, rapporteur de ce budget spécial et le
général Galliffet, ministre de la guerre. C'était la menace d'une irréparable
rupture entre le gouvernement et l'extrême-gauche. A M. Camille Pelletan qui
avait tracé un tableau assez sombre du rôle joué dans l'armée par les cadres
supérieurs transformés en une « aristocratie de plus en plus fermée », le
général de Galliffet avait brutalement riposté par un discours sans mesure, au
cours duquel il avait dit : « Le discours et le rapport de M. Pelletan, auront
produit un effet que n'aura certainement pas voulu M. le Rapporteur du
budget de la guerre. Ils auront semé l'inquiétude dans le pays, l'indiscipline
dans l'armée et causé la joie de nos ennemis ».

La droite et le centre avaient fort applaudi le ministre de la Guerre et la
situation ministérielle devenait périlleuse, d'autant que les socialistes, à l'appui
de la thèse soutenue par M. Pelletan, avaient déposé une demande d'enquête
parlementaire. Le président du Conseil intervint avec une grande habileté,
ménageant à la fois les susceptibilités du rapporteur et du ministre de la
Guerre. La demande d'enquête soutenue par les socialistes fut repoussée par
440 voix contre 58. Le général de Galliffet devenait l'enfant terrible du Cabinet;
c'était là un prisonnier décidé à ne pas « lâcher » ceux qui croyaient l'avoir
capturé.

Des discussions passionnées se produisirent encore au sujet de l'armée, à
tous moments mise à l'ordre du jour, soit dans le Parlement, soit dans la presse,
et l'on sentait bien que chaque parti déployait envers elle un zèle rare, afin de
l'attirer dans son jeu.

Dans le courant de février, à Saint-Mandé, avait lieu le banquet des Associations ouvrières de production qui, quelques mois auparavant, avaient si
puissamment collaboré à l'érection de la statue de Fourier, un des précur-
seurs les plus puissants du socialisme contemporain. Dans cette salle, au

Un délégué anglais.   La citoyenne Clara Zetkin.

DÉLÉGUÉS ÉTRANGERS AU CONGRÈS SOCIALISTE INTERNATIONAL, A LA SALLE WAGRAM, EN 1900.

(D'après documents de l'*Illustration*.)

lendemain des élections municipales de 1896, M. Millerand avait prononcé le discours dans lequel il traçait le programme socialiste; il s'y retrouvait, cette fois, avec le président du Conseil, et comme ministre. Tous deux avaient des idées bien différentes en matière économique et sociale. Il leur était impossible de se confiner sur le terrain politique et de ne parler que de la concentration nécessaire des forces républicaines dans une assemblée surtout préoccupée de questions économiques; leur accord parut d'autant plus complet que leurs désaccords doctrinaux avait paru devoir être plus profonds; la politique a de ces mystères. M. Waldeck-Rousseau accentua un brin ses idées et M. Millerand atténua les siennes; toutefois, le président du Conseil après avoir tracé la tâche incombant aux syndicats ouvriers, après avoir indiqué que les associations professionnelles devenaient en situation de posséder, développa cette pensée, que, dans un avenir non éloigné, « le travail demanderait sa rémunération de moins en moins au salaire proprement dit, de plus en plus à une perception directe des bénéfices de ses produits ». A son avis, le jour viendrait « où le capital ne se suffisant plus à lui-même, il faudrait qu'il travaille, comme il faudrait que le travail possède ».

Quant à M. Millerand, il ne fallait pas s'attendre à ce qu'il rééditât le discours dont le retentissement avait été si grand ; néanmoins, il déclara aux travailleurs, qui l'écoutaient, que c'était à eux seuls qu'il appartenait de réaliser leur idéal et il paraphrasa, ou pour mieux dire, il commenta dans les termes suivants la formule socialiste : « L'émancipation des travailleurs sera l'œuvre des travailleurs eux-mêmes ». Cette formule « il faut l'entendre, déclara-t-il, non pas dans le sens étroit et ridicule qui conduirait — et par quels procédés ? — à diviser la nation en je ne sais quelles catégories, mais dans ce sens large, élevé et fervent que c'est l'homme qui se fait à lui-même sa destinée ; que le temps des miracles est passé, et que c'est à la fois la charge et l'honneur des travailleurs, par leurs efforts incessants, par leur éducation constante, de s'élever, de s'émanciper, de conquérir le bonheur qui est devant eux et qu'ils prendront eux-même dans leurs mains ».

C'était là un commentaire de « concentration politique ». Il ne pouvait avoir qu'une portée temporaire et secondaire. Il fut ainsi considéré par les socialistes qui, sans abdiquer leurs convictions, dans un intérêt de défense républicaine, donnaient leur appui au ministère Waldeck-Rousseau.

Des élections complémentaires dans l'Aube et dans l'Isère marquèrent de sensibles progrès pour le parti socialiste. Dans la 2ᵉ circonscription de Troyes, le citoyen Pedron, un des plus fidèles amis de Jules Guesde, obtenait 3.795 voix alors qu'en 1898 le candidat socialiste n'en avait obtenu que 1.606 et dans la 2ᵉ circonscription de l'arrondissement de la Tour-du-Pin, le candidat socialiste en gagnait près de 1.300 depuis la même époque où le parti n'en avait obtenu que 343.

La discussion du budget s'accusait de plus en plus lente et le vote d'un quatrième douzième provisoire allait s'imposer, tant les incidents se greffaient sur une foule de points, l'opposition faisant flèche de tout bois pour battre en brèche le gouvernement plus particulièrement chargé d'une mission de défense républicaine. L'initiative des députés en matière de finances avait provoqué un amendement de M. Berthelot, député de Paris, tendant à leur enlever ce droit et, sauf de légères modifications, cet amendement à la loi de finances avait été adopté, grâce à l'appui donné par MM. Jules Roche et Ribot. Cette résolution fort discutable n'a pas, du reste, empêché les dépenses de se développer, surtout celles qui figurent parmi les moins utiles.

Une très vive discussion se déroula le 23 mars à propos d'une interpellation adressée par un membre de la droite, M. d'Aulan, sur les promotions récemment faites dans la Légion d'honneur. M. d'Aulan visait le ministre du commerce au sujet de deux décorations dont l'une accordée à un grand couturier, M. Paquin, qui ne remplissait pas les conditions requises au point de vue industriel et commercial et qui avait, en outre, été frappé de nombreuses contraventions pour violation flagrante des lois du travail. Les explications du ministre firent peu d'impression sur la Chambre et il lui fallut se contenter du vote de l'ordre du jour pur et simple. Les socialistes, qui d'ordinaire, soutenaient le nouveau gouvernement s'abstinrent et le député socialiste de l'Isère, Zévaès, pour affirmer la protestation des irréductibles du parti, déposa une proposition réservant « aux actes de bravoure et de dévouement accomplis en présence de l'ennemi » la décoration de la Légion d'honneur. En janvier 1895, lors de la discussion du budget de la Légion d'honneur, Jaurès, Millerand et Guesde avaient déposé un amendement de tous points identique. L'urgence, à laquelle ne s'opposa pas le gouvernement, fut adoptée et la proposition renvoyée à une Commission spéciale... elle n'en est jamais revenue !

Des incidents graves et douloureux s'étaient produits à la Martinique dans le courant du mois de février, au cours d'une grève d'ouvriers agricoles réclamant contre un abaissement notable des salaires. Un drame poignant s'était déroulé à l'usine du François où un lieutenant, envoyé avec un détachement de vingt-cinq hommes, avait fait exécuter des feux de salve sur les grévistes dont plusieurs avaient été tués ou blessés. Ce tragique événement avait provoqué une vive émotion et une interpellation avait été adressée au ministre des Colonies. Après MM. Duquesnay et Gerville-Réache, députés des Antilles, Fournière, député socialiste, prit la parole pour donner à la grève son véritable caractère économique. Il traça un tableau éloquent de l'exploitation à laquelle étaient soumis les travailleurs de la Martinique, particulièrement les travailleurs noirs, en grande majorité. L'appel à la troupe, pour appuyer la résistance patronale plus que pour assurer l'ordre qui n'était pas menacé, avait été la cause première du drame et la responsabilité lourde en remontait directement au Gouvernement. Après le ministre des Colonies qui tenta, mais en vain, de défendre le gouverneur de cette colonie, Zévaès au nom des socialistes qui n'avaient pu se résigner à soutenir le Cabinet, reprit l'accusation de Fournière contre le Gouvernement : le lieutenant qui commandait le détachement, de son côté, avait manqué de sang-froid. Comment une instruction judiciaire n'était-elle pas ouverte. Dans un langage véhément, il demanda à la Chambre ce qu'elle entendait faire en présence d'événements aussi graves et, avant de déposer un ordre du jour de flétrissure contre « gouvernants et patrons' officiers et soldats », il prononça les paroles suivantes : « C'est déjà sous un gouvernement de défense républicaine que l'on a fusillé les femmes et les enfants à Fourmies. Sous la République bourgeoise, comme sous l'Empire à la Ricamarie, les travailleurs sont toujours exposés à essuyer les balles des soldats.

« Les élus du parti ouvrier ont le devoir de dénoncer les auteurs du crime qui vient d'être commis contre le travail. »

Depuis cette époque, M. Zévaès s'est assagi.

M. Gerville-Réache avait déposé un ordre du jour de « confiance dans le Gouvernement pour établir toutes les responsabilités ». La priorité n'avait été accordée à cet ordre du jour que grâce à l'appoint de onze députés socialistes qui n'avaient pas voulu s'abstenir ou voter contre comme leurs amis. C'était là une bien chétive majorité, mais l'attitude des progressistes et de M. Ribot qui exécuta, avec un talent remarquable, mais une maladresse insigne, une charge à fond de train à la fois contre le cabinet et les socialistes, détermina vingt-sept députés socialistes à voter pour le Gouvernement et l'ordre du jour de M. Gerville-Réache fut adopté. Si les socialistes avait fait bloc avec les républicains ministériels, en revanche les modérés et les progressistes s'étaient unis aux réactionnaires. Des deux côtés on était dans la logique du moment.

Un bref débat eut lieu en mars au sujet d'une proposition d'un député nationaliste, M. Massabuau, réclamant la suppression des appels de réservistes et de territoriaux à l'occasion de l'Exposition. Cette demande fut repoussée. Vers la fin du mois, le Sénat décréta et adopta la loi modifiant celle de 1892 sur le travail des enfants, des filles mineures et des femmes dans les établissements industriels. Suivant M. Waddington, la loi intéressait 130.000 enfants, 600.000 femmes et plus de 1.100.000 ouvriers adultes. M. Waddington n'ét-il pas partisan d'une modification de la loi de 1892 ; il l'avait expérimen · appliquée, dans ses établissements ; à son avis elle suffisait ; la modifier dans un sens plus large sans qu'auparavant fut intervenue une entente internationale, c'était créer de graves difficultés à l'industrie française. Toutefois, il ajouta qu'il voterait la loi proposée, parce qu'il estimait équitable, nécessaire de garantir aux enfants, aux femmes, des conditions de travail plus humaines et à l'ouvrier la liberté indispensable au développement de la vie de famille. M. Millerand, ministre du commerce défendit le projet de loi et M. Strauss, sénateur de la Seine, se joignit à lui pour convaincre le Sénat ; malgré l'opposition obstinée de MM. Sébline et Expert-Bezançon, la loi fut adoptée.

Elle était loin de répondre aux revendications des travailleurs socialistes, mais il serait injuste de contester que la limitation des heures du travail pour les enfants, les femmes, les filles mineures, la suppression du travail de nuit constituaient un progrès appréciable.

L'attention du pays se partageait entre l'approche de l'ouverture de l'Exposition, la préparation des élections municipales et les luttes que soutenaient, dans le Sud-Africain, la République d'Orange et celle du Transvaal contre l'Angleterre. Cette lutte était d'autant plus émouvante que, provoquée par une agression aussi inattendue qu'injustifiée de la part de l'Angleterre, elle se déroulait entre une grande puissance disposant de soldats nombreux et de millions par centaines et un infime groupe d'hommes résolus aux pires sacrilices pour assurer leur indépendance. Cette guerre n'était, du reste, qu'un épisode héroïquement illustré de l'histoire du peuple boër dans le Sud-Africain.

Or, malgré une disproportion évidente, les Anglais éprouvaient des échecs graves et successifs, émouvant l'Europe entière sans que celle-ci songeât à sortir de son rôle d'admiratrice platonique. Certains, ils étaient nombreux, s'indignaient de cette attitude de neutralité, sans qu'une tentative fut faite soit pour porter secours aux deux républiques menacées, soit pour proposer aux belligérants de soumettre leur conflit à un arbitrage. Cette indignation généreuse n'était que de la candeur. Pouvaient-elles songer à intervenir, les nations européennes, alors que chaque jour, au mépris de ce que couramment on appelle le droit, elles exproprient et oppriment, quand elles ne les massacrent pas, les peuplades noires du continent noir et que, entre elles-mêmes, à tout instant, surgissent des difficultés au sujet de quelque parcelle de l'Afrique ? Les Boërs recueillaient partout de chaudes sympathies, mais pas autre chose. Du reste, ils ne s'étaient pas montrés plus cléments avec les indigènes du Sud-Africain que les Anglais avec eux.

Le 15 mars, au Luxembourg, M. Chaumié avait interrogé le ministre des Affaires étrangères sur la possibilité d'une intervention amiable en faveur des Boërs et il lui avait été répondu qu'il ne paraissait ni opportun ni possible de faire des démarches dans ce sens. Il n'en pouvait guère être autrement après l'affaire de Fachoda et au moment où s'esquissaient discrètement les démarches en vue d'un rapprochement de la France et de l'Angleterre.

Les mois d'avril et de mai furent marqués, au Parlement, par la fin de la discussion si laborieuse du budget de l'armée et par son adoption ; par l'adoption du projet de loi relatif à l'organisation d'une armée coloniale et son rattachement au ministère de la Guerre. Au nom de ses camarades socialistes, M. Sembat, député de la Seine, demanda que le stationnement des troupes coloniales fut interdit sur le territoire continental de la République, leur présence pouvant constituer un danger politique. Cette proposition faite par voie d'amendement fut repoussée.

La discussion du budget, revenu du Sénat, donna lieu à une discussion au cours de laquelle, M. Denys Cochin, député de la droite, et M. J. Méline émirent de vives critiques contre le Cabinet en raison de la présence de M. Millerand et de l'appui qu'ouvertement lui donnait, soit dans le Parlement soit au dehors, la majorité du parti socialiste. C'était là un procédé oratoire destiné à amorcer une attaque au sujet de la politique suivie contre les congrégations religieuses. Le président du Conseil répondit en déclarant que le Gouvernement ne faisait pas œuvre de sectarisme mais de défense de la société laïque et des droits de l'Etat en s'opposant « à l'envahissement intolérable des ordres réguliers », que ces congrégations sortant trop fréquemment de leur rôle apparent se mêlaient à la politique et aux intrigues nouées contre la République : « il y

dans ce pays, s'écria-t-il, trop de moines ligueurs et trop de moines d'affaires ! »
M. J. Méline, lui, tout en s'affirmant adversaire du cléricalisme mais aussi de
toute politique antireligieuse, s'attacha à reprocher au président du Conseil
des concessions trop nombreuses au socialisme, au collectivisme. La sagesse,
d'après lui, consistait à conduire le parti républicain dans une lutte simultanée
de défense de la société laïque et de l'ordre social. L'adjonction de M. Millerand au Cabinet avait redoublé l'audace des révolutionnaires dont l'attitude
menaçante et la propagande ne faisaient que s'activer. Il y avait là un grave
danger pour le présent et l'avenir.

Les Chambres s'étaient ajournées ; on ne s'occupait plus que de l'ouverture prochaine de l'Exposition. Elle fut éclatante de mise en scène ; c'était
l'inauguration d'une gigantesque kermesse internationale qui devait attirer
des foules au Champ-de-Mars et, en même temps, révéler les grands progrès
réalisés par les industries concurrentes de l'industrie française par trop
enserrée dans les banalités de la routine. Le chômage, après les longs et hâtifs
travaux, allait commencer à se faire sentir, à semer des misères d'autant plus
cruelles qu'un décor de fête éblouissante les masquait et en détournait l'attention.

Mais, les discussions parlementaires pas plus que les préparatifs de l'Exposition, n'avaient pu apaiser l'action des ennemis de la République. Le parti
nationaliste n'avait pas perdu une seule minute ; ses chefs avaient redoublé
d'activité et d'habileté en vue d'un effort considérable à tenter sur Paris, à l'occasion du renouvellement du Conseil municipal qui, pour la première fois,
s'opérait en même temps que celui des assemblées communales de toute la
France. Parfaitement organisés, avec à leur tête la *Ligue de la Patrie française*, la *Ligue des Patriotes*, le concours de certains socialistes transfuges
groupés autour de M. Henri Rochefort, puissamment aidés par la coalition
réactionnaire et cléricale décidée aux plus grands sacrifices, les nationalistes
avaient mené une campagne ardente, tenace, perfide, avec pour plateforme
l'affaire Dreyfus, la question patriotique et militaire et ce qu'ils appelaient la
« ruineuse gestion » du Conseil municipal, dont la majorité était composée de
radicaux, de radicaux-socialistes et de socialistes formant un groupe spécial
assez nombreux pour qu'en toutes les questions municipales on se trouvât
obligé de compter sur leur intervention et l'appoint de leurs suffrages.

Confiant en sa force, en la fidélité de ses électeurs, trop oublieux de l'attitude de Paris lors de l'élection du général Boulanger contre M. Jacques, le
parti républicain marcha au combat sans avoir pris toutes les précautions
commandées par les circonstances. Les deux scrutins furent pour lui un
véritable désastre. L'argent dépensé sans compter, les pires accusations, les
plus noires calomnies produisirent leur effet. Comme une tourmente, la coalition des réacteurs et des nationalistes, recrutée dans tous les partis passa sur
Paris et, à la stupeur générale, même des vainqueurs, une majorité de droite,

s'installa à l'Hôtel-de-Ville ; tel événement ne s'était pas produit au lendemain funeste de la victoire de Versailles sur la révolution du 18 Mars. Seul, le parti socialiste sortit à peu près indemne de cette débâcle ; c'est qu'en outre de son programme très net, très précis, très affirmatif qui lui recrutait des adhésions de plus en plus nombreuses dans la classe ouvrière et parmi la petite bourgeoisie qui souffre, parfois cruellement, de la répercussion des privilèges sociaux, il n'avait pas hésité à se prononcer hardiment dans l'affaire Dreyfus. Non seulement il avait affirmé la nécessité de procéder à la revision de l'inique procès basé sur des faux témoignages et des documents falsifiés ou fabriqués, mais il avait profité de cette occasion pour faire le procès de la société bourgeoise, de ses dessous ; pour révéler les manœuvres louches que masquait la coalition nationaliste. De son attitude franche, hardie, dégagée de toute préoccupation électorale immédiate, il recueillait les fruits. Il était le seul groupe du parti républicain qui conservât ses positions et il revenait à l'Hôtel de Ville plus ardent que jamais aux luttes socialistes, pour le prolétariat, aux luttes politiques contre la majorité formée de réacteurs résolus.

En province, dans les grandes villes, la lutte entre républicains socialistes et nationalistes fut très vive. Les socialistes restèrent maîtres à Lille et à Marseille ; à Lyon, Bourges, Reims, la victoire fut aux radicaux-socialistes et socialistes coalisés ; à Bordeaux, l'ancienne municipalité, qui comptait des socialistes fut vaincue par une liste de « concentration républicaine ». Partout, les élections faites par le suffrage universel accusèrent les progrès du parti socialiste, poursuivant l'exécution d'une partie de son programme : la conquête du pouvoir politique dans la Commune.

Dans un discours prononcé à Digne, M. Joseph Reinach avait annoncé que l'affaire Dreyfus allait bientôt se rouvrir pour une revision complète et définitive. Il n'en fallait pas davantage pour émouvoir les esprits que venait de si vivement frapper la victoire remportée à Paris par les nationalistes ; dont quelques succès notables avaient aussi marqué des élections au Conseil général de la Seine ; une interpellation eut lieu à la Chambre et il fut demandé au Gouvernement pour quels motifs il n'avait pas démenti les affirmations de M. Joseph Reinach. Dans la recrudescence de l'agitation, tous les ennemis de la République fondaient de grands espoirs ; toutefois, la possibilité d'une revision qui, cette fois, faite au grand jour, portait en pleine lumière tous les dessous criminels de l' « Affaire », n'était pas pour séduire les agités du parti nationaliste. Il fut réclamé au Cabinet de « s'opposer énergiquement à la reprise de l'affaire Dreyfus ». M. Waldeck-Rousseau répondit par un exposé de la situation du pays telle qu'elle se dégageait des récentes élections municipales. La victoire des républicains dans 24.832 communes disait hautement que le suffrage universel approuvait la politique de défense et d'action du Gouvernement. Les élections de Paris ne marquaient que la victoire éphémère « d'une coalition équivoque de réactionnaires et de républicains abusés ou défaillants ». Quant à l'affaire Dreyfus, évitant de se prononcer catégoriquement sur sa réouverture, il affirma que la pensée du ministère était une pensée de conciliation, d'apaisement « du funeste conflit qui avait divisé le parti républicain ». N'en trouvait-on pas une preuve évidente dans le projet d'amnistie déposé au Sénat, projet auquel M. Joseph Reinach s'était montré si énergiquement hostile ?

Puis, le président du Conseil avait énuméré les principales réformes préparées par le gouvernement : impôt sur le revenu et lois sur les retraites ouvrières : projet de loi sur les associations en vue d'entraver l'accroissement des biens de main morte. M. Waldeck-Rousseau obtint un succès très vif auprès de la majorité républicaine. M. Ribot monta à la tribune ; avec une grande habileté il mit en ligne tous les faits, tous les arguments destinés à placer le président du Conseil en contradiction avec son passé, sa politique d'hier, ses discours. Si son succès oratoire fut grand, comme d'habitude, son succès parlementaire fut maigre, car il ne put même rallier une cinquantaine de ses fidèles habitués du centre qui étaient sans doute peu favorables à la politique générale du cabinet mais qui restaient partisans résolus de la revision du procès de Rennes. La discussion à peine clôturée reprenait et donnait lieu aux incidents les plus violents. Il s'agissait du rôle joué par un agent de la sûreté générale, M. Tomps, dans les pourparlers en vue de la réouverture de la campagne de revision. M. Tomps avait appartenu, en qualité de fonctionnaire, au bureau du ministère de la guerre d'où était partie toute l'Affaire ; il en avait pu suivre de très près l'évolution, d'assez près pour être convaincu de l'innocence du capitaine Dreyfus. Cette conviction doublée d'une action effective suffisait pour le désigner aux haines, aux attaques passionnées des antirevisionnistes. Il fut la cause avec, M. Joseph Reinach, d'une nouvelle discussion à la suite de laquelle le général de Galliffet, qui dans un ordre du jour d'un laconisme et d'une allure tout à fait militaires, avait déclaré « l'incident clos », donna sa démission « pour cause de santé ». Il fut remplacé par le général André.

Le débat devait bientôt reprendre au Sénat, quand vint en discussion le projet d'amnistie déposé par le Gouvernement. Ce projet trahissait les perplexités, les hésitations du Cabinet qui, cependant, sur la question de revision, trouvait une majorité autrement compacte, fidèle que celle qu'il aurait rencontrée — l'aurait-il rencontrée bien forte ? — sur le terrain exclusivement politique et social. L'amnistie pour le capitaine Dreyfus, pour le colonel Picquart et pour Emile Zola, lui paraissait devoir jouer le rôle d'une mesure d'apaisement sinon de réconciliation entre les républicains qu'avait divisés l'Affaire. Le projet devait rencontrer l'hostilité très nette, surtout de ceux qu'avaient le plus émus, indignés les condamnations, les mesures prises contre ceux qu'il entendait amnistier. Ce n'était ni le pardon, ni l'oubli qui convenaient, mais bien la justice complète, éclatante, proclamant l'innocence des injustement

LE CONGRÈS SOCIALISTE INTERNATIONAL, À LA SALLE WAGRAM, EN 1900. — M. JULES GUESDE À LA TRIBUNE.
(D'après un document de l'Illustration).

frappés; la culpabilité des protagonistes de cette sombre, monstrueuse aventure judiciaire. C'est dans ce sens que parlèrent MM. Trarieux et Delpech, ce dernier clouant au pilori, en pleine tribune du Sénat, dans les termes les plus exacts, les plus véhéments, le général Mercier qui tenta de se défendre, mais qui fut écouté par ses collègues parmi un silence glacial qui équivalait à une condamnation, à une flétrissure. M. Delpech ne lui avait-il pas jeté à la face cette phrase cinglante : « Comprenez Esterhazy dans l'amnistie; il trouvera peut-être dans le pays des Chouans des électeurs pour l'envoyer ici ! » Le projet, malgré cette vive opposition, fut adopté.

Tandis qu'au Parlement se discutaient les projets ou propositions de lois relatifs à la presse, à la défense des colonies, à la réorganisation de la marine militaire, à la revision du célèbre article 7 sur l'enseignement, de très graves événements s'étaient produits à Chalon-sur-Saône, une grève avait éclaté à l'usine Galland et, comme cela se produit hélas! trop fréquemment, l'intervention de la troupe avait provoqué l'irritation des grévistes : des rixes avaient éclaté et des gendarmes en patrouille avec des chasseurs à cheval, se croyant menacés par la foule, perdant leur sang-froid, avaient fait usage de leurs armes ; trois personnes avaient été tuées, les blessés étaient assez nombreux. Ce fut une consternation générale. Et quoi! disaient les travailleurs, les socialistes, même ceux qui avaient décidé de soutenir le cabinet Waldeck-Rousseau, rien ne sera-t-il changé dans les procédés gouvernementaux en matière de grèves? La pratique de ce droit reconnu par la loi sera-t-elle semée toujours d'épisodes tragiques, même quand un socialiste sera monté au pouvoir?

Quelle allait être l'attitude des députés socialistes; on la connut bientôt, car M. Simyan, député radical-socialiste de Saône-et-Loire, développait une interpellation sur ces événements. Ministériel, il entendait ne pas mettre en cause le Cabinet, mais il lui demandait instamment que les responsabilités fussent établies et les auteurs de ce drame sévèrement punis. Les représentants socialistes étaient obligés d'intervenir. Renou, député de la Seine, monta le premier à la tribune. Délégué par le parti, il avait été chargé de se rendre à Chalon-sur-Saône et d'y procéder à une enquête. Il était donc documenté. Il manifesta le profond étonnement que lui causait l'attitude du parti républicain bourgeois en général et celle du Gouvernement en particulier dans les conflits pacifiques entre patrons et travailleurs. On ne tenait pas compte du grand effort que venait de faire, du grand sacrifice qu'avait consenti le parti des travailleurs en négligeant ses intérêts propres, ses intérêts de classe pour collaborer avec ses adversaires économiques à la défense de la République.

Cette abnégation, quand se présentait une cause juste, une grève motivée, on l'oubliait et l'on frappait sans pitié les grévistes. M. Renou déclara que les événements de Chalon-sur-Saône, ensanglantés par la gendarmerie, ne pouvaient que creuser un abime entre les socialistes et le gouvernement et il caractérisa

la situation par ces paroles : « Il faut savoir si le président du conseil, revenant
à sa politique opportuniste, va chercher désormais sa majorité en revenant
vers le centre. Pour nous, nous n'allons plus avec lui ! »

M. Waldeck-Rousseau répondit immédiatement à l'orateur socialiste. Il
exposa qu'une enquête judiciaire était ouverte et qu'elle fixerait toutes les
responsabilités. Faisant le récit des faits tels qu'ils lui avaient été transmis, il
déclara que les usines avaient été attaquées par les grévistes et les gendarmes
criblés de pierres ; il y en avait eu de blessés en assez grand nombre. Cette
fois, le président du conseil s'orientait vers la gauche modérée et le centre,
espérant y trouver la majorité qui semblait devoir être entamée sérieusement,
par suite de l'attitude des socialistes. Son langage fut très catégorique, aussi,
tandis qu'il causait une vive irritation sur les bancs de l'extrème-gauche,
provoquait-il les applaudissements parmi les républicains qui, jusqu'à ce jour,
en raison de la présence de M. Millerand au ministère du commerce, lui
avaient refusé obstinément leur concours :

« Le droit de l'ouvrier, déclara-t-il, fut-il seul à travailler, est égal à celui
de tous les autres à ne pas travailler, et lorsque vingt gendarmes accompa-
gnent deux ouvriers à l'usine parce qu'ils veulent travailler, ils accomplissent
leur devoir et le Gouvernement les approuve. »

La thèse si brillamment soutenue n'était pas acceptable pour les socialistes,
mais elle provoqua l'enthousiasme des représentants de la classe capitaliste
qui, de leur côté, admettent parfaitement les coalitions d'industriels, de commerçants, de financiers, coalitions auxquelles tous les patrons de la spécialité
en jeu sont contraints d'adhérer, de se plier, sous peine d'être ruinés. La liberté,
comme pour d'autres la morale, est une question de latitude, de milieu, de
circonstances.

Les députés socialistes Zévaès, Fournière, Pastre intervinrent à leur tour
pour manifester leur vive indignation de l'attitude de la force armée et du Gou
vernement à Chalon-sur-Saône ; Zévaès fut plus particulièrement âpre. Il
demanda à la majorité républicaine de « répudier une politique de sang » et de
décider qu'une enquête parlementaire serait ouverte sur ce douloureux événement. M. Berthelot, député radical-socialiste d'une incertaine fixité politique,
réclama aussi une enquête parlementaire en vue de rechercher les responsabilités. Il visait directement M. Millerand, car il lui rappelait qu'à la suite de
l'inoubliable, terrible fusillade de Fourmies, il avait fait une proposition identique. Le président du Conseil repoussa la demande d'enquête ; il la considérait
comme un acte de méfiance vis-à-vis du Gouvernement. La situation devenait
très grave pour le Cabinet ; elle allait dépendre de l'attitude du centre, le
député de Marseille, Carnaud, ayant déclaré au nom de ses collègues du parti
socialiste que l'enquête ne pouvait être repoussée ; qu'en tous cas ses amis et
lui étaient résolus à la voter. Malgré tout, la proposition d'enquête fut repoussée par 270 voix contre 250. Une grande partie du centre, pour sauver le

ministère, s'étant abstenue ; d'autre part, des députés socialistes, entre autres, Viviani, Fournière, Antide Boyer et Calvinhac avaient voté contre l'enquête, afin de ne pas créer d'embarras graves au Gouvernement. Leur résolution provoqua de vives récriminations dans le parti où déjà s'accusaient de plus en plus de vives et irrémédiables dissensions. Sur l'ordre du jour qui devait clôturer cette importante discussion, se greffa un nouveau débat qui remit directement en cause l'existence du ministère.

L'ordre du jour pur et simple, sur la demande du président du Conseil, avait été repoussé : un ordre du jour présenté par le député socialiste Renou n'avait groupé que 101 voix et la Chambre avait adopté l'ordre du jour déposé par M. Simyan « comptant sur le Gouvernement pour poursuivre toutes les responsabilités qui avaient été établies par l'enquête judiciaire ». On avait compté sans M. Massabuau qui vint proposer une addition à l'ordre du jour. Elle était d'une perfidie à faire croire qu'elle avait été rédigée dans une jésuitière ; elle portait : « et réprouvant les doctrines collectivistes par lesquelles on abuse les travailleurs ». Le plan de M. Massabuau était d'amener le Gouvernement à des déclarations fermes qui amèneraient une rupture décisive entre lui et les républicains modérés ou les socialistes. Le président du Conseil s'en tira par un artifice oratoire : n'attachant en apparence aucun caractère sérieux à l'addition proposée, il se borna à cette boutade : « le Gouvernement ne peut y voir (*dans les doctrines collectivistes*) que l'expression de doctrines philosophiques. » Les socialistes, bien inspirés, ne donnèrent pas dans le piège tendu par le parlementaire également adversaire du Gouvernement et des socialistes. En son nom et au nom d'un grand nombre de ses amis, trente-cinq environ, le député de Paris Rouanet déclara qu'ils voteraient l'ordre du jour même avec l'addition proposée par M. Massabuau. C'était accorder à la proposition du député de l'Aveyron la juste importance qu'elle méritait.

Ainsi que nous l'avons précédemment indiqué, chaque incident surgi parmi la vie ouvrière avait pour résultat d'aviver les désaccords qui se manifestaient dans le parti socialiste. La majorité de ses représentants à la Chambre, prise par les réalités du domaine politique, malgré les vifs regrets que fréquemment elle en ressentait, ne pouvait se décider à faire une opposition irréductible au ministère, cette opposition ne pouvant être profitable qu'à la coalition qui menaçait la République et au parti républicain modéré, hostile à de sérieuses réformes sociales. Sinon l'extrême-gauche, du moins le parti radical était au pouvoir, sa tâche politique constituait une œuvre commune à tout le parti républicain ; cette tâche était-il prudent de l'entraver ? Puis, n'était-il pas utile, même à la propagande socialiste, de voir ce que le radicalisme était capable de tenter, de réaliser en faveur des travailleurs ? S'il réalisait quelques réformes sérieuses, ce serait autant de gagné pour le prolétariat dont la situation est si pénible, parfois si douloureuse ; s'il ne réalisait rien, ce serait une faillite qui conduirait directement dans les rangs socialistes sa clientèle de travailleurs, déçus dans leurs espérances. Enfin, un socialiste était au pouvoir. Peut-être avait-il eu tort d'accepter un portefeuille, peut-être avait-il eu raison; en tout cas, il importait d'attendre, sans le combattre, au besoin en l'aidant, pour juger sa conduite et ses efforts. Sans doute, dans un tel gouvernement, il ne fallait pas escompter une mise en pratique du programme doctrinal socialiste; mais certaines réformes, désirées, réclamées par les ouvriers, pouvaient être transformées en lois, certaines pouvaient se réaliser par voie de décrets. L'arrivée de M. Millerand au ministère du commerce n'avait-elle pas été plus que favorablement accueillie par l'opinion publique radicale ou socialiste, tandis qu'elle avait causé la plus fâcheuse impression parmi les partis de conservation sociale? Partout où il se rendait, à Paris ou en province, n'était-il pas accueilli avec enthousiasme et ses discours, même limités par sa situation gouvernementale, n'étaient-ils pas semés de déclarations nettes et de promesses précises, catégoriques? Dès son entrée au ministère n'avait-il pas pris des mesures importantes et annoncé la préparation de projets de lois destinés à donner satisfaction sinon intégralement du moins en partie, dans la mesure du possible en les circonstances, étant donné le milieu parlementaire, à certaines revendications plus particulièrement chères au prolétariat français?

D'autre part, des socialistes, la plupart très sincères dans leur irréductible intransigeance, n'avaient pu accepter ce qu'ils appelaient une « compromission avec la classe capitaliste ». La conquête du pouvoir politique inscrite dans le programme général du parti ne pouvant ainsi se concevoir. C'était plus qu'une compromission, une faute; plus qu'une faute, une désertion, une trahison. Attirer le prolétariat, même pour ne l'y retenir que momentanément, sur le terrain politique de la défense républicaine, en lui laissant entrevoir, mirage décevant, quelques vagues et insuffisantes réformes, c'était le détourner de sa vraie voie, le faire dévier de ses impérieuses préoccupations, lui faire abandonner sa lutte de classe, principe essentiel, dominant, de sa tactique. Puis, en admettant, ce que tous n'admettaient pas, que M. Millerand fut un sincère socialiste, n'était-ce pas commettre une imprudence grave que de le laisser s'engager dans un milieu dont il deviendrait le prisonnier, où il s'userait en vains et stériles efforts; où il serait associé fatalement aux lourdes responsabilités de la politique bourgeoise, à tout moment exposée à réprimer les publiques revendications ouvrières? Et les intransigeants, à l'appui de leur thèse, dénonçaient les mesures de rigueur prises à Saint-Étienne; le drame terrible de Chalon-sur-Saône. Il fallait trancher cette grosse question, faire dominer dans le parti la discipline des principes, tels que les avaient proclamés les congrès socialistes. Il fallait reprendre la tradition révolutionnaire.

De telles divergences de vues, l'âpreté des polémiques, troublaient profondément le parti. De ce trouble, le Comité général créé par une décision du Congrès de 1899, se fit l'interprète dans un meeting tenu dans le XIX⁸ arrondissement et où fut adopté un ordre du jour flétrissant « M. Waldeck-Rousseau

et ses collègues du ministère, ainsi que la majorité stérile qui les déchargeait
de toute responsabilité en votant contre l'enquête parlementaire sur le crime
de Chalon ».

Pour donner encore plus de force à cet ordre du jour, le même Comité
général, dans une séance tenue le 22 juin, adoptait à l'unanimité moins trois
voix, Jaurès, Viviani et Longuet avaient voté contre, une résolution désap-
prouvant les députés socialistes qui, après avoir repoussé individuellement la
proposition additionnelle de M. Massabuau dirigée contre les théories socialistes, l'avaient adoptée alors qu'elle faisait corps avec l'ordre du jour de
confiance en le Gouvernement. En agissant ainsi ces députés avaient « sacrifié
à des préoccupations politiques les principes supérieurs du socialisme accla-
més au Congrès général de décembre 1899 ».

Décision avait été prise « de soumettre le cas au prochain Congrès, afin
qu'il juge en dernier ressort et prenne les mesures nécessaires pour assurer
l'unité de vote des élus en ce qui concerne les principes et la politique générale
du parti ».

C'était là, malgré le renvoi de tout jugement devant la « barre » du
Congrès, un véritable blâme, et la décision fut ainsi interprétée dans les deux
camps en présence ; elle ne fut pas acceptée par ceux à qui elle s'adressait et
vingt-et-un d'entre eux publièrent une protestation explicative de leur attitude ; ils entendaient la conserver, car ils ne voulaient ni directement ni indirectement se rendre complices les manœuvres dirigées par la réaction et le
parti nationaliste contre la République.

Le remplacement du général de Galliffet, au ministère de la guerre, par le
général André, avait rendu la tâche plus aisée aux socialistes, décidés à donner
leur appui au cabinet Waldeck-Rousseau ; elle avait fait disparaître l'homme
de la semaine de mai, politique bourru et fantaisiste, dont les boutades et les
accès nerveux présentaient un danger permanent. La situation dans l'armée
n'en était pas pour cela modifiée. Un vent de fronde, de sédition, y soufflait et
l'exemple de l'indiscipline était donné par des chefs, depuis les plus modestes,
jusqu'aux plus hauts placés dans la hiérarchie. Ceux-ci n'avaient tenu aucun
compte du fameux ordre du jour « l'incident est clos ».

La première préoccupation du général André fut de faire rentrer dans le
silence de la « grande muette » ceux qui y bavardaient trop et il s'ensuivit au
Parlement de retentissantes, tumultueuses discussions. Il avait eu d'abord à
répondre de la mesure par laquelle il avait remplacé trois chefs des bureaux de
l'état-major du ministère de la guerre. Cette mesure avait entraîné le général
Delanne, chef d'état-major général de l'armée, à demander à être relevé de ses
fonctions, sous le prétexte qu'en violation des décrets réglant le fonctionnement de l'état-major, il n'avait pas été consulté. Le général André s'était
borné à confirmer sa mesure en donnant l'ordre au général Delanne de
continuer son service ; mais celui-ci, tout en obéissant, commettait une grave

infraction à la discipline en adressant une note aux officiers de l'état-major, qui n'était qu'une protestation contre l'autorité du ministre.

Une demande d'interpellation sur cet incident avait été déposée par le lieutenant-colonel Guérin ; elle avait été ajournée à un mois ; ce fut encore le sort d'une nouvelle demande déposée par M. Alicot le 18 du même mois. Mais les questions qui touchaient à l'armée, même quand il s'agissait d'y rétablir la discipline, de la contraindre au respect du Gouvernement républicain et des institutions du pays, troublaient tellement le Parlement, que la Chambre revenant sur ses deux décisions, accepta le 28 juin la discussion d'une interpellation de M. Firmin Faure, notable nationaliste, qui se montra particulièrement violent contre le nouveau ministre de la Guerre. Il l'accusa de n'être que l'agent de la Franc-Maçonnerie, l'exécuteur des basses-œuvres des ennemis avérés de l'armée ; de prendre des mesures dont le général Galliffet n'avait pas voulu se charger et qui étaient les véritables motifs de sa retraite. Les décrets réglant le fonctionnement de l'état-major général avaient été violés.

Le général André, en termes très simples, fit la réponse qui convenait. Chef de l'armée, comme ministre de la Guerre, seul responsable de ce qui se passait dans tous ses organes, il avait agi dans la plénitude de ses droits. En cas de désaccord entre le chef d'état-major général et le ministre, le dernier mot devait rester à ce dernier. La thèse était solide ; les mesures prises étaient justifiées : mais il était piquant de voir protester contre l'interprétation de deux décrets ceux qui, comme MM. Firmin Faure et Lasies, avaient trouvé légitime, naturelle, la violation formelle de toutes les lois qui régissent la procédure des conseils de guerre.

Après une longue et parfois confuse discussion, la Chambre adopta un ordre du jour accepté par le Gouvernement, composé d'une partie présentée par MM. Dubief et Babaud Lacroze « approuvant la déclaration du ministre de la Guerre », l'autre présentée par deux députés socialistes, Allard et Sembat, ainsi libellée : « La Chambre résolue à ne pas permettre que la discipline si sévèrement imposée aux soldats soit moins rigoureusement imposée aux officiers de tous grades ».

Ce n'était là qu'une des premières escarmouches de la bataille incessante qui allait être livrée au général André que, quotidiennement, la presse réactionnaire et nationaliste couvrait des injures les plus sottes, des calomnies les plus grotesques. Le 4 juillet il était de nouveau l'objet d'une interpellation provoquée par la démission du généralissime Jamont.

Cette démission avait eu un grand retentissement. Le général Jamont jouissait d'une très grande réputation militaire en France et à l'étranger ; elle était, du reste, méritée, il importe de le reconnaître et de le déclarer. Jusqu'à ce que l'affaire Dreyfus éclatât, cet officier semblait s'être strictement tenu à l'écart de la politique pour se confiner dans ses études et l'accomplissement de ses fonctions successives. Modeste, il fuyait la publicité, inspirant la plus

grande confiance en sa valeur technique à ses officiers et à ses troupes. Sans
doute il n'était pas républicain ; on le savait conservateur, mais il avait toujours
observé la plus grande neutralité, on ne lui en demandait pas davantage et l'on
avait foi en son loyalisme. Or, depuis quelque temps, il s'était départi de cette
neutralité coutumière, non ouvertement. Voici qu'après une audience accordée
par le président de la République il adressait au ministre de la guerre une
lettre par laquelle il demandait à être relevé de ses fonctions et à être mis en
disponibilité. Quels étaient les motifs de cette attitude qui, après celle du
général Delanne, devenait inquiétante.

Allait-on, par de telles initiatives répétées, tenter d'agiter l'opinion et
d'exercer une pression sur le Parlement, en faisant entrevoir une lente,
méthodique désorganisation des cadres supérieurs de l'armée ?

M. Jourde, député de Bordeaux, adressa une question au ministre de la
Guerre et la question, comme cela était à prévoir, se transforma en interpellation. Le général André, par la lecture de la lettre du général Jamont, établit
devant la Chambre que les mêmes mesures qui avaient provoqué la démarche
du chef d'état-major général venaient de déterminer celle du général Jamont.
La Chambre avait approuvé les déclarations faites à ce sujet, il n'en avait pas
de nouvelles à ajouter. Satisfaction avait été donnée au général Jamont qui
était remplacé par le général Brugère.

Ce fut M. Krantz, toujours inconsolable comme bien d'autres de l'indifférence manifeste des successives combinaisons ministérielles pour ses capacités, qui transforma la question en interpellation. Il parla avec tristesse et
fut écouté sans joie. Il demanda à la Chambre « de ne pas s'associer à cette
désorganisation voulue de l'état-major ». Après une discussion touffue, la
Chambre fit encore confiance au général André. Il en fut de même quelques
jours après au Sénat qui vota l'affichage du discours dans lequel le président
du Conseil avait dit : « Le pays ne se laissera jamais persuader qu'un tel incident a pu désorganiser notre défense nationale, et s'il s'émeut, c'est des
conseils donnés à l'armée et qui sont quelquefois suivis ». Au surplus, avait-il
déclaré, toutes les tentatives en vue de les paralyser dans la mission qu'ils
avaient acceptée et dont ils acceptaient les responsabilités resteraient vaines,
« ils continueraient leur tâche, car ils n'étaient pas de ceux qu'on intimide ni
qu'on décourage ».

On imagine que la coalition nationaliste ne pouvait laisser passer à sa
portée une telle occasion de manifester son indignation envers ceux qui
« désorganisaient l'armée et affaiblissaient la patrie » et son admiration
éperdue pour les chefs militaires, indisciplinés, hostiles à la République. Une
souscription fut ouverte en vue d'afficher dans toute la France la lettre du général Jamont. Elle produisit une somme de 40.000 francs ; mais le généralissime
en disponibilité s'empressa d'adresser au ministre de la Guerre une lettre par
laquelle il déclarait qu'étranger à cette manifestation il la désapprouvait.

LIV. 843. — HISTOIRE SOCIALISTE. — LA TROISIÈME RÉPUBLIQUE. — LIV. 843.

Le passage du général André au ministère de la Guerre, fut marqué par des mesures dont quelques-unes énergiques et salutaires furent l'objet de vives critiques de la part des réacteurs; une toutefois, inexplicable du reste, fut bien accueillie par eux, la nomination du général Négrier, le véritable responsable de l'affaire de Lang-Son, au Conseil supérieur de la guerre.

Tandis que se déroulaient ces incidents, que le Parlement discutait la loi relative au casier judiciaire et à la réhabilitation de droit, l'augmentation de la flotte, l'interpellation de M. Mirman sur les abus du marché à terme des laines à Roubaix, grand centre de la féodalité industrielle et commerciale, de graves événements se produisaient en Chine et provoquaient une profonde émotion en Europe et en Amérique.

Sous l'impulsion des Boxers, vaste association secrète ayant pour but de restreindre l'influence politique, religieuse, économique, prise par les « occidentaux » en Chine, un soulèvement formidable avait éclaté; des massacres avaient été opérés en grand nombre. Le mouvement était maître de la capitale et de ses environs: les légations étrangères étaient directement menacées.

Le 11 juin, M. Denys Cochin, membre de la droite, spécialiste classé en matière de politique extérieure, demandait au ministre des Affaires étrangères quelle attitude et quelles mesures comptait prendre le Gouvernement « pour protéger les drapeaux qui flottaient sur les légations et exiger, le cas échéant, les réparations nécessaires ».

M. Delcassé exposa la situation : elle était grave ; le mouvement qui se produisait était dirigé contre la civilisation occidentale, les insurgés « s'en prenaient aux écoles, aux missions, aux chemins de fer, aux lignes télégraphiques ». Tous les étrangers, sans exception, sont en péril. Il en naîtra donc fatalement une solidarité entre toutes les puissances. En vue de toutes les graves éventualités qui peuvent surgir, des mesures militaires et navales sont prises d'ores et déjà ; elles seront complétées si cela devient nécessaire.

Comme tous les renseignements fournis par les agents diplomatiques en Chine portaient à le prévoir, le mouvement boxer prenait de vastes et tragiques proportions; il était évidemment favorisé par le gouvernement chinois, particulièrement par l'impératrice, âgée mais énergique. Le baron Ketteler, ambassadeur d'Allemagne, avait été tué par des soldats chinois au moment où il se rendait au Tsong-Li-Yamen ; le feu avait dévoré toutes les légations, excepté celles de France, d'Allemagne, d'Angleterre, où les fonctionnaires de toutes les nationalités s'étaient réfugiés et où ils étaient assiégés par une foule de Boxers et de soldats réguliers. Leur situation était terrible; l'issue de ce siège paraissait fatale; l'opinion était sous le coup d'une poignante anxiété. Des mesures énergiques étaient nécessaires et urgentes. Une demande de crédits supplémentaires, s'élevant à 53.694.649 francs, destinés à l'intervention militaire et navale, qui s'imposait, et à couvrir des dépenses déjà effectuées, fut déposée sur le bureau de la Chambre. M. Sembat, à cette occasion, prit la parole, au nom des socialistes. Certainement, il fallait secourir nos nationaux menacés. C'était un devoir impérieux, un devoir d'humanité. Mais il importait aussi de rechercher quelles causes avaient provoqué cette explosion de colère, ce soulèvement contre les étrangers. Il n'y fallait pas voir seulement un mouvement de haine irraisonnée contre la civilisation occidentale, mais bien contre les procédés employés pour la faire pénétrer en Chine. Ce que les missionnaires avaient commencé, en froissant les Célestes dans leurs croyances séculaires, les spéculateurs occidentaux l'avaient complété par leurs tentatives économiques non entreprises dans un but civilisateur, mais dans un but de lucre. La perpétuelle ingérence des puissances européennes et américaine dans la politique chinoise en vue d'obtenir, d'arracher des concessions et des privilèges était une source d'excitation. Les puissances étrangères récoltaient les fruits amers de la conduite de leurs nationaux avides. Et il demandait au Gouvernement, une fois les légations mises hors de péril, le calme rétabli, de respecter la « nationalité chinoise » et de ne pas exiger la continuation d'entreprises qui pourraient provoquer de nouvelles colères parmi les habitants du vaste empire.

Les crédits réclamés furent votés et bientôt 15.000 hommes étaient envoyés en Chine pour collaborer avec les troupes des autres puissances à la marche sur Pékin et à la délivrance des légations. Au cours de cette expédition internationale, placée sous le commandement du général allemand de Waldersée, on put voir côte à côte, en camarades, combattre des troupes de toutes les nations, la veille encore se surveillant le doigt sur la gâchette du fusil. Tant il est vrai que les hommes sont plus capables d'oublier leurs haines pour des œuvres de guerre que pour des œuvres fécondes, bienfaisantes, libératrices !

Malgré les majorités que rencontrait le cabinet Waldeck-Rousseau, chaque fois qu'il était attaqué, en raison des discours prononcés par le ministre du commerce, des mesures prises par lui, des projets dont la préparation était annoncée, des espérances qui se manifestaient parfois sous une forme très passionnée dans le monde ouvrier et dans une notable fraction du parti socialiste ; en raison des mesures prises par le ministre de la guerre et de l'attitude fréquemment très nette du président du conseil, des intrigues sourdes, hostiles, se nouaient dans le Parlement, jusque dans la gauche ministérielle ; elles n'osaient se manifester au grand jour de la tribune, nul n'osant affronter les responsabilités de la mission confiée au ministère, mais elles n'en produisaient pas moins leurs effets très appréciables. C'est ainsi que le 7 juin, l'élection de la Commission du budget fut une réelle surprise, puisqu'elle était en grande majorité composée de députés notoirement hostiles à la politique générale du gouvernement. M. Cochery, progressiste, en était le président. La guerre politique allait être portée sur le terrain financier.

Le monde patronal, malgré de constantes manifestations — fort platoniques — de sympathie envers les travailleurs, montrait une vive inquiétude, de l'irritation, des mesures prises par M. Millerand.

Les mesures prises par lui étaient déjà nombreuses vers la fin de l'année 1900, en ce qui touche les conditions du travail des apprentis, des enfants et des femmes ; le travail dans les ouvroirs, orphelinats, ateliers de charité ou de bienfaisance ; les conditions du travail des ouvriers adultes dans les établissements à personnel mixte ; la collaboration des travailleurs à la réforme et à l'application des lois ouvrières ; la réorganisation du Conseil supérieur du travail ; l'inspection du travail ; les contrats entre patrons et ouvriers, etc.

Sans doute, ce n'était pas là l'application du programme du parti, tel qu'il a été voté par les congrès, mais ces réformes accomplies ou en préparation n'avaient-elles pas une part d'influence heureuse sur la condition si malheureuse du prolétariat et n'étaient-elles pas pour l'encourager à s'organiser pour réaliser, par lui-même, son émancipation intégrale ?

Le 17 juillet, par un décret, le ministre du Commerce réorganisait la Bourse du Travail de Paris, la seule qui, comme la capitale du reste, fut placée hors le droit commun, sous un régime spécial. Elle avait désormais, — elle l'a perdue depuis — son autonomie administrative, par la constitution d'une commission « chargée, dans les limites fixées par le décret, de l'administration générale » et « d'examiner toutes les questions relatives à son fonctionnement ».

Le plus grave reproche adressé par la presse antigouvernementale au Cabinet Waldeck-Rousseau était celui d'avoir, par le portefeuille concédé à un socialiste, donné un aliment certain au mouvement gréviste. Les grèves étaient certainement devenues de plus en plus nombreuses ; une statistique du *Bulletin de l'Office du travail* constatait une augmentation des deux tiers environ ; mais n'était-il pas naturel que les ouvriers fussent amenés à considérer que leurs revendications auraient plus de chances de réussite, un socialiste étant au pouvoir ? Ils avaient le droit d'espérer que cette condition nouvelle assurerait la neutralité des pouvoirs publics, jusqu'alors prenant toujours parti pour les patrons. Et l'accusation lancée, à cette occasion, par la presse antiministérielle était peu fondée ; les événements de Saint-Etienne et de Chalon-sur-Saône l'avaient douloureusement démontré.

Le cabinet Waldeck-Rousseau courut un grave danger, dans le courant du mois de décembre, à l'occasion d'une interpellation des députés socialistes Vaillant et Groussier « sur la nécessité d'assurer par une loi les droits de la ville de Paris méconnus par le Gouvernement ».

Vaillant et Groussier avaient déposé un ordre du jour « regrettant que, par l'annulation de certaines délibérations votées à l'unanimité par le Conseil municipal et par le Conseil général, le Gouvernement ait porté atteinte aux droits acquis de la ville de Paris et du département de la Seine » ; l'ordre du jour portait en outre qu'il était nécessaire, urgent « d'établir par une loi la Constitution municipale et les droits de la ville de Paris ». D'autre part un

ordre du jour présenté par trois députés, MM. Astier, Bos et Levraud, anciens
conseillers municipaux de Paris, accepté par le Gouvernement comme pis-
aller, invitait le Gouvernement à assurer l'organisation municipale de la grande
cité. Le Cabinet était en grand péril, si les voix du Centre lui manquaient. La
priorité pour l'ordre du jour de Vaillant et Groussier ne fut repoussée qu'à
une très faible majorité et l'ordre du jour accepté par le Gouvernement ne fut
adopté que par 11 voix de majorité. La moitié environ du groupe socialiste, en
votant cet ordre du jour, une fois de plus, venait de sauver le Cabinet.

A l'occasion de l'exposition internationale, le bureau du Conseil municipal
de Paris avait projeté de grandes fêtes, entre autres un grand banquet offert
aux maires de France, mais des municipalités républicaines avaient hautai-
nement repoussé l'invitation du bureau nationaliste et le gouvernement, après
s'être opposé à ce projet, en avait pris la charge. Le 22 septembre, anniversaire
de la première proclamation de la République, cette fête des municipalités
républicaines eut lieu aux Tuileries.

En décembre, l'affaire Dreyfus reparut au premier plan des préoccupations
parlementaires et de l'opinion publique à propos de la discussion du projet
d'amnistie. Dans des lettres publiques, Emile Zola et le colonel Picquart
élevèrent une énergique protestation contre l'amnistie ; à leur avis elle ne
pouvait avoir d'autre résultat que d'empêcher la réalisation de l'acte de justice
nécessaire, la réhabilitation complète du capitaine Dreyfus et ce dernier réclamait une enquête afin d'établir que jamais il n'avait adressé à l'empereur
d'Allemagne une lettre, ce dont l'avait accusé la presse nationaliste. Il n'en
fallait pas davantage pour raviver les polémiques non encore éteintes.

Durant l'année 1900, trois congrès socialistes furent tenus. Le premier,
celui du Parti ouvrier français s'était réuni le 20 septembre à l'hôtel de ville
d'Ivry et il s'était, en immense majorité, manifesté antiministériel, considérant comme s'étant exclus les députés qui avaient donné leur appui au
Cabinet. Dans ses résolutions, il avait une fois de plus affirmé la nécessité
qui s'imposait au prolétariat de ne jamais pactiser avec son ennemie politique et économique, la classe bourgeoise : de ne se jamais laisser détourner
de son but : l'expropriation de la classe possédante pour l'appropriation
collective de tous les moyens de production.

Le 23 septembre, s'ouvrait, salle Wagram, le cinquième Congrès international où les socialistes d'Europe et d'Amérique avaient envoyé des délégués. Pour que la France qui avait eu la charge d'organiser les assises du
socialiste international n'y fut pas une cause de trouble, les deux grandes fractions du Parti socialiste français avaient décidé de faire trêve à leurs dissensions.

C'est dans ce Congrès que, sur la proposition d'un délégué des socialistes
hollandais, Van Kol, fut décidée la création d'un secrétariat international
permanent, reliant les partis du monde entier, centralisant les renseignements

et s'occupant d'organisation, de propagande. Bruxelles fut choisi comme
siège du secrétariat. Malgré les résolutions prises, le désaccord régnant
entre les socialistes français devait se mêler au Congrès international, car
la question Millerand y était posée d'une façon indirecte, mais inévitable :
un socialiste pouvait-il participer au pouvoir avec un gouvernement bourgeois ; le parti socialiste pouvait-il contracter des alliances, même temporaires, avec un parti ou des partis bourgeois ? Après une longue, passionnée
discussion à laquelle prirent part Vandervelde, Enrico Ferri, Jaurès, Guesde,
le Congrès adopta une proposition du socialiste allemand Kautsky avec une
disposition additionnelle du socialiste russe Plekhanoff. La résolution avait
un caractère conciliateur, en ce sens que si elle repoussait en principe la participation d'un socialiste au pouvoir dans un cabinet bourgeois, elle l'admettait à titre d'expédient forcé, transitoire, dans certaines circonstances, le parti
socialiste restant maître de se prononcer souverainement en pareille matière.

Le Congrès international, comme conclusion à ses travaux, se rendit au
mur des fédérés, au Père-Lachaise.

Il fut suivi du Congrès général des socialistes français où les dissensions
déjà si accusées se manifestèrent plus intenses que jamais. Nous n'avons pas à
retracer ici l'historique de ces mémorables assises ; nous serions contraints d'en
présenter un raccourci exagéré qui se traduirait par un rapetissement misérable
des débats.

Sans doute la discorde la plus grave y apparût-elle avec ses effets funestes,
pour s'y exaspérer au lieu de s'éteindre devant les intérêts pressants du socialisme et les nécessités d'une propagande concertée. Mais ces divisions, pour si
profondes et si prolongées qu'elles puissent être, ne peuvent paralyser les
progrès de l'idée qui ne tiennent ni aux écrits ni aux discours, mais qui trouvent leur principal aliment dans les besoins impérieux, les aspirations irrésis-
tibles de la classe qui produit tout, ne possède rien et reste vouée aux pires
incertitudes du travail et de la misère.

Le parti socialiste, à travers les obstacles accumulés, malgré des divisions
funestes, avait pris une place importante dans l'action politique ; à la Chambre,
dans les assemblées communales, ses représentants arboraient son programme,
formulaient ses revendications ; mais pour lui l'ère des difficultés ne faisait
que commencer, laissant aux militants le ferme espoir et la ferme volonté de
les surmonter toutes, pour hâter l'avènement de la justice et de l'égalité
sociales.

John Labusquière.

CONCLUSION

Le Bilan social du XIXe Siècle.

Arrivés au terme de notre long et sérieux effort, nous ne nous dissimulons pas, mes collaborateurs et moi, ce que notre œuvre a nécessairement d'insuffisant et d'incomplet : mais elle marque une direction nouvelle dans les recherches d'histoire. Le souci de démêler la trame économique des faits, l'origine profonde des événements politiques et sociaux, y éclate à chaque ligne. Pour pouvoir atteindre avec quelque certitude le mouvement même de la réalité sociale, pour surprendre dans la continuité, dans la familiarité quotidienne de la vie des hommes le secret des grandes crises qui se produisent par intervalles à la surface, il faudrait, comme Andler l'a indiqué dans sa substantielle introduction à l'étude d'Albert Thomas sur le *Second Empire*, un immense effort de recherche collective. Il faudrait notamment, pour comprendre à fond le mouvement, l'action, la vie, de la classe ouvrière dans la société issue de la Révolution française, pouvoir suivre à la trace, année par année, presque jour par jour, les événements de tout ordre surtout d'ordre économique qui ont retenti dans l'existence des prolétaires et dans leur pensée : découvertes de la science, variations de la technique, transformations de l'outillage industriel, élargissement des marchés, fluctuations des prix ; prix des marchandises, prix du travail. Or, cette enquête suppose l'effort concerté de plusieurs générations de chercheurs. Nous n'avons pu que l'amorcer et faire apparaître, par quelques résultats partiels, l'importance de la méthode fondamentale qui soutient tout notre travail. Déjà l'immense recherche collective qui seule désormais peut éclairer l'histoire commence à s'organiser. La Société pour l'étude des documents économiques de la Révolution française a publié quelques volumes considérables, et j'ai constaté avec joie que ces publications confirmaient les vues générales que j'ai émises. Mais que de précisions pourront être apportées! Que de filons nouveaux seront découverts par ces forages! Pour la Révolution de 1848, des recherches du même ordre ont été ébauchées. Ce sera une des fonctions des Bourses du Travail, quand elles seront devenues vraiment les organes de la conscience

ouvrière, de tenir à jour la statistique vraie, réelle, vivante, de l'existence
prolétarienne et de provoquer des recherches qui, des faits présents, sérieusement analysés et constatés, remonteront au passé et permettront ensuite, par
un mouvement inverse, de redescendre le cours de l'évolution. Alors, vraiment,
l'histoire sera bien la conscience des grands groupements humains. Elle ne
sera plus une sorte de clarté partielle et partiale concentrée sur quelques
personnages privilégiés ; c'est toute l'immense multitude des hommes qui
entrera enfin dans la lumière : et le vrai dieu de l'histoire, le travail, sombre
forgeron qui a forgé dans sa caverne obscure les destinées humaines, pareil à
un Vulcain bafoué et enseveli qui forgeait les armes des dieux d'en haut,
montera au jour et manifestera sa force créatrice dans le rayonnement de la
science et la gloire de l'esprit. Notre œuvre ne sera pas vaine si elle peut, par
un commencement de lumière, donner le goût et le besoin d'une plus vaste
clarté.

Il serait contradictoire, après l'aveu que j'ai fait, de prétendre déduire de
cette première enquête d'histoire socialiste que nous soumettons au prolétariat,
des conclusions trop formelles et trop impérieuses. On peut dire pourtant que
c'est une grande leçon d'action et d'espérance qui se dégage pour la classe
ouvrière des faits que nous venons d'exposer. Oui, d'espérance.

Certes, le prolétariat est bien loin du but qu'il se propose. L'injustice essentielle n'est point abolie. Le monopole de fait de la propriété subsiste, et la
domination économique de la classe capitaliste a pour effet d'abaisser et
d'exploiter l'immense multitude des hommes qui ne possèdent que leur force de
travail. La Bruyère disait : Devant certaines misères on éprouve de la honte à
être heureux. Devant les iniquités, les souffrances qui tourmentent la société
d'aujourd'hui et accablent la classe ouvrière, il y aurait une sorte d'impudence
à étaler, dans le jugement d'ensemble porté sur l'évolution française depuis la
Révolution, une sorte d'optimisme béat et satisfait. Mais il y a un optimisme
vaillant et âpre qui ne se dissimule rien de l'effort qui reste à accomplir, mais
qui trouve dans les premiers résultats péniblement et douloureusement conquis
des nouvelles raisons d'agir, de combattre, de porter plus haut et plus loin la
bataille.

En fait, la Révolution française a abouti. Ce qu'il y avait en elle de plus hardi
et de plus généreux a triomphé. Deux traits caractérisent le mouvement politique et social de la France depuis 1789 jusqu'au commencement du xxᵉ siècle.
C'est d'abord l'avènement de la pleine démocratie politique. Tous les compromis monarchiques ont été balayés; toutes les combinaisons de monarchie
traditionnelle et de souveraineté populaire ont été écartées; toutes les contre-
façons césariennes ont été rejetées. La Constitution mixte de 1791 a sombré
dans l'imbécilité et dans la trahison royales. La monarchie restaurée de 1815
s'est perdue par son étroitesse d'esprit. La monarchie censitaire de 1830 a révélé
l'incapacité de la bourgeoisie française à gouverner seule, parce qu'elle ne

peut se défendre contre les forces subsistantes du passé sans faire appel aux forces de l'avenir. Deux fois la démocratie napoléonienne a été engloutie dans le désastre, et maintenant, sous la forme républicaine, c'est bien le peuple qui gouverne par le suffrage universel. Il dépend de lui de conquérir le pouvoir. Ou plutôt il l'a déjà conquis, puisqu'aucune force ne peut faire échec à sa volonté légalement exprimée. Mais il ne sait pas encore en faire usage. Il ne sait pas l'employer vigoureusement à sa pleine émancipation économique. Les millions de travailleurs, ouvriers ou paysans, ne sont plus théoriquement des citoyens passifs. Il le sont restés trop souvent encore par la résignation aux vieilles servitudes, par l'indifférence à l'idée nouvelle qui les affranchira. Mais c'est déjà chose immense qu'il suffise d'un progrès d'éducation du prolétariat pour que sa souveraineté formelle devienne une souveraineté substantielle.

Aussi bien, dans l'ordre de l'enseignement aussi, le progrès est grand depuis un siècle. Tous les enfants de la nation sont appelés à l'école : le grand idéal de Condorcet est réalisé ou en voie de réalisation. Et ce n'est plus l'Église, complice des tyrannies sociales, qui domine l'éducation et façonne le peuple. Elle a été réduite à n'être plus qu'une association privée ; et c'est la science, c'est la raison qui animent l'enseignement public. C'est la grande lumière de l'Encyclopédie, mais plus large et plus ardente, qui emplit l'horizon. La pensée socialiste, héritière des audaces extrêmes du xviiie siècle, commence à pénétrer les instituteurs de la nation.

De même, au point de vue social et dans cette portion même de la démocratie française qui n'a pas encore adhéré au socialisme explicite, c'est une conception bourgeoise, encore mais déjà sociale, de la propriété qui a prévalu. Elle n'est pas, comme pour les Constituantes, la condition de la souveraineté politique : l'homme le plus pauvre, le plus dénué, est politiquement l'égal du plus riche. Elle n'est pas non plus un absolu intangible. En demandant au Capital, par un impôt progressif sur les successions, une part croissante des ressources publiques, en proclamant que l'État a le droit et le devoir d'imposer aux possédants des contributions pour assurer les non possédants contre les risques naturels et sociaux, le radicalisme français, subordonne théoriquement le droit de propriété au droit supérieur de la nation : il reprend à son compte le mot de Robespierre définissant la propriété : la portion de ses biens garantie au citoyen par la loi. Et il se peut que le radicalisme, après avoir accepté cette formule, hésite à l'appliquer hardiment et pleinement. Il se peut qu'il redoute que cette formule, maniée par un prolétariat vigoureux et fort, et appliquée à une société où la puissance économique est concentrée à nouveau dans une oligarchie, ne conduise par degrés à la socialisation générale de la société capitaliste. Cette défaillance du radicalisme gouvernemental, si elle se produit, n'empêchera point l'effet de l'idée qui s'est développée dans la démocratie française.

C'est le socialisme lui-même qui se substituera alors au radicalisme dans la mise en œuvre de cette idée sociale de la propriété et qui la poussera jusqu'à ses conséquences nécessaires. La brèche est ouverte par où il passera. C'est donc bien la formule la plus extrême, la plus logique, la plus démocratique de la Révolution française, qui, après un siècle de tâtonnements, de réactions, de rêves d'abord impuissants, de révolutions à demi-manquées, est enfin entrée dans les faits. Ce que le génie révolutionnaire avait entrevu, affirmé, essayé, dans la fièvre et l'exaltation du combat est devenu la réalité normale et solide. On dirait une cime volcanique qui, après une série d'explosions, d'affaissements, de redressements, s'est enfin fixée à son niveau le plus élevé : elle est consolidée maintenant et élargie en un vaste plateau qui peut porter les assises de la grande cité nouvelle. Non, tous ceux qui ont lutté, souffert, espéré depuis un siècle, n'ont pas perdu leur effort ; leur souffrance n'a pas été vaine ; leur espérance n'a pas été décevante, et si le prolétariat peut se réjouir de cette victoire de la démocratie révolutionnaire, ce n'est pas seulement parce qu'elle lui permet d'espérer et de préparer une victoire plus décisive, mais parce que c'est lui, débile encore pourtant et incertain, qui a assuré ce triomphe de la Révolution. C'est par lui qu'elle a été portée d'abord, comme en un jet de flammes à ce niveau de 1793, d'où elle ne tarda pas à retomber, mais où sans cesse elle tendait à revenir. C'est lui qui a aidé, qui a obligé la bourgeoisie à en finir avec les prétentions renaissantes de l'ancien régime. C'est lui qui a arraché à la bourgeoisie son privilège étroit pour créer enfin une vaste démocratie politique qui évoluera en démocratie sociale? Qu'auraient fait durant tout le siècle les républicains sans les ouvriers ? A tous les moments de la lutte qui a préparé ou réalisé la démocratie politique, l'action du prolétariat est visible ; et ce sera, je crois, un des mérites de l'œuvre historique dont j'écris en ce moment les dernières lignes d'avoir éclairé ces traces.

C'est donc avec confiance que la classe ouvrière, qui a déjà fait dans le passé l'épreuve de sa force, peut aborder les luttes nouvelles. Entre l'oligarchie capitaliste et la démocratie socialiste, forme achevée de la démocratie républicaine, le combat à fond est engagé. C'est le privilège de la propriété qui sera vaincu. Mais pour réussir, il faut que le prolétariat comprenne bien les leçons de sa propre vie depuis un siècle. C'est par l'effort continu quotidien, c'est par la propagande incessante, qu'il a eu ses premiers succès. Si quelque chose ressort du récit que nous avons fait, c'est bien cette continuité profonde de la pensée et de l'action prolétariennes. Quand les hautes cimes ardentes et éclatantes s'éteignent, quand la Révolution démocratique et populaire de 1793 et de 1794 pâlit et s'éclipse, quand la généreuse Révolution de 1848 est brutalement supprimée, on peut croire que la nuit est complète ; mais ceux qui regardent au fond des esprits, au fond des âmes, s'aperçoivent que dans la conscience ouvrière l'idéal survit secrètement, et à la moindre ouverture des événements, la lumière jaillit de nouveau. Grande leçon pour tous les gouver-

nements de répression, quels qu'ils soient, et de quelque nom qu'ils s'appellent.
Grande leçon aussi et grand réconfort pour les combattants socialistes, car ils
apprennent que l'effort obscur et constant de chacun se retrouve tout entier au
jour des grandes crises. La persistance du communisme babouviste à travers
toutes les persécutions et toutes les réactions, la persistance de la foi républicaine et de l'espérance ouvrière jusque sous le triomphe insolent du second
Empire, sont parmi les faits les plus remarquables de toute notre histoire.
Quand l'énergie passionnée des consciences ouvrières a pu, sans aucun droit
légal, sans aucune ressource d'organisation publique, sauver de l'oubli mortel
et du désastre définitif la liberté et le socialisme, comment ne serait-elle point
assurée de la victoire, disposant maintenant des moyens d'action multiples que
le prolétariat a conquis.

Le socialisme a grandi depuis un siècle, il est devenu une puissance par
l'emploi simultané ou alternatif de deux méthodes en apparence contradictoires
et que le libre génie des ouvriers a conciliées. Tantôt il s'est mêlé, avec le
babouvisme, avec le blanquisme, à tous les mouvements de la démocratie, à
toutes les agitations du peuple. Tantôt, comme avec Fourier, avec Saint-
Simon, avec quelques-uns des premiers ouvriers de l'Internationale, il a voulu
isoler ou la pensée ou l'action du socialisme. Tantôt il considère que la
conquête des libertés politiques est la condition préalable de l'avènement
social des ouvriers ; et il concentre sur cette première tâche tout leur effort.
Tantôt il .es avertit de ne jamais détourner leurs vues et leur action de leur
objet suprême et de leur idéal. A toutes les pages de l'*Histoire Socialiste*, se
retrouve ce conflit des tendances et des méthodes. Mais en fait, le prolétariat
ne sacrifie jamais l'une à l'autre. Jamais il ne se désintéresse des événements
confus et vastes où il peut essayer sa force et développer son action. Mais
jusque dans cette impétuosité de mouvement, qui le jette dans toutes les batailles
politiques et intellectuelles, il ne perd pas son intransigeance foncière ; il a le
sens très vif que toute action ne vaut que comme un acheminement, comme
un entraînement à la révolution de propriété ; que toute réforme ne vaut que
comme un degré vers le but supérieur. Le grand problème tactique des jours
présents, c'est de concilier en effet, non pas seulement d'instinct mais délibérément ces deux méthodes également nécessaires. On peut dire que le marxisme
fut à l'origine un essai de synthèse des deux tendances, puisqu'il invitait le
prolétariat à participer à tous les mouvements de la démocratie, mais pour les
faire tourner immédiatement à la victoire du communisme. Le même problème
s'impose aujourd'hui à nous, mais en des circonstances différentes. Au temps
du Manifeste communiste, la révolution démocratique n'était pas accomplie en
France ; elle n'était même pas ébauchée en Europe, et Marx pouvait croire que
le prolétariat serait assez fort pour faire servir à ses propres fins les agitations
prévues de la révolution démocratique bourgeoise.

Maintenant, c'est dans une démocratie puissamment constituée et qui évolue

sous la loi suprême du suffrage universel, que la classe ouvrière se développe
et agit. Les conditions de l'action ne sont plus celles que le marxisme avait
prévues : mais la méthode essentielle du prolétariat doit bien être celle qu'il
avait esquissée : la méthode complexe d'une classe à la fois très vivante et très
âpre qui se mêle à tous les mouvements pour les ramener sans cesse à sa
propre fin. Comment pourra-t-il se passionner à l'œuvre de réforme, et la ratta-
cher sans cesse à son idéal révolutionnaire ? Comment pourra-t-il contribuer au
développement de la production et intervenir comme classe dans le fonctionnement de la vie capitaliste sans s'immobiliser dans ses cadres ? Il n'entre pas
dans le dessein de l'*Histoire Socialiste* de résoudre ces difficultés qui presse-
ront demain et le Parti socialiste et la Confédération générale du Travail. Mais
ce que cette Histoire démontre, c'est que le socialisme a grandi dans la société
née de la Révolution, parce qu'il a su tour à tour ou en même temps se
répandre et se concentrer. Il a été tout ensemble dans la démocratie et au-
dessus d'elle, et c'est la marque de la puissance vitale du prolétariat français
qu'il n'ait pas succombé à la difficulté de cette tâche en apparence contradictoire mais, qu'au contraire, il s'y soit fortifié.

Créer la démocratie en la dépassant a été, durant un grand siècle tourmenté
et fécond, l'œuvre de la classe ouvrière. Diriger la démocratie en la dépassant
et l'obliger enfin à se hausser au socialisme, ce sera sa grande œuvre de
demain.

Jean JAURÈS.

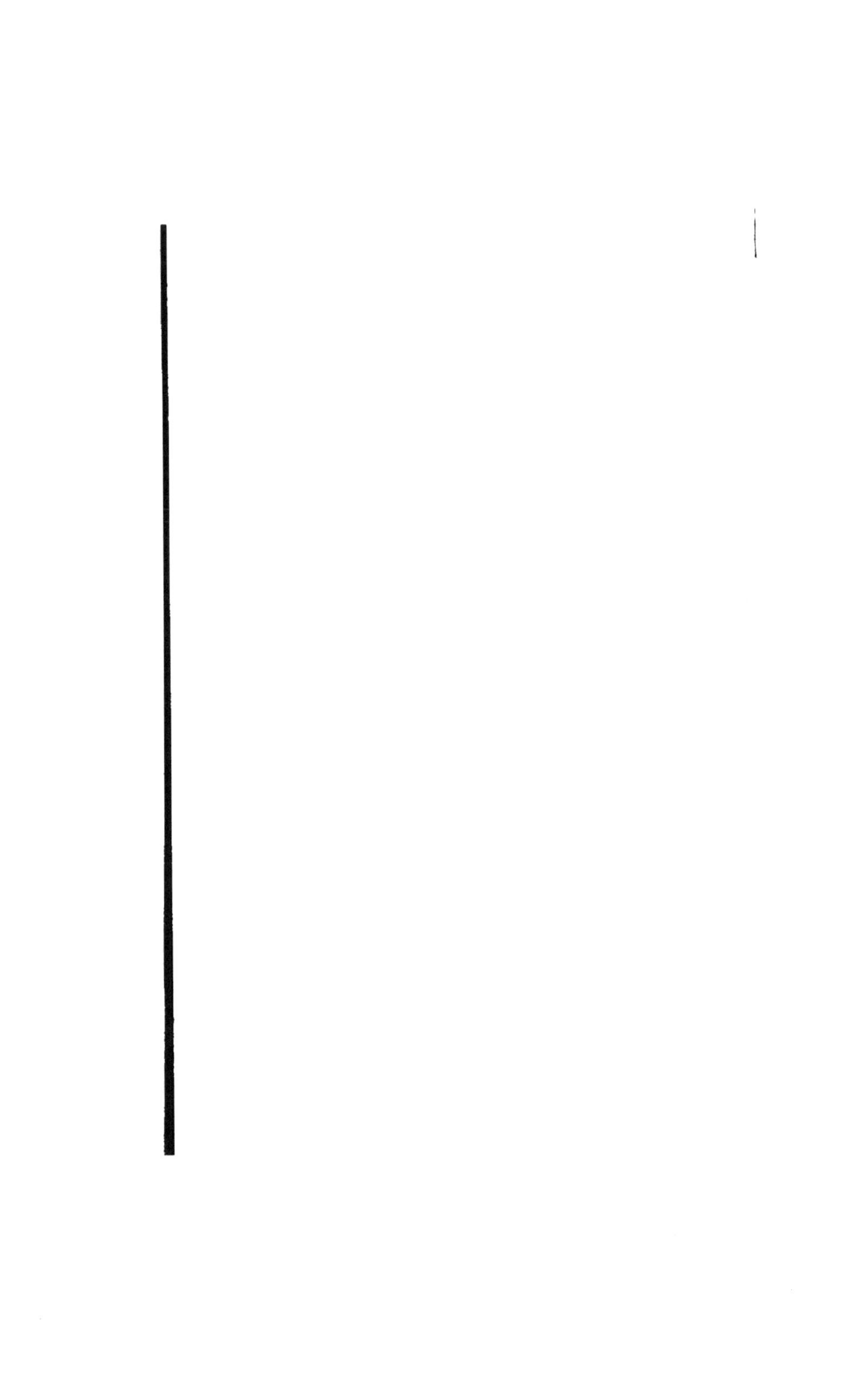

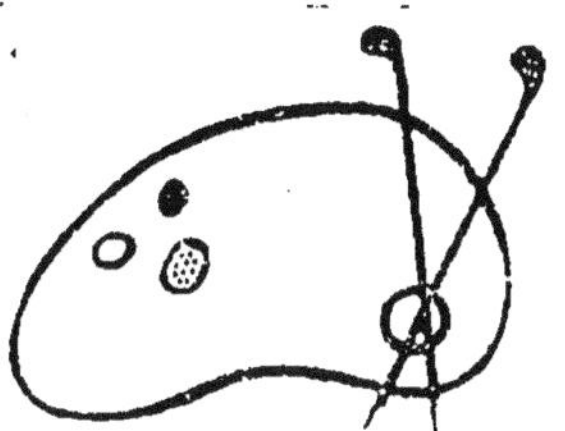

Début d'une série de documents
en couleur

166ᵉ Série.

Prix : 50 centimes.

Histoire Socialiste

(1789=1900)

SOUS LA DIRECTION DE

JEAN JAURÈS

PAR

JEAN JAURÈS (Constituante et Législative), JULES GUESDE (Convention jusqu'au 9 thermidor), GABRIEL DEVILLE (du 9 thermidor au 18 brumaire), BROUSSE (du 18 brumaire à Iéna), TUROT (d'Iéna à la Restauration), VIVIANI (la Restauration), FOURNIÈRE et ROUANET (le règne de Louis-Philippe), MILLERAND (la République de 1848), ANDLER et HERR (le second Empire), JEAN JAURÈS (la guerre franco-allemande), DUBREUILH (la Commune), JOHN LABUSQUIÈRE (la 3ᵉ République 1871-1885), GÉRAULT-RICHARD (1885-1900), JEAN JAURÈS (Conclusion. — Le bilan social du xixᵉ siècle).

NOMBREUSES ILLUSTRATIONS

Publications JULES ROUFF et Cⁱᵉ, Editeurs, 4, rue de la Vrillière

PARIS (1ᵉʳ)

167ᵉ Série

Prix : 50 centimes.

Histoire Socialiste

(1789-1900)

SOUS LA DIRECTION DE

JEAN JAURÈS

PAR

JEAN JAURÈS (Constituante et Législative). JULES GUESDE (Convention jusqu'au 9 thermidor). GABRIEL DEVILLE (du 9 thermidor au 18 brumaire). BROUSSE (du 18 brumaire à Iéna). TUROT (d'Iéna à la Restauration). VIVIANI (la Restauration). FOURNIÈRE et ROUANET (règne de Louis-Philippe). MILLERAND (la République de 1848). ANDLER et HERR (le second Empire). JEAN JAURÈS (la guerre franco-allemande). DUBREUILH (la Commune). JOHN LABUSQUIÈRE (3ᵉ République 1871-1885). GÉRAULT-RICHARD (1885-1900). JEAN JAURÈS (Conclusion. — Le bilan social du XIXᵉ siècle).

—✦—

NOMBREUSES ILLUSTRATIONS

Publications JULES ROUFF et Cⁱᵉ, Éditeurs, 4, rue du Vieux-Colombier
PARIS (1ᵉʳ)

160ᵉ Série.

Prix : 50 centimes.

Histoire Socialiste

(1789-1900)

SOUS LA DIRECTION DE

JEAN JAURÈS

PAR

JEAN JAURÈS (Constituante et Législative), JULES GUESDE (Convention jusqu'au 9 Thermidor), GABRIEL DEVILLE (le Directoire et le Consulat), BROUSSE (le 18 brumaire et l'Empire), TUROT (l'Empire et la Restauration), VIVIANI (la Restauration), FOURNIÈRE et ROUANET (le règne de Louis-Philippe), MILLERAND (la République de 1848), ANDLER et HERR (le second Empire), JEAN JAURÈS (la guerre franco-allemande), DUBREUILH (la Commune), JOHN LABUSQUIÈRE (la 3ᵉ République 1871-1885), GÉRAULT-RICHARD (1885-1900), JEAN JAURÈS (Conclusion. — Le bilan social du XIXᵉ siècle).

NOMBREUSES ILLUSTRATIONS

Publications JULES ROUFF et Cⁱᵉ, Éditeurs, 4, rue de la Vrillière
PARIS (1ᵉʳ)

www.ingramcontent.com/pod-product-compliance
Lightning Source LLC
LaVergne TN
LVHW050358060726
842524LV00002B/398